사회사상의 역사

사회사상의

社 会 思 想 の 歴 史

역사

마키아벨리에서 롤스까지

사카모토 다쓰야

최연희 옮김

교유서가

차례

사회사상이란
무엇인가

1. 사회사상의 역사란 무엇인가

큰 서점의 철학·사상 코너에 가보면 갖가지 사상사 관계 서적이 늘어서 있다. 정치사상사, 법사상사, 경제사상사, 철학사상사, 윤리사상사 같은 것들로, 사회사상사도 그중 하나다. 그런데 정치, 경제, 철학 같은 말은 많은 사람들에게 어려움 없이 다가온다. 엄밀한 의미와는 별개로 일반 독자에게도 어떤 이미지를 전해준다. 정치는 경제가 아니며 철학은 정치도 경제도 아니라는 것은 쉽게 이해할 수 있고, 정치사상이나 경제사상, 철학사상 같은 말도 그렇다. 그러나 '사회사상'이라는 말은 반드시 그런 명확한 이미지를 전해주지는 않는다. 주된 이유는 '사회'라는 말 자체의 모호함에 있을 것이다. 일상 대화나 대중 매체에서 '사회'만큼 흔하게 쓰이는 말도 드물 테지만 이 말의 엄밀한 의미는 결코 자명하지 않다. 정치와 경제의 경계선은 쉽사리 그어질 것 같지만 정치·경제와 사회 사이에 명료한 경계선을 긋기는 쉽지 않다. 정치나 경제는 대개 사회의 일부로 여겨지며 정치와 경제를 포함하는 포괄적 개념으로서의 사회라는 것이 보통의 용법일 것이다.

이를테면 『고지엔(広辞苑)』(제6판, 이와나미쇼텐에서 간행하는 일본어 사전—옮긴이)의 '사회' 항목에는 "인간관계의 총체가 하나의 윤곽을 가지고 나타난 경우의 그 집단"이라는 설명이 있으며 그 "주요한 형태"로서 "가족, 촌락, 길드, 교회, 회사, 정당, 계급, 국가" 등을 들고 있다. 이처럼 가족에서 국가까지 포함하는 인간의 공동생활 일반의 여러 형태로서 '사회'를 파악하면 인류는 지구상에 출현한 이래로 일관되게 모종의 '사회'생활을 영위해왔다는 말이 된다. 그러나 그렇다고 해서 정치사상이나 경제사상도 실은 사회사상의 일부라고 해버리면 사회사상의 특질은 명확해지지 않는다. 50년도 더 전에 출간된 대표적 개설서인 『사회사상사 개론』의 저자들이 한탄했듯이, 바로 "여기에 사회사상사를 다루는 사람들의 고뇌가 있는" 것이며 이러한 사정은 요즘도 별반 다르지 않다.

이와 달리 이 책에서 사용하는 '사회(society)'의 의미는 처음부터 의식적으로 한정되어 있다. 그것은 세계 각지에서 면면히 구축되어온 인간의 사회 일반을 뜻하지 않는다. 이 책에서 말하는 '사회'는 실질적으로는 근대사회, 특히 르네상스와 종교개혁에서 시작되는 유럽 사회와 그 연장선상에서 성립된 북미 대륙 사회를 가리킨다. 즉, 거기에는 같은 유럽이라 해도 고대·중세 사회는 포함되지 않으며 같은 근대라 해도 유럽과 북미가 아닌 방대한 영역들(아시아, 아프리카, 중남미 등)은 포함되지 않는다. 고대 그리스의 플라톤이나 아리스토텔레스, 고대 중국의 공자나 노자의 예를 들 것도 없이 유럽이든 아시아든 근대 이전의 인류 사회에는 수천 년에 걸친 풍성한 사상의 역사가 있었다. 따라서 인류 사회가 세계화되고 지구상의 여러 민족·국민 간의 교류가 인류 사회의 양상을 나날이 바꿔가는 오늘날 '사회'라는 말을 한정된 의미로 쓸 때에는 나름대로의 이유가 있어야 한다.

이 책에서 말하는 고유한 의미의 '사회'는 첫째로 '법의 지배'를 원리로 하는 '합리적 국가'를 가지는 사회를 말하며, 둘째로는 '시장'을 경제적 기반으로 하는 사회를 말한다. 이와 같은 의미의 '사회'는 인류 역사상 근대 이후의 유럽에서 처음 등장했다. 이 책에서 펼쳐질 사회사상의 역사는 근대국가와 시장경제의 관계를 원리적으로 고찰한 사상의 역사이며, 각 시대에 각 지역에서 살았던 사상가들이 그들을 둘러싸고 출현한 국가 및 시장에 관한 문제들과 씨름한 역사이다.

근대 이전의 여러 사회에도—유럽이든 아시아든—다양한 국가가 존재했으며 시장경제 역시 존재했다. 예컨대 플라톤과 아리스토텔레스가 활약한 고대의 아테나이는 고도로 발달한 도시국가(폴리스)로, 지중해 세계나 소아시아와의 교역을 기반으로 한 시장경제를 터득하고 있었다. 그러나 그 경우의 국가는 근대적 의미의 법치국가가 아니었으며 시장경제를 일반적 기초로 하지도 않았다. 아테나이의 도시국가는 근대국가가 적어도 겉으로는 인정하지 않는 노예제도를 대전제로 한 국가였으며, 시장경제 역시 노예제도에 의해 지탱되는 자급자족의 경제 구조였다. 경제인류학자 칼 폴라니가 지적한 대로 근대 이전의 여러 사회에서는 시장경제의 원리가 공동체 아래에 '묻혀(embedded)'(『경제의 문명사』) 있었으며 그 자체로 순수한 경제활동이라기보다는 공동체의 정치적·종교적 제도의 일환이었다.

플라톤이나 아리스토텔레스의 철학과 사상이 후세에 얼마나 큰 영향을 끼쳤든 간에 그것은 이 책에서 말하는 '사회사상'은 아니었다. 플라톤의 정치사상이나 아리스토텔레스의 경제사상을 논할 수는 있어도 고유한 의미에서 그들의 '사회사상'을 논할 수는 없다는 것이 이 책의 관점이다. 문예비평가 레이먼드 윌리엄스는 현대적 의미의 '사회(society)'라는 말의 용법이 16세기 이후에 나타난 사실을 언급한다(『키워드 사전』). 물론 이 책의 대상을 근대사회로 한정하더라도 거기에는 500년 가까운 역사가 있다. '사회'라는 개념 자체가 근대 유럽 사회의 변화에 따라 구체적 내용을 바꿔왔으며, '사회사상'의 역사는 이런 역사적 변화를 내재적으로 추적하려는 시도를 가리킨다.

2. 사회사상사의 방법

근대 유럽의 사회사상사를 추적하는 방법으로는 이제껏 온갖 상이한 접근법이 채택되어왔다. 그것을 굳이 단순화하면 세 종류, 즉 ① 경제학적 접근법, ② 철학·윤리학적 접근법, ③ 법학·정치학적 접근법이 된다. 어느 접근법이든 각각 유효하다는 것은 말할 나위 없지만, 이 책은 일단 첫째 종류에 속한다. 문제는 이들 세 종류의 사회사상사의 구별과 관련이다. 무릇 사회사상사에 대한 경제학적 접근법이란 무엇일까? 그것은 다른 종류의 사회사상사와 어떤 관계에 있을까? 나아가 그것은 얼핏 비슷해 보이는 '경제학사'와는 또 어떻게 다를까?

이러한 문제를 애덤 스미스의 경우를 예로 들어 생각해보자. 오늘날까지 경제학적 접근법을 취한 사회사상의 통사에서는 스미스 경제학의 성립과 마르크스의 사회주의 사상의 성립을 두 가지의 획기적 사건으로 파악하고 이를 기준으로 스미스 이전과 마르크스 이후의 사상가들을 평가하는 방법이 많이 채택되어왔다. 즉, 스미스와 마르크스 이전의 사상가에 대해서는 그들이 얼마만큼 스미스와 마르크스에 가까운지, 마르크스 이후에 대해서라면 그들이 얼마만큼 마르크스를 계승하고 있는가 하는 척도가 채택되기 십상이었다. 이런 방법에서는, 스미스 이전에 대해서라면 경제학적 사회 인식의 발전사가 사회사상사의 기본선이 되며 그에 따라 정치사상이나 도덕사상의 여러 계보는 부차적 위치에 놓인다. 스미스 자신에 대해서도 그의 사상 체계로 흘러드는 갖가지 사상 계보가 경제학의 성립이라는 관점에서 단순화되어 그 이외의 요소들은 스미스 사상의 이해에서 본질적이지 않은 양 다뤄지는 경향이 있었다.

그러나 스미스를 '경제학의 아버지'로 역사에 새긴 『국부론』을 펼쳐보면 곧장 알 수 있듯이 그 책은 현대적 의미의 경제학 책이 아니다. 그 책에서는 방대한 역사적 고찰을 토대로 당시의 생생한 정치 정세를 반영한 정책적 논의가 상세히 전개되며, 곳곳에 '사회사상적' 고찰이 배어 있다. 스미스의 『국부론』을 정말로 깊이 이해하려면 이러한 사회사상적 요소를 이해해야만 한다.

그 일례로서 『국부론』의 핵심을 이루는 분업론(제1편 1~3장)을 살펴보자. 스미스 경제학의 기본 원리로 알려진 분업론은 단순한 경제 이론이 아니다. 스미스는 거기에서 국부 증대의 원동력이 '분업(division of labour)'에 있다는 것을 파악하고 그것을 유명한 핀 공장의 예로써 설명한다. 스미스는 분업의 생산력의 비밀이 분업에 의한 기능(技能) 향상, 시간 절약, 신기술 및 기계의 발명에 있다고 논하면서 한 발 더 나아가 이런 분업에 의한 생산력 증대가 인간 본성의 어떠한 원리 혹은 능력의 귀결인지 묻는다. 스미스는 이 문제가 당면한 주제는 아니라고 하면서도 많은 동물 중에서 유독 인간에게서만 보이는 특별한 능력, 즉 이성과 언어를 구사하여 상대를 설득하는 능력에서 이 비밀을 찾아낸다. 그것이 바로 유명한 '교환 성향' 개념이다. 그리고 인간 본성과 경제활동의 관련을 문제삼는 이 논점이야말로 『국부론』에서의 사회사상적 문제라고 할 수 있다.

또 한 가지의 예를 들어보자. 그것은 유명한 '보이지 않는 손 (invisible hand)'에 관한 스미스의 논의(『국부론』 제4편 제2장)이다. 스미스는 거기서 '중상주의' 이론과 정책을 전면적으로 비판하며 시장 메커니즘에 기초한 자유주의적 이론과 정책을 주장한다. 이 문맥에서 스미스는 수많은 개인의 노동이 '의도치 않은 결과'로서 국부 증대를 가져오는 메커니즘을 '보이지 않는 손'이라는 말로 표현했다. 이 말은 나중에 와서는 스미스가 실제로 쓴 적도 없는 '신의 보이지 않는 손'이라는 표현으로 유포되었는데 그것이 완전한 오해라고는 할 수 없다. 왜냐하면 스미스가 이 말로써 표현한 시장 메커니즘의 완전성과 만능성에 대한 인식의 배후에는 경제 이론적이라는 의미의 과학적 논의로는 설명할 수 없는 스미스의 모종의 (거의 종교적이라 할 만한) 초과학적 세계관이나 신념이 표출되어 있기 때문이다. 바로 그것이 '교환 성향'론과 함께 『국부론』을 지탱하는 또하나의 사회사상적 요소이다.

스미스는 글래스고대학의 '도덕철학(moral philosophy)' 교수였다. 그리고 단적으로 말해서 스미스가 살던 시대의 '도덕철학'은 이 책에서 말하는 '사회사상'과 사실상 같은 내용을 가지고 있었다. 시간적 순서로 말하자면 스미스의 사회사상에서 경제학이 생겨난 것이지 그 역은 아니다. 그렇지만 완성된 스미스 경제학에서는 인간 본성의 여러 원리를 문제삼고 인류 사회의 질서와 역사를 전망하는 스미스 사상의 사회사상적 성격을 찾아보기 어려워졌다. 그것은 사회사상가로서 경제학자가 된 스미스 스스로 의도한 것이었지만 그 시점에도 스미스가 사회사상가이기를 관둔 것은 물론 아니다. 사회사상은 완성된 경제학 체계에서는 감춰져 보이지 않는, 경제학의 밑바탕을 떠받치는 인간관·사회관·역사관을 그 자체로서 백일하에 드러내고 그것을 중심 주제로 삼아 고찰하는 학문인 것이다.

여기서 독자들이 다음과 같은 의문을 품을지도 모르겠다. 즉, 스미스는 『국부론』의 다른 한편에서 『도덕감정론』(1759)을 쓰지 않았는가, 『국부론』 속 경제학과 사회사상의 관계를 놓고 흔히 전경의 경제학, 후경의 사회사상이라 말하지만 실은 『도덕감정론』이야말로 스미스 사회사상의 주요 무대가 아닐까, 스미스의 경우 경제학과 사회사상의 관계는 그가 생전에 출간한 이 두 저작의 관계로서 이해해야 하는 것은 아닐까 하는 의문 말이다. 이것은 실로 적절한 의문이다. 그리고 이 문제야말로 필자가 앞서 이야기한 이 책의 접근법과는 다른 나머지 두 종류의 사회사상(사)의 문제와 관계되는 것이다.

스미스의 『도덕감정론』은 근대 영국의 윤리학을 대표하는 저작의 하나로서 그 학문적·역사적 가치를 널리 인정받고 있다. 그것은 직접적으로는 인간의 도덕 판단 메커니즘을 해명하고 도덕적 선악, 옳고 그름의 구별이 어디서 유래하는지를 설명하려고 한 저작이다. 여기서 주목해야 할 것은 『국부론』 속 경제학과 사회사상의 관계와 『도덕감정론』 속 윤리학과 사회사상의 관계가 겹쳐 보인다는 점이다. 『국부론』이 스미스의 경제학을, 『도덕감정론』이 스미스의 사회사상을 대표한다는 식의 단순한 관계가 아니다. 두 저작은 경제학과 윤리학이라는 상이한 두 학문 규범을 엄밀하게 전개한 학문적 저작이자 스미스의 인간관·사회관·역사관을 밑바탕에 둔 사회사상 저작으로서의 성격을 갖는다. 비단 스미스뿐 아니라 근대 서구를 대표하는 위대한 철학·윤리학 저술의 밑바탕에는 하나같이 이러한 사회사상적 성격이 있었다.

법학 혹은 정치학을 기초 학문으로 하는 학설이나 이론의 역사적 전개에 대해서도 마찬가지로 이야기할 수 있다. 마키아벨리에서 시작해 종교개혁을 거쳐 홉스, 로크, 루소, 토크빌, 밀, 베버로 이어지는 근대 정치사상의 계보는 그것을 이 위대한 사상가들의 저작에서 보이는 법과 정치 이론의 엄밀한 전개, 그 역사적 비판·계승 관계로서 이해하면 전통적 정치사상사의 전개가 된다. 아울러 이 화려한 무대의 배후에서 법학·정치학에 거점을 둔 사회사상의 전개를 생각해볼 수도 있을 것이다. 법과 정치의 관점에 선 정치사회 성립에 대한 이론적 고찰의 배후에는 반드시 모종의 명확한 인간 본성에 대한 견해가 있기 마련이다. 홉스의 『리바이어던』(1651)이 전형적이다. 그는 인간의 타고난 본성을 '자기보존'의 원리에서 찾고, 수많은 이기적 개인의 집합에서 어떻게 하나의 정치적 질서가 생겨났는지를 파고들어 근대적 국가 주권의 기초를 다지는 획기적 업적을 이뤘다. 홉스의 '자기보존'은 스미스의 '분업'에 상응하는 중심적 위치를 점하며, 『리바이어던』자체는 법학·정치학 책이라 하더라도 홉스의 인간관·사회관이 그 밑바닥에 깔려 있으며 이를 그 자체로서 끄집어내어 주제적으로 검토할때에 그것은 하나의 사회사상사적 홉스 연구가 된다.

스미스의 『국부론』이 글래스고대학 도덕철학 교수로서의 강의와 연구의 산물이라는 것은 위에서 말한 대로다. 이제껏 행해진 경제학적 사회사상사 연구에서는 도덕철학 교수 스미스가 어떻게 해서 경제학자 스미스로 다시 태어났는가 하는 문제를 다루는 경우가 많았다. 그리고 그런 맥락에서 경제학자 스미스에게 『도덕감정론』이 지니는 의의를 둘러싸고 많은 논의가 있었지만, 그런 문제 설정이 반드시 유일하고 적절한 것만은 아니었다. 왜냐하면 스미스는 『국부론』을 쓰기전에는 물론이고 쓴 후에도 『도덕감정론』의 저자이기를 그만두지 않았기 때문이다. 스미스가 『국부론』이 출간된 후로도 죽을 때까지 『도덕감정론』의 개정에 심혈을 기울였다는 사실이 그것을 방증한다. 윤리학적 사회사상사의 입장에서 보면 스미스는 왜 도중에 옆길로 새어 굳이 『국부론』 같은 분야도 다른 대작을 썼을까 하는 문제 설정조차 가능한 것이다. 그럴 뿐 아니라 스미스에게는 또하나의 대작인 『법학 강의』의 출간 계획이 있었다. 사정이 있어 간행되지는 못했지만 스미스는 이 출간 계획을 말년까지 포기하지 않았다.

한마디로 애덤 스미스는 경제학의 아버지로서만 위대했던 것이 아니다. 그는 걸출한 윤리학자이자 (미완일지언정) 중요한 법학·정치학자이기도 했다. 이처럼 여러 면모를 지닌 스미스를 근본적으로 통일한 것이 바로 '도덕철학' 즉 '사회사상'이라는 학문 스타일이다. 그리고 스미스의 사회사상은 단 하나였을 뿐 경제학, 윤리학, 법학·정치학 각각에 걸맞은 세 종류의 사회사상이 있지는 않았다. 스미스는 한 명의 도덕철학자 즉 사회사상가로서 균등한 무게를 가지고 『국부론』과 『도덕감정론』을 펴내고 『법학 강의』를 준비했다. 이 책이 『국부론』을 경제학적으로 논하지 않고 『국부론』의 토대인 인간관·사회관·역사관을 논하는 것은 윤리학자·법학자 스미스의 인간관·사회관·역사관을 그 자체로서 논하는 것과 기본적으로 다르지 않다. 스미스의 경우만큼 알기 쉬운 형태는 아닐지도 모르지만, 이 책에 등장하는 사상가 모두에 대해 이와 마찬가지로 이야기할 수 있다.

틀림없이 밀, 마르크스, 케인스, 하이에크 같은 사람들은 종합적 사회사상으로서의 스미스적 학문의 전통을 계승한다. 그러나 일반적으로 시대가 뒤로 오면 올수록 이러한 학문 스타일을 유지하기가 어려워진다. 윤리학과 법학·정치학은 물론이고 종국에 가서는 경제학 역시 19세기 이후에 대학의 강좌로서 독립하여 학문으로 제도화됨으로써 다른 분야에 속한 사람이 쉽게 비집고 들어설 수 없는, 전문가의 독점물이 된다. 사실 현대로 오면 올수록 사상가들은 철학자나 경제학자, 정치학자로 특화되어 그들의 고유한 사회사상을 논하기가 점점 어려워지는 듯 보이기도 한다. 그럼에도 이 책에 등장하는 사상가들은 특정한 학문 분야에 입각하여 자신의 본바탕에 전문 분야를 넘어선 학문적 식견과 그것을 크게 끌어안는 강인한 인간관·사회관·역사관을 가지고 있었으며, 그들 고유의 '사회사상'을 논하는 것은 여전히 의미 있는 일이다.

3. '시대'와 '사상'의 문맥

이 책에서는 사상가들의 사상이 주로 두 가지 요인에 의해 형성되었다고 본다. 첫째는 사상가들이 살았던 '시대의 문맥'이며 둘째는 각 사상가가 과거로부터 계승한 '사상의 문맥'이다. 사상가는 특정한 시대와 사회를 살며 그 사회 고유의 문제들과 사상적 · 학문적으로 씨름하는 가운데 선행하는 여러 세대로부터 받아들인 특정한 이념, 개념, 체계를 이용해 스스로의 사상을 탄생시켜왔다. 그것은 기계적 계승 관계가 아닌 다른 '시대의 문맥' 속에서 선행 세대의 사상 전통에 의해 구성되는 '사상의 문맥'을 계승하는 과정이며, 각 사상가는 그것을 의식하는지 여부와는 별개로 유럽 2천 년의 사상 전통에 깊이 뿌리내린 것으로서 자신의 사상을 확립해왔다. 같은 과정 속에서 각 사상가에게 독자적 관점과 사고방식이 더해져 선행 세대로부터 계승된 사상 전통은 새로운 시대의 문제와 격투하면서 서서히 그러나 확실하게 어떤 질적 변용을 이뤄가는 것이다.

그 결과 각 시대의 사회사상의 단면을 살펴보면 흥미로운 사실을 알게 된다. 그것은 같은 시대의 문맥 내부에서 사고하면서도 다른 사상 전통에 뿌리내린 결과 또다른 사회사상이 생겨난다는 사실이다. 그와 반대로 100년 단위의 다른 시대에 살며 전혀 다른 문제와 씨름한 듯 보이지만 같은 사상 전통에 뿌리내린 결과 동질적 사회사상이 생겨나는 경우도 있다. 이를테면 전자의 예로서는 18세기 유럽에 살며 문명사회의 위기라 일컬어진 동질의 문제와 씨름한 스미스와 루소, 19세기 유럽에 살며 자본주의의 위기와 사회주의의 발흥이라는 새로운 문제에 직면한 밀과 마르크스의 경우가 전형적이다. 후자의 예로서는 개인주의적 자유주의 혹은 이성주의라는 같은 사상 전통 속에 있으면서도 18세기 유럽과 20세기 영국 및 미국이라는 다른 시대와 사회의 문맥 속에서 사고했던 흄과 하이에크, 칸트와 롤스의 조합을 들 수 있을 것이다.

이렇게 생각하면 어떤 특정한 시대와 사회의 배경에서 어떤 특정한 사상을 평가하는 방법도, 반대로 어떤 사상 전통의 계속성과 일관성을 일면적으로 강조하는 방법도 반드시 온전하다고는 할 수 없다. 르네상스에서 현대까지의 근대 사회사상사를 고찰할 때에는 '시대의 문맥'과 '사상의 문맥'을 두 개의 독립변수로서 서로 유기적으로 관련지을 필요가 있으며, 어느 한쪽의 문맥에 다른 한쪽의 문맥을 환원시키지 않는 형태로 개별 사상가들의 '개성(individuality)'을 해명하지 않으면 안 된다. 나아가 이 경우에 각 사상가의 개성 자체가, 어느 사상가와 그것을 비판·계승하는 사상가의 특정한 관계에서는, '사상의 문맥'의 중요한 요인이 되기도 한다. 500년에 이르는 근대 사회사상의 발전을 여러 사상의 계승과 비판, 연속과 단절이라는 양면에서 포착하면서 사상가들의 개성을 사회사상사에서의 전통의 계승과 혁신이라는 지(知)의 다이너미즘을 통해 이해하는 것, 바로 여기에 이 책이 취한 방법상의 특징이 있다.

이 방법의 구체적 의미를 스미스와 마르크스의 관계를 통해 생각해보자. 우선 두 사람 사이의 '시대의 문맥'에는 18세기라는 산업혁명 이전 시대의 스코틀랜드인과, 영국의 산업혁명이 거의 완료되고 구미

국가들의 자본주의가 확립되어가던 19세기의 독일인이라는 큰 차이가 있다. 이것은 '시대'와 '사상'이라는 두 문맥의 구별과 관련된 근본적 차이이며 두 사람의 사상의 차이는 궁극적으로는 모두 이 점에서 연유한다고 할 수 있다. 그러나 이 차이를 아무리 강조한들 사회사상사에서의 두 사람의 역할이나 공헌, 특히 둘 사이의 비판·계승 관계의 내실은 명확히 드러나지 않는다. 하긴 이러한 의미의 '시대의 문맥'에서 보면 두 사람 사이에는 언뜻 보아 거대한 역사적 단절이 있지만, 다른 관점을 취하면 거기에 일정한 연속성이 있다는 것도 부정할 수 없기 때문이다.

　스미스와 마르크스의 연속성은 두 사람 모두 서구 근대의 문명사회에 살며 그것이 낳은 근본적 문제와 씨름한 인물이라는 것이다. 이 경우 두 사람 모두 '자본주의'를 살았던 사상가라고는 할 수 없다. 왜냐하면 두 사람이 산 시대는 산업혁명의 전과 후라는 전혀 다른 역사 단계에 속하며 마르크스가 '자본주의'의 비판과 극복이라는 문제를 자각하고 있었던 것과 같은 의미에서 스미스가 '자본주의'라는 개념을 통해 그의 시대와 사회를 이해했다고는 할 수 없기 때문이다. 이에 비해 두 사람 모두 서구 근대 '문명사회'의 근본적 문제와 맞선 사상가였던 것은 틀림없다. 그들은 각자의 저작 여기저기에서 이 개념을 구사하여 동시대의 서구 사회를 인식하려고 했기 때문이다.

　그렇다면 스미스와 마르크스의 공통 전제인 '문명사회'는 무엇일까? 그것은 첫째로 자유, 풍요, 진보라는 말로 표현되는, 그 이전 사회와는 근본적으로 구별되는 새로운 사회질서를 말하며 좀더 구체적으로는 서구 사회가 르네상스 이래로 키워온 '자유민주주의'와 '시장경제'라는 두 사회제도를 기본으로 하는 사회를 말한다. 물론 거기서의 '자유민주주의'나 '시장경제'는 오늘날 우리가 보통 생각하는 것과는 다르다. 스미스가 살던 시대의 영국은 엄밀히 말해 민주주의 사회와는 거리가 멀었으며 왕후·귀족이나 대지주를 중심으로 한 과두제적 사회였다. 이와 달리 마르크스가 관찰한 영국 사회에서는 의회민주주의의 제도와 법률이 현실화되고 있었다. 한편, 스미스가 관찰한 '시장경제'는 독립생산자가 광범위한 토대를 이루는, 아직은 농업 중심 사회였지만 마르크스의 그것은 자본가와 노동자의 계급 대립이 표면화된 상공업 중심 사회였다.

그러나 이런 차이에도 불구하고 스미스와 마르크스는 모두 인신과 재산의 자유를 보장하고 법 앞의 평등을 기본 원리로 하여 개인의 자유로운 경제활동이 사회 전체의 부를 증대시키는 문명사회의 이미지를 대전제로 하고 있었다. 그러한 거시적 '시대의 문맥'의 공통성 위에 18세기 영국과 19세기 독일이라는 각 시대의 미시적 '시대의 문맥'의 차이가 다시금 문제가 되는 것이다. 이 점을 이해하기 위해 스미스와 마르크스의 비교에 J. S. 밀을 더해서 보면 편리하다. 스미스와 마르크스는 표층적으로는 큰 차이를 보이면서도 기저적으로는 근대 문명사회라는 공통된 '시대의 문맥'을 살며 사고했다. 이 점은 밀도 마찬가지다. 그뿐 아니라 동시대인이라 할 만한 밀과 마르크스는 태어난 나라는 달랐을지언정 유럽 사회의 거의 같은 현실을 관찰했다. 그럼에도 밀과 마르크스 사이에 있는 커다란 사상적 차이는 어디서 비롯된 것일까?

그것은 바로 그들이 뿌리내린 '사상의 문맥'의 차이였다. 밀이 속해 있던 사상 전통은 프랜시스 베이컨 이래 영국 경험론의 그것이며 기본적으로는 흄, 스미스 등의 경험주의 철학과 사회사상을 계승한 것이었다. 한편, 마르크스가 계승한 것은 헤겔 중심의 독일 관념론 철학의 전통이었다. 두 사상 전통은 물과 기름이라 할 만큼 이질적인 전통이자 문맥이었다. 밀과 마르크스는 동시대 유럽 사회의 현실을 이런 이질적 전통 속에서 관찰하고 분석했던 것이다. 그 결과 두 사람이 제시한 문명사회의 전망은 크게 달라졌다. 밀은 대의제 민주주의야말로 근본적 제도이며 그것의 완성이야말로 자본주의 사회의 갖가지 폐해를 해결할 것이라 생각했다. 밀에게 사회주의는 장래 사회의 선택지 중 하나이긴 했지만, 그 문제점과 폐해 역시 명백했으며 거기서 개인의 자유와 평등의 양립이라는 밀 고유의 '문제'가 생겨났다. 이에 비해 밀과 동시대를 살고 스미스, 리카도 등의 고전경제학의 성과를 흡수하면서도 마르크스가 계승한 사상 전통은 헤겔 등의 독일 철학이었다. 마르크스는 가족 · 시민사회 · 국가라는 역사의 틀을 헤겔로부터 계승하고 여기에 포이어바흐의 유물론과 소외론을 조합하여 자본주의 사회의 극복을 자신의 사상 과제로 삼았다.

이런 이질적인 사상의 문맥 속에서 사고한 결과 밀과 마르크스는 같은 자본주의의 현실을 관찰했으면서도 서구 문명의 앞날을 전혀 다른 방식으로 전망하게 되었다. 즉, 밀은 의회민주주의의 개량을 통한 자본주의 문명의 점차적 개선, 마르크스는 자본주의의 극복에 의한 공산주의의 실현이라는 대극적으로 다른 전망을 제출한 것이다. 같은 '시대'를 살면서 두 사람은 다른 '사상'의 문맥에서 다른 '문제'를 스스로에게 부과했다. 나아가 완전히 같은 '시대'와 '사상'의 문맥 속에서 살았던 두 명의 사상가가 있었다고 해서 그 두 사람이 완전히 같은 '문제'를 스스로에게 부과하리라 단정할 수는 없다. 뒤에서 보게 되겠지만 케인스와 하이에크의 관계가 바로 그런 경우였다.

4. 사회사상의 기본 문제: '자유'와 '공공'의 관계

이 책은 근대 이후 사회사상의 전개 과정을 '자유'와 '공공'이라는 두 개념의 관계를 통해 추적한다. 그것은 근대국가와 시장경제의 관련을 둘러싼 사상가들의 사색의 궤적을 탐구하는 작업의 최종 목적이기도 하다. 실제로 이 책에 등장하는 사상가들은 하나같이 근대사회가 합리적 국가와 시장경제를 두 기둥으로 하는, 인류역사상 유례를 찾아볼 수 없는 새로운 질서의 출현이라는 사실을 인식함과 동시에 근대사회에서 개인의 '자유'와 '공공'의 양립은 어떻게 가능한가 하는 기본 문제에 대해 각자의 입장에서 씨름했다. 다양한 사상의 문맥 속에서 사상가들이 제기하고 파고들었던 이 공통의 문제가 각 시대와 지역에서 어떻게 제기되고 다뤄지고 계승되는지를 추적하는 것이 이 책의 주제이다.

'자유'는 고전고대 이래 서구 사상의 기본 개념이며 서구 문명의 생명선이라고도 할 수 있는 문제였다. '자유'라 하면 특히 일본에서는 사상·신념의 자유나 언론·출판, 정치 활동의 자유 등과 일체를 이루는 것으로 생각되어 특별히 근대적인 가치라고 여겨지는 경우가 많다. 그러나 '자유' 관념은 약 2500년 전 그리스·로마의 고전고대에서 발단해 그리스도교가 확립된 후의 유럽에서 그 의미와 내용을 크게 바꿔가면서도 여전히 하나의 근본적 가치이자 규범이었다. 근대는 물론이고 고대와 중세에도 인간의 '자유'를 둘러싼 사고와 언설의 거대한 전통이 있어 근대 이후의 사상가들은 하나같이 이 전통 위에서만 새로운 사고를 전개할 수 있었다. 문제는 '자유'의 구체적 내용이며 그것이 정치나 사회의 제도로서 실현되는 방식이었다. '자유' 관념은 고대에서 중세, 근대에 걸쳐 그 의미 내용을 결정적으로 변화시켜왔다.

고도로 발달한 아테나이의 공화제에서 플라톤이나 아리스토텔레스가 문제삼은 '자유'는 무엇보다도 우선 정치적 공동체로서의 국가의 자유였다. 국가의 자유는 타국, 타민족의 침략과 지배로부터 자국의 독립을 지키는 것을 의미했다. 그들이 문제삼은 '자유'는 무엇보다도 이러한 의미에서의 국가의 자유이며 자유로운 국가의 조건을 탐구하는 것이야말로 그들의 기본 문제였다. 이에 비해 마키아벨리에서 홉스에 걸쳐 전개된 근대적 '자유'의 사상사는 인간으로서, 개인으로서의 자유 관념의 역사였다. 그것은 가부장으로서의 사적 개인이자 새로이 출현한 공적 세계를 살아가는 개인이기도 했다. 이 결정적 변화를 촉발한 계기는 근대 이후에 비로소 등장하는 합리적 국가와 시장경제에 의해 성립되는 새로운 사회(문명사회)의 출현이었다. 그러니까 고대에서 근대에 걸쳐 '자유'와 '공공'의 관계는 결정적으로 역전되었다. 고대의 '공공'에서의 '자유', '공공'을 위한 '자유'가 근대에는 '자유'에서의 '공공', '자유'를 위한 '공공'으로 변화한 것이다.

아렌트의 『인간의 조건』은 고대와 근대에서의 '사(私)'와 '공(公)'의 역전을 지적한 고전적 저작이다. 아렌트에 따르면 고대 도시국가에서는 정치 활동이야말로 자유로운 인간(시민)의 본질이었지만, 근대사회에서는 시장경제가 출현함으로써 지배권을 쥔 '사회적인 것(the social)'에 의해 다양한 개인의 자유로운 정치 활동을 본질로 하는 공적 세계는 붕괴되고 생명의 재생산을 본질로 하는 필연성의 세계인 '시장'이 의사적(擬似的) 공공 세계로서 출현했다. 이처럼 근대의 '자유'와 '공공'의 관계를 '사'와 '공'의 분열로 파악한 아렌트의 견해는 자본주의로서의 '시민사회'를 약육강식의 에고이즘 세계로서, 그리고 그 '시민사회'에 기초한 근대국가를 소외된 공동체라는 식으로 비판적으로 분석한 마르크스의 견해와 공통된 면을 지닌다. 과도한 단순화의 위험을 무릅쓰고 말하자면 '자유'는 자신의 욕망을 저 좋을 대로 실현할 자유이고, '공공'은 세상과 타인을 위해 일하고 개인의 자유를 희생하여 공을 위해 진력하는 것이라는 이분법은 현대를 사는 우리의 상식이 되어 있기도 하다.

그러나 이것은 반드시 근대의 '공'이 '사'에 종속되는 이차적인 것에 불과하다는 의미는 아니다. 앞으로 독자와 함께 살펴보겠지만 근대 사회사상 속에서도 '사'의 입장을 관철시킨 듯한 사상가의 계열(홉스, 스미스, 벤담 등)과 '공'의 사상 계열(루소, 헤겔, 마르크스 등)은 언뜻 보아도 확연히 구별된다. 그리고 벌린의 『자유론』에 나오는 '자유의 두 개념'의 구별에 관한 유명한 논의(위의 두 계열에 대응시켜 말하면 '소극적 자유'와 '적극적 자유'의 구별)는 거의 이 구별에 대응한다. 그러나 벌린 자신이―예를 들어 밀의 사상에 대해―이 구별의 엄밀한 적용이 어렵다는 것을 인정하고 있듯이 사회사상사에서 '사'의 사상가와 '공'의 사상가를 구별하기는 쉽지 않다. 이 이분법을 적용하기 어려운 사상가는 밀뿐만이 아니다. 이 책은 바로 이러한 관점에서 근대 사회사상의 전체를 되짚는 시도이며, 오늘날까지 '사'의 사상가로 여겨져온 이들에게 '공'의 논리가 작동하고 있었음을 확인하려는 시도이다.

플라톤, 아리스토텔레스, 키케로가 활약한 고대 도시국가에서의 '사'와 '공'의 관계가 근대 이후에 정반대라 할 만큼 역전된 것은 사실이다. 그러나 근대에서의 '사'와 '공'이라는 관계는 '공'의 논리의 붕괴나 소실을 의미하지 않는다. 그것은 또한 근대적 의미의 정치와 경제를 포함하는 공적 세계가 위선이나 가상이라는 것을 의미하지도 않는다. 고대의 '공'과 근대의 '공'이 근본적으로 다른 것은 사실이지만, 그것은 오히려 근대에 새로운 공공성이 출현했음을 의미했다. 노예제를 기본으로 하는 경제 구조가 전제되었을 때에만 출현할 수 있었던 고대 세계의 공공성의 논리가 근대사회에서는 적용될 수 없다는 것을 마키아벨리 이후의 사상가들은 공통적으로 인식하고 있었다. 그들은 시장경제와 근대국가라는 인류 문명의 새로운 틀에 입각해 '자유'로운 개인이 어떻게 해서 근대사회의 새로운 '공공'을 구축할 수 있었는지 그 사상적 가능성을 파고들었던 것이다.

고대의 '공'과 근대의 '공'이 얼마간 다르다고 해서 양자가 사회사상의 실제 역사에서도 처음부터 단절되어 있었던 것은 물론 아니다. 마키아벨리 이후의 근대사상가들은 고대인의 '자유'와 '공공'의 이상을 비판적으로 계승하는 가운데 근대적 '자유'와 '공공'의 사상을 재건해나갔기 때문이다. 앞으로 보게 될 사회사상사의 기본선은 근대적인 '자유로운 개인'의 사상이 고대적인 '자유로운 국가'의 사상을 대체하여 전자가 후자를 압도해가는 역사인 것처럼 보인다. 그러나 그것은 현대적 의미에서의 '자유주의'의 역사도 아니고 '개인주의'의 역사도 아니다. '자유' 사상은 '자유주의'와는 별개이며 '개인' 사상은 '개인주의'와는 별개이기 때문이다. 근대적 개인의 자유의 원리만으로는 설명할 수 없는, 개인을 넘어선 공공성의 문제를 그 자체로서 고찰하는 장면에서는 어떤 사상가든 고대 이래의 사상적 유산과 그 지적 자원(정의, 덕, 자연법 등의 개념)을 적극적으로 활용할 수밖에 없었다. 이른바 '고전적 공화주의'나 '자연법학'의 사상 전통이 그 전형이다.

나아가 근대사회가 합리적 국가와 시장경제 시스템에 의해 억압하고 배제한, 개인을 전체의 유기적 부분으로 보는 사상 역시 새로운 형태로 거듭 되살아난다. 그것은 어떤 역사의 문맥에서는 개인을 전통적 공동체 속에 포섭하는 '보수주의'나 '낭만주의', '국민주의(내셔널리즘)' 사상이 되며, 다른 문맥에서는 소외된 개인을 유적 공동체에 의해 구제하려는 '공산주의' 사상의 원천이 되기도 했다. 나치즘을 전형으로 하는 20세기의 전체주의 역시 자유주의나 개인주의 사상이 지배적이 되어가는 과정에서 억압된 모종의 '공'의 부활을 표방한 것이었다. 이 책의 '공공'은 개인의 자유를 원점으로 하는 근대적 '공공' 사상뿐 아니라 이러한 근대적 '공공'에 만족할 수 없는 모든 사상을 포함하고 있다. 그것은 보수주의, 국민주의, 사회주의, 전체주의 사상에서는 물론이고 현대사회를 지탱하는 자유주의와 개인주의, 나아가서는 시장경제와 자본주의 사상 속에도 다양하게 모습을 바꾸며 계승되고 있다고 생각되기 때문이다.

우리는 지금도 여전히 행정 권력으로서의 '정부(government)'라는 말과 함께 '국가(state)' 혹은 '국민(nation)'이라는 말을 사용하고 있다. 그것은 '정부'라는 말로는 표현되지 못하는 특별한 '공'의 의미가 '국가'나 '국민'이라는 말로 표현될 수 있다고 여겨지기 때문이다. '국가'와 '국민'이 그 자체로 서로 이질적인 '공'이라는 것은 말할 나위 없지만, 그것을 인정하더라도 그 말들은 여전히 국민국가, 복지국가, 국가원수, 국익, 애국심 등등 다양한 문맥에서 다른 정치적 뉘앙스로 쓰이며 개인이나 정부를 넘어선 전체성이나 공동성, 즉 근대사회에 여전히 존속하며 근대사회가 불가결의 통합원리로서 필요로 하는 공공성의 의미를 담고 있다. 사회 전체와의 관련을 결여한 개인은 고독하며 모든 공공적 의무로부터 해방된 개인의 자유는 공허하다. 근대 사회사상사는 진정한 '개인' 없이 '공공'은 없으며 진정한 '공공' 없이는 개인의 '자유'도 없다는 것을 우리에게 가르쳐줄 것이다. 이 책은 이러한 자유와 공공의 복잡한 역사적 관계를 '시대'와 '사상'의 중층적 문맥을 배경으로 각 사상가의 '문제'의 문맥에서 내면적·공감적으로 이해하면서 풀어나가려는 시도이다.

서술 방식에 대해 말하자면, 이 책은 모든 장이 다음과 같은 순서로 전개된다.

'시대의 문맥'에서는 해당 장의 주요한 사상가들이 살았던 시대의 배경을 정치와 경제 양면에서 개관한다. 장마다 대상이 되는 시대와 지역에는 폭이 있으며 그에 따라 서술의 성격도 달라지지만, 어쨌든 여기서의 목적은 정치사나 경제사의 정확한 기술이 아니라 그 장에 등장하는 사상가들의 사상 형식에서 중요한 의미를 갖는 기본적 사실들을 독자와 함께 확인하는 것이다.

'사상의 문맥'에서는 '시대의 문맥'과 뒤얽혀 전개된 사상사적 사건의 계보나 영향 관계를 정리한다. 여기서도 망라적인 사상사적 기술보다는 주요한 사상가들을 이해하는 데 필수적인 사항에 초점을 맞추어 동시대 사상들의 기본적 사고방식이나 개념·이론의 내용을 확인한다.

사상가들의 '문제'에서는 해당 장의 주요한 사상가들이 '시대'와 '사상'이라는 두 문맥의 중층적 영향 아래서 어떠한 문제를 스스로의 사상 과제로 설정했는지 검토한다. 그것은 어떤 경우에는 전통적 문제를 새로운 역사적 상황 속에서 재정식화(再定式化)하는 것이며, 또 다른 경우에는 전통적 문제 설정을 근본적으로 비판하고 이를 전혀 다른 새로운 문제 파악 방식으로 대체하려는 시도가 된다. 즉, 사상가의 내면에 입각해 그들이 저마다의 사상적 출발점에서 무엇을 어떻게 문제삼았는지를 밝힌다.

이어지는 절들에서는 사상가들의 '문제'가 구체적으로 어떠한 형태로 전개되었는지 그 내용을 개관한다. 이 부분은 각 사상가의 주요 학설이나 이론에 대한 해설인데, 가능한 한 원전을 많이 인용해 가급적 사상가들의 '육성'을 전하려고 노력했다. 필자의 요약이나 해설과는 별개로 사상가의 육성을 통해, 경우에 따라서는 원전을 직접 참조하며 독자 스스로 해석하고 생각해보기를 희망한다.

각 장 말미에서는 사상가들의 '자유와 공공'의 관계를 둘러싼 사고의 궤적을 개관·정리하며 필자 나름대로의 관점이나 현대적 문제의식을 반영하여 사상가들의 역사적 역할과 공헌을 평가한다. 특히 유넘해야 할 것은 과거의 사상가를 오늘날의 학설·사상의 관점에서 초월적으로 평가하거나 비판하지 않는 것이다. 현대적 관점에서 보면 잘못되었거나 미심쩍게 생각되는 주장도 '시대'와 '사상'이라는 두 문맥 속에서야 비로소 그 진정한 의미가 이해되는 경우가 많다. 각 사상가의 논의가 시대와 지역의 제약을 넘어 오늘날의 독자에게 직접 호소하는 힘을 갖는 경우도 적지 않으므로 이러한 측면에서의 적극적 평가에도 유의해야 한다. 즉, 과거의 고전적 텍스트에 대한 역사 문맥적 내재(內在)와 현대적 관심에서 비롯된 과감한 재평가의 적절한 균형을 지향하고자 한다.

이 책은 기본적으로 위와 같은 서술 방침을 따르고 있지만, 각 장이 대상으로 하는 시대·지역·사상가의 다양성에 따라 이 방침을 반드시 엄격하게 지키지는 않았다. 위에서 이야기한 구성의 큰 틀 속에서 각 사상가의 중심적 사상 내용과 그것의 현대적 의의를 밝힐 수 있다면 필자의 목적은 일단 달성된 셈이다.

제1장

마키아벨리의
사회사상

1. '시대'의 문맥: 시장경제의 부활과 근대국가의 태동

근대사상의 표준적 통사는 마키아벨리에서 시작하는 것이 통례다. 그의 걸출한 저작들과 그 역사적 영향력을 떠올리면 조금도 이상한 일이 아니다. 이 책도 그 통례를 따르겠지만, 대체 어째서 마키아벨리 한 명을 근대사상의 개막을 대표하는 인물로 여겨왔을까? 그것은 마키아벨리 스스로 이를 의식하고 있었는지 여부와는 별개로 그가 근대사회와 근대국가가 직면한 근본적 사상 문제를 적확히 파악하고 이를 후세의 사상가들에게 피할 수 없는 과제로 남겼기 때문이다. 특히 이 책에서 말하는 사회사상의 출현에 있어서 마키아벨리의 존재는 결정적이었다. 마키아벨리야말로 고전고대 이래의 사상 전통을 한 몸에 떠안으면서도 눈앞에 출현중인 근대사회의 현실이 제출하는 근본적 문제에 처음으로 맞선 인물이었기 때문이다.

476년에 서로마제국이 멸망한 후로 유럽 사회는 자급자족의 자연경제 속에서 오랫동안 정체되어 있었다. 전근대사회의 생산 기반이 농업이었다는 것은 말할 나위도 없지만, 이 시대 유럽의 농업은 상업이나 무역을 포함하지 않는 말 그대로의 자연경제였다. 각 지역은 봉건영주의 지배를 받았으며 저마다 자기 완결적인 정치적·경제적 단위를 구성하고 있었다. 봉건제의 경제적 기반은 영주의 농민(농노) 지배와 생산물 수탈이었다. 요컨대 농민은 영주 소유의 토지에서 스스로 생산한 농산물 대부분을 영주에게 수탈당하고 극히 적은 잉여 생산물만을 자기 소비용으로 확보하는 구조였다. 봉건사회의 농민에게는 결혼하여 가정을 꾸릴 자유가 있었으므로 가축처럼 매매되던 고대의 노예와는 사정이 달랐지만 토지에 묶인 농노라는 사실에는 변함이 없었으므로 근대적 의미의 자유로운 개인은 아니었다.

그런데 봉건제와 농노제에 기초한 자급자족적 경제 구조는 11세기 무렵에 시작된 '상업의 부활'(앙리 피렌)에 의해 극적으로 변화한다. 처음에는 북해·발트해를 중심으로 하는 한자 도시들이 성장하고, 이어서 십자군의 경로상에 자리잡은 이탈리아 도시들이 동방무역으로 발흥한다. 이런 원격지 무역의 출현이 내륙의 생산 활동을 불러일으켰고 생산기술의 개량을 통한 농업 생산력과 인구의 증대를 가져왔다. 결과적으로 프랑스·독일의 내륙에서 잉글랜드에 이르는 서유럽 전역에서 시장경제의 일대 광역권이 생겨나는 한편, 봉건영주들은 중근동에서 중국에까지 확대되는 아시아 여러 지역으로부터 원격지 상인에 의해 반입되는 사치품에 눈이 멀어 그것을 손에 넣기 위한 현금 욕심에 생산물 지대(地代)의 금납화(金納化)를 추진했다. 농민은 잉여 생산물을 도시에서 판매할 자유를 얻었으며 이것이 농노제의 붕괴를 이끌었다. 봉건영주의 지배에서 해방된 농민은 자치도시의 시민이 되거나 그대로 독립 자영농이 되어 근대사회의 담지자가 되어간다.

　도시경제의 출현과 병행하여 이를 촉진한 것이 다양한 형태의 근대국가의 출현이다. 중세 말기까지의 유럽의 정치적 상태를 보면 게르만 부족들의 침입으로 서로마제국이 붕괴된 후 800년에 교황 레오 3세 아래서 대관한 카를대제의 프랑크왕국이 성립되었고, 이 왕국이 프랑스, 독일, 이탈리아로 분열되자 962년에는 독일이 국왕 오토 1세의 대관에 의해 형식적으로는 1806년까지 존속하는 신성로마제국이 되었다. 그동안 로마교회는 일관되게 교황을 정점으로 하는 유럽의 정신적 권위로서 군림했을 뿐 아니라 각국에 광대한 교회령을 소유하고 십일조 징세권을 갖는 거대한 세속 권력을 확립하고 있었다. 그 결과 10세기 무렵의 유럽 세계는 황제, 국왕, 봉건영주, 로마교회라는 복수의 권력이 복잡하게 뒤얽힌 중층 구조를 이루었으며, 근대적 의미의 영역적 · 통일적 국가권력은 존재하지 않았다.

　그러한 중세 사회의 정치 구조가 시장경제의 출현에 의해 흔들리기 시작하자 이에 대응한 정치적 움직임이 시작되었다. 지대의 금납화에 의한 농민 해방은 영주 자신의 정치권력을 무너뜨리고 이것을 대신하여 광대한 지역을 통치하는 국왕 권력이 출현한다. 이런 신흥 국왕 권력은 나라와 지역에 따라 다양한 발전을 보였다. 스페인, 프랑스, 잉글랜드, 스웨덴 등지에서는 왕권의 강화와 집중이 진행되어 절대왕정의 기초가 형성되었지만, 신성로마제국이 된 독일에서는 봉건영주가 그대로 영방 군주로 상승 · 전화(轉化)했기 때문에 통일적 절대왕정은 형성되지 않았다. 이와 달리 원래 영주제의 지배력이 약했던 이탈리아에서는 일찍부터 피렌체나 베네치아 같은 소규모 도시 공화국이 생겨나 있었던데다 나폴리왕국이나 밀라노공국 같은 대규모 군주국도 존재해 정치적 분열 상태가 이어졌다. 이런 이탈리아의 정치적 분열은 타국의 침략이나 지배를 받으면서 1861년에 통일될 때까지 계속된다. 이처럼 규모나 형태는 제각각일지언정 이는 모두 단일한 영역을 단일한 정치권력이 지배하는 근대 국민국가의 선구적 형태들이었으며, 유럽 내륙에서의 자치도시 출현과 연동하여 중세 봉건사회의 기초를 무너뜨렸다. 그리고 마키아벨리가 나고 자란 피렌체야말로 그러한 유럽 근대의 출범을 상징하는 존재였다.

2. '사상'의 문맥: 이탈리아 르네상스의 인문주의

마키아벨리가 살던 시대의 이탈리아는 르네상스의 전성기였다. '르네상스'라는 말은 스위스의 역사가 야코프 부르크하르트의 명저 『이탈리아 르네상스의 문화』(1860)에 의해 보급된 용어다. 부르크하르트는 당시 사라져가던 유럽 문화의 원점을 탐구한 결과 이탈리아의 르네상스에 도달했으며, 유럽 근대의 여러 가치가 거기서 유래한다는 것을 발견했다. 그에 따르면 르네상스의 문화를 구성한 기본적 요소는 네 가지로, 즉 ① '예술작품으로서의 국가'의 출현, ② '개인'의 발전, ③ '고대'의 부활, ④ '세계와 인간'의 발견이었다. '예술작품으로서의 국가'는 피렌체나 베네치아의 공화제에서 비로소 근대국가 사상이 출현한 것을 의미한다. 그 중심에는 '한 국가를 세울 수 있다'는 사상이 있으며 그러한 사상을 전개한 '비할 데 없는 최대의 인물'이 바로 니콜로 마키아벨리(1469~1527)였다.

부르크하르트가 '고대의 부활'이라 부른 것은 '르네상스'라는 말의 본래 의미인 '재생'을 말하며, 르네상스 학문의 기초가 된 '인문주의 (휴머니즘)'의 출현을 의미한다. 중세에는 신학을 중심으로 한 학문의 계승은 오랫동안 수도원의 역할이었다. 거기서 학문과 그리스도교 신앙은 같은 활동의 양면이었으며, 학문은 신약·구약 성서를 바탕으로 신과 예수 그리스도의 말을 정확히 전하고 로마교회의 의도에 따라 해석하여 후세에 전하는 것이었다. 성서 원전의 정확한 필사, 교정, 주해라는 일련의 작업이 중세적 학문의 기본이며 그 자체가 하나의 종교적 실천이었다. 수도자들은 육욕·물욕을 끊는 명상적 생활 속에서 오로지 영혼의 구제를 추구해 그 일환으로서 학문을 실천한 것이다.

그런데 로마교황의 권위와 권력이 절정에 달한 12세기 무렵부터 교회나 수도원을 대신하는 새로운 학문·교육 기관으로서 볼로냐, 파리, 옥스퍼드 등 유럽 각지에서 '대학'이 생겨났다. 대학의 기원은 교회 부설의 주교구 학교였는데, 점차 교수와 학생의 자치 조직으로서의 성격을 강화하여 마침내는 국왕의 인가를 받은 독자적 자치단체가 된다. 그 기본적 역할은 성직자, 법률가, 의사 등 전문 직업인의 양성이며, 신학·법학·의학의 세 학부에 의한 교육이 이뤄졌으며 이들 전문 학부에 공통된 기초 교육으로서 아리스토텔레스의 학문을 기본으로 하는 인문주의 교양 교육(liberal arts)이 시행되었다. 그 배경에는 막 생겨나기 시작한 근대적 국가가 높은 수준의 지식을 가진 전문가(정치가·관료)를 필요로 한다는 새로운 사회적 요청이 있었다. 르네상스와 종교개혁을 대표하는 사상가들 다수는 성직자임과 동시에 대학에서 수준 높은 학문을 익힌 인문주의 학자들이었다. 마키아벨리 자신은 성직자도 전문적 학자도 아니었지만, 법률가 아버지를 둔 그의 지적 토대에는 인문주의의 풍부한 교양이 있었다.

중세 유럽의 정신세계는 로마교회가 지배했기 때문에 고전고대의 지적 유산은 잊히고 그것에 대한 자유로운 연구도 억압되었다. 그리스도교가 출현하기 전에 생겨 그리스도교적 일신교의 지배 없이 도시국가의 자유를 낳은 그리스·로마의 고전은 로마가톨릭교회가 지배하는 중세 세계에서는 부적합한 문헌으로서 금압되었다. 그런데 12세기 이후 유럽 각지에 대학이 출현하자 십자군 원정의 부산물로서 이슬람 세계의 고전학자들에 의해 최고 수준에서 보존·연구된 그리스·로마의 문헌 다수가 유럽 세계에 역수입되어 대학 학자들이 그것을 급속히 연구하기 시작했다.

이러한 학문을 대표하는 것이 스콜라 철학이며 그 집대성자로 알려진 인물이 토마스 아퀴나스(1225~74)다. 이탈리아 남부 출신인 그는 나폴리대학에서 수학하고 도미니크 교단에 들어가 파리와 쾰른에서 연구에 매진하다가 파리대학 신학부 교수가 되었다. 토마스의 『신학대전』(1265~74)은 신의 법, 자연법, 실정법에서 세속의 도덕까지 포함하는 세계의 질서를 성서에 근거한 신의 의지로부터 엄밀한 논리 전개를 통해 연역하는 장대한 체계이며 로마교회의 정신적·세속적 지배를 정당화하는 역할을 수행했다. 아울러 토마스의 스콜라 철학을 관통하는 엄밀한 추론과 논증의 방법론은 학자나 성직자는 물론이고 세속 사회를 지도하는 정치가나 관료를 양성하기 위한 학문적 기반을 제공했다. 특히 파리대학에 유학한 이탈리아 도시국가의 엘리트들은 아리스토텔레스의 논리학이나 정치학을 익혀 모국에 돌아가서는 정치나 행정의 수단으로서 이를 활용했다. 이에 비해 볼로냐대학 법학부에서는 그때까지 유럽에서 거의 잊힌 상태였던 키케로의 정치사상이나 수사학의 원전이 인문주의자 페트라르카(1304~74)에 의해 재발견된 것을 계기로 이탈리아 도시국가를 지도할 엘리트 실무가를 양성하는 지적 영양원이 되어 있었다.

이렇게 해서 파리대학이나 볼로냐대학을 중심으로 성장한 정치사상의 큰 흐름은 현대 정치사상사가인 포콕이나 스키너의 말을 빌리자면 '시민적 인문주의(Civic Humanism)' 혹은 '고전적 공화주의(Classical Republicanism)'라 불린다. 근대적 사회질서의 선구적 형태로서 르네상스 시기의 도시국가가 이탈리아를 중심으로 출현했을 때 거기서 나고 자란 정치가, 관료, 법률가, 사상들은 자신들이 참여해 수립하려고 하는 국가(공화국)를 어떻게 운영할 것인지에 대해 그 모범을 파리나 볼로냐에서 수학한, 아리스토텔레스나 키케로의 학문 · 사상에서 찾았다. 특히 그들은 그리스 · 로마의 공화국이 직면하고 고심한 정치적 · 사회직 문세들(파벌 다툼, 부의 증대와 도덕의 부패, 용병의 보급과 애국심의 쇠퇴 등)이 거의 그대로 그들 자신의 문제이기도 하다는 것을 깨닫고 그 해결책을 이 고전들에서 찾으려 했다.

3. 마키아벨리의 '문제'

1498년에 마키아벨리는 메디치가의 독재나 수도자 사보나롤라의 신권정치에서 해방되어 공화제를 막 재건한 피렌체에서 정청 제2서기관이 된다. 그는 신성로마 황제 막시밀리안 1세, 교황 율리우스 2세, 교황군 총수로서 이탈리아 정복의 야망에 불타는 체사레 보르자 등을 교섭 상대로 하는 외교사절단에 참가해 현실 정치의 실태와 그 안에서의 인간의 행동을 자세히 관찰하며 모든 권력자는 성인도 군자도 아닌 살아 있는 인간이며 명예욕과 자기 보신 같은 정념과 욕망에 휘둘리는 존재라는 것을 알게 된다. 1512년에 메디치가의 복권과 함께 실각한 그는 석방 후 실의에 찬 은둔생활 속에서 그의 사후에 출간될 『군주론』(1532), 『로마사 논고』(1531), 『피렌체사』(1532)를 썼다. 그는 이 저작들에서 자신의 정치적 인생을 돌아보며 독자적 군대도 없이 끊임없이 외국 세력의 침공과 지배를 받아온 조국의 현실을 한탄하며 이탈리아인 스스로의 손에 의한 통일적 국민국가의 실현을 꿈꾸었다. 『군주론』에서는 보르자를 모델로 삼았다고 이야기되는 걸출한 정치지도자의 조건을 논했고 『로마사 논고』에서는 이상적 공화정체의 모습을 구상했다.

그런 마키아벨리의 마음을 사로잡은 것이 키케로나 리비우스 등이 남긴 고대 로마의 문헌들이었다. 고대 그리스의 정치사상은 아테나이의 폴리스와 민주정체를 모범으로 삼은 것이었는데, 군주제, 귀족제, 민주제의 혼합정체에 의해 공화국의 번영을 실현한 고대 로마의 논의는 군주, 교황, 메디치가 등의 정치적 야망에 좌우되던 피렌체에는 좀더 유효한 모델을 제공했다. 특히 완성을 눈앞에 둔 로마의 공화제가 아시아 여러 지역에서 유입된 사치로 인해 부패하고, 제제(帝制)로의 이행과 용병제 도입으로 붕괴되었다는 당시의 통설은 대(對)아시아 중계무역으로 번영한 피렌체의 사상가들에게는 절실한 의미를 가지는 것이었다.

마키아벨리는 키케로의 사고방식을 계승해 자유로운 시민이 공통의 룰(법)에 기초해서 서로 결합해 공동의 이익을 실현하기 위한 유일한 방법은 공화제에 의한 '법의 지배'라고 생각했다. '법의 지배'는 군주제(일인에 의한 지배)로도 귀족제(소수자에 의한 지배)·민주제(다수자에 의한 지배)로도 실현될 수 있지만, 군주제는 개인의 재능이나 이해관계에 좌우되기 때문에 무엇보다 공화정체(귀족제·민주제)에서야 진정한 '법의 지배'가 실현될 수 있다는 것이 그 기본적 견해였다. 그의 과제는 이 고전적 공화주의 사상을 근대사회의 현실(시장경제와 근대국가의 출현)에 들어맞도록 조정하는 것이었다.

마키아벨리의 주저인 『군주론』과 『로마사 논고』에 대해서는 오늘날까지 전자가 독재적 군주(좀더 일반적으로는 정치 지도자)의 조건을 그린 인간론, 후자가 공화국의 바람직한 모습을 논한 제도론으로 이해된 경향이 있으며 두 저작의 관계를 어떻게 이해할 것인지를 놓고 논쟁이 벌어졌다. 이 경우에 주의해야 할 것은 두 저작에 공통된 주제가 자유로운 국가의 조건으로서의 '법의 지배' 실현이었다는 것이다. 분명 두 저작은 스타일이 상이하지만 공화국의 자유 원리로서의 '법의 지배' 실현이라는 큰 테마는 공통된 것이었다. 이런 관점에서 보면 『군주론』은 '법의 지배'를 주체적으로 담당하는 정치 지도자의

'덕(비르투)'을 그린 인간론이며『로마사 논고』는 '법의 지배'를 객관적으로 실현하기 위한 기구론·제도론이라는 것을 알 수 있다. 두 저작은 '법의 지배'를 핵심으로 하는 근대 공화주의 사상을 인간과 제도 양면에서 논한 고전으로 이해할 수 있다.

4.『군주론』의 인간관

『군주론』의 새로움은 소재가 되는 인간관의 새로움에 있다. 이상적 군주의 모습을 탐구한다는 형식은 전통적 이상 군주론인 '군주의 거울'론 스타일을 답습하고 있지만, 그 내용은 전혀 다르다.『군주론』에 나타나는 인간은 정치권력을 행사하는 군주, 그 행사를 보좌하는 궁정 신화와 관료, 그리고 권력 행사의 대상인 일반 민중 등 세 부류로 나뉜다. 이들은 서로 다른 지위와 신분에 맞게 다양한 행동 양식을 취하는 것처럼 보이면서도 모두 '자기 이익(self-interest)'의 추구를 동기 삼아 행동한다고 상정된다. 전통적 정치론에서는 군주, 귀족, 민중에게는 타고난 고유의 속성과 그에 상응하는 행동 양식이 있다고 여겨진다. 그 전형은 플라톤의 유명한 논의(『국가』)이며 인간의 영혼을 구성하는 세 부분에 따라 이상 국가의 구성원을 '이지(理智)'를 체현한 '철학자', '기개'를 체현한 '전사', '욕망'을 체현한 '생산자'로 분류한 것이었다.

이에 비해 마키아벨리는 군주를 둘러싼 인간 역시 같은 본성을 지닌 살아 있는 인간이고 지위와 신분, 출신과 교양이 얼마간 다르다 할

지라도 그들 역시 최종적으로는 저마다의 신분과 입장에서 자기 이익과 명예·권력의 추구라는 같은 원리에 따라 행동하고 있으며, 상대가 그러한 이상 이런 인간들에게 둘러싸인 군주는 자신의 권력과 지위를 지키기 위해서는 통상적 도덕률에 얽매일 필요가 없다고 생각한다. 플라톤의 이상 국가론을 떠올리며 입에 올렸을 "이제껏 많은 사람들이 현실 속에 결코 존재한 적이 없는 공화국이나 군주국을 상상해왔지만, '인간이 어떻게 살고 있는가'는 '인간이 어떻게 살아야 하는가'와는 전혀 다른 것"(제15장)이라는 말에는 사람들의 '어떻게 살고 있는가'에 관한 '사실문제(~이다)'와 '어떻게 살아야 하는가'에 관한 '권리문제(~이어야 한다)'를 구별하여, 사실문제에 입각해 현실을 이해하는 근대과학의 방법이 소박하지만 선구적인 형태로 드러난다.

이러한 과학적 인식 방법을 정치의 세계에 적용한 것이 이른바 '마키아벨리즘'이다. 이는 종종 '권모술수' 혹은 '목적을 위해서는 수단을 가리지 않는' 사고방식으로서 표현되지만, 엄밀하게는 그 반대로 '어떤 목적을 실현하기 위해 철저하게 합리적 수단을 고르'는 정신을 나타낸다. 플라톤적 이상 국가론을 따른다면, 이상적 군주는 항상 '이지'의 체현자로서 행동해야만 하며, 개인으로서의 감정이나 인간으로서의 살아 있는 욕망에 휩쓸려서는 안 된다. 그러나 격렬한 권력투쟁을 본질로 하는 현실 정치의 세계에서 그러한 이상적 군주상은 비현실적이며 무력하다는 것을 마키아벨리는 자신의 정치 경험을 통해 이미 배운 바 있다. 인간의 노골적인 이기심이나 권력욕, 타인에 대한 냉혹한 태도를 긍정하는 마키아벨리의 인간관은 이른바 '성악설'의 전형으로서 이해되기 십상이지만 그것은 정확하지 않다. 그에게는 이기적이고 위선적인 인간, 필요하다면 거짓말과 살인도 불사하는 인간이야말로 현실의 인간이며, 아무리 보통의 양식과 도덕률에 어긋난다고 해도 그것이야말로 도덕적 선악을 넘어선 절대적인 인간의 조건이다.

그러한 인간들이 군주나 정치가로서 자신의 지위와 권력을 추구할 때 그 지상명령에서 역산(逆算)되는 최적의 수단의 추구가 생겨난다. 그것이 마키아벨리의 '권모술수'였다. "사랑을 느끼게 하는 것보다는 두려움을 느끼게 하는 것이 훨씬 더 안전하다." "무릇 인간은 은혜를 모르고 변덕스러우며 위선적인데다 뻔뻔하다." "인간은 두려움을 불러일으키는 자보다 사랑을 베푸는 자를 해칠 때에 덜 주저한다. 왜냐하면 사랑이란 일종의 감사의 관계에 의해서 유지되는데, 인간은 악하기 때문에 자신의 이익을 취할 기회가 생기면 언제나 그 감사의 상호관계를 팽개쳐버리기 때문이다."(제17장) 보통의 인간은 가급적 많은 사람에게 사랑받기를 원한다. 많은 사람에게 두려움을 사는 것보다 마음이 편하고 안심할 수 있기 때문이다. 그런데 권력자나 정치가는 다르다. 그들은 항상 다수의 적이나 라이벌에게 둘러싸여 있으며, 우호적 관계나 태도를 가장하면서 약육강식의 논리로 움직이고 있다. 이러한 군주의 삶은 보통의 인간성을 부정하는 것처럼 보이면서도 실제로는 그것을 극한까지 관철한 것이기도 하다. 인간이 날 때부터 "은혜를 모르"며 "뻔뻔하다"는 것은 인간의 본성이 그렇게 되어 있다는 지적이며, "두려움을 불러일으키는 자보다 사랑을 베푸는 자를 해칠 때에 덜 주저한다"는 말도 마찬가지다. 군주나 정치가의 경우에는 이러한 인간 본성이 권력투쟁의 아수라장에서 보통 사람들과 달리 극단적일 정도의 노골적인 형태로 드러날 뿐이라는 것이 마키아벨리의 취지이다.

　물론 군주라고 해서 언제나 무원칙적·자의적으로 법과 도덕을 어겨도 된다는 것은 아니다. 마키아벨리는 현명한 군주는 흔히 보통의 법과 도덕에 따라 나라를 다스리면서도, 일단 통제 불가능한 상황이 출현하여 그가 어쩔 수 없다고 판단한 경우에는 보통의 법과 도덕을 넘어선 결단과 행동으로 나아가도 좋다고 생각했다. 군주에게는 보통 사람들에게는 요구되지 않는 고도의 상황 인식과 정확한 판단력, 과감한 결단력이 요구된다. 그는 이런 자질과 능력의 총체를 군주의 '덕(비르투)'이라 불렀다. 마키아벨리는 "항쟁에서 승리하는 데에는 두 가지 방법이 있다"고 말한다. 하나는 '법률'이며 다른 하나는 '힘'이다. 전자는 '인간 고유'의 것이며, 후자는 '야수에게 고유'하다. 그리고 "많은 경우에 전자만으로는 불충분하며 후자에 호소할 필요가 생긴다. 요컨대 군주는 야수와 인간을 교묘하게 가려 쓸 필요가 있다"(제18장).

　'법'은 인간 고유의 원리이지만, 현실의 '항쟁' 즉 권력투쟁의 세계에서는 '법'의 원리만으로 질서를 유지하기는 불가능하다. 인간 고유의 '법'의 원리와 '야수'의 원리를 교묘하게 가려 쓰는 능력, 그것이야말로 현명한 군주의 '덕'과 다르지 않다. "운명(포르투나)은 여성이고 만약 당신이 그 여성을 손아귀에 넣고 싶어한다면 그녀를 거칠게 다룰 필요가 있다"(제25장)는 잘 알려진 구절은 법의 지배를 전제로 하면서도 그것을 넘어서는 정치 지도자의 고도의 판단력·결단력이 불가결하다는 점을 이야기하는 것이며 특히 공화제에서 정치 지도자 일반의 '덕'을 논한 것이다. 왜냐하면 '법의 지배' 원리는 군주제 이상으로 공화제의 혼이기 때문이다. 그리고 바로 이것이 마키아벨리의 또 하나의 주저인『로마사 논고』에서 다룬 문제였다.

5.『로마사 논고』의 공화제론

『로마사 논고』는 분량으로 치면『군주론』의 세 배나 되는 대작이며 공화주의의 고전으로서 후세에 큰 영향을 끼쳤다. 마키아벨리는 이 저작에서 리비우스의『로마사』(기원전 23~17)를 참조하여 고대 그리스의 아테나이와 스파르타, 로마 공화정의 제도나 법률을 상세히 비교·검토하고 거기서 얻은 식견들을 근대 공화국의 설계에 적용하려고 했다. 그에 따르면 가장 큰 정치적 안정과 경제적 번영을 누리는 국가는 자유로운 국가이며, 자유로운 국가의 기본은 공화제이다. 나아가 그는 아리스토텔레스나 키케로의 고전적 견해를 계승하여 군주제, 귀족제, 민주제라는 세 정체를 적절히 조합한 '혼합정체'가 가장 좋은 공화정체라고 주장한다. 이 세 정체는 어느 것이든 단독으로는 안정되지 못하는데, 왜냐하면 군주제는 독재제로, 귀족제는 과두제로, 민주제는 중우제로 타락하는 경향이 있기 때문이다. 이 혼합정체의 설계에 가장 큰 성공을 거둔 곳은 800년 이상 존속한 스파르타이며, 특히 500년 이상 이어진 로마 공화국의 영광과 번영은 집정관(콘술) 두 명이 왕에 견줄 만한 권한을 쥔 채 군주제의 역할을 수행하고 원로원과 민회가 사실상의 귀족제와 민주제를 구성함으로써 실현되었다.

이와 달리 플라톤과 아리스토텔레스가 활약한 아테나이의 공화정체는 민주제로 지나치게 기운 나머지 민주제가 귀족제와 군주제에 적절히 제어되지 못해 단명에 그치고 말았다. 나아가 마키아벨리는 『군주론』에서의 논의와 관련지으며 이러한 혼합정체 공화국에서야말로 '법의 지배'를 살아 있는 원리로 하는 지도자의 판단력과 결단력(즉 '비르투')이 불가결하다고 주장한다. 그는 로마 공화국의 호민관과 감찰관 제도를 긍정적으로 평가하고 "이러한 제도를 살아 있는 것으로 만들기" 위해서는 "한 인물의 덕(비르투)", 즉 "법률을 위반하는 자들의 권력에 대항하여 그 법의 집행을 확보하기 위해 용감하게 노력하는" 인물이 있어야 한다고 주장한다(제3권 1장). 군주국에서는 물론이고 '법의 지배'를 원리로 하는 공화국에서도 탁월한 지도자의 '덕'이 불가결하며 지도자는 법률과 제도의 형식적 해석과 운용에 빠지지 않고 끊임없이 변화하는 상황 속에서 적절한 판단력을 발휘해야만 하는 것이다.

공화국을 떠받치는 것은 탁월한 지도자의 덕만이 아니다. 마키아벨리는 국민 대중의 덕 역시 결정적으로 중요하다고 생각했다. 그는 리비우스를 비롯한 "모든 역사가들"의 민중관을 비판하고 "가령 법률을 시킬 의무가 있는 군주와 법률에 구속되는 인민을 비교해보면 군주보다 오히려 인민에게서 보다 많은 덕(비르투)을 찾아볼 수 있다"(제1권 58장)고 말한다. 그는 민중을 이성을 결여한 동물적 욕망에 휘둘리는 존재로 보는 전통적 우민관을 거부하고 민중을 군주 못지않게 '법의 지배'에 복종할 수 있는 존재로서 새로이 파악한다. 이것이야말로 공화국에서의 국민의 '덕'이며, 현명한 지도자의 덕은 국민의 덕과 유기적으로 연결됨으로써 그 나라의 '법의 지배'를 확고하게 하는 것이다.

마키아벨리는 근대국가에서 '법의 지배'의 원리가 일반적으로 확립되어 있으며 군주제를 '법의 지배'와 양립할 수 없는 전제(專制)와 동일시하는 고대의 정치론은 더는 유효하지 않다고 생각했다. 물론 마키아벨리가 말하는 '법의 지배'는 훗날 로크나 루소의 그것과 같은 정밀한 이론이 아니라 위정자가 인민을 통치·지배하는 기술이라는 소박한 성격을 지닌다. 그렇다 해도 마키아벨리가 노골적 폭력으로써가 아니라 피치자의 이성에 호소하는 설득의 수법으로 통치를 행하는 위정자를 상정하여 논의를 전개했다는 점은 중요하다. 거꾸로 말하면 이는 군주나 정치가 등 지도자의 '덕'이 부패·타락하는 데에서 나아가 국민 전체의 '덕'이 부패·타락하는 경우야말로 공화국의 최대 위기라는 이야기가 된다. 건전한 공화제가 대체 왜 부패하는 것일까? 마키아벨리가 말하는 공화제의 '덕'은 공공의 이익과 전체에 대한 봉사를 의미하므로 덕의 부패는 개인의 사적 이익을 무엇보다도 우선시하는 생활 태도의 등장을 뜻한다. 그는 이러한 도덕적 부패의 사회적 원인으로 ① 용병제 도입과 ② 시장경제의 침투에 따른 경제적 불평등의 발생을 지적한다.

무엇보다도 독자적 군사력의 뒷받침 없는 '법의 지배'는 무력하며, 조국을 위한 자기희생을 마다하지 않는 공화국에 대한 사랑이 자유의 기초가 된다. 거꾸로 시민 사이에 직업적 군대(용병)에 국방을 맡기고도 부끄러워하지 않는 정신이 만연하면 공화국의 근간이 흔들린다. 스파르타나 로마는 규율과 애국심이 넘치는 군사력을 갖춤으로써 자유와 번영을 구가했으며 근대에 들어서는 스위스의 민병제도가 그 전형이다. 반대로 로마제국에서는 갈리아인 용병 고용이 제국 몰락의 주요 원인이 되었으며, 동시대 이탈리아 여러 나라의 정치적 부패도 긴 세월에 걸쳐 용병군에 의존한 데에 원인이 있었다. 마키아벨리가 피렌체 시민군의 확립을 염원한 것도 바로 그 때문이었다.

다음으로 마키아벨리는 "이런 종류의 부패나 자유로운 생활양식의 불가능은 도시에서 찾아볼 수 있는 불평등에 기원한다"(제1권 17장)고 단언하고 시장경제의 확대에 의한 시민 간의 경제적 불평등이 자유와 평등이라는 공화국의 이상을 경제면에서 무너뜨린다는 사실을 지적한다. 마키아벨리는 고대 로마에서 경제적 불평등으로부터 공화국의 자유를 지키려고 한 그라쿠스 형제의 개혁(토지 균분법)을 긍정적으로 평가하는데, 그의 공화주의관에는 사치나 소비 확대와는 양립할 수 없는 '청빈의 사상'이라 할 만한 것이 있었다. 당시에 피렌체는 동방무역으로 번영하고 있었을 뿐 아니라 모직물 공업이 고도로 발전하고 금융업, 보험업도 발달했다. 이러한 시장경제의 발전에도 불구하고 마키아벨리는 거기서 새로운 사회의 태동이나 (정치적 질서와는 다른) 경제적 질서의 출현을 찾아볼 수는 없었다. 그것은 그의 눈에는 오히려 시민 간의 경제적 불평등을 초래하며 공화국의 자유를 파괴하는, 경계해야 할 경향으로 비쳤다. 그의 뇌리에는 상업과 사치가 만연한 탓에 시민적 정신을 망각하고 마침내는 독재와 제정(帝政)에 길을 내준 고대 로마 공화제의 비극적 교훈이 또렷이 남아 있었음이 틀림없다.

마키아벨리는 공화국 수호의 용병 의존을 끊어내고 시민군을 창설하며 토지 균분법으로 시장경제 확대에 제동을 걸려고 했다. 유덕

한 시민이 담당하는 공화국의 질서가 확립되어도 외국으로부터의 잠재적 위협이 있는 한 그 나라는 진정으로 자유로운 국가라고 할 수 없다. 바로 이것이 '고전적 공화주의'의 전통적 사고방식이었다. 그러나 주변국들과의 관계를 약육강식의 아수라장이라 여기는 듯한 주장은 이탈리아 도시국가를 대표하는 사상가의 생각으로서는 얼마간 모순을 내포하는 것이었다. 그 도시국가들은 로마제국 붕괴 후에 천 년을 지배한 중세 봉건사회가 해체되고 시장경제가 부활함으로써만 출현할 수 있었기 때문이다. 마키아벨리가 높이 평가한 프랑스 절대왕정에서의 일반 민중의 자유나 권리의 향상도 현명한 군주의 업적이자 좀더 근본적으로는 그러한 자유나 권리를 요구하는 사람들의 생활 기반으로서의 시장경제 출현이 가져온 것이었다. 마키아벨리는 이 근본적인 역사의 변동 요인에 대해서는 충분히 인식하지 못했다. 그것은 훗날 그의 사상을 발판삼아 새로운 전개를 꾀하게 되는 사상가들의 과제가 되었다.

6. 마키아벨리에게서의 '자유'와 '공공'

마키아벨리는 '고전적 공화주의'의 사상 전통을 계승하면서도 이것을 소박하지만 근대과학적인 방향성을 갖는 경험주의적 인식 방법과 인간관을 통해 개조함으로써 근대적 공화주의 사상이라는 새로운 전통을 만들어냈다. 막스 베버의 『직업으로서의 정치』(1919)에 따르면 정치적 지배가 갖는 정통성의 기초는 ① '전통적' 지배, ② '카리스마적' 지배, ③ '합법적' 지배라는 세 가지로 구별된다(11~12쪽). 첫째는 '영원한 과거'가 사람들의 마음속에서 저절로 획득하는 정통성이며 둘째는 '비일상적·천부적 자질(카리스마)'이 갖는 권위에 의거하는 '인격적 귀의와 신뢰'에 근거한 지배, 셋째는 '규칙과 권한'에 의한 근대국가의 지배를 말한다. 마키아벨리의 군주관은 공화국의 자유와 독립을 지상명령으로 삼아 행동하는 걸출한 인격을 그려냈다는 의미에서 '카리스마적 지배'의 전형으로 여겨지기도 한다. 그것이 반드시 잘못된 것은 아니지만, 지금까지 논해왔듯이 마키아벨리가 그리는 군주는 단순한 카리스마적 지도자가 아니다.

마키아벨리의 진정한 문제는 '법의 지배'(베버가 말하는 '합법적 지배')를 실제로 담당하는 걸출한 개인의 정신 구조 분석이며 그것은 합리적 규칙과 객관적 권한에 의한 지배 메커니즘의 출현을 예고하는 것이었다. 군주와 민중은 모두 본성상 동질적인 이기적 개인으로서 인식되었지만, 그러한 근대적 인간상을 전제로 한 그의 사회상은 '법의 지배'를 혼합정체에 의해 실현하는 고전적인 공화국 모델이다. 그 불가결한 조건은 첫째로 정치가와 국민의 '덕'이라는 도덕적 조건이며 둘째로 시민군에 의한 조국의 수호와 농지법에 의한 평등의 확보라는 제도적 조건이었다.

또한 마키아벨리의 공화국 구상은 그 내부에 중대한 균열을 배태하고 있었다. 그것은 첫째로 자기 이익을 추구하는 근대적 개인이라는 인간상과 조국의 자유와 독립을 최우선시하는 정치가·국민의 '덕'의 모순이며, 둘째로는 그러한 '덕'과 당시 출현중이던 시장경제의 모순이었다. 이 두 모순은 서로 연관되어 있다. 왜냐하면 이기적인 개인을 단위로 하는 사회야말로 근대의 시장경제를 원리로 하는 사회이기 때문이며 마키아벨리의 모순은 '고전적 공화주의'와 근대 시장경제의 대립을 드러내고 있다. 그가 이러한 모순과 대립을 자각하지 못한 데에는 이유가 있었다. 무엇보다 그가 그려낸 자기 이익을 대담하게 추구하는 인간은 군주든 일반 국민이든 사치나 부의 향수를 목적으로 하는 경제적 인간이 아니었기 때문이다. 그가 긍정하는 자기 이익의 추구는, 그가 공화국의 조건으로서 '청빈'을 옹호한 것이 상징하듯이, 조국의 자유와 독립이라는 '공공'의 선(이익)을 추구하는 정치적 인간에 의한 권력과 명예의 추구였다. 따라서 그는 중세 사회의 속박으로부터 해방되고 있던 근대적 인간의 모습을, 권력과 명예의 추구라는 목적을 위해 합리적 수단을 냉철히 계산하여 추구하는 정치지도자(군주)를 모델로 삼아 정식화했던 것이다.

그 결과 마키아벨리의 인간관·사회관에는 군주나 민중의 덕과는 별개인 사회질서의 논리가 희박하다. 마키아벨리의 사회질서는 군주나 민중에 의해 정치적으로 수립되어야 할 무엇이며, 실제로는 군주에 의해 설계되어 권력적으로 실현되어야 할 것이었다. 시장의 변덕의 산물이라고도 할 수 있는 부와 사치 등 군주가 제어할 수 없는 힘에 직면했을 때 그는 그것을 '운명(포르투나)'으로서 거부하고 운명의 '여신'을 힘으로 지배하는 길을 택할 수밖에 없었다. 이 거부를 지탱하는 정신이야말로 마키아벨리가 말하는 군주의 '덕(비르투)'이었다. 그리고 맹목적 운명의 저편에 뭔가 새로운 사회질서의 출현이 예고되었을 때에 사회사상의 새로운 전개가 시작된다. '종교개혁' 사상이 그 첫걸음이었다.

제2장

종교개혁의
사회사상

1. '시대'의 문맥: 근대국가의 출현과 시장경제의 발전

이탈리아의 르네상스 운동은 중세 봉건사회의 동요를 배경으로 성지 예루살렘의 탈환을 기치로 내건 십자군원정(1096~1270)과 동방무역의 부활을 계기로 성장했다. 이에 비해 '종교개혁'은 기본적으로 그리스도교회 내부의 개혁 운동으로서 시작되었으며 개혁자들 스스로 처음부터 사회의 변혁을 의도한 것은 아니었다. 그들은 모두 인문주의적 신학자·문헌학자로, 그리스도교의 고전 문헌을 착실히 연구·해석하는 가운데 의도치 않은 결과로서 가톨릭교회의 도덕적 부패를 의식하게 되었으며, 이 종교적 체제 비판이 그대로 정치적 체제 비판을 불러일으켰다. 르네상스가 그리스·로마의 전통으로 돌아감으로써 인간성의 해방과 공화국의 자유를 추구했다면 종교개혁은 유대교·그리스도교적 고대 세계로의 회귀를 통해 봉건사회의 지배 구조를 타파하려는 운동으로 귀결되었던 것이다.

똑같이 봉건사회의 붕괴를 이끌었다고는 해도 종교개혁과 르네상스의 공통성은 거기까지로, 두 운동은 내용도 성격도 정반대라 할 정도로 달랐다. 그것은 이탈리아 중심의 르네상스와 북유럽 중심의 종교개혁이라는 지역적 차이의 문제에 그치지 않는다. 일찍이 트뢸치가 언급했듯이 르네상스의 '만능인'의 이상과 종교개혁의 '직업인'의 이상은 후세에 결정적으로 다른 사회적 영향을 끼치게 되었다(『르네상스와 종교개혁』). 그에 따르면 다빈치나 미켈란젤로로 대표되는 르네상스는 피렌체를 전형으로 하는 상업적 도시국가에서 성장했으며 메디치가 등 대상인과 왕후 귀족층을 경제 기반으로 삼아 특권적 체제를 유지하는 정치적 성격을 띠고 있었다. 이에 비해 종교개혁 운동은 평범한 농민, 상인, 직인 같은 '직업인'의 광범위한 운동에 불을 지펴 사상가 자신의 의도는 제쳐두더라도 역사적 귀결로 보아 르네상스와는 비교할 수도 없는 '사회학적 형성력'을 가졌다는 것이다.

아래에서 다룰 대표적 개혁자인 루터와 칼뱅은 경력도 활동 거점도 다르고 운동의 정치적 성격도 크게 달랐지만, 둘 사이에는 공통된 사상적 방향성이 있었다. 그것은 당시 가톨릭교회의 부패·타락에 대한 격렬한 비판이며 그러한 비판이 그리스도교 근본 사상의 재검토라는 학문적·종교적 활동과 완전히 일체를 이루었다는 점이다. 두 사람 모두 고대 말기의 사상가인 아우구스티누스에게 빚지는 바가 많았다. 그들이 보기에 로마가톨릭교회의 교의와 제도는 세속의 일반 신도를 성직자의 권위로써 무력화·몽매화하고 있으므로 이것은 그리스도교 정신의 타락이며 본래의 교의에 대한 중대한 위반이다. 앞으로 보게 될 것처럼 두 사람 사이에는 사상가, 개혁자로서의 성격에 현저한 차이가 있었지만, 둘 다 로마교회의 사상과 제도를 진정한 그리스도교 정신의 타락이라 여기고 교회의 모든 제도가 신 앞에서의 만인의 자유와 평등이라는 그리스도교의 근본 원칙에 의해 재건되어야 한다고 주장했다.

1517년에 루터는 교황에 의한 '면죄부' 판매를 비판하는 '95개조 논제'를 발표하고 로마교회로부터 파문당했지만 그후에는 루터주의로 개종한 영주층과의 제휴를 중시하여 독일 농민전쟁의 탄압을 지지하는 보수적 입장을 취한다. 한편, 1541년에 제네바시의 도덕적 부패를 바로잡아달라는 요청을 받고 제네바의 시정에 관여한 칼뱅은 습속의 정화를 위해 500명 이상이라 전해지는 논적과 정적을 처형하고 개혁 사상을 바탕으로 한 독재적 신성 정치를 단행했다. 이렇듯 대조적인 정치 행동을 취한 두 사람이지만, 그들은 모두 로마교회의 성직자로서 출발하여 신약 · 구약 성서를 스스로의 눈으로 철저하게 다시 읽음으로써 그리스도교의 원점으로 돌아가 인간 본래의 모습을 유일하고 절대적인 창조신과의 관계에서 해명하려 했다.

2. '사상'의 문맥: 르네상스에서 종교개혁으로

루터와 칼뱅이 그리스도교의 원점으로 돌아가려 했을 때 거기에는 두 사람을 둘러싼 풍부한 사상의 계보가 있었다. 그것은 이탈리아 르네상스보다 약간 뒤늦게 알프스 이북의 여러 지역으로 확산된 '북방 르네상스' 운동이다. 이탈리아 르네상스와 마찬가지로 북방 르네상스의 주역들 역시 그리스 · 로마 고전 문헌의 교양을 기초로 하는 인문주의자였으며 그 대표는 네덜란드의 에라스뮈스(『우신예찬』, 1511), 잉글랜드의 모어(『유토피아』, 1517)였다. 프랑스의 라블레(『가르강튀아와 팡타그뤼엘』, 1532~34)나 몽테뉴(『수상록[에세]』, 1580)도 넓은 의미에서는 이 흐름에 속한다. 라블레와 몽테뉴는 소설이나 에세이 형식으로 종교전쟁의 피비린내 나는 현실을 냉정히 관찰하여 인간성의 한계의 인식에 근거한 관용의 사상을 설파하며 서로 대립하던 종파 간의 화해를 이야기했다. 이에 비해 같은 인간관에 서면서도 좀더 적극적이고 공공연한 사회 비판을 전개한 인물이 에라스뮈스와 모어였다.

로테르담에서 성직자의 아들로 태어난 에라스뮈스는 가톨릭 사제이자 신학자로, 파리와 옥스퍼드, 케임브리지 등에서 수학하고 옥스퍼드에서는 당시 최고의 고전문헌학자 중 한 명이었던 존 콜릿이나 토머스 모어와 만나기도 했다. 1516년에 출간된 그리스어 교정판 『신약성서』는 그의 학자로서의 명성을 확립했고 『우신예찬』과 『대화록』 (1518)은 그 공공연한 로마교회 비판에 의해 루터의 개혁 사상에 길을 터주었다. 전자에는 "그리스도교도들이 많은 시련을 겪으면서 추구하고 있는 행복은 일종의 정신착란일 따름"(제66절)이라는 말이 있으며 후자에는 '정신의 자유'의 억압에 대해 "그리스도교도가 유대교도보다도 많은 규칙에 얽매여 신이 전한 법률 대부분보다도 인간의 법에 엄중히 얽매이는 형국이니 이 자유가 어찌될는지요"(푸줏간 주인과 어물전 주인의 대화)라고 이야기한다. 한편으로 에라스뮈스의 로마교회 비판은 통속문학의 형식을 빌린 간접적 비판에 머무르며 학자로서의 업적과는 신중하게 분리되어 있었다. 에라스뮈스는 루터의 개혁 운동을 지지했지만 인간의 자유의지를 부정하는 루터의 노예의지론은 받아들이지 않았다(『자유의지론』, 1524).

에라스뮈스가 『우신예찬』을 바친 상대는 그와 평생토록 우정을 나눈 모어였다. 런던에서 법률가의 아들로 태어난 모어는 학자·법률가로서 순조로운 인생을 살았지만 『유토피아』 완성 후에 정계에 입문해 『반(反)루터론』(1523)을 저술하여 종교개혁 비판과 로마교회 지지의 입장을 분명히 했다. 그는 1529년에 대법관에 임명되었는데, 국왕 헨리 8세가 자신의 이혼 문제를 계기로 영국 국교회 설립을 선언하자 가톨릭교도 대법관이라는 입장에서 국왕의 이혼에 극구 반대하여 1535년에 대역죄로 처형되었다. 국교회의 설립은 영국의 종교개혁을 의미하므로 모어의 정치적 입장은 말하자면 보수 반동의 그것이다. 그러나 그는 날카로운 현실 비판을 문학적 형식을 빌려 지구 어디에도 존재하지 않는 유토피아 나라의 이야기로서 전개했다. 그것은 에라스뮈스와 똑같은 간접적인 현실 비판이며 절대군주의 폭정, 상비군에 의한 끊임없는 전쟁, 빈부 격차의 확대, "양이 인간을 먹고 있다"는 '울타리 치기(인클로저)' 정책의 비참함 등에 대한 비판들이 독자에게 납득되도록 이야기하고 있다.

모어의 유토피아 나라에서는 만악의 근원인 사유재산과 화폐가 폐지되고 빈부 격차는 없으며, 정치권력은 선거로 뽑힌 장로회의가 도맡고 군대도 자기방어를 위한 필요 최소한의 것이다. 미신에서 해방된 이성적 종교가 확립되며 성직자는 당시의 현실과는 달리 가장 존경받는 직업이 된다. 황금 변기가 보여주듯이 거기에서는 정치나 경제 제도뿐 아니라 사람들의 가치관·인생관이 현실의 그것과는 정반대이다. "사회 상황이 허용하는 한 육체노동을 하지 않아도 되는 자유 시간을 개인에게 가능한 한 많이 제공해서 정신을 계발하는 일에 사용하게 하는 것을 국가의 중대 목표로 여기고, 거기에 인생의 행복이 있다고 생각"(제2권 4. 직업에 대하여)하는 그곳에서는 그러한 가치관의 전환을 바탕으로 "돈과 돈에 대한 욕심이 동시에 사라져버렸"으며 "아무리 형벌을 강화해도 매일 발생하는 사기, 절도, 강도, 폭행, 폭동, 분쟁, 반란, 살인, 반역, 독살 등 온갖 범죄는 돈이 사라지자 함께 자취를 감췄다"(9. 유토피아인의 종교에 대하여)고 한다.

유토피아 이야기를 통한 현실 비판의 전통은 유럽에서는 플라톤의 『국가』 이래의 것으로, 근대사상의 역사에서는 모어의 『유토피아』가 그 출발점에 해당한다. 그후에 캄파넬라의 『태양의 나라』(1623), 베이컨의 『새로운 아틀란티스』(1627), 해링턴의 『오세아나 공화국』(1656)을 거쳐 흄의 「이상공화국의 구상」(1752), 모리스의 『유토피아에서 온 소식』(1891)으로 이어지는 새로운 전통이 생겨난다. 이들의 공상성과 현실 비판의 정도, 동시대나 후세에 끼친 영향은 제각각이며, 특히 해링턴과 흄의 구상은 플라톤이나 모어에게 공통되는 사유재산의 폐지라는 실현성 낮은 주장과는 반대로 충분히 실현될 수 있는 정치적 대안이었지만, 곧장 실현될 수 없는 이상사회를 논하고 있다는 점에서는 공통적이었다. 이와 달리 이 장의 주인공인 루터와 칼뱅의 사회 비판은 절대왕정의 확립이 영국보다도 뒤늦은 유럽 대륙에서, 모어의 유토피아보다 훨씬 뒤처진 사회적 현실을 마주하여 성서의 학문적 연구 성과를 대담하게도 로마교회에 대한 정치적 비판에 직결시켰다는 점에서 르네상스의 인문주의를 넘어선 사회사상의 입장을 전개하게 된다.

3. 종교개혁 사상의 '문제'

종교개혁은 개인의 내면에서 우러난 정신의 변혁으로부터 생긴 역사적 사건이다. 루터와 칼뱅 모두 어떤 결정적인 개인적 체험(회심)에 의한 신과의 만남을 통해 개혁 사상에 눈떴다는 것이 그 증좌이다. 둘의 사상이 종파로서 유럽을 양분하는 세력이 되어 거대한 정치적·사회적 영향력을 끼쳤다 한들 그것은 '의도치 않은 결과'에 불과했다. 두 사람 모두 그리스도교의 원점으로 돌아감으로써 로마가톨릭교회의 신앙과 제도를 근본적으로 되물으며 참된 그리스도교 신앙의 길을 추구했다. 그 최대의 수단이 신약·구약 성서 연구였다. 본래 유대 민족의 고난의 역사를 이야기하는 민족 서사시인 『구약성서』(기원전 10~2세기)는 유대교의 성전이기도 했으며 그 원전은 히브리어로 쓰였다. 한편, 예수 그리스도의 언행록으로서 예수 사후에 제자들이 정리한 『신약성서』(1~2세기)의 원전은 그리스어로 쓰여 있다. 당시에 널리 유포되어 있던 두 성서는 중세 유럽의 유일한 공통어인 라틴어로 된 판본이었으므로 두 사람이 그리스도교의 근본을 다시 연구하려 했을 때에는 두 성서의 원전 연구가 불가결했던 것이다. 이런 의미에서 두 사람이 인문주의의 훈련을 받은 학자였다는 사실은 중요하다.

그렇다면 그들이 이러한 연구를 통해 도달한 그리스도교의 세계관은 어떠한 것이었을까? 여기서는 사회사상의 역사에서 중대한 의미를 지닌 세 가지 근본적인 사고방식을 확인해두자.

첫째는 『구약성서』 첫머리의 창세기에 나오는 유일한 절대신(야훼)에 의한 세계와 인간의 창조라는 사고방식이다. 세계 3대 종교라 불리는 그리스도교, 이슬람교, 불교 중에서 이런 사고방식을 취하는 것은 그리스도교와 그 일가라 할 만한 이슬람교이다. 그리스도교 이전의 그리스나 로마, 옛 게르만 사회에서도 종교의 기본은 자연물이나 자연현상을 신격화하는 자연종교(애니미즘)였으며 일본의 신도를 포함한 세계 각지의 여러 종교는 지금도 여전히 그러한 성격을 갖는다. 이에 비해 유대교·그리스도교 세계관에서는 유일하고 절대적인 인격신이 자연과 인간을 무에서 창조했다고 보며 거기서 더 나아가 세 가지 계론(系論)을 이끌어낸다. 즉, ① 전지전능한 신과 비교했을 때의 인간의 하찮음과 무가치성, ② 신 앞의 인간끼리의 평등성, ③ 인류 최초의 남녀(아담과 하와)의 이익과 위락을 위해 창조된 자연물(동식물)에 대한 인간의 우월성이라는 인식이다. 이들 모두 나중에 서구 사상의 역사에서 중대한 의미를 갖게 된다.

둘째는 마찬가지로 창세기의 낙원(에덴동산) 추방 이야기와 관련된다. 물질적으로 어떤 부자유함도 없는 생활을 보내던 아담과 하와는 하와가 뱀의 모습을 한 악마의 유혹에 넘어가 금단의 과실을 먹고 신의 노여움을 사 낙원으로부터 불모의 땅으로 추방되어, 아담에게는 노동의 고통이, 하와에게는 출산의 고통이 처벌로서 부과된다. 이 이야기에는 노동의 본질이 신의 처벌로서의 고통이라고 하는 중대한 인식이 내포되어 있으며 이것은 '괴롭고 고된' 일이라는, 멀게는 애덤 스미스에게까지 미치는 서양인의 기본적 노동관의 출발점이 된다.

그러나 그 이상으로 주목해야 할 것은 하와가 먹은 금단의 과실이 "선악의 구별을 알게 하는 과실"(2장 17절)이라 되어 있다는 것이다. 인류 최초의 남녀는 신에게서 다른 동식물에 대한 절대적 우위와 지배권을 인정받았지만 여전히 선악의 구별을 알지 못하는 남녀이며 '자유'를 모르는 무구(innocent, 무고)한 존재였다. 인간은 금단의 과실을 먹는 '원죄'를 범함으로써 비로소 매사의 선악을 아는 자유로운 존재가 되었다고 여겨지는 것이다. 요컨대 인간은 '자유'로워짐으로써 '원죄'를 짊어졌으며 '원죄'를 짊어짐으로써 자유를 획득했다는 사고방식이다.

셋째는 이 '원죄'가 예수의 형사(刑死)에 의해 '속죄되었다'고 하는 『신약성서』의 사고방식이다. 예수(기원전 4년 이전~기원후 30년경)는 로마제국 지배하의 나사렛에서 태어난 유대인이었는데 제국의 압박에 신음하는 민중을 구하고 숱한 기적을 일으키며 스스로를 신의 대리인이라 칭했다. 예수는 총독 빌라도에 의해 반로마적 활동을 이유로 처형되었는데 예수가 제자를 모아 행한 '최후의 만찬'에서 스스로 예언한 대로 사흘 후에 부활했다고 여겨진다. 예수의 죽음과 부활은 그것을 믿는 이들에게는 신이 자연법칙과 상반되게 자유로이 일으킬 수 있는 '기적'의 원점이 되는 사건이다. 이러한 이야기가 역사적 사실인지 여부는 여기서의 문제가 아니다. 중요한 것은 신의 명령을 어긴 아담과 하와에게 부과된 '원죄'가 무고한 죄로 처형된 예수의 죽음으로 '속죄(보상)'되었다는 기본적 사고방식이다. 요컨대 인류는 예수의 죽음에 의해 자유의 대가인 신의 형벌 즉 '원죄'에서 해방되었다는 사고방식이다. 물론 그것은 예수가 곧 '그리스도(구세주)'라는 진실을 인정하고 이것을 신앙으로서 받아들인 이에게만 열리는 인식이다. 거꾸로 말하면 예수가 신의 아들 그리스도라는 신앙에 눈뜸으로써 비로소 인간은 자유로운 존재가 될 수 있다는 의미가 된다.

이 세 가지의 근본적 세계관이 융합됨으로써 그리스도교는 아마도 인류역사상 최초로 '신 앞에서의 모든 인간의 자유와 평등'이라는 이념을 제시할 수 있었다. 말할 나위도 없이 이러한 인식 자체는 루터나 칼뱅의 창조물이 아니다. 그것은 그리스도교가 로마제국의 탄압에 대항하며 신자를 늘리고 유대 땅에서 그리스를 거쳐 최종적으로는 예수의 제자 베드로가 로마(바티칸)에 교회를 연 이래의 기본적 사고방식이다. 루터나 칼뱅이 실현하려고 한 것은 신자 한 명 한 명이 이러한 세계관을 자신의 신앙에 의해 획득하는 것이었다. 로마교회의 지배하에서는 글을 못 읽는 일반 민중이 스스로 성서를 읽고 이해한다는 것은 있을 수 없는 일이었다. 그들은 성직자가 명하는 대로 교회의 제도와 법률에 복종할 수밖에 없었으며 교황을 정점으로 하는 로마교회의 전제 지배에 복종하지 않고는 자신들의 영혼의 안녕과 구원을 얻을 수 없었던 것이다. 루터와 칼뱅이 의도한 것은 이러한 로마교회의 종교적 정통성을 성서의 권위에 근거하여 근본적으로 의심하고 부정하는 것이었다.

4. 루터의 신앙의인론과 만인사제주의

사회사상의 역사에서 종교개혁은 마르틴 루터(1483~1546)로부터 시작된다. 그것은 루터가 성서의 말로 근대적 개인의 자유를 처음으로 명확히 정의했기 때문이다. 19세기의 시인 하이네는 루터가 가져온 성서의 자유롭고 합리적인 해석에 의해 "독일에는 이른바 정신의 자유가 성립되었다"(『독일고전철학의 본질』)고 쓰고 있다. 그때까지 성서는 라틴어로 출간되고 있었으므로 민중과는 무관한 존재였으며 성직자나 귀족 같은 특권 신분의 독점물로서 그들의 사회적 권위를 공고히 할 뿐이었다. 루터는 신약·구약 성서의 독일어 번역을 완성함으로써 종교적 권위의 상징이었던 성서를 일반 사회의 공유재산으로 돌리는 길을 열었던 것이다. 루터는 '농민의 아들'임을 자인했지만 부친은 성공한 사업가였다. 루터는 에르푸르트대학에서 철학이나 법학을 배우면서도 정신적 위기에 빠지지만 1505년에 당한 낙뢰 사고를 계기로 회심하여 아우구스티누스파 수도자로 돌아선 후 비텐베르크대학의 신학 교수로서 신앙을 학문의 입장에서 심화시켰다. 1517년에 로마교황청이 바티칸의 산 피에트로 대성당 건립 자금을 조달하기 위해 시작한 '대사부(大赦符, 이른바 면죄부)' 판매에 격앙된 루터는 비텐베르크 교회의 문에 '95개조 논제'를 붙여 로마교회의 부패상을 민중에게 알렸다. 이것이 그의 개혁자로서의 출발이었다.

루터의 첫째 주장은 『독일 민족의 그리스도인 귀족에게 고함』, 『교회의 바빌론 포로에 대한 마르틴 루터의 서주』와 함께 '3대 개혁 문서'로 불리는 『그리스도인의 자유』(1520)에서 간결하게 서술된 '신앙의인(信仰義認)'론이다. 그것은 신앙에 의해서만 그리스도인으로서 '의(義, 옳음)'라고 인정받는다는 것을 의미한다. 그리스도교 신앙의 기점에는 개인의 회심, 즉 은총과 계시를 통한 영혼 구원의 체험이 있다.

이 회심 체험을 불러오는 신앙의 유일절대의 기초는 성서 자체이므로 가톨릭교회가 구원의 수단으로서 명하는, 미신적이고 불합리한 외면적 행위('선행')들은 무효이며 종교적으로 무의미하다. "그러므로 육신이 성직자들처럼 거룩한 의복으로 치장하든 또는 거룩한 장소에 있든 또는 거룩한 일에 몰두하든 또는 기도하고 단식하고 어떤 음식을 억제하고 육신을 통해 육신 안에서 이루어질 수 있는 온갖 행위를 행할지라도 영혼에는 아무런 도움이 되지 않는다(『그리스도인의 자유』, 제3절).

루터의 둘째 주장은 '만인사제주의'이다. '신앙의인론'은 구원의 의식을 관장하는 성직자의 지위를 무의미하다고 여기므로 로마교회의 종교상의 권위가 부정되며 모든 신자가 진정한 성직자일 수 있다는 이야기가 된다. 그것은 교회 내 성직자의 특권과 신분제의 부정이자 신앙의 자유에 의한 만인평등의 사상이었다. 반면에 이러한 논의의 전제에는 외면의 자유와 내면의 자유를 구별한 데에서 심각한 균열을 발견하는 루터 사상의 기본 성격이 배어 있었다. 『그리스도인의 자유』 첫머리의 명제, 즉 "그리스도인은 만물에 대한 자유로운 주이며, 누구에게도 예속되지 않는다. 그리스도인은 만물에 예속된 종이며, 누구에게나 예속되어 있다"(제1절)가 보여주듯이 루터의 자유는 무엇보다도 내면의 자유이며 그것은 외면적 세계에서의 부자유와 일체를 이룬다. 외면적 부자유는 첫째로 물리법칙에 지배되는 자연계를 살아가는 인간의 부자유를 의미하며 둘째로는 현실 사회의 부자유를 의미하므로 루터의 사상에는 전통적 사회질서를 바꿀 수 없다고 보는 정치적 보수주의의 경향이 불가피하게 내포되어 있었다. 루터의 가르침에 이끌려 급진적 사회 개혁을 제창했던 토마스 뮌처가 주도한 독일농민전쟁(1524~25)에 대한 루터파 영주들의 가혹한 탄압을 루터 스스로 지지했다는 사실이 그 일례이다.

　루터의 이런 정치적 입장은 현세의 사회질서를 신의 의지로서 존중하고 신분·직업상의 의무가 지닌 종교적·도덕적 가치를 인정하는, 루터 사상의 본질에서 유래한 것이다. 루터는 신앙에 의해 자유로워진 영혼은 곧장 육체를 부린 사회적 실천으로서 실현되지 않으면 안 된다고 생각했다. 그는 단식이나 근행(勤行) 등과 함께 세속적 직업의 실천인 '노동'을 중시한다. 여기서의 '노동'은 생활의 양식을 얻기 위한 활동이 아니며 신에게 의로움으로 여겨지기(구원받기) 위한 활동도 아니다. 사람은 이미 신앙에 의해 의로움을 인정받고 있으므로 그가 종교적 의의를 인정하는 노동은 민중이 스스로의 신앙을 표현하는 활동으로서의 그것이다. 중세에는 수도원에서 행해지는 노동이 일정한 종교적 의미를 인정받았지만, 세속 사회에서 행해지는 일반 민중의 노동은 적극적 의의를 인정받지 못했다. 이와 달리 루터는 "세속적 직업 내부에서의 의무 수행을 무릇 도덕적 실천이 가질 수 있는 최고의 내용으로서 중요시"(베버, 『프로테스탄티즘의 윤리와 자본주의 정신』)했다.

　베버에 따르면 독일어와 영어의 '직업(Beruf/Calling)'이라는 말이 지닌 신의 '소명'이라는 의미는 프로테스탄트 나라들에서만 찾아볼 수 있는데, 농업과 상업, 제조업 같은 세속의 직업이 종교적 의의를 인정받음으로써 사람들은 모든 생활시간에 자유로운 신앙을 실천할 가능성이 생겨난다. 결과적으로 영혼의 제도적 구원 장치로서의 가톨릭교회의 의의는 결정적으로 낮아지며 일반 민중은 성직자의 중개 없이 자신의 신앙을 일상의 직업생활 속에서 실천할 수 있게 된다.

또한 루터가 긍정하는 노동에는 '이웃 사랑'의 실천이라는 종교적 의미도 부여되었다. 스스로 정성을 다해 만든 상품이 팔려 소비자의 생활에 보탬이 되는 것은 '이웃 사랑'의 가장 알기 쉬운 실천이다. 생산 활동 일반이 시장경제 시스템에서 이루어지는 '이웃 사랑'의 실천으로 새로이 인식됨으로써 루터의 사상은 새롭게 등장하던 자본주의의 질서에 종교적 의의를 부여하게 된다. 그러나 그가 종교적 의의를 인정하는 '이웃 사랑'으로서의 노동(생산 활동)은 소비자의 필요를 충족시키기 위한 이타적 활동으로서의 노동이지 사적 이익을 상호적으로 최대화하는 시장 메커니즘의 긍정이 아니다. 여기서는 루터의 개혁 사상과 근대적 시장경제 논리의 모순되는 관계가 드러난다. 루터가 경제적 이유로 인한 '전직(轉職)'을 도덕적으로 비난한 것이나 불로소득으로서의 이자를 강하게 비판한 데에서 드러나듯이 그에게는 시장경제 논리를 적극적으로 긍정하려는 생각이 없다. 그는 오히려 예수의 정신으로 돌아가 이웃 사랑의 실천으로서 노동이 가진 종교적 의의를 재확인함으로써 로마교회를 축으로 하는 중세 사회의 질서관이나 노동관을 극복하려고 했다.

5. 칼뱅의 예정설과 자본주의의 정신

'신앙의인론', '만인사제주의', '직업소명관' 등 루터 사상의 기본 원리를 이어받아 사회사상의 새로운 차원을 열어젖힌 인물이 장 칼뱅(1509~64)이다. 그는 프랑스 북부 피카르디 지방에서 주교 서기의 아들로 태어났다. 파리에서 신학과 철학을 공부했고, 그 무렵의 저작인『세네카 주해』(1532)에서 드러나듯이 고전고대의 교양을 중심으로 폭넓은 인문학적 소양을 쌓았다. 1533년에 종교적 회심을 경험하게 되는데, 박해를 피해 옮겨간 스위스 바젤에서『그리스도교 강요』(초판 1536)를 출간한다. 우여곡절 끝에 1541년에는 청을 받고 제네바시의 정치적 · 도덕적 개혁에 관여하여, 한때는 신정정치의 독재적 권력을 휘둘러 많은 반대자를 탄압 · 처형했다. 칼뱅이 루터의 가르침에 덧붙인 것이 바로 '예정설'(혹은 '이중예정설')이었다. 칼뱅은 성서의 기술을 바탕으로 그러한 입장을 철저히 견지하며 "만인은 평등하게 창조되지 않았으니, 어떤 이는 영원의 생명, 어떤 이는 영원의 단죄로 미리 정해져 있다"(『그리스도교 강요』, 제3편 21장 5절)고 생각했다.

칼뱅은 이 교의를 무엇보다 신의 절대성과 인간의 무가치성을 입증하기 위해 설파했다. 세계와 인간을 무에서 창조한 신에게 세계와 인류는 이유가 있어서 창조된 것이 아니며 어느 것이든 본질적으로 무가치하다. 이유가 있어서 창조되었다면 신이 그 이유에 구속되어 따랐다는 말이 되므로 그것은 신의 절대성과 양립할 수 없다. '예정설' 역시 개인의 가치나 공적과는 무관하게 구원받을 자는 구원받고 구원받지 못할 자는 구원받지 못한다고 말한다. 신이 특정 개인의 노력이나 공적에 의해 미리 정한 구원 판단을 굽힌다면 그 역시 신의 절대성과 양립할 수 없다. 인간의 입장에서 보면 불합리하고 무자비하다고 할 수 있는 교의이지만, 칼뱅에게는 그것이야말로 신의 절대성을 입증하는 근거였다. 이 생각의 배후에는 현세에서의 인간의 타락과 죄를 강조하며 진정한 구원을 예측 불가능한 신의 '은총'에서 찾은 아우구스티누스(『신국론』, 413~426)의 영향이 강하게 작용했다.

'예정설'의 등장으로 로마교회의 제도와 행위에 의한 구원이 가치가 없어지고 루터주의적인 의인 교의도 그 토대가 흔들리게 된다. 왜냐하면 칼뱅에게 성서의 말에 의한 신앙의 획득은 구원의 필요조건이긴 해도 충분조건은 아니기 때문이다. 성서를 읽고 매일 하는 노동을 통해 이웃 사랑을 실천한들 신의 의지에 의해 구원받지 못할 자는 구원받지 못한다. 이러한 칼뱅의 교의가 초래하는 심리적 작용에 착안하여 거기서 '자본주의 정신'의 성립을 설명한 것이 앞에서 든 베버의 저작이다. 베버는 서유럽과 미국 등 프로테스탄트 지역의 자본주의에는 가톨릭교회나 루터주의가 지배적인 지역에서는 보이지 않는 독특한 '금욕적' 성격이 보이며 그것이야말로 칼뱅주의의 '예정설'이 낳은 '금욕적 프로테스탄티즘'의 정신이라면서, 그것은 다른 자본주의와 마찬가지로 영리 활동을 긍정하는 정신이지만 단순한 물욕 추구나 사익의 최대화가 아니며 그 밑바탕에는 독특한 '금욕' 원리가 존재한다고 주장했다. 그 요점은 무자비하다고도 할 수 있는 예정설의 교의가 신도의 마음에 불러일으키는 '내면적 고독화'의 감정이다.

'예정설'을 받아들인 신자는 구원의 불안에서 오는 고독감으로부터 달아나고자 하는 일념으로 영리 활동에 진력하고 고객이나 동업자의 신뢰를 얻기 위해 '비인간적'인 이웃 사랑을 발휘하는 한편, 그렇게 하여 얻어지는 이윤 증대를 자신의 구원의 '확증'이라 여겨 내면적 안심에 도달할 수 있다. 이런 사물적이고 비인간적인 '이웃 사랑'은 루터의 경우와 같은 이타적 심정에서 우러난 것이 아니라 자신의 구원을 입증하고자 하는 일종의 에고이즘이며 극심한 시장 경쟁이 낳는 빈부 격차나 우승열패의 현실을 승자의 입장에서 정당화하는 정신으로 언제든 탈바꿈할 수 있는 것이었다. 자신이 신에게 구원받았다고 믿고 그것에 고무되어 영리 활동에 매진하여 남보다 많은 부를 쌓았다면, 이윤 증대는 자신이 신에게 선택되었다는 것의 '확증'이라고 신자들은 믿을 수 있었다. 그렇게 믿지 않고서는 초창기의 불안정한 시장경제의 현실에서 살아남을 수 없었다고 베버는 지적한다. 그것은 어떠한 의미에서도 구원을 '보증'하지는 않지만, 그 주관적인 구원 확신의 추구야말로 '자본주의 정신'의 기원이자 본질이라는 것이다.

베버에 따르면 근대 자본주의의 제도와 질서는 이러한 '정신'에서 비롯되었지만 일단 '제도'가 확립되고 나면 그것을 낳은 '정신'은 불필요해지며, 17세기의 청교도 리처드 백스터에게는 아직 이상적 균형을 유지하던 종교와 경제의 관계는 18세기 식민지 미국의 벤저민 프랭클린의 시대에 이르면 변질되어 유명한 금언인 '시간은 돈이다(Time is money)'가 보여주듯이 자본주의의 발전은 칼뱅주의에 의한 종교적 정당화를 필요로 하지 않게 된다. 과거에는 신에게 선택되었다는 '확증'으로서만 의미를 가졌던 '이윤'이 그 자체로서 긍정되며 자본주의는 "정신 없는 전문가들, 심장 없는 향락주의자들"의 세계로서 자율적으로 발전하여 20세기에 이른다는 것이다. 칼뱅주의의 '사물적·비인간적 성격'은 루터의 보수주의와는 다르며 전통적 사회질서를 신의 의지에 따라 적극적으로 재편하는 일을 종교적으로 시인하는 것이었다. 루터가 비난한 '전직'을 칼뱅이 적극적으로 긍정한 것 역시 그 표현이며, 그것이 자본주의 사회의 발전에 걸맞은 논리라는 것은 말할 나위도 없다.

칼뱅의 사상은 경제를 넘어 현실의 정치적 변혁이라는 점에서도 루터의 사상을 넘어서는 커다란 영향력을 행사했다. 그 전형은 네덜란드, 스코틀랜드, 잉글랜드 등에서의 칼뱅주의에 근거한 근대국가의 출현이나 북미 식민지의 독립을 전형으로 하는 급진적 정치사상에 끼친 영향이었다. 칼뱅 이전의 개혁자들은 세속의 정치 질서에 적극적 가치를 인정하지 않았으며, 그들의 노력은 로마교회('보이는 교회') 비판과 진정한 그리스도교회('보이지 않는 교회')의 확립을 지향하고 있었다. 그 결과 루터의 경우에는 현존하는 정치 질서에 대한 보수적 태도가 명확히 드러났다. 이와 달리 세속의 국가나 정치기구가 종교개혁 수단으로서의 의의를 지닌다고 보았던 칼뱅의 경우에는 종교개혁의 이념에 적합한 국가나 교회의 제도 설계가 주된 사상 과제가 되었다. 그것은 또한 신의 의지와는 상반되는 현실의 정치 질서를 폭력적으로 전복하는 것(혁명)의 정당화론을 포함해 전제 지배에 대한 저항권과 혁명권 사상의 가장 중요한 사상적 원천이 된다. 프랑스의 '폭군방벌론자(暴君放伐論者, 모나르코마키)'나 스코틀랜드의 인문주의자 조지 부캐넌을 거쳐 잉글랜드의 존 로크가 쓴 『통치론』(1690)으로 흘러드는 정치적 급진주의의 주요한 원천은 칼뱅주의 정치사상이었다.

6. 종교개혁 사상에서의 '자유'와 '공공'

루터와 칼뱅은 마키아벨리와는 다른 방향에서 근대적 자유의 기초를 다지려 했다. 마키아벨리에게 자유는 무엇보다도 고전적 공화주의의 정치적 자유이며, 그것을 지탱할 정치 지도자의 '덕(비르투)'의 확립이 그의 사상 과제였다면, 루터와 칼뱅에게 '자유'는 그리스도교의 종교적 자유였다. 마키아벨리가 정치의 종교로부터의 자립을 자유로운 공화국의 실현으로 추구했다면, 루터와 칼뱅은 그리스도교의 원점 회귀에 의한 프로테스탄트 교회의 로마교회로부터의 자립과 해방을 추구했다. 두 사상운동은 결과적으로 로마교회를 정신적 지주로 하는 중세 사회의 질서를 해체했으며 정치와 종교라는 별개의 방법으로 근대적 공공 세계의 형성에 크게 기여하게 된다.

그러나 루터와 칼뱅에게는 마키아벨리와는 다른, 자유와 공공성의 복잡한 관련이 있었다. 마키아벨리가 개인의 자유와 공화국의 자유를 '덕'이라는 정치적 공공성의 개념으로 결합시키려 했던 것과 달리 두 사람은 부패한 국가나 교회의 현실을 부정하기 위해 신의 '은총'과 구원의 '확신'이라는 고독한 내면세계로의 일시적 퇴행을 우선 요구한다. 이것은 신의 절대성과의 관계에서 개인의 정신적 자유를 확립하는 방법이지만, 아이러니하게도 그 귀결로서 '직업'이나 '영리'가 새로운 사회적 의의를 획득하게 되었다. 그러나 칼뱅의 비인간적인 이웃 사랑에서 볼 수 있듯이 그것은 굴절된 사회화의 논리이며 후속 장들에서 보게 될 17~18세기의 도덕적 공공성과는 동떨어진 세계이다. 바꿔 말하면 종교적으로 자립하여 가톨릭 지배의 속박에서 해방된 개인들을 다시금 현세적 사회의 결속으로 재결합시키는 데에 종교개혁 이후 사회사상의 과제가 있었다.

물론 종교개혁의 사회사상에는 세속적 공공성의 의식적인 정당화론이 부족하다. 루터의 '이웃 사랑'에 의한 세속적 직업의 도덕적 긍정이나 칼뱅의 '자본주의 정신'의 성립은 모두 종교개혁 사상의 '의도치 않은 귀결'이었다. 그러나 그렇다 해도 그것은 당시 모습을 드러내고 있던 새로운 사회적·경제적 세계에 대한 명백한 사상적 공헌이었다. 종교적으로 해방된 개인이 아직 공공연한 정치적 공공성을 주장할 수는 없었다고 해도 새로 생겨나던 근대적 세계의 내부에 자신의 사상적 거점을 확보했다면 그것은 그것대로 획기적 의의를 갖는 일이었다. 상품경제의 침투에서 공화국 붕괴의 원인(遠因)을 본 마키아벨리에게 시장경제가 형성하는 사회적 질서는 적극적 가치를 가지지 못했으며 시민의 '덕'이 맞서 싸워야 할 '운명'으로밖에 비치지 않았지만, 루터에 의한 직업 관념의 확립이나 칼뱅에 의한 자유로운 영리 활동의 승인을 통해 근대사회의 새로운 경제적 질서가 비로소 종교적인 의미에서 긍정되었던 것이다.

또한 루터와 칼뱅은 그때까지 세속의 직업 노동이나 정치적 국가의 의의를 그 자체로서 긍정하지는 않았다. 루터의 '직업'은 가톨릭의 '선행'에 대항하는 종교적으로 유의미한 행위로서 승인된 것이며 칼뱅의 '이윤'에 대한 의미부여 역시 영혼의 구원을 '확증'하는 표시 수단에 불과했다. 그들 모두 경제활동을 종교적 목적을 위한 수단으로서 긍정했을 뿐 그 도덕적 가치 자체를 긍정한 것은 아니었다. 근대에서의 자유와 공공성의 관련을 종교 영역 외부에서, 특히 정치와 도덕과 경제의 언어로 확립하는 것이야말로 종교개혁 이후에 사회사상이 다양한 방식으로 계승해가는 과제가 된다.

제3장

고전적
'사회계약' 사상의
전개

1. '시대'의 문맥: 국제 상업 전쟁의 개막

종교개혁 이후에 유럽 국가들은 상비군과 관료제를 기둥으로 하는 근대국가 체제를 확립해나갔다. 프랑스에서는 1598년에 앙리 4세가 '낭트 칙령'으로 프로테스탄트(위그노)의 종교적 자유를 인정해 오랜 세월에 걸친 종교전쟁을 종결지었으며, 1588년에는 영국(잉글랜드)의 엘리자베스 1세가 스페인의 '무적함대(아르마다)'를 격파해 주권국가로서의 기초를 다졌다. 네덜란드에서는 1581년에 북부 저지대의 7개 주가 스페인의 지배로부터 독립해 공화국이 되었다. 물론 '17세기의 위기'(트레버로퍼)라는 말도 있듯이 이 세기 내내 내란과 전쟁이 끊이지 않았다. 영국에서는 종교 문제에서 발단한 절대왕정과 청교도의 대립이 잉글랜드내전(청교도혁명, 1642~48)을 일으켜 국왕 찰스 1세의 처형에 의해 일시적으로 공화제가 수립된다. 프랑스의 루이 14세는 1685년에 낭트 칙령을 폐지해 신교도 탄압을 강화하고, 대외적으로는 영토 확장 정책을 펼쳐 국제 관계의 불안정 요인이 되었다. 그리고 무엇보다 독일의 종교개혁에서 발단한 30년전쟁(1618~48)의 암운이 유럽 전역에 감돌고 있었다.

한편, 30년전쟁의 종결에 의한 신성로마제국의 사실상의 해체는 근대 유럽 세계의 개막을 알렸다. 잉글랜드, 스코틀랜드, 네덜란드, 독일 여러 영방 등에 프로테스탄트 국가들이 출현해 스페인, 프랑스로 대표되는 가톨릭 국가와 맞서는 일대 정치 세력을 이루는 한편, 각각의 국가들도 종교가 아니라 순전히 정치석 원리에 의해 주권국가로서의 고유한 이익을 추구하게 되었다. 부르봉왕조 치하 프랑스의 패권 확립을 노린 루이 13세의 재상 리슐리외가 국내에서는 철저한 신교도 탄압을 이어나가면서도 스페인·합스부르크가와의 대항 국면에서는 네덜란드나 독일의 신교도 세력을 영국과 함께 지원했듯이, 유럽 각국이 여러 외국과의 합종연횡을 되풀이하며 '세력균형(the balance of power)' 원칙에 따라 국익을 추구하는 근대 주권국가 체제가 출현한 것이다.

더구나 이런 정치적 합종연횡의 배후에는 시장경제의 착실한 성장이 작용하고 있었으며, 주권자들은 부국강병을 기본 정책으로 삼아 경제적 권익을 국익의 중심에 두게 된다. 영국과 프랑스의 군주들은 중앙집권화를 완성하여 민중의 재산권과 경제활동을 봉건귀족의 억압으로부터 보호하는가 하면, 유력한 대(大)상인에게 무역·상업상의 특권을 부여하는 중상주의 정책을 추진하며 국부 증대를 꾀했다. 네덜란드는 암스테르담은행(1609)을 설립해 포르투갈·스페인으로부터 세계경제의 주도권을 빼앗아 국제적 상업·금융의 중심지로 발돋움하고 있었다. 영국, 네덜란드, 프랑스는 아시아 진출의 거점이 될 동

인도회사를 설립했는데, 내전기의 영국 지도자 크롬웰은 네덜란드 상
선의 배격을 노린 항해조례(1651)를 발포했고, 루이 14세의 재무총감
콜베르는 왕립 공장 설립을 통한 부국강병 정책을 추진했다. 정치체
제가 다른 네덜란드, 영국, 프랑스는 세계시장에서의 경쟁을 통해 주
권국가로서의 국익을 추구했으며, 마키아벨리 이래의 '국가이성'(마
이네케)은 매우 경제적인 성격을 띠게 되었다. 정치와 종교를 주된 대
립축으로 하는 유럽 국가들의 국제 관계는 정치와 경제라는 대립축의
등장으로 17세기 이후에 새로운 단계로 접어든다.

2. '사상'의 문맥: 과학혁명에서 자연법학으로

15~16세기를 르네상스와 종교개혁의 시대라고 한다면 17세기는
'과학혁명(the Scientific Revolution)'(쿤)의 시대였다. 종교전쟁과 정
치적 혼란의 배후에서 전통적 자연관의 변혁이 유럽 곳곳에서 착실히
진행되고 있었다. 폴란드인 코페르니쿠스(『천체의 회전』, 1530)의 지
동설 제창으로 시작된 이 변혁은 이탈리아인 갈릴레오(『천문 대화』,
1632)를 거쳐 영국인 뉴턴(『자연철학의 수학적 원리들』, 1687)에 의
해 완성되어 근대적 역학·천문학의 기초가 확립되었다. 이 과정에서
는 베이컨과 데카르트의 철학적 저작이 큰 역할을 했다. 두 사람은 흔
히 영국경험론과 대륙합리론이라는 근대 철학의 두 조류의 출발점으
로 여겨져 둘 사이의 대립점이 강조되곤 했지만, 두 사람 모두 근대적
학문 방법의 확립이라는 목표에 각자의 길을 통해 도달하려 했다는

사실을 잊어서는 안 된다. 경험주의의 아버지라 불리는 베이컨은 과학의 궁극 목표를 보편적 자연법칙의 발견에 두고 있었으며 합리주의의 아버지라 불리는 데카르트는 관측이나 실험의 의의를 경시하지 않았다. 근대의 경험주의와 합리주의의 특징은 양쪽 다 과학혁명과 동시에 진행되면서 생겨나 그 학문적 기초로서 전개되었다는 것이다. 이런 의미에서 베이컨과 데카르트는 새로운 학문 형성의 공동전선을 편 것이었다.

프랜시스 베이컨(1561~1626)은 법률가 교육을 받고 셰익스피어가 활약한 엘리자베스 시대의 번영기에 국회의원이 되지만, 여왕의 은고(恩顧)를 얻지 못해 불우한 시절을 보냈다. 그러다 제임스 1세 치세가 되자 왕의 비호를 받고 영달하여 1618년에는 대법관의 지위에 올랐지만 비리 혐의로 거액의 벌금을 물고 실각해 여생을 사색과 저술로 보냈다. 주요 저작은 『수상록』(1597~1620), 『학문의 진보』(1605), 『신기관』(1620), 그리고 근대국가에 의한 과학·기술 유토피아를 구상한 『새로운 아틀란티스』(1627) 등이다. 스콜라 철학의 영향이 남아 있던 과학혁명의 시대에 근대적 학문 방법을 선구적으로 열어젖힌 베이컨의 사상은 의의가 매우 크며 그가 18세기의 계몽사상가들에게 끼친 영향도 무시할 수 없다.

베이컨 사상의 배경에는 '지리상의 발견' 이후 서구 국가들의 세계 지배라는 역사적 현실이 있었다. 화약과 나침반 그리고 인쇄술이라는 '3대 발명'은 항해술의 발달에 의한 비서구 지역 식민지 지배와 그것을 기반으로 하는 세계적인 상업 활동의 도구가 되어 서구의 세계 지배를 크게 촉진했다. 베이컨에 따르면 비현실적인 스콜라 철학에 지배된 전통적 학문은 이러한 역사의 태동에 대해 무력했다. 고대 그리스 이래의 학문은 형이상학, 도덕철학, 신학 등에 온 힘을 쏟았지만 이제 이런 나쁜 전통을 역전시켜 자연 연구에 최대의 노력을 기울이지 않으면 안 된다. 과학·기술은 자기 목적이 아니며 인간생활의 향상과 진보를 위한 수단에 불과하다. 잘 알려진 '아는 것이 힘이다'라는 베이컨의 말은 이러한 사상의 표현이다. "인간의 지식이 곧 인간의 힘이다. 원인을 밝히지 못하면 어떤 효과도 낼 수 없다. 오로지 자연에 복종함으로써만 자연을 복종시킬 수 있기 때문이다"(『신기관』).

베이컨의 과학론과 학문론에 공통되는 논리는 과학혁명을 밑받침하는 '경험'과 '이성'의 입장을 '경험' 쪽에 역점을 두고 통일하는 것이었다. 그는 경험으로부터 유리된 공허한 논증을 가지고 장난치는 스콜라 철학의 합리주의를 '거미의 방식', 연금술의 유행에서 보이는 르네상스의 실험주의를 '개미의 방식'이라 비판하고 자신의 입장을 둘의 중간인 '꿀벌의 방법'으로 정리했다. 이것은 "뜰이나 들에 핀 꽃에서 재료를 구해다 자신의 힘으로 변형해 소화"하는 방법이며 좀더 논리적으로 말하면 "감각과 개별자에서 출발하여 지속적으로, 그리고 점진적으로 상승한 다음, 가장 보편적인 명제에까지 도달하는 방법이다. 지금까지 시도된 바 없지만 이것이야말로 진정한 [과학적] 방법이다". 인간의 자연 감각(오관)은 그 자체로는 학문적 자연 인식의 기초가 될 수 없으므로 방법적인 '실험'과 '일반 명제'(가설이나 이론)의 확립을 번갈아 되풀이하며 "가장 보편적인" 과학적 명제에 도달하는 방법을 발견해야 한다는 것이다.

이러한 베이컨의 방법이 봉착하는 가장 큰 장벽은 인습과 편견의 존재이다. 그는 이것을 '이돌라(우상)'라고 부르며 네 종류로 구별했다. 첫째는 인간 본래의 감각의 불확실성에서 유래하는 '종족의 이돌라', 둘째는 개인의 성질, 교육, 책, 타인의 영향에서 유래하는 '동굴의 이돌라', 셋째는 인간관계나 사교에서 비롯되는 말의 부적절한 사용에 근거하는 '시장의 이돌라', 넷째는 주요 학설이나 유파의 영향으로 나타나는 '극장의 이돌라'이다. 과학혁명이 시작되고 나서도 전통적인 스콜라 철학은 여전히 강한 영향력을 갖고 있었으므로 그 굴레에서 스스로를 해방시키려는 듯이 베이컨은 이 네 가지 '이돌라'로부터의 해방을 호소하며 스스로도 그것을 실천했다. 그의 논의에는 스콜라 철학의 개념이나 논법이 많이 남아 있어 그 시도가 충분히 성공했다고는 할 수 없지만, 지배적인 학설을 지탱하는 권위나 편견의 위험성을 지적하는 그의 주장은 끊임없는 실험과 관찰의 축적에 의해 경험적인 이론을 개선해가는, 자유로운 지성과 정신을 요구하는 것이었다. 이 정신은 자연 지배의 도구로서의 과학·기술 이념과 함께 과학혁명의 유산으로서 다음 세기로 계승된다.

베이컨이 의식적 경험의 반복에 의해 보편적 자연법칙에 도달하는 길을 가리켜 보였다면, 감각의 불확실성을 강조하며 이성과 논리의 지도적 역할을 강조한 인물이 근대 철학의 아버지라 불리는 르네 데카르트(1596~1650)였다. 그는 예수회가 운영하는 학교인 라 플레슈에서 스콜라 철학, 의학, 법학 등을 공부한 후에 사관으로서 군역에 복무하는 한편 여행과 사색에 열중하여 1628년부터는 사상의 자유를 좇아 프로테스탄트 공화국 네덜란드로 이주한다. 『방법서설』(1637), 『성찰』(1641), 『철학원리』(1644)와 같은 주요 저작은 21년간의 네덜란드 생활 속에서 쓰인 것이다. 그는 『정념론』(1649)을 저술하고 나서 그의 작품에 경도되어 있던 스웨덴의 크리스티나여왕에게 초대를 받아 간 스톡홀름에서 세상을 떠난다.

데카르트가 생존했던 시대는 종교개혁 후의 근대국가 체제의 확립기였다. 그는 평생토록 가톨릭교도였지만 프랑스 국내에서는 리슐리외의 신교도 탄압이 계속되고 있었기 때문에 모든 학문적 권위에 의문을 던지는 그의 철학은 신교국 네덜란드의 자유를 필요로 했다. "여기서 나는 남의 일에 호기심을 갖기보다는 자신의 일에 열중하는 아주 활동적인 위대한 국민들과 더불어 대도시의 편의성을 만끽하면서도 외진 사막에 있는 것처럼 유유자적하는 은둔생활을 할 수 있었던 것이다"(『방법서설』, 제3부)라는 말에서 보이듯이 데카르트의 자유로운 사색을 기르고 지킨 사회적 조건으로서 당시에 상업·금융의 중심지로서 거대한 부를 축적해 법학자 그로티우스, 화가 렘브란트, 철학자 스피노자 등을 배출한 학문·예술의 중심지 네덜란드라는 지적 환경의 의의를 무시할 수 없다.

『방법서설』은 "양식은 이 세상에서 가장 공평하게 분배되어 있는 것이다"라는 말로 시작된다. 데카르트가 말하는 '양식(봉 상스, bon sens)'은 진위 판단 능력으로서의 '이성'을 말하는 것이므로 양식과 이성의 평등이라는 사고방식은 인간의 본래적 평등을 철학적 언어로 표현한 것이다. 이성의 대극에는 불확실하고 틀리기 쉬운 인간의 '감각'이 있는데, 감각적 세계의 확실성을 의심하고 있는 '나'의 존재와 확실성을 의심하기는 불가능하므로 "나는 생각한다, 그러므로 나는 존재한다"(제4부)라는 절대적으로 확실한 명제가 도출된다. 양식과 이성의 '평등'이 의심하고 사고하는 이성의 '자유'와 결합해 근대인의 자유와 평등의 사상은 여기서 철학적인 방법('방법적 회의')을 획득한다. 나아가 데카르트는 사고하는 자아의 확실성의 근거를 신의 존재로 돌린다. 자연계에는 완전한 삼각형이 존재하지 않음에도 그 내각의 합이 2직각 즉 180도인 완전한 삼각형의 관념을 가질 수 있는 것은 신의 존재 때문이다.

이러한 논의는 나중에 로크 같은 경험주의자에 의해 '생득관념'론으로서 비판받게 된다. 기하학을 모델로 삼아 '이데아'를 유일한 진실재(眞實在)로 보는 시각은 플라톤 이래 유럽 이성주의의 전통인데, 데카르트는 여기에 그리스도교의 신 개념을 결합시켜 지극히 개인주의적인 이성주의를 전개했다. 데카르트에게 수학은 확실한 지식에 도달하기 위한 유일한 길이었다. 자연의 법칙성을 수학적 분석과 증명의 대상이 되게 하려면 자연현상을 구성하는 요소들이 '무게'와 '빠르기' 같은 질적 성격에서 벗어나 '질량'과 '속도' 등의 수량적 관계로 환원되지 않으면 안 된다. 데카르트의 자연관은 아리스토텔레스나 스콜라 철학의 '유기체적'인 것이 아닌 '기계론적'인 그것이다. 그 스스로 수학을 구사해 굴절 광학, 기상학 같은 분야에서 일정한 업적을 남겼는데, 그중에서도 그의 '와동설(渦動說)'은 뉴턴 이전의 지배적 중력이론이 되었다. 18세기의 계몽사상가 달랑베르는 데카르트의 와동설을 "철학이 생각해낸 가장 아름답고 교묘한 가설 중 하나"(『백과전서』)라고 상찬했다.

베이컨과 데카르트는 저마다의 입장에서 기계론적 자연관에 기초한 자연법칙의 발견이라는 공통된 목표를 내세웠지만, 두 사람의 논의는 사회사상의 발전이라는 관점에서 보면 근대적 과학관이 자연 인식에 한정되어 사회나 도덕의 문제에는 적용되지 않는다는 문제를 남겼다. 그러나 그것이야말로 두 사람이 의도한 목표였으며, 고대·중세의 철학이 오로지 정치와 종교·도덕 문제에 논의를 지나치게 집중시킨 것을 그들은 문제삼았던 것이다. 두 사람이 무엇보다도 과학기술에 의한 자연 지배와 인간생활의 개선이라는 이상을 우선시한 것이 그들의 관심을 정치, 경제, 도덕의 문제들로부터 떼어놓은 것은 사실이지만, 바로 거기에 그들의 적극적 공헌이 있었다고 할 수도 있다. 물론 베이컨의 『수상록』에는 절대왕정의 운영을 둘러싼 정치, 경제의 문제들에 관한 고찰이 보이지만, 그가 이런 문제들에 자신의 과학적 방법을 의식적으로 적용했다고는 할 수 없다. 데카르트 역시 도덕과학의 가능성에 대해 "도덕을 조금이라도 변혁하는 것이 다른 사람들에게 허락된다면 사람들의 머릿수만큼 개혁자가 나타날지도 모른다"(『방법서설』, 제6부)며 회의적인 태도를 보였다. 두 사람이 남긴 과제는 다른 사상가들이 물려받게 된다.

처음에 등장한 이가 네덜란드의 법학자 후고 그로티우스(1583~1645)였다. 그는 법률가 집안에서 태어나 레이던대학에서 수학한 후 네덜란드연방공화국의 행정관, 외교관으로서 활약했으며 그후에 실로 파란만장한 삶을 살았다. 1619년에 프로테스탄트 중에서도 관용적 아르미니우스주의자였던 그로티우스는 당시의 네덜란드 지도층을 지배한 엄격한 칼뱅주의자와의 정쟁에 휘말려 반역죄로 종신형을 선고받았으나 2년 후에 극적으로 탈옥해 파리로 망명했으며, 1634년부터는 스웨덴의 크리스티나여왕으로부터 임명을 받아 프랑스 주재 대사로서 여생을 보냈다.

그로티우스의 이름은 주저 『전쟁과 평화의 법』(1625)에 의해 '국제법의 아버지' 혹은 '근대 자연법학의 창시자'로서 근대사상의 역사에서 큰 위치를 점한다. 그는 당시 세계경제의 중심지였던 네덜란드 사람으로서 유럽 국가들이 종교적 · 정치적 대립으로 서로 죽이는 시대는 지나가고 상업과 무역의 질서 속에서 평화공존을 추구하는 시대가 도래중임을 실감하고 있었다. 그는 전시와 평시에 생기는 국가 간의 법적 문제들을 체계적으로 고찰하면서 종교 · 종파의 차이를 넘어 타당한 자연법의 기초를 규명한 결과로 근대 자연법의 아버지가 된 것이다. 자연법 자체는 그로티우스가 창시한 것이 아니라 고대 이래의 긴 전통을 갖는다. 우주를 지배하는 자연의 섭리가 인간 사회에도 관철되고 있다는 생각이 그것이며, 자연의 섭리에 대한 복종을 설파하는 스토아주의자나 로마제국의 질서를 지탱하는 '로마법' 사상을 거쳐 그리스도교 도입 후에는 신의 법으로서의 자연법 관념이 확립되어 토마스 아퀴나스와 스페인의 법학자 수아레스에 의해 체계화된다.

그로티우스는 이러한 전통 위에서 종교개혁과 과학혁명, 모교 레이던대학의 립시우스에 의해 보급된 '신스토아주의' 등의 영향을 받으며, 엄격한 예정설을 따르는 정통파 칼뱅주의에 반대해, 신의 의지로도 변경할 수 없는 이성의 법으로서 자연법을 파악했다. 자연법이 신의 명령이라는 것은 틀림없지만, 일단 명령된 자연법은 설령 신에 의해서도 변경될 수 없는 불변성을 획득한다. 자연법은 자연계에서는 물리법칙으로서, 인간계에서는 도덕법칙으로서 존재한다. "신조차 2 곱하기 2는 4가 아니게 할 수 없듯이, 신은 정말로 악한 것을 악이 아니게 할 수는 없"(『전쟁과 평화의 법』)으며 신의 의지나 계시가 자연법에 우선한다고 주장하는 스콜라 철학이나 칼뱅 신학을 비판한다. 인간은 특정 교의나 신앙으로부터 독립하여 '올바른 이성'으로 자연법을 발견하고 연역할 수 있다는 그의 주장은 그리스도교의 종파 대립을 넘어선, 인간 이성에 근거한 평화로운 질서의 가능성을 입증하려고 한 것이었다.

그로티우스의 자연법학은 근대사회의 기본적 성격인 개인주의를 반영해 자유롭고 평등한 개인들로부터의 엄밀한 연역에 의해 전개된다. 그에 따르면 제1의 근본적인 자연법은 개인의 '자기보존'이므로 자기보존에 필요한 힘의 발동은 정의(正義)이지만, 자기보존과 관계없는 타자에 대한 침해는 부정의(不正義)이다. 자기보존에 불가결한 자연물의 소유(재산)는 정당한 권리이며 이에 대한 침해는 부당하다. 마찬가지로 개인의 생명·재산을 보증하는 정부는 정당한 정부이며 그것의 수호를 위한 전쟁은 옳은 전쟁이라고 말한다. 더구나 그로티우스는 정당한 소유권과 정부의 기초를 '동의(同意)'로써 설명하고 홉스 이후의 사회계약설의 선구가 될 논의를 전개했다. 그의 '자기보존' 개념은 스토아주의적인 '사교성' 관념의 계승이며, 훗날의 홉스와는 달리 이기적인 인간이 평화로운 사회질서를 실현할 가능성에 대해 낙관적이었다. 그로티우스는 또 개인이 자유의지로 정복자나 지배자에게 복종할 자유(자유를 방기할 자유)를 인정함으로써 서구 국가들에 의한 비서구 세계의 식민지 지배에 유리한 논리를 제공한 것도 사실이다.

3. 사회계약 사상의 '문제'

그로티우스에서 시작되는 근대 자연법사상은 홉스, 푸펜도르프, 로크, 루소, 칸트 등에 의해 계승·전개되며, 그들이 살았던 시대와 사회가 지닌 문제와의 관련에서 독자적 발전을 이룬다. 그 기본선을 이루는 것이 바로 '사회계약' 사상이다. '사회계약(social contract)'이라는 명칭 자체는 루소의 주저인 『사회계약론』(1762)에서 유래하며, 이 개념의 사회사상으로서의 영향은 존 롤스나 로버트 노직 같은 현대의 사상가들에게까지 미칠 정도로 크다. 그들이 자신의 사상을 '사회계약'이라는 말로 표현하지는 않았지만, 그들의 기본적 생각이 '사회계약' 사상에 의거하고 있다는 것은 부정할 수 없다. 그것은 정당한 정부의 존재 이유를 사람들이 갖는 자연적 권리의 보호에서 구하고, 정부존재의 근거를 사람들의 자유로운 동의에서 구하는 사상이다.

대체로 근대적·민주적 헌법 아래서 오랫동안 살아온 사람들에게는 이러한 사상이 당연한 것으로 받아들여질지도 모른다. 그러나 세계에는 지금도 이러한 헌법을 갖지 못한 나라가 많이 있으며, 그런 나라에서 사는 수많은 사람들은 지금도 여전히 독재나 인권 억압으로 신음하고 있다. 선진국에서도 자유와 민주주의의 역사는 고작 수백 년에 불과하며 그 이전까지만 해도 오랜 기간 전제군주와 귀족의 지배를 받고 있었다. 자유를 찾아 유럽에서 건너온 이민자들이 세운 미국은 예외 중의 예외다. 정부의 본래 목적은 국민의 자유와 권리를 보호하는 것이라는 자유민주주의적 사고방식은 자연스럽지도 당연하지도 않은 특별한 생각이며 홉스나 로크의 시대에 생겨나 식민지 미국의 독립선언(1776)이나 프랑스혁명(1789)의 영향 아래서 세계적으로 확대된 것일 뿐이다.

이와 달리 당시의 지배적인 사상은 프랑스의 장 보댕이나 영국의 로버트 필머로 대표되는 '왕권신수설'이었다. 그것은 성서의 역사 기술에 근거하여 정치적 지배의 기원을 최초의 인간인 아담에게서 찾고 그 이후의 지배자들을 아담의 자손으로 보는 입장이다. 종교는 다를지언정 이와 유사한 생각은 세계 각지의 민족에게서도 확인된다. 일본의 경우에는 『고사기』(712)나 『일본서기』(720)에 그려진 일본 탄생의 신화가 그것이며, 이를 근거로 오랫동안 천황을 중심으로 하는 일본 국가의 성립이 설명되었다. 그런데 홉스와 로크는 인간 사회의 출발점을 자유롭고 평등한 개인들에서 찾는다. 왕권신수설에서는 인류사의 기점에 아담의 정치적 지배권이 전제되어 있었지만, 홉스와 로크는 정치사회(국가)는 특정 역사 단계에서 생겨난 인위적 제도이며 이에 앞서는 자유롭고 평등한 개인들만의 상태가 있었을 것이라 생각하고 그것을 '자연 상태(the state of nature)'라고 불렀다.

자연 상태의 논리가 사회계약설의 출발점인 셈인데, 거기서 문제가 되는 것은 자연 상태의 인간을 어떻게 이해할까 하는 점이다. 이 문제를 둘러싸고 홉스와 로크는 서로 크게 다른 견해를 보였지만 그럼에도 둘은 인간에게는 신이 준 '인간 본성'이 있다는 생각을 공유한다. 그들은 정부도 법률도 군대도 경찰도 존재하지 않는 자연 상태에서 신이 명확한 의도를 가지고 창조한 인간의 본성이 전면적으로 발휘될 때 어떠한 사회적 귀결이 나타나는지를 논리적으로 파고들었다. 그 구체적 내용은 다르지만 두 사람 모두 자연 상태에서는 사람들이 평화롭게 공존할 수 없으며 '전쟁 상태'가 출현한다는 인식에 도달해, '전쟁 상태'를 극복하려면 '사회계약'을 통한 정치사회 수립이 필요하다는 결론에 이른 것이다. 홉스와 로크의 공통 과제는 현실의 사회질서를 일단 논리적으로 해체한 다음 그것이 역사의 특정 단계에 출현한 필연성을 입증하는 것이었다. 그것은 인류 사회의 기원을 역사적 혹은 인류학적 의미에서 탐구하는 것이 아니라 현실의 사회와 정부(국가)의 정통성을 원리적으로 되묻는 작업을 의미했다.

이렇게 보면 '사회계약'의 논리에는 현존 정치체제의 권위와 권력을 논리적으로 해체해 그것의 성립 근거와 정통성을 되묻는 비판적·혁명적 측면과, 그렇게 재구성된 현존 질서를 정당화하고 지지하는 보수적 측면이 포함되어 있음을 알 수 있다. 이러한 대극적 요소가 '사회계약'의 논리에 동시에 내포되어 있다는 사실은 역사상 출현한 '사회계약' 사상의 성격과 역할을 좌우하기도 했다. 홉스가 절대왕정의 지지자로 여겨져 고단한 인생을 보냈던 것과는 대조적으로 로크가 명예혁명 체제의 자유의 상징으로서 행복한 인생을 마칠 수 있었던 것도 같은 '사회계약'의 논리가 역사의 다른 단계와 문맥 속에서 수행한 대조적인 역할 때문이었다.

4. 홉스의 기계론적 인간관과 절대주권 이론

토머스 홉스(1588~1679)의 생애는 격동과 혼란의 그것이었다. 목사 집안에서 태어나 옥스퍼드대학에서 수학한 그는 데본셔 백작가의 가정교사로서 1630년대에 대륙 여행을 경험하고 갈릴레오, 데카르트, 메르센, 가상디 등과 교류하며 새로운 근대적 과학과 철학의 기풍을 접했다. 1640년에 장기의회와 내전(청교도혁명) 동안에 쓴 『법학원리』에 의해 왕당파로 지목되어 파리로 망명해, 마찬가지로 망명중이던 황태자(훗날의 국왕 찰스 2세)의 수학 교사가 된다. 11년간의 파리 망명생활중에 『시민론』(1642), 『리바이어던』(1651)을 출간하지만 이번에는 무신론자라 하여 왕당파의 미움을 사 귀국해서는 크롬웰 정권에 귀순한다. 1660년의 왕정복고 후 국교회에 의한 출판 금지 처분을 당하면서도 그는 국왕의 비호 아래 사색과 집필을 계속했다. 내전에서 왕정복고에 이르는 영국 정치의 거센 파도에 휩쓸리며 91년의 생애를 보낸 홉스는 왕당파와 의회파 사이에서 정치적으로는 기회주의로 비칠 수도 있는 행동을 취하며 혁신적 학문 방법에 기초한 인간과 사회의 학문 구축에 생을 바쳤다.

홉스 필생의 과제는 베이컨과 데카르트가 기초를 다진 근대과학의 방법을 인간과 사회의 문제에 적용하는 것이었으며, 영국 사회를 혼란에 빠뜨리던 정치와 종교를 둘러싼 심각한 대립을 종래의 종교나 정치 이데올로기가 아닌 새로운 학문의 방법으로 해결하는 것이었다. 홉스는 주저인 『리바이어던』에서 데카르트 등의 기계론적 인간관에서 출발해 인간을 다른 동물들과 마찬가지로 운동하는 기계로 본다. 인간도 동물도 감각기관에 의해 외계의 사물을 감지하고 필요한 생명 유지 활동을 영위하지만, 동물이 본능과 욕망에 지배되는 것과 달리 인간은 감각적 정보를 '관념', '언어', '기억'에 의해 축적하고 이것을 '추론'과 '상상력'을 통해 가공할 수 있다. 동물의 추론이 생존 욕구를 충족하기 위한 추론을 넘어서지 못하는 것과 달리 인간의 추론은 생존 욕구로부터 자유롭게, 원인에서 결과로의 연쇄를 얼마든지 추적할 수 있다. 이것이 인간 고유의 '호기심'이며 '학문(science)'의 기원이다. "말(words)은 현자의 계산기로, 현자는 오직 말을 사용해 계산할 뿐이다. 동시에 말은 어리석은 자들의 화폐로, 어리석은 자들은 아리스토텔레스나 키케로, 토마스 아퀴나스의 권위가 있다면, 아니 일개 글쟁이일지언정 박사 칭호를 가진 자의 권위만 있다면 그 말을 받들어 모신다"(제4장)고 하듯이, 홉스는 고대와 중세의 학문 전통에 내포된 부정확한 정의나 추론이 세인들의 사고와 판단을 흐려놓는 실태를 비판했다.

홉스는 인간의 지성뿐 아니라 감정에도 기계론적 분석을 적용한다. 외적 사물의 감각은 '욕망', '정념', '의지'라는 감정적 계열로 전개되며 다양한 도덕적·종교적 관념을 낳는다. '선(good)'은 욕망의 대상이며 '악(bad)'은 혐오의 대상이다. 사람은 그것이 선이기 때문에 바라는 것이 아니며, 사람이 바라는 것이 선이라고 일컬어지는 것이다. 홉스는 타인의 재난에 대한 슬픔으로서의 '동정(pity)'을 "같은 재난이 자신에게 닥칠지도 모른다는 상상"(제6장)이라고 바꿔 말하고, 인간의 본질은 만족할 줄 모르는 자기보존의 추구이며 순전히 이타적인 감정은 존재하지 않는다고 주장한다. 선·악 등의 도덕적 가치를 개인의 이기적 욕망의 대상으로 환원시키는 홉스의 인간관은 자연과학에 근거한 논리적 분석의 귀결이자 이해(利害)와 정념에 휘둘린 동시대 사람들의 모습을 학문의 방법과 레토릭을 구사해 생생한 필치로 그려낸 것이었다. 홉스는 이러한 인간관에서 출발해 '자연 상태'가 얼마나 비참한 것인지를 묘사하고 거기서 탈출할 유일한 방법으로서의 '사회계약'으로 논의를 밀고나간다.

홉스에 따르면 개인은 심신의 능력이라는 점에서 본디 평등하지만, 그것이 '자연 상태'에서의 평화공존을 약속하지는 않는다. 그뿐 아니라 '능력의 평등'에서는 '희망의 평등'이 생겨나며 여기에 '경쟁심', '불신', '허영심'이 더해지므로 희소한 재물을 놓고 다투는 사람들의 살육전이 일어나는 것은 불가피한 일이 된다. 사람들이 자기 생명의 보존(자기보존)을 모든 장해를 물리치며 추구할 자유는 절대적이며, 자기보존의 권리야말로 유일한 '자연권'이다. 홉스의 사고에서 가장 주목할 만한 점은 그것이 타인의 생명을 침해해서라도(타인을 죽여서라도) 자신의 생명을 지킬 권리를 궁극적으로 인정한다는 것이다. 그는 이를 '제1의(근본적인) 자연법'의 본질이라고 생각한다(제14장). 이러한 자기보존권을 무한히 추구하는 개인들이 공존하는 자연 상태에서 평화와 질서는 존재할 수 없으며 그것은 '만인의 만인에 대한 전쟁' 상태가 될 수밖에 없다. 이러한 상정이 공리공론으로 비칠지도 모르지만 홉스는 그렇지 않다고 말한다. 그 증거로 영국과 같은 발달한 문명사회에서조차 사람이 여행에 나설 때에는 무장을 하는 것이나 '아메리카 여러 지방의 야만 민족'의 생활양식은 전쟁 상태 그 자체다. 홉스의 '전쟁 상태'는 '만인이 두려워하는 공통의 권력이 존재하지 않는 생활'을 말하며 그 구체적 이미지로서는 17세기의 내전 상태나 비서구 미개사회의 현실이 있었다. 거기에는 정의, 부정의, 소유권 관념이 없으며 활발한 경제활동도 없다. 요컨대 거기에는 "끊임없는 공포와, 폭력에 의한 죽음의 위험이 있다. 거기서 인간의 생활은 고독하고 가난하며 추접스럽고 잔인한데다 짧기까지 한(solitary, poor, nasty, brutish, and short)"(제13장) 것이다.

따라서 '전쟁 상태'를 탈출할 유일한 방법은 '제2의 자연법'에 따르는 것, 즉 사람들이 자신의 자연권(자기보존권)을 서로 방기하는 것이다(제14장). 홉스가 말하는 '자연법'은 '이성의 명령'과 뜻이 같지만 실질적으로는 개인의 자기보존권을 추인한다는 것이었다. 그러나 사람들이 자연 상태에 있는 한 자연권의 상호 방기는 실현되지 않는다. 왜냐하면 "말의 구속력은 무언가 강제적인 힘에 대한 공포가 없는 데서는 인간의 야심, 탐욕, 분노, 그 외의 정념을 억제하기에는 너무도 약하"기 때문이다. 그래서 각자의 이성은 '제3의 자연법' 즉 "맺어진 약속은 이행할 것"이라는 '정의(justice)'의 법을 명하지만, 이 법을 착실히 강제할 권력이 없기 때문에 이 또한 불충분하다(제15장). 그런 이유에서 강대한 권력이 존재하며 계약 위반의 이익(쾌락)보다도 처벌의 공포(고통)가 큰 제도를 창출할 필요가 생긴다. 개인은 주권자가 되는 '개인 혹은 합의체'에 만물에 대한 자연적 권리를 양도하며, 전쟁 상태를 탈출해 '국가(commonwealth)'를 수립한다. 홉스가 강조한 것은 이 탈출을 최종적으로 가능케 하는 것은 인간의 '이성'이 아니라 '죽음의 공포'라는 정념이라는 것이었다.

이 경우에 국가 주권은 절대적인 것이지 않으면 안 되는데, 주권을 수립하는 개인들의 의지가 주권자의 의지와 동일하다는 주권 수립의 논리 자체에 국가 주권의 절대성의 근거가 있다. 사람이 스스로의 의지와 선택에 반대하기가 불가능한 이상, 그런 무수한 의지가 떠받치는 주권자의 권위와 권력은 절대적인 것일 수밖에 없다. 또한 홉스의 이론에서 주권 수립은 평등한 개인 간 동의의 산물이며, 주권자 자체는 사회계약의 당사자가 아니라고 한다. 즉, 신민이 주권자의 계약 위반을 이유로 하는 저항이나 반역이 불가능한 논리가 되어 있는 것이다. 홉스의 절대 주권은 절대군주 찰스 1세의 권력일 수도 있었고 청교도혁명의 지도자인 크롬웰의 공화주의적 권력일 수도 있었다. 왕당파와 의회파 모두 홉스를 적대시한 것은 우연이 아니었다. 개인들에 의해 일단 수립된 절대 주권은 국가로서 기능하기 위해 국민의 소유권을 확정하고 국방, 외교, 사법을 관할하며 조세, 화폐, 무역, 식민지 경영 등을 감독함으로써 국가의 정치적 안정과 경제적 번영을 꾀하지 않으면 안 된다. 홉스의 경제관은 절대왕정기의 중상주의 정책을 반영한 통제주의적인 것이며 시장 메커니즘의 자립적 성장이라는 관점은 거의 찾아볼 수 없다.

자유주의와는 거리가 먼 홉스의 정책론은 주권자에 의한 사상·언론·출판의 통제라는 주장에서도 드러난다. 그는 군주제에 대한 반란의 주요 원인이 "고대 그리스인, 로마인이 쓴 정치 혹은 역사에 관한 저작을 읽는 것"(제29장)에 있다고 믿고 있었다. 여기에는 '고전적 공화주의'의 사상 전통에 대한 홉스의 반감이 드러나 있는데, 어찌되었든 현실 세계에서 살아 있는 주권자와 현실의 신민은 별개의 인격이므로 모든 국민이 주권자의 명령에 복종할 수 있는 것은 아니라는 모순이 빚어진다. 그 전형적인 사례는 사형이나 징병제의 문제이며, 이런 경우에 국민은 주권자의 명령에 따른 결과로서 목숨을 잃게 되므로 주권 수립의 본래 목적이었던 자기보존의 논리와 모순되는 것이다. 이에 대해 홉스는 "주권자에 의해 죽임당하는 사태를 인정하고 있다고 해서 주권자가 자살을 명한다고 자살해야 할 의무가 있는 것은 아니다"(제21장)라고 답하여, 주권자의 권한을 침해하지 않고 개인이 자기보존을 추구할 자유를 인정한다. 개인은 탈옥이나 적전 도망을 포함한 모든 수단을 써서 자신의 생명을 지킬 자유를 마지막까지 방기할 수 없다는 것이 홉스의 최종적 입장이었다.

5. 로크의 이성적 인간관과 정치사회론

존 로크(1632~1704)는 경건한 청교도 가정에서 태어나 옥스퍼드대학 크라이스트처치 칼리지에 입학한다. 성직자가 되기를 바란 주위의 기대와는 달리 시드넘, 보일 등 당대 일류 과학자 아래서 철학과 의학 등을 연구했지만 왕정복고기의 의회파 지도자인 초대 섀프츠베리 백작의 비서가 된다. 그후 가톨릭화된 국왕 찰스 2세의 왕위 계승 문제를 둘러싼 정쟁에서 패한 백작과 마찬가지로 1683년부터 5년간 네덜란드로 망명하여 1688년 명예혁명 성공과 함께 귀국한 그는『관용 서간』(1689),『인간 오성론』(1690),『통치론』(1690) 등 주요 저작을 출간했고 새로 수립된 정부의 통상무역위원회에도 참가했다.『이자·화폐론』(1692),『교육론』(1693),『그리스도교의 합리성』(1695)은 이 시기의 저작이다. 로크의 생애는 파란만장했다는 점에서는 홉스와 비슷하지만 두 사람이 살았던 시대는 크게 달랐다. 홉스의 시대가 절대왕정에서 시작해 내전에 의한 공화제 수립과 왕정복고로 막을 내렸다면, 로크의 사상가로서의 생애는 내전기에서 왕정복고기에 걸쳐 시작되어 절대왕정의 붕괴와 명예혁명에 의한 입헌군주제 확립 후에 막을 내린다. 두 사람 모두 종교개혁과 과학혁명의 세례를 받아 자유롭고 평등한 개인에서 출발하는 '사회계약' 사상을 펼쳤지만, 사상가로서의 최종적 입장에는 서로 현격한 차이가 있었다. 홉스의 절대 주권 주장과 국민의 자유에 대한 경계, 로크의 절대왕정 부정과 시민적 자유의 최대한의 옹호라는 현격한 차이가 바로 그것이다. 이러한 차이는 어디서 비롯된 것일까?

로크에게 인간은 홉스가 말하는, 외계의 자극에 반응할 뿐인 기계적 존재가 아니다. 홉스가 이야기한 대로 '경험'의 첫째 원천은 '감각'이지만 동시에 인간 고유의 '반성'이라는 둘째 원천이 있다. 그것은 '내부 감각'이라고도 불리며 미나 도덕에 관한 관념들을 낳는다. 자연 풍경은 감각을 통해 들어오지만 이것을 아름답다고 느끼는 것은 반성의 작동이다. 이는 인간의 행위에 대해서도 마찬가지여서, 쾌락과 고통을 궁극의 선·악으로 여기면서도 눈앞의 욕망을 반성에 의해 일시적으로 정지시키는 인간의 능력을 그는 중시했다. "마음은 대부분의 경우 자신의 욕구들 중 어느 하나를 실행하고 만족시키는 것을 유보할 힘을 갖고 있으며, 그리하여 하나하나 유보시켜 결국 모든 욕구의 실행과 만족을 유보할 수 있"다. "다시 말해서 마음은 욕구들의 대상을 숙고하고 욕구들을 모든 측면에서 검토하고, 또 욕구들 간의 비교도 할 수 있는 자유를 갖고 있다. 바로 이 점에서 인간은 자유롭다"(『인간 오성론』, 제2권 21장).

이러한 로크의 인간관은 『통치론』에도 그대로 반영되어 있다. 그에 따르면 신은 '자연 상태'의 인간에게 두 종류의 자연권을 부여했다. 첫째는 '자기보존'의 권리인데, 그것은 자연법의 명령에 의해 타인의 자기보존권을 침해하지 않는 한에서라며 홉스에게는 찾아볼 수 없었던 제한을 가한다. 로크의 자연법은 타인의 생명의 보존과 양립하는 범위 내에서의 자기보존 추구를 허용하는 '이성의 법'이다. 둘째의 자연권은 자연법의 집행권으로서의 '처벌권'이다. 이 자연권은 자신의 생명·재산을 침해받아 피해자가 된 경우(정당방위)는 물론이고 타인의 그것이 침해되어 자신은 피해자가 아닌 경우에도 가해자에 대한 처벌권을 만인에게 부여한다는 로크의 독자적 주장이다. 각자가 이 두 종류의 자연권을 이성적으로 행사하고 있는 한 각자의 안전은 보장되며, 드물게 발생하는 침해 행위는 개인들 자신의 손에 의해 적절히 처벌되므로 자연 상태는 자유롭고 평등하며 평화로운 이성적 상태로서 존속하게 된다.

나아가 로크는 이런 자연법에 의한 평화로운 질서의 기초를 유명한 '노동소유권론'으로써 경험론적으로 다진다. 로크는 인간을 각자의 노동으로 획득한 재산을 서로의 사유재산으로 승인함으로써 신이 의도한 개인들의 평화공존을 자연스럽게 실현할 수 있는 존재라고 보았다. 자연법은 "신의 이러한 명령에 따라 토지의 특정 부분에서 정복하고 경작하고 씨를 뿌린 자는 그로써 그의 재산을 대지에 부가한 것으로, 이에 대해서는 다른 어느 누구도 아무런 자격을 갖고 있지 않으며, 침해를 통하지 않고는 그 토지를 빼앗을 수 없다"(『통치론』 후편, 제31절)고 규정했다. 이 이론에는 자연의 인간을 '이성적이며 근면한' 생산자로 파악하는 관점이 나타나 있으며, 동시에 희소한 자원을 탐욕스러운 개인들이 서로 빼앗는다는 홉스의 자연 상태와는 다른, 생산 활동에 의한 평화로운 사회질서의 실현이라는 전망이 드러난다. 그것은 또한 노동이 부의 주요한 원천이라는 경제학적 관점을 선취하는 것이기도 했다.

이런 설명 때문에 로크의 소유권론을 자본주의의 선구적 변호론으로 보는 해석도 나타났지만, 그의 논의에는 그것과는 다른 측면이 있음에 주의할 필요가 있다. 그것은 그가 말한 정당한 소유권의 '한계'라는 문제다. 자연법에 의한 노동 소유의 권리는 생산물이 부패하지 않고 소비되는 한에서 인정되는 것이며 생존의 필요를 넘어선 소유와 축적은 인류 전체의 보존을 명한 자연법에 의해 금지된다. 이 제한이 지켜지는 한 사람들은 자연 상태 속에서 자유와 평등을 유지하며 평화로운 생산 활동에 종사할 수 있다. 그러나 사회가 이 상태에 머물러 있는 한 부의 증대나 사회의 발전을 기대하기 어려운 것도 사실이다. 그래서 로크는 그 한계를 '화폐'의 출현이라는 논리로 교묘하게 돌파한다. 생산자가 잉여생산물을 소비자에게 판매하여 그 대가를 부패하지 않는 화폐 형태로 축적하는 것은 인류 전체의 보존과 번영을 의도하는 자연법의 침범에는 해당하지 않는다. 왜냐하면 '정당한 소유권의 한계'는 '소유물의 크기'가 아니라 어떤 한 부분의 '부패의 유무'에 있기 때문이다(후편, 제46절). 그런데 화폐의 도입은 생활의 필요를 웃도는 생산 활동을 가능케 하여 사회 전체의 부의 비약적인 증대를 가져오지만, 한편으로는 능력이나 운·불운의 차에 의해 부와 재산의 현저한 불평등을 초래할 수밖에 없다.

이렇게 해서 자유롭고 평등하며 평화로운 자연 상태는 풍요롭지만 불평등한 사회가 되며, 가난한 자는 살기 위해, 부유한 자는 탐욕 때문에 타인의 재산을 침해하는 것이 일상화되는 사회로 변질된다. '이성적이며 근면한' 사람들은 이기적인 욕망의 추구에 사로잡히게 되며, 이성의 법으로서의 '자연법'이 내리는 명령만으로는 욕망의 자기 규제가 불가능해진다. 로크는 경제적 불평등에 의한 재산의 침해가 일상화되는 이 사태를 홉스와 마찬가지로 '전쟁 상태'라고 부른다. 홉스와는 달리 로크의 전쟁 상태는 사람들의 생산 활동을 기초로 한 경제사회이긴 하지만 입법, 행정, 사법을 관할하는 통치 조직이 존재하지 않으므로 결국 비참하고 불안정한 상태가 된다. 이를 극복할 유일한 길은 '정치사회 또는 시민사회(political or civil society)'(후편, 제89절)의 확립이며 이것이 로크의 '사회계약'일 따름이다. 그것은 자연 상태의 안 좋은 면을 통찰하는 사람들의 이성적 판단에 의해 실현되는데, 그는 사람들이 정치사회의 확립으로 향하는 역사의 프로세스도 구체적으로 논한다.

로크에 따르면 근대 이탈리아의 도시국가처럼 자유롭고 평등한 시민에 의해 작위적으로 수립된 정부도 있지만 그런 것은 오히려 예외이며, 역사상 대부분의 정부는 자연 상태에 있는 공동체(부족사회)의 우두머리(아버지)가 다른 부족과의 전쟁에서 군사적 권력을 쥐고 그것이 평시에도 계속되어 항구적인 정치권력자가 됨으로써 성립되었다. '족장기원설'이라고도 불리는 이 논의는 정치사회의 기원에 대한 경험과학적 설명이며, 현실의 많은 국가가 군주정체인 이유의 설명이기도 한데, 그렇다고 해서 그와 같이 성립된 정부의 정통성이 가부장권에서 유래하는 것은 아니다. 그런 경우에도 가부장의 자식들이 성인이 된 후에 부여하는 '자유로운 동의'만이 정당한 지배 권력의 기초이며, 좀더 일반적으로 말하면 군주제, 공화제의 구별과 관계없이 피치자가 지배자에게 부여하는 '자유로운 동의'만이 정당한 정치권력의 근거이다. 그리고 그 모든 것의 목적은 국민의 '생명 · 자유 · 재산(life, liberty, estate)'으로서의 '프로퍼티(property)'의 보호이다.

더구나 로크의 '사회계약'은 ① 자유롭고 평등한 개인들이 정치사회 수립을 서로 '동의'하는 '결합 계약'과 ② 정치형태(정체)를 확정하고 특정한 개인 혹은 단체에 개인들의 자연권을 '신탁(trust)'하는 '지배 복종 계약'이라는 두 단계로 나뉜다. 홉스에게 주권자는 사회계약의 주체도 당사자도 아니었지만, 로크의 경우 자연권을 신탁받은 위정자는 계약의 한쪽 당사자로서 국민에게 책임을 지며, 신탁 위반이 있으면 국민에 의해 비판 · 고발되는 관계에 있다. 나아가 로크는 정부의 내부 구조를 논하며 "입법 권력이 최고 권력"(후편, 제150절)이라고 주장한다. 전쟁 상태에서의 자연법의 무력화를 극복하기 위해 정치사회를 수립한 이상 그 최고 목적은 입법부가 제정하는 실정법에 의한 자연법의 실현이어야 한다. 군주제, 귀족제, 민주제 같은 정체의 차이는 입법권이 국왕, 귀족, 인민 중 누구의 손에 있는지에 따라 결정된다. 입법권은 개인의 '자기보존권(제1의 자연권)'에서 유래한다. 자기보존권을 위정자에게 신탁하는 것이 개인의 생명 · 자유 · 재산의 보전에 '필요한 한에서' 이루어지는 것과 달리 입법권에 종속되어야 할 '집행 권력'은 자연법 집행권으로서의 '처벌권(제2의 자연권)'에서 유래하며 사람들은 이것을 "완전히 방기한다"(후편, 제129~130절)고 한다. 시민 정부가 존속하는 한 일반 시민이 처벌권을 (정당방위의 경우를 제외하고) 임의로 집행하는 것은 허용되지 않는다.

로크의 정부론은 국민의 대표자에 의해 구성되는 의회의 입법권을 인정하고 그 최고성(最高性)을 강조함으로써 명예혁명으로 확립된 영국 입헌군주제의 정통성을 입증하는 측면을 지닌다. 그러나 그것은 단순한 현체제 변호론이 아니다. 왜냐하면 정치사회는 이렇듯 엄격한 수립 절차와 정통성의 근거를 보여줌으로써 사람들의 '신탁'을 위반하는 권력자에 대한 엄중한 비판과 규탄을 허용하지 않을 수 없기 때문이다. "입법권이 주어진 신임을 위반하는 행위를 했다고 인민이 생각한 경우에는 입법권을 배제 또는 변경할 수 있는 최고 권력이 여전히 인민의 손에 남아 있다"(후편, 제149절). 이러한 정치적 위기 상태를 로크는 '정부의 해체'라 부르고 여기에는 ① 군주가 의회에 월권행위나 찬탈행위를 일삼음에 따른 입법부의 붕괴, ② 입법부에 의한 인민의 재산 침해라는 입법권의 신탁 위반, ③ 군주에 의한 의원 매수 등의 집행권의 신탁 위반이 포함된다(후편, 제222절). 이것은 모두 군주나 의회의 국민에 대한 배반에 해당하므로 국민은 재판 등의 합법적 수단을 통해 자기의 소유권을 지키는데('저항권'), 그럼에도 신탁 위반이 계속될 경우에는 국민이 최후의 수단으로서 자연법에 일치하는 정부를 실력에 의해, 스스로의 손으로 새로 수립해도 좋다('혁명권')는 주장으로 이어졌다. "하늘에 호소하다(appeal to heaven)"(후편, 제242절)라는 유명한 표현이 그것이다. 게다가 저항권을 행사할지 '하늘에 호소하는' 혁명권을 행사할지를 판단할 최종적 권리는 인민에게 있다는 확언까지 이루어져 로크의 정치사상 전체에 급진적 색채를 부여하고 있다.

6. 사회계약 사상에서의 '자유'와 '공공'

홉스와 로크는 정치권력의 정통성의 근거를 역사상의 사실이나 전통 속에서 찾는 왕권신수설을 비판함으로써 그것을 자유로운 개인들에 의한 '사회계약'에서 찾는 획기적인 이론을 제시했다. 그것은 현실의 여러 정부가 역사적 사실로서 사람들의 '계약'에 의해 성립되었다고 주장하는 것이 아니라 자유로운 개인들이 스스로 수립한 국가권력의 정통성을 되물음으로써 정치사회의 일원인 스스로의 책임을 되물으려 하는 사상이었다. 그 결과 현존하는 국가를 승인하고 그 존재와 행위에 대해 스스로 책임을 질 수 있다고 판단되면 사람은 시민으로서 그에 복종할 의무를 진다. 반대로 그것이 불가능하다면 홉스의 경우에는 그 권력으로부터 벗어나지 않으면 안 되며, 로크의 경우에는 합법적 저항권의 행사나 비합법적 혁명권의 행사라는 길을 택하게 되는 것이다. 그런 의미에서 '사회계약'은 자유로운 개인들이 정치적 공공성을 스스로 획득하고 내면화하기 위한 이론이었다.

이미 살펴봤듯이 이러한 이론을 전개한 홉스와 로크 사이에는 그 기초를 이루는 학문의 방법과 인간관·사회관에 커다란 차이가 있었다. 타인을 살해해서라도 자기보존을 우선시하라는 홉스의 인간관이나 국가권력의 뒷받침 없는 법은 무력하다는 그의 질서 감각은 지금도 여전히 신선하며 근대적 개인과 근대국가의 본질에 가닿은 것이었다. 아울러 국민의 합법적 저항권이나 사상·언론의 자유를 명확히 부정하는 홉스의 입장은 근대 자유주의의 비조라고는 일컫기 힘든 내용이라는 것도 사실이다. 자유로운 개인들의 의지를 주권자의 단일하고 불가분한 의지로서 결집시키는 그의 논리는 루소의 '일반의지'를 선취한 것이며, 근대국가의 권력이 사람들의 자유로운 의지에서 생겨나 거꾸로 그것을 압살해간다고 하는, 프랑스혁명 이후 역사의 한 단면을 예고한 것이기도 하다. 이러한 문제점에도 불구하고 그러한 절대 주권을 밑받침하는 자유로운 개인의 관점이 그의 사상 체계를 관통하고 있다는 것을 간과할 수는 없다. '신민'으로서는 저항이나 혁명의 '권리'를 인정받지 못하지만, 모든 개인은 '신민'이라는 것 자체를 거부하고 자유로운 '개인'으로 돌아가는 양도할 수 없는 권리를 인정받는 것이다. 바로 여기에 그로티우스를 넘어서는 홉스 사상의 근대적 본질이 있었다.

그러나 홉스가 생각하기에 주권자의 명령에 의한 죽음의 공포에서 개인이 벗어날 수 있는 유일한 길은 탈옥이나 적전 도망 등의 비합법적인 것밖에 없었으며, 다수의 시민이 그 길을 선택하면 정치사회는 붕괴될 수밖에 없었다. 그것은 분명 저항의 자유의 승인이긴 하지만, 정치사회 내부에서의 합법적 저항권의 승인은 아니었다. 이와는 대조적으로 로크는 사람들이 자신의 자연권(자기보존권)을 군주나 의회에 우선 신탁하지만, 일단 그것이 위태로워지면 이 계약 관계를 해제하고 본래의 자연권을 회복해 새로운 정부를 세워도 좋다고 본다. 이러한 차이의 배경에는 두 사람이 전제로 하는 사회상의 큰 차이가 있었다. 사유재산과 시장경제가 발달한 문명사회를 선취한 로크의 자연 상태와 영국의 피비린내나는 내전이나 아메리카 신대륙의 미개사회와 오버랩이 된 홉스의 자연 상태는 언뜻 보아 비슷하지만 다른 것이었다. 홉스는 경제의 질서를 정치 질서(절대 주권)의 확립을 통해서만 생각할 수 있었지만, 로크는 경제의 질서라는 기반 위에서 정치 질서(자유로운 정부)의 형성·확립을 전망했다.

게다가 로크의 경우에 정치와 경제라는 두 질서는 '신의 법'으로서의 '자연법' 논리에 의해 관철된 것이었다. 자연법이 없으면 자연 상태에서의 평화로운 생산 활동은 없으며 이중의 사회계약도, 권력자의 신탁 위반에 대한 국민의 저항이나 혁명이라는 정치 행동도 있을 수 없었다. 이런 의미에서 로크 사상은 종교개혁 사상의 전통 속에 있었다. 로크의 자연법은 기계적인 에고이즘이 아니라 인류 전체의 보존과 양립하는 한에서 각자의 자기보존을 명하는 것이었다. 홉스의 경우에 완전한 자기보존의 권리가 인정되어 타자의 생명·재산에 대한 존중이 없고 자유와 공공성은 절대 주권의 개입 없이는 양립하지 못했지만, 로크가 생각하는 개인의 자기보존과 자유는 인류 전체의 보전과 번영이라는 신의 명령(자연법)에 의해 정치적 공공성으로 향하는 회로를 원리적으로 보장받는 한편 감각, 경험, 노동으로 구성되는 사람들의 경험적 세계로부터 현실적 뒷받침을 얻었다.

제4장

계몽사상과
문명사회론의
전개

1. '시대'의 문맥: 문명사회의 발전

17세기 유럽이 종교전쟁과 내전이 잇따르는 위기와 혼란의 시대였다면 18세기(특히 그 전반기)는 '안정'과 '질서'의 확립기였다. 영국의 명예혁명 체제와 프랑스의 루이 14세에 의한 부르봉왕조의 안정화, 신성로마제국의 사실상의 해체와 프로이센, 오스트리아, 러시아의 대두 등으로 상징되듯이 18세기 유럽 국가들은 자국의 정치적 안정을 바탕으로 좀더 진전된 근대화를 위한 정책을 적극적으로 추진해나갔다. 그 목표는 한마디로 말해 '문명(civilization)'의 추진과 실현이었다. 영국의 명예혁명(1688)에서 프랑스혁명(1789)까지의 '계몽의 세기'를 특징짓는 것은 이 문명의 이념이며, 으뜸가는 선진국인 영국과 프랑스가 각축을 벌이는 가운데 상대적으로 뒤처진 국가들에서도 '계몽 전제군주'라 불린 프로이센의 프리드리히 2세(대왕), 오스트리아의 여제 마리아 테레지아, 러시아의 예카테리나 2세 등이 영국과 프랑스의 '문명'을 모델로 삼아 자국의 근대화를 위한 정책들을 추진해나갔다.

물론 18세기에도 루이 14세의 마지막 침략 전쟁이 된 스페인계 승전쟁(1701~14)이나 오스트리아계승전쟁(1740~48), 7년전쟁(1756~63) 등 왕위 계승이나 영토·권익의 충돌에서 기인한 국가 간의 전쟁은 계속되었으며, 이와 병행하여 '제2차 백년전쟁'이라고도 불린 북미 식민지에서의 영국과 프랑스 간 충돌이 일어났다. 그러나 이러한 전쟁이나 대립은 식민지를 포함한 국가 간의 경제 전쟁이라는 성격이 강했으며, 종교 대립을 축으로 하는 17세기의 전쟁과는 크게 달랐다. 그 전형이 7년전쟁에서 영국이 거둔 승리로, 이에 따라 프랑스는 북미와 인도의 식민지를 거의 잃고 영국이 세계시장을 지배하게 되었다. 18세기 전반까지 세계경제의 중심이었던 네덜란드의 지위는 크게 낮아져 세계경제의 주도권은 결정적으로 영국으로 넘어갔다. 주된 싸움터는 해외 식민지로 옮겨갔으며 유럽 국가들은 전쟁으로 인한 국토의 황폐화나 역병의 만연으로부터 해방되어 인구도 급격히 늘어났다.

특히 국내의 정치적 안정은 각국의 경제 발전을 촉진했다. 영국에서는 명예혁명 체제의 능란한 경제 운영(중상주의 정책)으로 농업·공업·상업의 착실한 성장을 달성하는 한편, 이러한 발전에 힘입어 세기 후반에는 산업혁명이 시작될 수 있었다. 프랑스에서는 잇따른 전쟁으로 인한 재정 피폐와 경제 위기가 프랑스혁명의 발발을 이끈 국내적 모순을 심화시켰지만, 한편에서는 착실한 시장경제화와 부의 축적이 진행되고 있었다. 입헌군주제를 확립한 영국과 절대왕정하의 프랑스는 정치 구조가 전혀 달랐지만, 두 나라에 공통된 경제 발전과 부의 축적, 그에 따른 세련된 도시 문화의 발달은 사람들로 하여금 그러한 정치체제의 차이를 뛰어넘는 '문명사회(civilized society)'의 성장을 실감케 했다. 이러한 공통성을 기반으로 정치가, 외교관, 상인, 학자, 예술가 등 모든 신분과 직업에 속한 사람들이 영불해협을 자유롭게 오가며 교류했다. 아래에 등장하는 프랑스와 영국의 사상가들은 두 나라의 정치, 경제, 학문, 예술, 시민 생활 등을 상세히 관찰하고 비교·검토하는 가운데 각기 다른 문명사회상을 구축해나갔다.

2. '사상'의 문맥: 프랑스와 스코틀랜드

'계몽(enlightenment)'의 원어는 '밝게 비추다'라는 뜻으로, 이성과 과학으로 인류를 무지몽매에서 해방시키는 것을 의미한다. 넓은 의미에서의 '계몽' 사상은 데카르트, 로크, 뉴턴 등 17세기의 지적 유산 위에 합리적 지식의 체계를 수립하려고 한 운동을 가리킨다. 동시에 그것은 인간생활의 전 영역에 걸친 실천적 정치·사회운동으로서도 전개되었는데, 그런 의미에서 '계몽'은 각국의 정치체제의 차이에 따라 전혀 다른 성격을 띠었다. 절대왕정하의 프랑스에서는 몽테스키외, 볼테르를 선구로 하여 디드로와 달랑베르가 엮은『백과전서』(1751~72)를 무대삼아 프랑스혁명을 준비한 루소 등의 급진적 정치사상으로서 성장했다. 입헌군주제하의 영국(특히 스코틀랜드)에서는 기존 체제의 틀 안에서 자유와 부를 키워드로 한 흄, 스미스 등의 점진적 개혁의 입장이 나타났으며 특히 경제사상이 활기를 띠었다. 이와 달리 영방국가로 분열되어 있던 독일에서는 계몽사상의 원리가 칸트의 철학이나 레싱의 문학 등에서 관념적 · 이념적으로 표현되었으며 정치 · 경제를 둘러싼 사회과학은 비교적 주춤했다.

루이 14세가 군림한 18세기 초두의 프랑스는 유럽 정치의 중심이자 학문과 예술의 중심으로서도 위광을 떨치고 있었다. 그런데 1715년 왕의 죽음을 계기로 정치 · 경제는 물론이고 학문 일반에서 영국의 지위가 급속히 올라가고 프랑스의 지위는 상대적으로 낮아지게 되었다. 이러한 학문상의 지위 역전에 대해 프랑스의 지식인들은 뉴턴과 로크의 유산이 근대과학의 분수령이라는 것을 인정하며 영국에 뒤지지 않는 학문을 일궈내려는 국민적 노력을 개시한다. 그 결과 문학 · 고고학에서 수학 · 물리학 · 화학에 이르는 여러 분야에서 학문 연구가 활발하게 이루어져 그것을 총괄하는 의미를 갖는 일대 성과로서『백과전서』가 출간된다. 그 '서론'에서 달랑베르가 자못 뽐내듯 말한 것처럼 영국에서 시작된 계몽사상운동은 프랑스에서 전면적으로 개화했다고 여겨졌다. 이런 인식은 스코틀랜드의 무명 청년인 애덤 스미스에게 큰 영향을 끼쳤으며, 스미스를 비롯한 스코틀랜드 계몽의 성과는 프랑스 최신 학문 · 사상의 비판적 계승으로서 나타나게 된다.

부르봉왕조 절대왕정의 틀 안에서 전개된 프랑스의 계몽과는 대조적으로 스코틀랜드 계몽운동은 영국의 입헌군주 체제(명예혁명 체제) 내부에서 비롯되었다. 스코틀랜드는 1707년에 잉글랜드와 통일되기까지 같은 국왕을 공유하는 왕관 연합의 관계에 있으면서도 고유한 의회와 법률과 교회를 가진 독립 왕국이었다. 통일에 의해 독자적 의회를 잃은 후에도 스코틀랜드는 개혁적 기풍이 넘치는 네 군데의 대학(세인트앤드루스, 애버딘의 마셜 및 킹스 칼리지, 글래스고, 에든버러)과 장로파 칼뱅주의 교회를 가지고 있었으며 그 자유롭고 개혁적인 전통 위에서 스코틀랜드 계몽이 꽃을 피웠다. 스미스는 말할 것도 없고 『시민사회사론』(1767)을 쓴 애덤 퍼거슨, 18세기를 대표하는 역사가 중 한 사람인 윌리엄 로버트슨, 법학자 존 밀러, 잠열(潛熱)을 발견한 조지프 블랙에서 화학자 윌리엄 컬런까지 스코틀랜드 계몽의 주역들 대다수가 대학교수나 목사(혹은 둘 다)였다는 사실은 상징적이다.

그 결과 프랑스 계몽의 지도자들 다수가 귀족이나 부르주아 출신이었음에도 절대왕정 및 가톨릭교회와 대결하는 사상적 입장에 설 수밖에 없었던 것에 비해 명예혁명 체제하의 스코틀랜드 계몽은 교회와 대학의 지적·인적 자산을 최대한 활용한 '보수적 계몽'(포콕)이었다는 점에 큰 특징이 있었다. 그것은 교회와 대학이라는 스코틀랜드 고유의 지적·정신적 전통에 근거하면서 잉글랜드와의 경합 관계에서 정치, 경제, 사회의 전면적 근대화를 실현한다는 명확한 사상 과제를 스스로에게 부과하는 것이었다. 프랑스 계몽이 잉글랜드 문명의 모방으로 시종한 것은 아니듯이 스코틀랜드 계몽 역시 단순히 잉글랜드 문명의 뒤만 좇지는 않았다. '뉴턴과 로크'의 유산은 프랑스에서 스코틀랜드로 역수입됨으로써 비로소 새로운 생명력을 얻게 된다.

3. 계몽사상의 '문제'

영국과 프랑스 두 나라의 학문적 교류와 절차탁마는 양국 모두로 하여금 '계몽'을 문제삼게 만들었다. 그것은 영국과 프랑스라는 두 문명 대국에서 정치체제의 차이를 넘어 공통된 원리에 따라 발전하는 '문명사회'의 인식과 평가라는 문제였다. 17세기의 홉스와 로크의 '사회계약' 사상이 그 시대의 정치적 혼란을 수습하고 평화로운 질서를 회복하는 것을 주된 목표로 삼은 '정치사회(civil society)'의 이론으로서 전개되었다면, 정치적 안정과 경제적 성장을 기조로 하는 18세기 사회사상은 기본적으로 '문명사회(civilized society)'의 이론으로서 전개되었다. 영국과 프랑스의 계몽사상은 '종교'와 '정치'에서의 근본적 대립(가톨릭 대 프로테스탄트, 공화제 대 군주제)을 일단 보류해두고 주된 관심을 '도덕'과 '경제'로 옮겨갔다. 그리고 이 두 문제가 영국과 프랑스의 계몽운동에서 독자적으로 심화됨과 동시에 이 새로운 관점을 통해 '정치'의 문제가 새로이 문제시되기도 했다.

종교·정치에서 도덕·경제로 중심을 옮길 수 있었던 것은, 선악과 옳고 그름의 규준을 묻는 도덕상의 기본 문제나 국부의 본질과 원인을 묻는 경제학의 문제가 정치체제나 종교 신조의 차이를 뛰어넘은 인간과 사회의 근본적 문제이자 '문명사회'의 기본적 문제였기 때문이다. 프랑스와 스코틀랜드의 계몽사상가들이 공통적으로 직면한 주된 문제는 정치와 종교의 질서에서 상대적으로 독립한 도덕과 경제 질서의 해명이었다. 동시에 그들로서는 현실의 정치체제를 사상적으로 문제삼기가 불가능하기도 했다. 『백과전서』의 사상가들이 프랑스 절대왕정의 문제점을 영국 입헌군주제와의 대비를 통해 고찰하는 경우는 있었어도 절대왕정 자체의 변혁을 논점으로 삼지는 못했듯이, 명예혁명 체제에 병합된 스코틀랜드의 사상가들로서는 스코틀랜드 고유의 문화·전통·민족의 문제를 정치 문제화하기가 어려웠다. 정치체제의 변혁을 지향하는 로크적 '사회계약' 사상이 '계몽'의 한계 내에서는 지지를 얻지 못하고 오히려 포스트 '계몽' 사상가들(프랑스의 루소, 영국의 프라이스와 프리스틀리)에 의해 재평가된 것은 바로 그 때문이었다.

정치사회론에서 문명사회론으로 문제 관심이 바뀐 것에 상응하여 인간 본성론에서도 17세기로부터의 큰 변화가 일어났다. 그것은 특히 영국에서 현저한 경향을 보여, 러브조이나 허시먼이 지적한 대로 사회사상의 논의의 중심이 '이성(reason)'에서 '정념(passion)' 혹은 '감정(sentiment)'으로 이동했다. 17세기의 사상가들도 인간 행동이나 사회질서에서의 정념의 작용을 무시한 것은 아니었다. 오히려 그들은 하나같이 자애심, 명예욕, 권력욕, 금전욕 같은 이기적 정념들이 사람들의 사회적 행동에 큰 영향을 끼친다는 것을 자각하고 그것을 어떻게 규제하고 사회질서의 한계 안에 가둬두면 좋을지를 항상 생각했다. 인간의 사회적 본성이냐(그로티우스), 주권 확립의 불가피성을 가르쳐주는 계산 이성이냐(홉스), 이성의 법으로서의 자연법이냐(로크) 하는 식으로 논의의 세부적 차이는 있었지만 그들은 결국 이성에 의해 정념을 억제하고 제어한다는 생각에 다다랐다. 그들은 자기중심적 정념의 본질을 반사회적인 것이라 보았으며 정념의 전면적 해방은 사회질서의 파괴를 가져온다고 믿었다. 그렇기 때문에 그들은 반사회적 정념을 통제할 힘을 이성에서 찾지 않을 수 없었던 것이다.

17세기의 이성주의에서 18세기의 정념(감정)주의로의 전환이라는 계몽사상의 큰 흐름은 영국의 섀프츠베리와 네덜란드 출신의 맨더빌에게서 비롯되었다. 그들은 공통적으로 반사회적 정념을 이성이 통제한다는 전통적 도식을 비판하고 '정념'이나 '감정' 자체에서 인간의 사회적 결합의 원리를 발견하려 했다. 섀프츠베리는 로크가 비서로 일했던 초대 섀프츠베리 백작의 손자로, 로크를 가정교사로 두고 성장해 명예혁명 후에는 명문 휘그 귀족으로서 체제의 상징이 되었다. 그의 사상은 그리스도교적이라기보다는 고대적·이교적이었으며 플라톤주의, 스토아주의 등을 원천으로 하는 '이신론(deism)'의 세계관을 낳았다. 그에 따르면 우주의 부분과 전체 사이에 긴밀한 조화가 존재하듯이 개인의 이익과 사회 전체의 이익 사이에도 궁극적 조화와 일치가 존재한다. 개인의 이기적 정념은 반사회적으로 보이지만, 타고난 '도덕감각(moral sense)'이 과도한 정념을 억제하게끔 되어 있다. '도덕감각'은 이성이 아니며 오관(五官)보다 급이 높은 특별한 감각이다. 소수의 뛰어난 사람들(엘리트)에게서 특히 날카로운 '도덕감각'이 대중의 무지를 보완해 사회 전체의 조화가 확보된다는 것이다.

맨더빌은 레이던대학에서 의학을 공부한 후 런던에서 내과의로 성공했는데, 그의 주저로 알려진 『꿀벌의 우화』(1714)에 나오는 "사악(私惡)은 공익(Private Vices, Public Benefits)"이라는 대담한 문제 제기로 유럽 사상계에 충격을 주었다. 소수 엘리트의 '도덕감각'을 중시하는 섀프츠베리의 질서관과는 달리 맨더빌은 인류 공통의 정념(특히 이기적인 그것)의 중요성을 강조해, 상식적으로는 반사회적이라고 여겨지는 정념이 오히려 사람들의 사회적 결합을 강화해 사회 발전의 원동력이 된다고 언급한다. 특히 그는 '허영심(pride)'과 '명예심(honour)'에 주목한다. '허영(자부)심'은 부유해져 타인의 선망이나 상찬을 얻고자 하는 욕구이며, 이것이 보통 사람과는 다른 소질과 근면함을 낳아 사회 전체의 부를 증대시킨다. '명예심' 역시 국가의 명예를 좇아 자기희생적인 군사·정치 방면의 공공적 활동으로 사람들을 내몰아 강대한 국가의 기반을 다진다. '허영심'이나 '명예심'이라는 '사악(私惡)'은 의도치 않은 귀결로서 사회 전체의 풍요와 번영이라는 '공익'을 낳는다는 것이다.

　이러한 맨더빌의 역설은 상급의 '도덕감각'에 의해 이기심을 사회화하려는 섀프츠베리의 논의와는 정반대로 보이지만, 어느 쪽이든 '이성'보다는 '감각'이나 '정념'에서 개인이 사회화되는 근거를 찾는다는 점에서, 이성에 의한 정념의 억제·통제를 요구한 17세기 사상의 틀을 넘어서는 것이었다. 두 사람은 상이한 사상 계보를 지니면서도 홉스와 로크에게 마지막까지 찾아볼 수 있었던, 이기심의 반사회성이라는 관점에 기초한 사회질서 이론을 넘어 이기적 정념 자체가 사회화됨으로써 문명사회의 거대한 시스템이 성립되는 메커니즘을 탐구했다. 그리고 개인과 사회의 관계에 관한 이런 새로운 사상의 전개가 18세기 문명사회론의 기초를 마련하게 된다.

4. 프랑스 계몽의 문명사회상: 볼테르에서 중농주의까지

프랑스 계몽의 거인들 중에서 최초로 영국을 방문해 그 특징을 상세히 관찰한 인물이 볼테르(1694~1778)이다. 그는 1726년부터 2년간 영국에 머물며 그곳의 정치, 경제, 사회, 종교, 문학, 철학 등을 상세히 관찰한 성과를 『철학서간』(1734)으로 펴냈다. 『루이 14세의 세기』(1751)는 볼테르에게 역사가로서의 명성을 가져다주었으며 리스본 지진(1755)을 계기로 쓴 소설 『캉디드』(1759)나 『철학사전』(1764) 또한 유명하다. 『관용론』(1763)에서는 무고한 죄로 처형된 툴루즈의 신교도 칼라스의 명예 회복을 요구하며 가톨릭교회의 광신과 불관용을 고발했다. 『철학서간』은 영국 사회가 이룬 번영의 근원을 '자유'에서 찾아 사회 전반에 충만한 자유의 제도와 정신이 영국 문명사회의 근간임을 언급한다. "영국 사람들은 대체로 생각을 많이 하며" 이는 "영국 정치체제의 영향이다"(제20서간). 정치적 자유와 사상·언론의 자유가 서로를 촉진하며 성장한 점에 영국의 자유의 강점이 있으며 "영국에서 상업은 시민들을 부자로 만들고 그들을 자유롭게 하는 데 일조했는데, 이 자유는 상업을 더욱 발전시켜 국가 번영의 토대를 마련했다"(제10서간). 영국이 유럽에 자랑하는 신앙의 자유 역시 같은 관점에서 이해할 수 있으며, 런던의 증권거래소에 가보면 유대교도, 이슬람교도, 그리스도교도가 "마치 같은 종교를 믿는 사람처럼" 거래를 하고 있다는 것이다(제6서간).

볼테르가 영국의 자유를 가급적 프랑스에 이식하려고 한 것은 사실이지만, 그는 프랑스를 봉건국가로, 영국을 근대국가로 보는 단순한 이분법을 취하지는 않는다. 봉건영주와 가톨릭교회를 자유의 최대의 적으로 보는 그는 영국과 프랑스의 절대왕정이 이 양대 세력에 맞서 근대적 자유를 육성하는 획기적 역할을 수행한 점을 긍정적으로 평가했다. 그런가 하면 볼테르는 과거 봉건 세력을 제압해 국민의 자유를 육성한 프랑스의 부르봉왕조가 이제는 권력에 안주해 국민을 억압하고 있음을 지적하고, 프랑스 왕권이 사상, 언론, 신앙, 상업 등의 자유를 인정함으로써 영국의 입헌군주제에 필적하는 근대국가로서 재출발할 필요성을 호소했다. 볼테르가 생각하는 영국의 자유의 근원은 국민의 자유를 보호하는 '법의 지배'의 원리이자 제도였으며, 그는 프랑스의 절대왕정이 봉건귀족과 가톨릭교회의 억압을 배제하고 권력을 집중·강화함으로써 '법의 지배'를 실현할 가능성에 기대를 걸었다. 볼테르는 '법의 지배'야말로 영국의 입헌군주제와 프랑스의 절대왕정이라는 정치체제의 차이를 넘어서는 문명사회의 기본 원리라는 것을 명확히 인식하고 있었다.

이에 비해 마찬가지로 영국 사회에 대한 상세한 관찰에 근거하면서도 전혀 다른 프랑스 문명사회의 전망을 그려낸 이가 몽테스키외(1689~1755)이다. 그는 볼테르와는 대조적으로 프랑스 국민의 자유의 보루를 절대왕정의 권력이 아니라 그것에 대항할 지위에 있는 귀족층(특히 법복귀족층)에서 찾았는데, 그의 구상의 원천 역시 영국의 입헌적 정치제도와 기구였다. 몽테스키외는 고향 보르도에서 판사로 출발해 1716년에 그곳의 고등법원장이 된다. 그의 성가를 드높인 서간체 소설 『페르시아인의 편지』(1721)에서는 주인공인 페르시아인으로 하여금 프랑스 사회의 풍속, 정치, 도덕의 부패를 논하게 하여 화제를 불러모아 아카데미 프랑세즈 회원으로까지 선출된다. 그후 몽테스키외는 유럽 여러 나라를 방문하는데, 그가 1729년부터 2년간 영국의 정치체제와 생활양식을 체계적으로 관찰한 성과를 담은 것이 바로 정치학의 고전인 『법의 정신』(1748)이다.

이 대작은 여러 국민의 법을 관통하는 일반 원리를 해명함과 동시에 일반 원리와 각 국민의 정체(政體), 종교, 생활양식, 상업, 풍토의 관련을 종합적으로 분석하는 것이 주제다. 몽테스키외는 신이 역사의 기점에 둔 자연법을 원리로 하는 근대 자연법학의 견해와는 달리 선교사나 상인이 가져온 비서구 사회에 관한 보고에서 시사를 얻어 인간 사회에 나타나는 법률, 제도, 관습의 다양성에 주목한다. 그는 유럽인의 눈으로 보면 잔혹하고 불합리한 것으로 비치는 비서구의 제도나 법률(그는 일본의 고닌구미[五人組, 에도 시대에 이웃한 다섯 집이 한 조를 이룬 연대책임 조직. 치안 유지와 법도 준수, 공납 확보 등을 수행―옮긴이]를 예로 든다)도 그 나라 고유의 정체, 풍습, 풍토에 입각해 고찰하면 고도의 합리성을 가진다는 것을 알 수 있다고 생각했다. 그는 '풍토적 결정론'자라고 불리기도 했으나 실제로는 정체, 상업, 법률의 상호 관계, 그중에서도 특히 정체에 관한 요인을 중시했다. 요컨대 '군주제', '귀족제', '민주제'라는 고대 그리스 이래의 전통적 3정체론을 대체하는 것으로 '전제', '군주제', '공화제'라는 3분류를 제기하여 '전제'와 '공화제'에 대한 '군주제'의 우월성을 강조했다. 프랑스와 영국은 입헌군주제 대 절대왕정이라는 큰 차이는 있지만 그럼에도 양국 모두 군주제 아래서 '법의 지배'를 실현하고 있다. 다만 영국에서는 의회의 입법권과 국왕의 행정권이 엄밀히 분리되어 있는 데 비해 프랑스에서는 전통적 신분제 의회(삼부회)가 기능을 멈췄기 때문에 국왕이 입법과 행정 양 권력을 독점하고 있으며 국민의 자유가 충분히 보장되지 못하고 있다. 그래서 몽테스키외는 귀족 신분이 사법 권력을 맡음으로써 영국 이상으로 철저한 입법·사법·행정의 삼권분립을 수립해 국민의 자유를 좀더 확실한 것으로 만들기를 주장한다.

삼권의 분할과 억제·균형에 의한 국민 자유의 실현이라는 이 사상이야말로 근대 헌법을 밑받침하는 근간이자 특히 미합중국 헌법의 지도 이념인데, 몽테스키외는 나아가 대국에는 군주제가, 소국에는 공화제가 적합하다는 전통적 정체관을 피력하고는 영국·프랑스 양 대국의 군주제가 네덜란드, 스위스, 이탈리아의 소규모 공화국보다 국민의 자유를 좀더 잘 실현시키는 이유를 고찰한다. 그의 답은 시장경제(상업)의 발달과 정체·법률의 독자적 관계이다. 사치의 보급 탓에 아테나이의 자유가 흔들리는 것을 본 플라톤은 "상업은 순진한 습속을 부패시킨다"고 탄식했지만, 근대 세계에서는 사정이 달라져 "상업은 우리가 매일 보듯이 야만적 습속을 세련되고 온화하게 만든다"(제20편 1장). 근대 자연법학의 아버지 그로티우스가 국제적 상업 사회에서의 평화와 질서의 가능성을 자연법의 논리로 입증하려 한 것과 달리 몽테스키외는 그러한 이성적 자연법이야말로 문명화된 사회적 감정의 산물이라고 본 것이다. 이렇게 해서 몽테스키외는 정치권력의 분할과 상업 사회의 문명 감정이라는 근대적 자유의 두 기초를 확인하고 프랑스의 군주제에서 그것이 실현되기를 기대했다.

『백과전서』는 프랑스 계몽의 상징적 존재인데, 철학자 디드로와 수학자 달랑베르를 엮은이로 하여 약 7만 2000항목으로 된 본문 17권과

약 2500점의 동판화를 포함한 도판 11권으로 구성된 방대한 출판 사업이다. 200명 이상의 집필자로는 볼테르, 몽테스키외, 케네, 루소 등 당시의 프랑스를 대표하는 논자들이 동원되어 근대 서구의 학문·기술의 도달점을 널리 일반 사회에 전하는 것을 사명으로 삼았으며, 아울러 프랑스 사회의 정치·경제·사회 전반에 걸친 근대화를 주창했다. 넓은 독자층이 특징으로, 왕후·귀족 등 상류신분은 물론이고 부르주아 등 중류층 사이에서도 널리 읽혔다. 달랑베르의 '서론'에 따르면『백과전서』는 두 가지 목적을 가진다. 첫째는 추상적 과학에서 실천적 기술에 이르는 '인간 지식의 순서와 연관'의 체계를 보여주는 것이며, 둘째는 그러한 체계를 관통하는 '일반적 원리들'을 제시하는 것이다. 지금은 고도로 전문화된 여러 학문의 체계도 본래는 미개에서 문명으로 진보해온 인류의 역사와 경험의 성과이며, 작금의 과학자와 수공업자를 떼어놓는 사회 계급의 벽은 대담하게 걷어치워야 한다는 것이다.

달랑베르(1717~83)는 특권화된 전문적 지식을 다루는 데카르트 파의 '체계의 정신'을 비판하고 경험적 지식이나 응용적 지식으로서의 살아 있는 과학을 실천하는 뉴턴적인 '체계적 정신'의 의의를 강조했는데, 한편으로 직인들에게 들은 바를 적어두거나 공장에서 조사·관찰을 행함으로써 이러한 이상을 실천한 인물이 또 한 사람의 엮은이인 디드로(1713~81)였다. 그는『백과전서』의 여러 항목에서 국가나 교회의 권위주의와 대중 경시를 통렬히 비판하고 '주권자' 항목에서는 "주권자의 권력과 권위는 인민의 동의에 의해서만 기반을 얻는다"고 하여 로크를 계승했지만, 전제와 군주제의 구별을 강조하는 등 몽테스키외의 그림자도 짙었으며, 볼테르의 '계몽 전제'의 비전을 공유하는 등 구체제 자체에 대한 공공연한 비판은 삼갔다. 마찬가지로 『부갱빌 여행기 보유』(1772년 집필)에서는 미개인의 순수한 습속의 관점에서 문명인의 부패·타락을 고발하면서도 "전 세계를 다 뒤져봐도 인간이 행복하게 살고 있는 곳은 타히티밖에 없으며, 어찌어찌 견딜 수 있을 정도로 지내고 있는 곳은 유럽 한구석[프랑스]뿐일 것"이라 하여 문명사회에 대한 옹호는 마지막까지 놓지 않았다.

절대왕정의 범위 내에서의 문명화라는 프랑스 계몽의 기본선은 중농주의자들에 의해 경제학의 언어로 추구되었다. 그 대표자인 케네(1694~1774)의 『경제표』(1758)는 국민경제의 거시적 분석을 경제학 역사상 처음으로 체계화한 저작이다. 케네는 농업을 기점으로 하는 국부의 재생산 구조를 해명하고 곡물 거래의 자유에 의한 농업의 발전을 가능케 하는 적정가격('양가[良價]') 이론을 전개함으로써 국가에 의한 경제통제를 중시하는 콜베르의 중상주의나 존 로의 금융주의를 비판했다. 케네의 경제순환은 국왕·귀족·교회로 이루어진 토지 소유자를 기점에 둔다는 점에서 절대왕정과 일치하며 농업만을 생산적이라고 본다는 점에서 종래의 산업구조를 전제하지만, 부의 원천을 농업이라는 생산과정에서 구하고 곡물 거래의 자유에 의한 적정가격의 실현을 지향한 점에서는 애덤 스미스의 경제적 자유주의를 선취했다고 할 수 있다. 케네의 제자인 튀르고(1727~81)는 상공업에 의한 자본축적의 메커니즘을 추구해 스미스에게 한 발짝 더 다가갔다. 그가 재무장관에 취임해 중농주의 정책으로 프랑스 재정의 재건과 경제위기 극복을 꾀했으나 이에 실패하여 프랑스혁명을 부른 것은 중농주의 사상이 절대왕정의 틀 안에 갇히지 않는 근대성을 가지고 있었음을 역으로 입증한다.

5. 스코틀랜드 계몽의 문명사회상: 허치슨과 흄

프랜시스 허치슨(1694~1746)은 스코틀랜드에서 이주한 칼뱅주의 장로파 목사의 손자로 북아일랜드에서 태어났다. 그는 글래스고 대학에서 수학하고 역시 목사를 꿈꾸고 있었지만, 재학중에 철학이나 신학에 몰두한 끝에 아일랜드 더블린에서 자신의 새로운 사상에 기초하여 비국교도를 대상으로 하는 사숙을 열게 된다. 그사이에 출간한 저작이 호평을 받아 1729년에 모교의 도덕철학 교수로 초빙되어 글래스고대학 역사상 처음으로 영어로 진행되는 강의를 시작한다. 이것이 좋은 평판을 얻어 대학 외부나 잉글랜드로부터도 청강자가 몰려들어 허치슨은 스코틀랜드 계몽의 '아버지'라 불리는 존재가 되었다.

허치슨은 칼뱅의 엄격한 신과는 다른 자애로운 신의 지배를 강조하는 스코틀랜드 교회 온건파의 칼뱅주의를 신학적 기초로 삼아 인간의 본성을 이기심으로 해소하는 맨더빌을 비판하고 섀프츠베리의 입장을 계승했다. 그는 『미와 덕 관념의 기원에 관한 탐구』(1725) 등에서 이기심을 극복하는 최강의 정념으로서 '인애(仁愛, benevolence)'에 주목하여 모든 도덕적 행위의 배후에 '인애'가 존재함을 인정하고 '인애'를 인식하는 능력으로서 '도덕감각(moral sense)'의 존재를 언급했다. 동시에 그는 로크의 경험주의를 계승해 '도덕감각'은 '외부감각'으로서의 오관과 대비되는 '내부감각'이며 '미적 감각', '명예 감각', '공공 감각'과 함께 만인이 태어날 때부터 갖추고 있다고 여김으로써 섀프츠베리의 엘리트주의를 평등화했다.

허치슨은 나아가 『도덕철학 서설』(1747) 등에서 빈곤과 봉건유제를 떠안고 있는 스코틀랜드의 문명화 이론을 전개한다. 당시의 스코틀랜드는 1707년에 이루어진 잉글랜드와의 통일에 의해 명예혁명 체제에 편입되어 급격한 근대화의 물결에 휩쓸리는 중이었다. 부유하고 강대한 이웃 나라 잉글랜드와 비교하면 가난한 스코틀랜드였지만, 이미 막대한 부를 축적한 잉글랜드와 프랑스 문명사회의 현실도 결코 장밋빛은 아니었다. 두 나라에서 부의 축적은 만족을 모르는 사치 추구로 변해 부와 권력을 겨루는 악덕과 허영의 사회가 생겨났다. 칼뱅주의 전통으로 국민의 근면하고 소박한 생활양식이 보존되고 있는 스코틀랜드에는 이러한 선진국의 문명화와는 다른, '부'와 '덕'의 양립을 꾀하는 새로운 문명화가 불가결하다고 허치슨은 생각했다. 그는 맨더빌이 제시했던 이기심에 의한 시장경제 발전의 논리를, 섀프츠베리를 평등화한 '도덕감각' 이론과 칼뱅주의 정신을 통해 수정함으로써 '부'와 '덕'의 양립을 가능케 하는 새로운 문명화와 근대화의 노선을 모색했다.

허치슨의 문제를 정면으로 받아들여 경제학을 포함한 문명사회론으로 전개한 인물이 스코틀랜드 토박이인 데이비드 흄(1711~76)이었다. 흄은 법률가 집안에서 태어나 에든버러대학에 입학해 철학·문학·사상 등 학문 전반에 몰두했다. 3년간의 프랑스 체재중에 쓰기 시작한 『인간본성론』(1739~40)으로 사상계에 충격을 안기고 『도덕·정

치 논집』(1741~42), 『정치 논집』(1752) 등을 출간했으며, 『잉글랜드
사』(1754~61)로 유럽을 대표하는 사상가 · 역사가의 반열에 오른다.
파리 주재 대리대사, 국무차관 등의 요직을 역임한 그는 스미스의 『국
부론』이 출간되고 식민지 미국이 독립을 선언한 1776년에 세상을 떠
났다. 허치슨이나 스미스는 물론이고 몽테스키외, 루소, 튀르고 등과
의 교류를 통해 전개된 흄의 문명사회 사상은 영국과 프랑스의 국경
을 뛰어넘어 형성된 계몽사상의 전형이었다.

흄은 철학사에 큰 족적을 남겼으며 철학자 칸트의 '독단의 잠을 깨
운' 회의론자로서 널리 알려져 있다. 인과법칙의 필연성이나 "나는 생
각한다, 그러므로 나는 존재한다"(데카르트)로 알려진 자아의 확실성
등 당시의 철학자들이 믿어 의심치 않았던 철학의 근본 개념에 회의
론의 날카로운 메스를 가한 흄의 논의는 오늘날에도 신선함을 잃지
않고 있다. 또한 그는 '인간 본성의 학문'을 제창한 계몽사상가 중 한
사람이며 특히 도덕, 정치, 경제에 관한 그의 논의들은 근대 사회과학
의 근간을 떠받치는 통찰로 가득했다. "이성은 정념의 노예이며 오직
그러할 뿐이다"(『인간본성론』, 제2편 3부 3절)라는 그의 유명한 말이
보여주듯이 흄은 데카르트, 홉스, 로크 같은 17세기의 철학자들과는
달리 섀프츠베리, 맨더빌, 허치슨의 영향 아래서 인간을 감정과 정념
의 동물로 파악했다. 인간은 동료들과의 평화로운 협동 없이는 생존
할 수 없는데, 그것을 가능케 하는 것은 '공감(sympathy)'이다. 사람들
이 사회질서(특히 시장경제의 질서)의 근간인 '정의의 여러 규칙(소유
권과 계약의 여러 규칙)'을 지키는 것은 그것이 없으면 사회가 붕괴된
다는 홉스적인 공포심(이기심) 때문이 아니라, 정의의 침범이 해치는

'공공의 이익'에 사람들이 감정적으로 공감하고 있기 때문이다.

흄이 생각하는 '정의의 여러 규칙'은 이성의 법(신의 법)으로서의 로크의 자연법과는 달리 정념과 공감의 상호작용에 기초한 '묵약(convention)'에 의해 성립된다. 흄은 이 논의의 연장선상에서 정부의 성립 근거를 설명한다. 그것은 로크가 말하는, 사유재산의 안전을 목적으로 하여 사람들이 의도적으로 맺은 '사회계약'이 아니다. 정부는 인구가 증가하고 사회의 규모가 커져 '정의의 여러 규칙'만으로는 질서를 유지할 수 없을 때에 정부의 '이익과 필요'를 찾는 사람들의 '묵약'에 의해 도입된다. 정복에 의해 탄생한 대부분의 정부는 역사 속에서 피치자의 '여론(opinion)'이 그 유용성을 인정했을 때 비로소 정통적 정부로서의 권위를 획득한다. 흄은 이 점을 "가장 민주적인 정부는 물론이고 가장 전제적인 정부 역시 피치자의 여론에 근거하고 있다"(『도덕 · 정치 · 문학 논집』, 제1부 IV)는 유명한 말로 설명한다.

흄의 이성주의 비판과 정념 긍정론은 경제 발전과 사치의 관계를 둘러싼 당시의 격렬한 논쟁에도 적용된다. 『정치 논집』에서 피력된 흄의 경제사상은 스미스 경제학의 선구로서 경제학사에서 높이 평가받고 있는데, 그것은 그전 세기 이래의 영국 · 프랑스 양국에 걸친 부와 인구, 화폐와 무역을 둘러싼 경제 논쟁의 계보와 맨더빌 이래의 시장경제를 지탱하는 인간의 감정론적 분석이 합류하는 지점에서 비롯된 것이었다. 특히 '사치(luxury)'의 정치적 · 도덕적 공죄를 둘러싼 논쟁이 그 중심을 이루고 있으며, 흄의 사치론은 맨더빌 이후 가장 중요한 논의로 여겨진다. 그는 일본어의 '사치[贅澤]'라는 말이 함의하는 것처럼 '사치는 악덕'이라고만 여기는 고대 그리스 · 로마나 그리스도교의 전통적 사고방식과, 사치나 허영이야말로 사회 발전의 원동력이라고 주장하는 맨더빌 모두를 비판하고, '사치' 개념을 특권 신분의 사치나 낭비가 아닌, 근로대중의 부유화에 의한 생활의 세련과 소비 욕구의 고도화로 다시 정의하고 그러한 의미에서의 사치에 의한 소비 수요 확대와 세련은 경제 발전의 원동력이라고 주장한다.

아울러 흄은 '사치' 대신에 '기술의 세련(refinement in the arts)'이라는 말을 써서 그것이 악덕은 아니라 해도 무조건 용인될 만한 것도 아니라고 주장한다. 가령 스스로의 노동으로 얻은 부라고 해도 그것을 사치 행각에 쓰며 가족을 돌아보지 않는 사람이 있다면 그 사람은 부도덕하다고 비난받아 마땅하다. 사치가 악덕으로 전락하는 갈림길은 사치가 사회적으로 유용한지 여부이며, 거기서 문명사회의 경제학적 분석이 도출된다. 그것은 맨더빌의 '사악은 공익'이 아니라 '사익은 공익'이라는 스미스적 질서관으로의 전환을 가리킨다. 흄은 시장경제를 움직이고 확대시키는 근원적 힘은 광범위한 생산자·소비자의 생활 개선 욕구에 있다고 생각하여 농 → 공 → 상 → 외국무역이라는 경제 발전의 자연스러운 순서를 해명하고, 시장경제에서의 화폐의 불가결한 역할을 명확히 하는 한편, 화폐가 실물적 교환경제를 떠나 자립함으로써 지폐나 채권 같은 신용화폐로서 시장경제를 교란시킬 위험성도 지적한다. 나중에 하이에크 등에게 높이 평가받게 되는 흄의 화폐론은 보호무역으로 화폐량을 인위적으로 증대시키려 하는 중상주의 정책을 비판하면서 국립은행의 창설에 의한 화폐 수량의 거시적 관리를 제안하는, 스미스와도 다른 독자적인 것이었다.

6. 계몽사상에서의 '자유'와 '공공'

영국의 명예혁명에서 프랑스 루이 14세의 죽음에 걸친 시기에 시작된 '계몽'의 세기는 주권국가의 확립에 따른 봉건사회의 종언과 근대사회의 개막, 빈곤과 무지에 대한 세련과 부유의 승리라는 관념이 사상가들을 지배한 시대였다. 한마디로 말해 그것은 근대의 문명사회가 인간 본성에 적합한 이상적 사회질서라는 것을 선언하는 낙관적 사상 조류였다. 프랑스와 스코틀랜드의 계몽사상가들은 문명사회가 가진 '빛'의 측면을 최대한 강조하고 이것을 고전고대 및 중세와의 대비를 통해 상찬하는 동시에 이에 적대적인 전근대적 요소들을 정면에서 비판했다. 볼테르에게는 귀족층이나 가톨릭교회가, 흄에게는 '사치'를 겨냥한 도덕적 비난이 그것이었는데, 그들은 무지, 빈곤, 게으름 같은 '야만적' 요소들은 문명 바깥에 있는, 문명이 착실히 지배·극복해야 할 대상으로 여겼다. 몽테스키외가 서구의 자유의 기원을 서구 고유의 '온난한' 풍토적 조건을 통해 설명했을 때 열대나 불모의 사막과 일체적으로 연상되는 비서구 세계는 전제와 예종과 빈곤의 상징이기도 했다. 같은 관점은 흄이 프랑스를 전형으로 하는 대륙의 절대왕정을 '개명군주제(civilized monarchy)'로서 파악하고 문명사회로서의 잠재적 가능성을 높이 평가한 것에서도 찾아볼 수 있다. 영국·프랑스의 식민지 쟁탈전의 정점인 7년전쟁이 한창인 가운데 쓰인 "한 개인으로서는 물론이고 한 사람의 영국 신민으로서 나는 독일, 스페인, 이탈리아 그리고 프랑스의 상업의 번영을 기원한다"(『도덕·정치·문학 논집』, 제2부 Ⅵ)라는 그의 말은 계몽사상가들에게 공통되는 코스모폴리터니즘(세계시민주의) 정신을 대표하는 것이기도 했다.

그러한 영국 · 프랑스 '계몽' 사상의 공통적인 방향성 안에서도 각각의 사상가들 사이에는 큰 차이가 있었다. 프랑스의 계몽사상 안에서 볼테르와 몽테스키외의 '자유' 사상은 영국을 모델로 하는 프랑스 사회에 대한 비판적 분석이자 근대화 전략이었지만, 절대왕정이 엄연히 지배하고 있던 당시 프랑스 사회의 '공공성'을 전제하면 두 사람의 비전이 현실의 개혁으로 이어질 가능성은 결코 높지 않았다. 두 사람이 이상화한 영국적 자유에 의거한 현실 비판은 외압적 · 초월적 성격을 띨 수밖에 없었으며 실천적으로는 약체였다.

그러한 초월적 비판의 입장에서 한 걸음 나아가 좀더 깊이 프랑스 사회의 현실에 관한 내재적 비판을 전개하며 이를 실천적으로 개혁하기 위한 제안을 내놓은 부류가 백과전서파와 중농주의자들이었다. 그들의 출신 배경은 귀족에서 평민에 이르기까지 다양했고 철학이나 이데올로기도 가지각색이었지만, 프랑스 사회의 병폐를 자각하고 이를 근본적으로 치유할 구체적 처방전을 제시하려는 실천적 관심만큼은 그들 모두가 공유하는 바였다. 그들의 '자유' 사상은 볼테르나 몽테스키외에 비하면 체제 내 개혁으로서의 현실성을 가지고 있었지만, 개혁의 주체를 부르봉왕조의 계몽 전제에서 찾아 정치체제의 근본적 변혁(절대왕정의 해체, 즉 혁명)은 미뤄둘 수밖에 없었다는 점에서 그들의 선구자들이 마주한 바 있는 한계에 직면해 있었다. 프랑스 계몽의 이런 사상적 한계를 뛰어넘어 문명사회에 대한 총체적 분석과 비판을 시도한 인물이 다음 장에서 살펴볼 프랑스 계몽의 이단아 루소였다.

이와 달리 스코틀랜드 계몽의 사상가들은 명예혁명이라는 현실의 정치적 근대화를 전제로 하여 문명사회의 좀더 실질적인 실현을 사상 과제로 삼았다. 사람들의 자유와 사유재산을 보장하는 정부의 수립 자체가 역사적 과제였던 홉스나 로크의 시대에는 '사회계약' 이론으로 정통적 정부의 존재 이유를 엄밀히 정의할 필요가 있었지만, 명예 혁명 체제 아래서 사유재산의 보장에 기초한 시장경제의 질서가 순조롭게 발전하고 있던 영국의 '계몽' 시대에는 그러한 논의가 더는 유효성을 갖지 못했다. 흄은 정부의 성립을 사회계약이라는 이론적 픽션을 들고나오지 않고 좀더 직접적으로 시장경제에서의 불가결성이라는 관점에서 '묵약'과 '여론'의 개념으로 설명하려고 했다.

특히 상대적으로 뒤처진 스코틀랜드의 계몽사상가들에게 문명사회 발전의 이상적 모델은 잉글랜드였으며, 그 현실이 배태하는 정치 · 경제 · 사회의 문제점을 선취해 '따라잡아 추월'하는 형태로 문명사회의 최첨단을 추구하는 사상 과제가 중요해졌다. 그들에게 자유는 사회계약 사상이 자연 상태의 가설을 통해 이상화한 것과 같은 원리적 · 추상적인 것이 아니라 문명사회의 현실 속에서 구체적으로 성장하는 사회적 · 경제적 자유였다. 거기에서는 애초에 정부나 시장의 존재가 대전제이며, 정부와 시장이 구성하는 문명사회의 기본적 구조의 정당화야말로 그들 고유의 과제가 된 것이다.

이러한 현실적 자유를 정당화하려고 한 선구가 맨더빌의 '사악은 공익'이라는 사상이었다. 그것은 발표 당시에는 비상식적인 역설로서 비난을 받았지만, 18세기를 통해 점차 사상적 현실성을 획득해갔다. 스미스는 맨더빌의 논의를 자신의 '보이지 않는 손(시장 메커니즘)'

이론을 선취하는 것으로서 높이 평가했으며(『도덕감정론』, 제7부 2편 4장), 현대에도 하이에크가 이를 자신의 '자생적 질서(spontaneous order) 이론'의 선구로 보고 있다(『시장 · 지식 · 자유』, 제4장). 그러나 맨더빌 본인은 개인들의 이기적 정념을 국부 증대와 공공성 확대로 절묘하게 이끄는 정치가나 입법자의 존재를 대전제로 하고 있었으며, 그는 단순한 자유방임론자도 자생적 질서론자도 아니었다. 그것은 정치가 · 입법자의 영지와 판단력에 이끌리면서도 일반 대중의 이기적 정념을 추진력으로 하는, 말하자면 시장적 공공성의 이론이었으며 18세기 문명사회 사상의 출발점이기도 했다. 맨더빌 이후 계몽사상의 전개 과정은 맨더빌의 역설의 핵심을 계승하면서 그 역설성을 갖가지 방법으로 극복하고 개인의 자유를 정치적 · 경제적 공공성으로 매개하려는 다양한 시도였다고 할 수 있다.

제5장

루소의 문명비판과
인민주권론

1. '시대'의 문맥: 문명사회의 위기

계몽사상이 꽃핀 18세기 전반이 정치적 '안정'과 경제적 '성장'의 시대였음에 비해 18세기 후반은 '위기와 혁명'의 양상을 띠기 시작한다. 그 분기점은 식민지 미국의 독립선언(1776)과 프랑스혁명(1789)이다. 전자는 영국 중상주의 체제의 붕괴를, 후자는 절대왕정의 체제 내 개혁에 의한 근대화라는 프랑스 계몽의 전략이 파탄했음을 의미했다. 이는 모두 계몽사상의 역사적 한계를 입증하는 것이며 계몽사상 내부에서 그 한계를 넘어서려는 사상가가 등장할 필연성을 의미하는 것이었다. 영국과 프랑스를 대표하는 루소와 스미스가 바로 그러한 사상가였다. 두 사람이 최후에 도달한 입장은 정치적 의미에서 정반대에 가까운 것이었다고 해도 그들은 모두 인류의 야만(빈곤)에서 문명(부유)으로의 진보라는 계몽사상의 도식을 비판적으로 계승하는 한편, 문명사회의 현실을 위기적인 것으로 파악했다.

루소가 살았던 시대는 근대 유럽의 문명사회가 정치, 경제, 학문의 모든 측면에서 그전 세기와는 비교도 할 수 없는 전진을 보인 시대였다. 특히 그가 활약한 프랑스는 유럽 최강대국의 지위를 안팎에 과시하며 문명사회의 절정에 다다른 것만 같았다. 영국의 입헌군주제와 비교해 말하자면 프랑스의 절대왕정은 분명 한 단계 뒤처진 정치체제였으며 볼테르, 몽테스키외, 디드로 등은 이를 강하게 의식해 영국을 모범으로 하는 가능한 한의 '법의 지배'와 그에 의한 국민의 자유의 실현을 호소했다. 동시에 프랑스의 이런 정치적 후진성에도 불구하고 흄이 강조했듯이 프랑스 사회 내부에서 실현되던 경제활동의 자유와 국민의 부유화는 상당한 수준에 도달해 있었으며, 이 점에서 영국·프랑스 양국이 '개명군주제'로서 갖는 실질적 공통성 역시 부정할 수 없었다.

그러나 한편으로 영국과 프랑스의 문명사회의 현실은 계몽사상가들이 그려 보인 이상적 모습과는 거리가 멀었다. 프랑스에 대해 말하자면 부와 권력은 파리를 중심으로 하는 몇몇 대도시에 집중되어 전반적인 빈부 격차가 컸으며, 국민의 압도적 다수를 점하는 농민들은 가난했다. 루소는 소국이지만 훨씬 자유롭고 평등하며 검소하면서도 넉넉했던 제네바 공화국에서 태어났기 때문에 파리를 전형으로 하는 프랑스 사회의 문제를 외부자(아웃사이더)로서 날카롭게 바라볼 수 있었으며, 그 비판적 시선은 동시에 영국의 현실에 대해서도 예리한 관찰을 가능케 했다. 영국을 문명국의 모범으로 여기고 있던 볼테르나 몽테스키외와는 달리 제네바인 루소는 프랑스와 영국의 현실을 정도나 질의 차이는 있어도 부자와 빈자, 강자와 약자의 불평등을 본질로 하는 부패하고 타락한 것으로 보았다. 루소는 영국·프랑스의 계몽사상가들이 하나같이 상찬한 문명사회의 기품(politeness)과 양속(manners)의 배후에 문명의 '위선'이 도사리고 있다고 봤다.『백과전서』의 지식인들과 동일한 세대였던 루소는 프랑스혁명을 보지 못한 채 세상을 떠났지만 그의 사상은『백과전서』이상으로 프랑스혁명을 사상적으로 준비한 것이었다.

2. '사상'의 문맥: 계몽에서 문명비판으로

루소의 어머니는 그를 낳고 바로 죽었기 때문에 그는 시계공인 아버지 손에서 자랐다. 그의 아버지는 교양 있는 일종의 몽상가였는데 루소가 열세 살일 적에 결투 사건을 일으키고 실종되어 루소는 홀로 남겨진다. 한때 목사에게 맡겨졌다가 나중에 직인의 도제가 되지만, 곧 방랑생활에 들어가 열아홉 살에 스위스 국경과 가까운 샹베리에서 발랑스 부인의 애인이 되어 10년 가까운 시간을 보낸다. 그후 그는 파리로 가서 악보 직인이나 작곡가로서 생계를 꾸리는데 그 무렵의 작품으로는 오페라 〈마을 점쟁이〉가 있다. 그 무렵에 그는 디드로 같은 계몽 지식인들과 알게 되어 사교계에 드나들며 나름대로 인맥을 넓혀간다.『학문예술론』(1750)으로 사상가로서 데뷔한 그의 문명비판은『인간 불평등 기원론』(1755)으로 이어졌고『사회계약론』(1762)에서 완성된다. 그 밖에도 근대 교육론의 고전으로 알려져 있는『에밀』(1762), 낭만주의 문학의 백미로 꼽히는『고백록』(1782~89) 등의 저작이 있다.

정규교육을 받지 못한 루소는 스스로 고금의 고전을 익혀 교양을 길렀다. 그는 『학문예술론』에서 계몽사상가들이 믿어 의심치 않았던 근대 문명의 가치를 의문시하며 근대의 학문이나 기예가 도덕을 부패·타락시키는 원흉이라고 비난했다. 그는 인간 본래의 자연스러움과 소박함, 타인에 대한 상냥함을 앗아가고 허영심, 경쟁심, 냉혹함을 불어넣은 것이 바로 근대의 학문·기예라고 비판하고, 시민의 학문·예술을 장려한 아테나이를 같은 논리로 비판하는가 하면 시민의 공덕심을 약화시키는 것이라면서 그것을 억압한 스파르타를 좋게 평가하기도 했다. 루소는 창조적인 학문의 가치 자체를 부정하지는 않았지만, 근대의 학문이 특권적인 대학이나 아카데미의 독점물이 되어 현실 세계와의 살아 있는 관계를 상실한 것을 강하게 비난했던 것이다. 그는 고대 로마의 집정관이었던 키케로나 영국의 대법관이었던 베이컨의 저작을 살아 있는 학문의 본보기로 평가하고 반대로 계몽사상가들의 공유재산이었던 추상적인 자연법학의 전통을 현실과 동떨어진 학문의 전형이라 하여 비판한다.

루소의 자연법학 비판은 『인간 불평등 기원론』에서 상세히 전개된다. 루소는 문명사회의 '불평등'을 교묘한 논리로 정당화하는 자연법학을 비판하고 문명사회의 불평등을 '자연법'에 의해서도 정당화될 수 없는 부정의로 단정한다. 루소가 근대 자연법학의 고전을 상세히 검토하며 발견한 것은 '불평등'을 시인하고 정당화하는 자연법학의 논리였다. 그것은 사회와 국가의 기원을 원리적으로 탐구함으로써 현실의 국가·사회의 양상을 비판적으로 검토한다는 정당한 목적을 내걸고는 있었지만, 결국에는 현실의 질서와 타협하고 그것을 정당화하는 잘못을 범했다. 루소는 문명사회의 부정의와 불평등을 비판하기 위해서는 자연법학자들의 이런 사고방식 자체를 우선 근본적으로 비판하지 않으면 안 된다고 생각했다.

3. 루소의 '문제'

루소는 『인간 불평등 기원론』의 첫머리에서 "사회의 기초를 검토한 철학자들은 모두 자연 상태로까지 거슬러올라갈 필요를 느꼈다. 그러나 그들 중 누구도 거기에 이르지 못했다"고 썼다. 근대 자연법학자는 '사회의 기초'를 해명하기 위해 '자연 상태'와 '사회계약'의 이론을 전개했다. 그들은 정부와 그 밖의 인위적 제도가 존재하지 않는 자연 상태에서 출발하여 자유롭고 평등한 사람들이 사회계약에 의해 정치사회를 확립하는 과정을 해명하려고 했다. 루소가 보기에 이러한 시도는 성공하지 못했으며, 진정한 '자연 상태'에 도달한 자는 아무도 없었다. 그것은 '자연 상태'가 진정한 인간 본성과는 다른 인간관에 근거하고 있기 때문이었다. 홉스는 『리바이어던』에서 인간의 본성을 '자기보존'의 원리에서 찾으며 '자기보존'을 위해서는 필요하다면 타인을 죽여도 된다고 주장했다. 루소는 이런 인간관·사회관은 피비린내나는 잉글랜드내전과, 절대 주권 없이는 사회의 평화를 유지할 수 없는 사회 상태를 반영하는 것이라고 보았다. "그들[철학자]은 하나같이 욕구, 탐욕, 억압, 욕망, 오만에 대해 끊임없이 말하지만, 그것은 자신들이 사회 속에서 얻은 관념들을 자연 상태 속으로 옮겨다놓은 것일 뿐이다. 요컨대 그들은 야생인(homme sauvage)에 대해 말했지만 결국 사회 속의 인간을 묘사한 것이다."

루소에 따르면 문명사회의 해악에 더럽혀지지 않은 야생인의 본성은 첫째로 '자기애(self-love/amour de soi)'이며, 둘째는 '연민(pity/pitié)'이다. '자기애'는 언뜻 홉스의 '자기보존'과 비슷하게 들리지만 루소는 그렇지 않다고 말한다. 홉스나 로크의 '자기보존'은 자신의 생명·신체·재산을 타인의 침해로부터 지켜낼 권리를 말하며 그들의 '자연 상태'는 잠재적 '전쟁 상태'였다. 그들이 인간 행동의 제1원리로 보는 이기심은 이러한 자연 상태에서 자기보존을 관철하기 위한 원리이지만, 루소의 '자기애'는 인간 상호 간의 쟁탈로서의 전쟁 상태를 상정하지 않는, 순수한 자연 상태에서의 자기방어 본능을 말하며, 구체적으로는 비바람이나 들짐승 같은 자연의 위협에 맞서 자신의 생명을 지킨다고 하는 생물로서의 자기방어 본능을 가리킨다. 루소에게 '이기심(self-interest/amour propre)'은 자연의 '자애심(自愛心)'이 문명사회에서 타락한 형태다. 자연법학자들은 이것을 인간의 본성이라고 오해했다.

둘째 본성인 '연민'은 큰 괴로움이나 슬픔 속에 놓인 동료·동포를 볼 때에 보통의 사람들이 느끼는 순수한 동정심을 말한다. 그것은 '사교성'과는 다르다. '사교성'은 '이기심'의 겉치레이며 허영심이나 경쟁심과 표리일체다. "이기심을 낳는 것은 이성이며 그 이기심을 강화하는 것은 성찰이다. (…) 그를 고립시키는 것은 철학이며, 철학의 힘에 의해 인간은 고통을 당하는 사람을 보면서 '내킨다면 죽어라. 나는 안전하니까' 하고 은밀히 중얼거릴 수도 있다." 이와 달리 루소가 생각하는 진정한 야생인은 '숲을 방황하는' 고독한 자연인이자 몰사회적 개인이다. 그것은 자연의 맹위와 싸우며 자신의 생명을 지킴과 동시에 때때로 마주치는 동포의 고통을 사심 없이 공유하고 가급적 그 고통이 경감되기를 바라는 무구한 자연인이다. 루소가 '자연 상태' 대신에 들고나온 것은 이기심도 사유재산도 존재하지 않는 문명 이전의 순수한 '미개사회'였다.

흥미로운 것은 미개사회를 사는 고독한 자연인의 성격과 그곳에서의 '가족'의 역할이다. 홉스를 예외로 하면 대다수의 자연법학자들은 인간이 정신적·물질적으로 독립하기까지의 기간에 가족(특히 부모)이 하는 역할을 언급해왔다. 로크가 그 전형인데, 그는 남편과 아내의 관계를 자유롭고 대등한 개인의 관계로 파악하는 한편, 부모와 자식 간의 관계에 대해서는 부모의 자식에 대한 지배권은 자식이 성인이 될 때까지의 기간에 한정되지만, 자식이 성인이 된 후에도 자식이 부모를 존경해야 할 도덕적 의무는 존속된다는 것을 강조했다(『통치론』 후편, 제74절). 자연법학자들은 대개 인간을 부모의 도움 없이는 자립할 수 없는 동물로 파악하고, 미숙한 개인을 자유롭고 독립적인 개인으로 길러내기 위한 가족과 사회의 불가결한 역할을 암묵적으로 상정하고 있었다. 이와 달리 루소는 당시 발달중이던 인류학이나 동물학의 지식을 동원하며 야생의 인간은 부모의 도움 없이도 자립할 수 있는 동물이었다고 주장한다. 남녀는 욕망에 따라 그때뿐인 성관계를 가지며, 아이가 태어난 후에도 어미와 자식의 관계는 한때에 불과하다는 것이다.

이러한 루소의 논의는 본능적·선천적인 모성을 부정한다는 점에서 현대 페미니즘이 높게 평가할 정도인데, 고독한 자연인은 그럼에도 불구하고 다른 동물과는 달리 시간의 경과와 함께 갖가지 도구나 생산수단을 발명하고 공동으로 수렵·채집 등의 생산 활동에 종사하게 된다고 루소는 생각했다. 이를 가능케 하는 것이 언어를 구사하고 관념과 기억을 축적하는 인간 고유의 능력이며, 루소는 여기에서 역사 진보의 원동력이라 할 만한 '완성 가능성'을 발견한다. 수렵·채집에서 목축을 기반으로 하는 생활로 나아간 미개인은 군거 생활 속에서 가족을 형성하지만, 여기에 사유재산은 존재하지 않는다. 이 단계의 인류는 고독한 자연인의 물질적 빈곤을 이미 극복하고 있으며 부부나 부모 자식이라는 가족의 평안과 즐거움을 알고 있는데다 문명인의 이기심이나 허영심과도 무관하다. 이 시대는 인류역사상 "가장 행복한 시대"이다.

　루소에 따르면 미개사회에서 문명사회로 바뀐 결정적 전환점은 "철과 밀"을 이용하는 농업 사회의 출현이었다. 농업은 수렵·채집·목축과 달리 사람들에게 정주 생활을 요구한다. 특정 개인이 일정한 토지를 독점해 원주민을 몰아내고 그들을 노동력으로 부림으로써 비로소 농업이 가능해진다. 이렇게 해서 농업은 토지 소유를 중심으로 하는 사유재산 관념을 낳고 영속적인 제도로서 확립된다. 유럽의 밀 생산은 대규모 생산수단은 물론이고 경작과 수확을 위해서도 지도자의 강대한 권력을 필요로 하므로 농업 생산의 개시는 곧 정치적 지배 관계의 시작이기도 하다. "한 땅에 울타리를 쳐 '이것은 내 것이야'라고 말할 생각을 해내고, 다른 사람들이 그 말을 믿을 정도로 천진하다고 생각한 최초의 인간이야말로 정치사회의 창설자였다." 루소에게 토지 소유를 핵심으로 하는 사유재산의 확립과 정치적 국가의 출현은 같은 역사적 사실의 양면이다. 소유권의 확립을 '정의'로, 그 침해를 '부정의'로 여기는 서구의 질서관이나 법의식 역시 강자에 의한 토지 독점이 가져온 역사의 산물에 불과하다는 것이다.

로크와 같은 자연법학자에게 사유재산을 둘러싼 정의·부정의의 관념은 신의 명령으로서의 자연법에 근거하는 것이며 인류의 이성에 선천적으로 각인된 것이었다. '생명·자유·재산'이 일체적인 '프로퍼티(property)'로 여겨졌으며, 그 정당한 기원은 노동에 의한 획득이었다. 이 원리에 근거해 로크의 자연 상태에서는 사유재산과 계약에 기초한 평화로운 질서가 확립되며, 사회적 분업(시장 사회)도 발달한다. 로크의 경우에 정부의 출현이 불가피했던 것은 화폐의 도입에 의한 빈부 격차의 발생 때문이며, 사유재산의 성립과 정부의 출현은 별개의 사건이었다. 이와 달리 루소의 경우에는 정치권력(국가)이나 경제권력(재산) 모두 농업 생산과 함께 나타나는 강자에 의한 약자 지배의 산물이며, '자연법'과도 '정의'와도 무관한 것이었다. 최초의 국가는 '법의 지배'를 따르는 군주제 국가이며 지배자는 피지배자의 자유와 권리를 존중하고 피치자의 '동의'에 의한 지배를 가장한다. 이는 기존의 사회계약 이론에 대한 통렬한 야유이며 여기서의 '동의'의 본질은 말하자면 '강제된 동의'였다.

그런데 루소에 따르면 이 단계는 '동의'의 개관을 가장하고 있는 만큼 차라리 나은 것이었다. 문명사회의 좀더 진전된 발달은 사회 전체의 부를 크게 키우는 한편 그 분배를 더욱 불평등하게 하여, 외견상 부와 번영을 구가하는 문명사회의 현실은 공공연한 전제 국가가 된다. 이제까지의 정치적 지배·피지배라는 나름대로 합리적이었던 정치적 관계는 마침내 전제적 폭력에 의한 주인·노예 관계로 바뀌며, 일정한 역할을 수행해온 선이나 정의의 관념이 완전히 소멸하여 사회는 사실상의 무법 지대가 된다. 바로 이것이 프랑스를 비롯한 동시대 유럽의 현실이었다. 고독한 자연인에서 출발한 인간의 역사는 가족, 사유재산, 국가의 성립을 거쳐 전에 없던 부정의와 불평등의 정점에서 야만적 자연 상태의 부활이라 할 만한 사태에 직면하고 있다고 루소는 주장했다.

루소는 이렇게 해서 사회적 불평등이 인간의 자연(본성)에서 유래하는 것이 아니라 인류사의 어느 발전 단계에서 비롯된 역사적인 것임을 입증하려고 했다. 그는 이런 인류 진보의 역사를 단순히 부정하지 않고 새로운 역사적 창조 행위로서의 '사회계약'에 의한 국가와 사회의 재건을 꾀하게 된다. 그것은 '강제된 동의'로서의 기만적 사회계약이 아니라 자유롭고 평등한 인간들에 의한 진정한 '사회계약'이며, 자연 상태의 순수함과 무구함을 잃지 않고 인류 진보의 빛나는 유산을 계승하면서 자유와 평등과 정의를 체현하는 참된 문명사회를 성사시키는 것이다. 바로 이것이 『사회계약론』에서 다룬 근본 문제였다.

4. 『사회계약론』에서의 일반의지와 인민주권

이 저작은 '사회계약(contrat social/social contract)'이라는 말을 제목에 내걺으로써 인류 사상의 역사에서 불멸의 지위를 누리게 된 고전 중의 고전이다. 미국의 독립이나 프랑스혁명에서 시작되어 러시아혁명에서 일본의 자유민권운동에 이르기까지 그 역사적 영향은 헤아릴 수 없을 정도로 크다. 이 저작의 핵심에는 "힘은 권리를 낳지 않"으며 "우리의 의무는 오직 정당한 권력에만 복종하는 것뿐"(제1편 3장)이라는 근본 사상이 있다. 이는 정복자의 힘(폭력)에 의한 지배가 피정복자의 복종의 의무를 낳는다고 하는 그로티우스나 홉스의 주장에 대한 비판인 동시에 좀더 근본적으로는 '강제된 동의'의 외관조차 벗어던지고 노골적인 힘에 의한 전제 지배로 타락한 문명사회에 대한 비판이라는 의미를 가지고 있었다. 그런 의미에서 루소의 사회계약 이론은 정치권력의 정통성을 사람들의 자유로운 동의에 의한 사회계약에서 찾는 로크의 이론을 계승한 것이다. 로크 역시 자유로운 정치사회는 전제 지배와는 결코 양립하지 못한다는 것을 강조했다.

그러나 같은 '사회계약' 이론이라도 두 사람의 논의에는 중대한 차이가 존재한다. 즉, 로크의 사회계약은 사람들의 '동의'에 의한 '정치사회'의 수립(결합 계약)과 '신탁'에 의한 '정부'의 수립(지배 복종 계약)이라는 이중의 구성을 취했지만, 루소의 사회계약은 홉스의 경우와 같은 '결합 계약'만의 구성에 머무르며 '지배 복종 계약' 관념은 부정하고 있다. 그것은 단순히 '일반의지'에 의한 '주권'의 창출을 의미했다. 루소는 '주권'이 절대적이고 단일하며 불가분하다는 보댕이나 홉스의 이론을 계승하지만, 거기에 결정적으로 새로운 요소를 덧붙였다. 그것이 '일반의지' 개념이다.

첫째로 '일반의지'는 사람들의 통일된 의지이며 국가 '주권'의 본질이다. 루소는 이 관계를 인간 육체와의 유비로 설명한다. 인간의 '영혼'에 상당하는 것이 '일반의지'이며 육체에 상당하는 것이 정부나 그 밖의 기관들이다. 인간의 육체가 '영혼'의 명령에 따르면서 '영혼'의 목적을 실현하는 것과 마찬가지로 국가의 육체(수족)로서의 기관들은 국가의 '영혼'인 '일반의지'의 명령에 따라 움직인다. 그리고 이와 같은 '일반의지' 혹은 '주권'에 구체적 형태를 부여한 것이 바로 '입법권'이다. 여기에서 '일반의지'-'주권'-'입법권'이라는 삼위일체 도식이 성립되는데, 이 세 가지는 대등하게 병렬되어 있지 않다. 인민의 의지로서의 '일반의지'가 최고의 지위에 있으며, 그것이 국가의 '주권'을 구성하면서 '입법권'으로서 제도적으로 구체화된다고 하는 관계이다. '일반의지'와 '주권'은 눈에 보이지 않는 추상적인 개념이지만 이를 제도화한 '입법권'은 '의회'라는 눈에 보이는 형태를 취한다. 루소를 가리켜 '인민주권'의 이론가라 하는 것은 이러한 기본적 관계를 표현한 것이다.

둘째로 '일반의지'는 인민 전체의 의지이며 인민 전체의 이익('공공의 이익')을 직접적인 목표로 삼는다. 이는 인민의 다수 부분의 의지에 불과한 '전체의지'와는 근본적으로 다르다. '전체의지'는 개개인의 개별 의지의 집합체에 지나지 않으며 그것이 목표로 하는 것은 개인의 특수 이익이므로 이를 아무리 모은다 한들 소수자의 의견과 이익을 도외시한 다수자의 의견과 이익밖에는 안 된다. "인민이 충분한 정보를 가지고 심의할 때, 시민이 사전에 서로 의사 전달만 하지 않는다면 많은 수의 작은 의견 차이들로부터 언제나 일반의지가 도출될 것"이다(제2편 3장). 루소가 생각하는 인민(시민)의 합의체에서 시민은 의제에 관한 '충분한 정보'를 갖고 있지 않으면 안 된다. 이는 시민

간의 능력이나 식견의 평등성을 함의한다. 나아가 시민은 토의 전에 서로 의사소통을 하지 않아야 하며, 영국의 정당정치에서 자주 보이는 다수파 공작도 금지된다. 마지막으로 "많은 수의 작은 의견 차이"에서 '일반의지'가 도출된다는 것은 민주주의의 기본을 최대공약수적인 의견의 집합에서 찾는 일반적 상식과는 크게 다르다. 자유롭고 평등한 시민이 특정 신분이나 단체의 이해를 대표하는 것이 아니라 한 개인으로서 스스로의 의견을 완전하게 표명할 때 '일반의지'가 집약될 조건이 갖춰진다.

셋째로 '일반의지'는 국가의 '영혼'이므로 '분할 불가능'하며 또한 '대표 불가능'하다. 인간의 '영혼'이 동시에 서로 다른 두 가지를 의지(意志)할 수 없고 타인이 본인 대신에 그 '영혼'으로 들어가지 못하듯이 '일반의지' 역시 '입법권' 이외의 다른 기관들로 분할되지 못하며 '인민' 이외의 집단이 '인민'의 의지를 대행할 수도 없다. 이런 사고방식은 명백히 상식적인 입헌정치 시스템에 대한 비판이다. 영국의 입헌군주제를 모델로 한 로크는 오히려 '주권'이라는 개념을 피하고, 이를 실질적으로 의회의 입법권과 국왕·내각의 행정권으로 분할했다. 로크는 의회의 입법권이 국왕과 내각이 담당하는 행정권을 뛰어넘는 최고의 권력임을 명확히 하고 의회주권에 의한 '법의 지배'의 실현을 이론화했지만 루소가 보기에 그것은 '일반의지'의 실현과는 거리가 멀었다. 왜냐하면 영국에서는 최고 권력으로 여겨지는 '입법권'을 국회의원이 '대표'할 뿐 아니라 의원은 정당으로 나뉘고 정당 구성원의 견해는 당수가 대표하기 때문에 영국의 인민은 이중의 의미에서 대표되어 자신들의 의지를 정치에 반영할 수 없기 때문이다.

"영국 인민은 자신이 자유롭다고 생각하지만 이것은 큰 착각이다. 그들은 의원 선거 기간에만 자유롭다. 의원 선출이 끝나는 즉시 그들은 노예가 되며, 없는 것이나 마찬가지다"(제3편 15장)라는 유명한 구절이 보여주듯이 루소의 '일반의지' 이론은 볼테르나 몽테스키외 같은 계몽사상가들이 이상화한 영국의 의회정치나 입헌정치에 대한 근본적인 비판을 내포하는 것이었다. 이는 영국식 '간접민주제'에 맞선 '직접민주제'의 주장이라고 평가되기도 한다. 사실 고대 그리스·로마의 도시국가나 루소 자신이 나고 자란 제네바 같은 소국, 영국의 북미 식민지에서 시민은 대표를 매개하지 않고 자신들의 의견을 표명하는 직접민주제적 정치제도를 가지고 있었다. 그렇다고 해도 루소의 '일반의지'에 기초하는 국가는 현실에서 어떠한 것으로 여겨졌을까? 국가의 주권을 구성하는 입법권('일반의지')은 분할될 수도 없고 대표될 수도 없다는 루소의 생각은 실제 정치사회에서 실현 가능한 것일까? 그렇지 않으면 고대의 공화국이나 근대의 제네바와 같은 예외적 사례에서만 실현 가능한 유토피아에 불과한 것이었을까?

이 점을 이해하기 위한 열쇠는 루소가 '주권'으로서의 '입법권'과 그에 종속되는 행정권·사법권을 명확히 구별한다는 것이다. "정부는 근거 없이 주권자와 혼동되곤 하지만, 정부는 주권자의 집행인일 뿐"(제3편 1장)이라 쓰고 있듯이 '분할 불가능'하며 '대표 불가능'하다고 생각되는 것은 정치체의 '영혼'에 상당하는 주권(입법권)에 대해서이며, 일상적인 행정은 전문적 지식이나 기능(技能)을 갖춘 정치가와 관료가 맡는다는 것을 루소는 대전제로 하고 있다. 그의 정치론을 '직접민주제'라 칭하는 것의 문제점이 바로 여기에 있다. 그는 행정 권력의 형태를 군주제, 귀족제, 민주제의 세 가지로 분류하고 그 우열을 논하고 있으므로 그의 인민주권론은 민주제와는 물론이고 군주제나 귀족제와도 양립하는 것이다. 루소가 생각하기에 혈통에 의해 왕위가 세습되는 왕정은 뛰어난 군주가 태어나리라는 보장이 없기 때문에 최악의 정치형태이며, 소수의 엘리트가 정치를 행하는 귀족제 역시 혈통과 세습에 따르는 한 군주제와 똑같은 폐해에서 벗어날 수 없고, 인민이 선거로 대표자를 고르는 민주제는 뛰어난 지도자가 선출될 가능성이 높다는 의미에서 가장 좋은 정치형태이다.

이와 달리 문자 그대로의 직접민주제에 대해 루소는 가차없는 태도를 보인다. "엄밀한 의미에서 보자면 진정한 민주제는 존재한 적이 없으며 앞으로도 그럴 것이다. 다수가 통치하고 소수가 통치를 받는 것은 자연의 질서에 어긋난다"(제3편 4장). 즉, 이제껏 민주제의 모범으로 여겨져온 고대 그리스의 스파르타나 아테나이, 공화정 로마, 근대의 제네바 등 어느 것을 보아도 엄밀한 의미에서의 직접민주제와는 거리가 멀며 이들에는 전부 민중의 근시안적 의견이나 감정을 장기적 관점에서 억제하고 유도하는 귀족제의 요소가 교묘하게 섞여들어가 있다는 것이다. 이것은 앞서 검토한 마키아벨리와 비슷한 견해이며, 루소는 실제로 마키아벨리의 사상으로부터 많은 것을 배웠다. 그것은 한마디로 말하면 '법의 지배'를 공화주의의 핵심에 두는 사고방식이며 바로 이것이 루소의 '일반의지'론의 핵심이기도 하다. 이렇게 보면 입헌군주제의 틀 안에서 '법의 지배'를 실현한 영국은 사실상의 공화제 국가라는 말이 된다.

이러한 루소의 현실적 주장에도 불구하고 그가 국가의 '영혼'인

'주권' 즉 '입법권'을 분할 불가능하고 대표 불가능하다고 단정한 것의 의미는 크다. 루소는 영국·프랑스와 같은 대국에는 군주제가 적합하며 네덜란드나 스위스 같은 소국에는 공화제(귀족제나 민주제)가 알맞다는 전통적인 정체관을 펴며 대국에서는 그가 이상적이라고 생각하는 대표제 없는 입법 권력의 실현이 어렵다는 것을 인정할 수밖에 없었다. 루소는 최종적인 타개책으로서 복수의 소규모 국가가 서로 연합해 대규모 국가와 동등한 기능을 행하는 연방 공화제의 구상을 품고 있었지만, 충분히 전개되지는 못했다. 이 구상은 북미 식민지 독립선언 후의 헌법 논쟁에서 토머스 제퍼슨 등의 공화주의자가 채택한 구상과 가까우며 반드시 공상적인 것이라고 할 수는 없었다. 그러나 전체적으로 보아 루소의 '일반의지'에 기초한 '사회계약' 이론이 입법 권력에서의 대표제 거부라는 최후의 한 측면에서, 근대국가의 정치 이론으로서 실현되기 어려운 공상(유토피아)적 성격을 띠고 있었던 것은 부정할 수 없는 사실이다.

5. 루소에게서의 '자유'와 '공공'

루소는 자신의 '사회계약'에 대해 "공동의 힘을 다해 각 구성원의 신체와 재산을 보호하며, 각자가 모두와 결합되어 있지만 자기 자신에게만 복종하게 하기에 이전과 다름없이 자유롭게 남아 있을 수 있는 결합 형태를 찾는 것. 바로 이것이 근본적 문제이며 사회계약이 그 해결책을 제시한다"고 설명하고, 사회계약을 이끄는 '일반의지'에 대해 "우리 각자는 공동으로, 자신의 신체와 모든 힘을 일반의지의 최고 지도 아래에 둔다"(제1편 6장)고 쓰고 있다. 나아가 그는 '일반의지'에 따라 자연 상태에서 사회 상태로 이행하는 인민의 변화에 대해 다음과 같이 쓰고 있다. "행위에서 정의가 본능을 대체하고, 인간 행동은 전에는 없었던 도덕성을 부여받는다. 이때에야 비로소 의무의 목소리가 육체의 충동을 대신하고 권리가 욕구를 대신하게 되어, 여태껏 자기 자신만 바라보았던 인간은 이전과는 다른 원리에 기초하여 행동해야만 하고, 자신의 기호에 따르기에 앞서 이성에 귀기울여야 한다는 것을 알게 된다" "그의 능력이 훈련되어 발전하며, 사고는 확대되며, 감정은 고상해지고, 또 그의 영혼 전체가 고양되"는 것이다(제1편 8장).

여기서 이야기하는 것은 ① 루소의 '사회계약'은 개인들이 문명사회의 현실(자연 상태)을 벗어나 하나의 새로운 사회질서(국가)를 창출하는 공동 행위라는 것, ② '사회계약'에 의해 개인은 그 '자연적 자유'를 잃지만, 그 대신에 좀더 높은 차원의 자유로서의 '정치적 자유'를 획득한다는 것, ③ '정치적 자유'를 획득한 개인은 종래의 이기적인 삶에서 해방되어 공동체의 의지로서의 '일반의지'에 자발적으로 복종하는 인간성을 획득하며, 개인과 전체의 통일을 실현한다는 것이다. 이러한 이론에는 같은 '사회계약' 사상일지라도 홉스나 로크의 그것과는 다른 독자적 사고방식이 표명되어 있다. '자연 상태'에 있는 개인들이 하나의 새로운 정치사회를 창출한다고 하는 형식은 같은 것으로 보이지만, 홉스와 로크에게는 자연 상태에 있는 개인도 사회계약 후의 개인도 기본적으로는 같은 이기적인 개인이다. 두 사람이 생각하는 이기심의 내용이 크게 다르다는 것은 말할 것도 없지만, 그럼에도 홉스든 로크든 인간 본성이 사회계약을 전후로 근본적 변화를 겪는다고는 생각하지 않는다. 두 사람의 이론에서 변화를 겪는 것은 개인의 외적 환경, 즉 그들이 사는 사회의 상태와 제도이며, 그들은 그러한 환경의 변화에 의해 사람들이 본래의 인간 본성을 좀더 평화로운 정치사회 속에서 실현한다고 생각했다.

이와 달리 루소는 '사회계약'에 의한 정치사회의 확립이 개인들의 외적 환경을 바꿔놓는 것은 물론이고 그 이상으로 그들의 성격과 감정을 변화시키며, 그 결과 그들의 생활양식마저도 근본적으로 바꿔놓는다고 생각했다. 사람들은 본능적 생활을 버리고 시민으로서의 이성적 삶을 획득하며, 사적인 이익이 아닌 공공의 이익을 실현하는 데에서 삶의 보람과 기쁨을 찾는 존재가 되도록 인간성을 변화시킨다는 것이다. 이러한 루소의 '사회계약'에 의한 인간성의 변화(인간 혁명)를 상징하는 것이 개인의 자유(권리)와 공공의 이익의 관계에 관한 논의이다. 자연법학자들의 논의에서는 정치사회 수립의 최대 목적은 생명의 보존(홉스)이며 사유재산권의 확립(로크)이었다. 어느 것이든 사회계약의 목적은 사적 이익의 실현에 있었지만, 루소의 논의는 양상이 다르다. 새로운 정치사회는 "공동의 힘을 다해 각 구성원의 신체와 재산을 보호"하는 "결합 형태"라 되어 있으므로 개인들의 신체와 재산은 보호되지만, 그 보호는 개인들 자신의 사적 이익을 위한 보호가 아니라 공동체의 이익 실현의 일환일 뿐이다. 루소의 경우에는 개인의 이익과 사회 전체의 이익의 관계가 말 그대로 '역전'되는 것이다.

이 역전의 전형적 사례는 로크에게 최대의 문제였던 사유재산

(property)의 문제이며, 홉스가 끝까지 문제삼은 사형이나 징병의 사례이다. 루소는 개인의 권리·자유와, '일반의지'를 체현하는 주권자가 지향할 공공의 이익의 관계에 대해 다음과 같이 말한다. "각자는 사회계약에 의해 자신의 모든 능력과 재산과 자유에서 오직 공동체에 중요하게 쓰이는 부분만을 양도한다. 그러나 오직 주권자만이 이 중요성을 판단한다는 것도 인정해야 한다"(제2편 4장). 소유권의 문제에 대해서 루소는 로크적인 '노동에 의한 소유'의 원리를 인정하고 일반적으로 정당한 소유권의 원천은 '노동과 경작' 이외에는 없다고 쓰고 있지만, 로크가 승인한 화폐 축적에 의한 생존의 필요를 넘어선 부의 추구는 인정하지 않는다. 루소가 그린 경제사회의 이미지는 로크 이전의 것이라 할 수 있을 정도로 소박한 것이며 독립자영농의 공화국 같은 것이었다. 이는 동시대 영국·프랑스 양국에서 진행중이던 시장경제화라는 역사의 흐름에 대한 시대착오적 항의의 표명이기도 했다. 그 독립자영농도 완전한 자유와 독립을 보장받은 것은 아니다. 자연상태에 머무는 한 그들의 소유권은 타인의 침해에 노출되어 불안정하지만, 일단 '사회계약'이 맺어졌다 해도 그들은 소유권의 확립과 맞바꾼, 개인의 소유권에 대한 주권자(국가)의 지배권을 인정해야만 하는 것이다. 루소는 이 점을 특히 토지 소유의 권리에 대해 역설한다. "각 개인이 자기 자신의 토지에 대해 갖는 권리는 언제나 공동체가 국토 전체에 대해 갖는 권리에 종속된다"(제1편 9장).

물론 루소가 말하는 주권자에 의한 사적 권리의 제한이나 지배는 공공의 이익과 무관한 순전히 개인적인 사항(이를테면 취미나 기호에 관한 사항)에 대해서는 적용되지 않지만, 그는 공공의 이익에 관한 것인지 여부의 판단은 개인이 아니라 주권자가 내린다고 명언하고 있으므로, 개인의 취미나 취향에 관한 사항이라 하더라도 그것이 공서양속(公序良俗)에 어긋난다고 주권자가 판단하면 주권자는 이에 간섭할 수 있다. 게다가 로크와는 달리 루소는 개인들의 자유와 권리의 침해에 대한 이의 제기(저항권·혁명권)를 인정하지 않는다. 루소는 홉스와 마찬가지로 인민의 의지를 본질로 하는 '일반의지(주권)'의 결정에 인민 스스로가 저항하는 일은 있을 수 없다고 생각했다. 홉스는 이것을 개인들의 의지를 대표하는 절대 주권의 논리로 정당화했지만, 루소는 사회계약의 조건으로서 일종의 인간성의 변혁이 전제되어 있기 때문에 이러한 '공'의 '사'에 대한 지배가 저항 없이 받아들여진다고 상정한다.

이러한 루소 사상의 독자성을 단적으로 보여주는 것이 사형과 징병의 문제이다. 홉스는 이 사안들에서 나타나는 주권자의 의지와 개인의 자유 간의 모순은 정치사회의 제도 속에서는 해결될 수 없는 모순이라고 보았지만, 자기보존의 자연권은 양도할 수 없는 자연권이므로 개인에게는 모든 수단을 동원해 주권자의 명령에서 벗어나 자신의 생명을 지킬 자유가 있다고 인정했다. 이와 달리 루소는 다음과 같이 단언한다. "사회계약의 목적은 계약 당사자의 생명 보존에 있다. 목적의 달성을 원하는 사람은 이를 위한 수단도 원한다" "시민은 법이 요구하는 대로 그가 무릅써야 하는 위험에 대해 더이상 이렇다 저렇다 판단할 수 없다. 그리하여 통치자가 시민에게 '그대는 국가를 위해 죽어야 한다'고 말한다면 시민은 죽어야 한다. 왜냐하면 그때까지 그는 바로 이 조건하에서 안전하게 살아온 것이고, 그의 생명은 단지 자연의 호의일 뿐 아니라 국가가 조건부로 준 증여물이기 때문이다. 범죄자에게 선고되는 사형도 이와 거의 같은 관점에서 고찰할 수 있다. 우리는 타인에게 살해당하지 않기 위해서, 우리가 살인자가 될 경우 사형을 받겠다는 것에 동의하는 것이다"(제2편 5장). 루소는 징병이나 사형에 관한 국가의 명령을 어겨서라도 자기보존을 추구해도 된다는 홉스의 주장을 밀쳐낸다. 그러한 자유가 인정되면 징병이나 사형에 의해서만 확보될 사회질서는 위협당하며 결국 개인의 생명과 안전 역시 위험에 처할 것이다. 이상의 논의에 한해서 루소는 이기적인 개인이 어떻게 한 사회의 질서를 확립할 수 있는가 하는, 홉스가 제기한 근대사상사의 근본 문제에 대해 수미일관한 답을 한 가지 내놓았다고 할 수 있다.

이렇게 생각하면 '일반의지'로서의 '입법권'은 대표될 수 없다는 루소의 논리 역시 앞서 이야기한 대로 대의제 민주주의의 보통의 원칙에서 보면 분명 공상적이고 비현실적으로 보이지만, 그의 주장의 실질을 현대화하는 것도 불가능하지는 않다. 유럽 여러 나라에서 실제로 행해지고 있는 '국민투표' 제도가 바로 그것이다. 국민의 대표자인 국회의원에게 판단을 맡기기에는 너무도 숭차대한 국가적 의사 결정(예컨대 EU 가맹 여부, 원자력발전의 존폐, 인공임신중절 관련 논의 등)에 대해 국민이 직접 판단하고 결정하는 이 제도는 대의제 민주주의의 기본적 틀 안에 '일반의지'는 대표되지 못한다는 루소 사상의 요소를 포함시킨 것이라 볼 수 있다. 사유재산의 자유라는 근대국가의 대원칙 역시 무조건 인정되는 것이 아니다. 일본국 헌법 제29조는 "재산권은 침해받지 아니한다"면서도 "재산권의 내용은 공공의 복지에 부합하도록 법률로 이를 정한다"고 한정하고 있다. 지금도 끊임없이 문제가 되고 있는 도로나 하수처리장, 쓰레기 소각장 같은 공공시설의 건설과 개인의 재산권의 대립은 루소의 문제가 결코 공론(空論)이 아님을 보여준다.

루소의 사상은 계몽사상 내부에서 비롯되었지만, 계몽사상의 문제점을 지적하고 그 한계점을 뛰어넘으려 했다. 거기에는 수많은 비현실적 요소가 내포되어 있었지만, 그 본질은 현대에도 적용될 수 있는 사상적 메시지를 제시하는 것이기도 했다. 많은 계몽사상가들과는 달리 이기적인 개인을 사회사상의 대전제로 두기를 거부한 루소의 사상은 자본주의의 발전 속에서 때때로 소환되어 새로운 사상의 원동력이 되었다. 말년의 애덤 스미스는 프랑스에서 온 방문자에게 답하며 "때가 되면 루소가 받은 숱한 박해를『사회계약론』이 대갚음해줄 거요"(로스,『애덤 스미스 평전』)라고 말했다는데, 그 예언대로 프랑스혁명의 지도자인 로베스피에르가『사회계약론』을 애독했는가 하면 더 나중에는 루소가 젊은 마르크스 사상의 한 원천이 되기도 했다. 마르크스는 근대사회와 자본주의의 근본 문제를 고찰하는 가운데 계몽사상이 이상화한 개인의 자유(에고이즘)에 문제의 근원이 있다고 보고 루소의 문명 비판에서 그 힌트를 찾게 된다(『유대인 문제에 관하여』).

개인과 전체의 관계를 근본적으로 되물으려 한 루소의 사상은 그것이 투철한 사고의 성과라는 점에 의해서 후세의 사상가들에게 근대사회를 넘어선 이상사회의 이미지를 불러일으켰다. 이런 사정을 적확하게 보여주는 것으로서 밀의『자유론』(1859)에서 한 구절을 인용하며 이 장을 마무리하고자 한다.

"18세기에는 거의 모든 지식인들과 그들이 이끈 모든 배우지 못한 사람들이 이른바 문명이라고 불린 것, 즉 근대적 과학, 문학, 철학의 경이로운 업적들에 넋을 놓고 있었기 때문에 근대인과 고대인의 차이를 과대평가하고, 이 모든 차이가 그들의 우수성을 보여준다고 믿었다. 이때 루소의 역설이 유익한 충격과 함께 폭탄처럼 작렬했다" "인위적 사회의 속박과 위선이 사람을 무기력하게 만들고 타락시키는 폐해가 있는 반면에 단순하고 소박한 삶에는 뛰어난 가치가 있다는 생각은 루소가 주장한 이래로 지식인들 사이에서 사라진 적이 없었다."

제6장

스미스에게서의
경제학의 성립

1. '시대'의 문맥: 문명사회의 위기를 넘어

루소의 문명 비판은 계몽사상가들이 찬미한 문명사회의 위기를 고발했다. 프랑스에서 '위기'는 절대왕정의 위기로서 나타났기에 '사회계약'에 의한 인민주권의 실현을 호소하는 루소의 주장은 현실적 영향과는 별개로 프랑스혁명을 예고하는 것이었다. 이에 비해 이미 입헌군주제를 실현한 동시대 영국에서 '위기'의 본질은 명예혁명 체제가 추진한 중상주의의 위기였으며 이는 북미 식민지 문제에서 가장 심각하게 드러났다. 이 위기에 직면하여 경제학이라는 새로운 학문을 정립함으로써 문명사회의 발전 가능성을 제시하려고 한 사상가가 바로 애덤 스미스였다. 앞으로 보게 되듯이 스미스는 루소에게 많은 지적 자극을 받았지만 두 사람의 문제 설정은 기본적으로 달랐다. 루소가 부패·타락한 구체제의 근본적 변혁(혁명)을 지향하는 논의를 펼친 것과 달리 스미스는 문명사회의 최첨단에 위치한 영국의 입장에서 혁명적 방향성을 배제하고 중상주의 체제의 근본적 비판을 통해 위기를 타개하려 했다.

그 최대의 계기가 북미 식민지 문제로, 이 점에서는 흄과 비교해 보면 유익하다. 동향 선후배 간이었던 두 사람 사이의 열두 살이라는 나이 차가 역사의 거대한 파도 속에서는 큰 의미를 갖고 있었다. 흄의 사상가로서의 활동은 실질적으로 1750년대에는 끝난 상태였으므로 영국과 프랑스의 7년전쟁(1756~63) 이후 세계사적 격동의 행방을 내다보고 이를 자기 사상의 요소로 삼기에는 너무 일렀다. 미국독립선언 직후에 병으로 죽은 흄은 공적·사적 경로를 통해 식민지 사정을 훤히 꿰뚫고 있었지만, 그후에 시작된 미국 건국의 노선 대립에 대해서는 알 길이 없었다. 이에 비해 스미스에게 미국 문제는 사상 형성에 직접적인 영향을 주었다. 애당초 본국에서는 불가능했던 자유와 부를 누리던 식민지 사람들이 본국에 대한 저항을 결의한 배경에는 7년전쟁 때에 즉위한 국왕 조지 3세의 식민지 정책 전환이 작용했다. 식민지 경영을 위한 막대한 경비를 조달할 필요에서 식민지에 대한 직접과세(인지세법[1765], 타운센드법[1766])가 강행되었는데, 이것이 '대표 없이 과세 없다'라는 영국적 자유의 대의에 어긋난다고 생각한 식민지인이 보스턴 차 사건(1773)을 계기로 독립전쟁에 뛰어들었던 것이다.

흄은 식민지의 독립이 불가피하다고 보았는데, 이 점에 대해서는 스미스도 같은 의견이었다. 또한 스미스는 식민지의 독립운동을 흄과는 다른 방식으로, 즉 영국 중상주의 체제의 구조적 위기로서 이해했다. 북미와 인도를 축으로 확립되어가던 영국의 제국 경제체제는 본국으로서는 값싼 원재료 공급지이자 잠재적으로는 자국 상품을 판매할 거대한 시장이었는데 이를 떠받치는 것이 바로 영국의 해군력을 중심으로 한 '힘'의 지배라는 것을 스미스는 간파하고 있었다. "국방이 풍요보다 훨씬 더 중요"(『국부론』②)하다고 단언하고 크롬웰의 항해 조례를 가장 현명한 입법으로 평가한 스미스였지만, 북미 식민지 지배를 둘러싼 영국 · 프랑스의 대립이 폭발한 7년전쟁의 시점에서 모순은 이미 명백했다. 북미 식민지의 독립운동에는 이 인식이 결정적이었다. 본국이 독점적으로 누리는 문명사회의 번영이 부정하고 불합리한 식민지 체제를 전제로 하고 있다는 모순을 스미스는 흄 이상으로 통절히 깨닫고 있었다.

『국부론』의 배후에는 그전 세기 이래의 중상주의 정책에 의해 정당화되어온 영국의 제국 지배 체제의 모순을 학문적으로 해명한다는 문제의식이 깔려 있었다. 미국 독립운동의 도화선이 된 사건들은 하나같이 스미스가 『국부론』을 집필하기 시작한 시기에 일어났으며 스미스는 『국부론』의 출간을 3년 넘게 늦추면서까지 런던에서 독립 운동에 관한 정보를 수집하면서 그 행방을 지켜보려 했다. 북미 식민지의 독립운동은 본국 사람들로서도 강 건너 불 보듯 할 수만은 없는 일이었다. 조지 3세의 강경한 식민지 정책을 비판해 국회의원 지위를 잃은 존 윌크스가 언론 자유와 정치 쇄신을 요구하며 들고일어난 윌크스 사건(1763)을 비롯하여 '대표 없이 과세 없다'는 영국의 오랜 원칙을 내건 식민지인의 운동은 명예혁명 체제의 통치 구조에 불만을 품은 본국 사람들에게 충격을 주었으며, 잉글랜드 출신의 토머스 페인이 쓴 『커먼 센스』(1776)가 식민지 독립의 방향을 결정하게 된다.

더구나 이 시대에는 영국의 산업혁명이 개시되기도 했다. 하그리브스의 제니 방적기 발명(1764), 스미스의 친구인 와트에 의한 증기기관 개량(1765), 아크라이트의 수력 방적기 발명(1769), 크럼프턴의 뮬 방적기 발명(1779), 카트라이트의 역직기 발명(1784) 등 산업 기술상의 수많은 획기적 발명과 개량은『국부론』출간을 전후해 일어난 일들이었다. 이런 일들이『국부론』의 분업론이나 자본축적론 같은 핵심적 이론의 형성에 어느 정도의 영향을 주었는지는 밝히기 어려운 문제다. 그러나 스미스가 산업혁명이라는 역사의 새로운 단계의 입구에 서서 그 시작을 목도한 사상가였다는 것만은 틀림없다. 그 시대에 영국 사회는 농업 중심에서 상공업 중심으로 결정적인 방향 전환을 이룬다. 스미스는 그 출발점을 목격한 것에 불과하지만, 이 역사의 대변동은—루소는 물론이고 흄과도 다른—스미스가 살았던 시대의 새로운 문맥이었다.

2. '사상'의 문맥: 계몽에서 사회과학으로

애덤 스미스는 1723년에 스코틀랜드 수도 에든버러의 맞은편에 위치한 커코디에서 태어났다. 세관원이었던 부친은 스미스가 태어나기 전에 사망했으며 스미스는 어머니 손에서 자랐다. 열네 살에 글래스고대학에 입학한 그는 3년간의 학생 시절에 "결코 잊을 수 없는(never to be forgotten)" 허치슨 교수의 가르침을 받았다. 그후 잉글랜드 국교회 성직자를 지망하는 스코틀랜드인 학생을 위한 장학금을 받아 옥스퍼드의 베일리얼 칼리지에 입학한 그는 6년간 그리스 · 로마의 고전을 중심으로 공부했다. 이때 금서 취급을 받던 흄의『인간본성론』을 읽다가 처벌을 받은 적도 있다.『국부론』제5편에 나오는 "옥스퍼드의 대학교수 대다수는 요 몇 년간 가르치는 척을 하는 것조차 관뒀다"(『국부론』④)라는 관찰 역시 그 시절의 성과 중 하나였다. 고향에 돌아간 스미스는 국교회 목사가 되지 않고 연구를 계속하며 1749년 겨울부터 3년간 에든버러에서 법률가 등의 시민을 대상으로 문학·수사학과 법학을 중심으로 한 '에든버러 강의'를 진행한다. 이것이 좋은 평판을 얻어 1751년에는 글래스고대학의 논리학 교수, 이듬해에는 과거 허치슨의 자리였던 도덕철학 교수가 된다.

스미스의 도덕철학(moral philosophy)은 ① 자연신학(natural theology), ② 윤리학(ethics), ③ 자연법학(natural jurisprudence)의 세 부문으로 구성되며, 자연법학은 다시 '정의(justice)'에 관한 좁은 의미의 법학과 '편의(expediency)'에 관한 '행정, 수입(收入), 군비'로 나뉜다. 그중 윤리학이『도덕감정론』의 모체가 되고 법학의 '편의' 부문이 발전해『국부론』이 되었다고 이야기된다. 그리고 '자연신학'에 대해서는 자료가 남아 있지 않지만, 스미스는 은사인 허치슨의 도덕철학 강의를 계승하여 자비로운 신에 의한 세계 지배뿐 아니라 개인과 전체의 조화를 설파했다고 생각된다. '윤리학'에서는 허치슨의 '인애'를 '공감'으로 바꾸어 경험적 도덕론을 펼쳤다. 스미스는 '자연법학'의 내용을 저작으로 남기지는 않았지만, 당시의 강의 노트가 남아 있어 두 종류의『법학 강의』(1762~63, 63~64)로서 알려져 있다. 그것은 그로티우스, 홉스 이래의 자연법학의 문제를 계승하면서 생활양식의 발전을 수렵·채집, 목축, 농업, 상공업의 네 단계로 정리한 역사

이론인데,『국부론』의 경제학은 그중 제4단계인 상공업 단계를 이론화한 것이다.

스미스의 학문 형성에는 스코틀랜드와 프랑스의 계몽사상이 많은 기여를 했는데, 스코틀랜드의 젊은 지식인들이 엮은 평론지인 〈에든버러 리뷰〉(1755~56) 제2호에 그가 익명으로 기고한 '서간'은 스미스 스스로 강하게 의식하고 있던 사상적 문제의 위치를 보여준다. 스미스는 이 잡지의 스코틀랜드 중심주의를 비판하고 당장의 사상적 근본 문제는 전 유럽에 걸친 문명사회의 동향과 관련된 것이며 따라서 프랑스에서 막 간행되기 시작한『백과전서』에서 많은 것을 배워야 한다고 주장하는 한편, 전해에 나온 루소의『인간 불평등 기원론』의 문제 제기를 높이 평가했다. 영국 · 프랑스의 7년전쟁 발발 직전이라는 긴박한 정치 상황 속에서도 그러한 위기의 역사적 근원에 다가서려는 이 '서간'이야말로 스미스가 직면한 문제를 육성으로 드러내는 것이었다.

3. 스미스의 '문제'

스미스의 '서간'은 맨더빌과 루소의 사상에 주목한다. 한 세대 전의 사상가로, 전 유럽에 큰 영향을 끼친 맨더빌과 새로 등장한 사상가 루소의 새로운 저작을 포개어놓고 양자의 공통된 문제 제기를 발견하려는 스미스의 착안점은 실로 날카로운 것이었다. 스미스에 따르면 맨더빌의『꿀벌의 우화』는 훗날 루소가 맞닥뜨리게 되는 문제를 맨

처음 명확한 형태로 제기한 선구적 저작이며 루소는 맨더빌의 문제를 정면으로 받아들이면서도 맨더빌과는 다른 독자적 전개를 모색하는 과정에서『인간 불평등 기원론』을 썼다. 그리고 스미스 본인의 사상은 맨더빌의 문제에 대한 루소의 회답을 납득할 수 없었던 데에서 비롯되었다.

앞서 제4장에서 보았듯이 맨더빌은 문명사회의 번영의 원동력을 인간의 '허영심'이나 '명예심' 같은 정념에서 찾았다. 이를 반사회적 정념이라 하여 사회적 무질서와 혼란의 근원으로 여긴 홉스를 비판하고, 이 두 가지를 중심으로 하는 이기적 정념이야말로 사람들을 경쟁으로 내몰고 나아가 문명사회를 발전시키는 원동력이 된다고 맨더빌은 생각했던 것이다. 맨더빌은 이를 '사악은 공익'이라는 역설로서 펼쳐보였는데 바로 이것이 스미스가 본 맨더빌의 문제의 핵심이었다. 그것은 '반사회적 본성을 가진 인간이 그럼에도 불구하고 사회를 형성하고 문명사회를 발전시킬 수 있는 것은 어째서인가?'라는 문제다. 이와 달리 루소는 '숲을 걷는 고독한 자연인'에게서 인간 본래의 모습을 찾고 문명사회의 성립을 자연으로부터의 타락이라고 보았다. 요컨대 좀더 풍족하고 쾌적한 생활을 좇아 사람들이 서로 협력하고 가족이나 부족을 형성하는 과정에서 자연의 '자기애'는 '이기심'이나 '허영심'으로, 고통받는 동포에 대한 사심 없는 '연민'은 허영심의 방패막이로서의 '사교성'으로 각기 변질·타락한다고 생각했던 것이다.

그런데 스미스가 보기에 맨더빌의 '역설'과 루소의 '타락' 비판은 언뜻 정반대로 보이지만 기본적으로는 같은 발상에서 나온 것이었다. 왜냐하면 "두 사람 모두 인간에게는 스스로로 하여금 사회를 사회 자체를 위해 추구하게 하는 그 어떤 강력한 본능도 존재하지 않는다고 상정"(『애덤 스미스 철학논문집』)하기 때문이다. 맨더빌의 개인은 명예욕에 따라 공익을 증진시키려는 정치적·경제적 활동에 힘쓴다. 루소의 개인 역시 자신의 사회적 평판을 드높이기 위해 타인에 대한 배려를 연출한다. 어느 쪽이든 개인은 공공이나 타인의 이익을 그것 자체를 위해서는 추구하지 않는다. 나아가 스미스는 두 사람 모두 '정의'의 규칙 즉 사유재산의 규칙이야말로 "애당초 빈부 격차를 정당화하고 은폐하기 위해 교활한 자들이나 권력자들이 고안한 것"으로 보았다고 생각했다. 요컨대 맨더빌의 '허영심'도 루소의 '사교성'도 문명사회의 초기 단계에 간사한 정치가나 입법자에 의해 도입된 인위적 정념이며 인간 본래의 자연적 원리가 아니라고 본다는 점에서 두 사람은 같은 암묵적 전제에 서 있다는 것이다.

물론 맨더빌과 루소의 견해는 허영심이나 사교성이 문명을 발전시키는 메커니즘을 해명했다는 점에서 17세기의 도덕론과는 성격을 달리하지만, 그들은 정념과 사회성·공공성의 관계를 반자연적인 역설로서밖에 긍정할 수 없었다. 여기서 스미스는 이의를 제기한다. 스미스의 입장은 인간 본래의 자연적 정념을 그 자체로 긍정하는 것이며, 그 자체에서 문명사회의 진정한 발전을 가져올 원리를 발견하는 것이었다. 스미스의 말을 빌리자면 이는 인간 본성 안에 "사회를 이루고 타인과 결합하게끔" 필연적으로 요구하는 어떤 원리가 존재함을 입증하는 것이며, 자연의 정념에 의한 문명사회 발전의 메커니즘을 '역설'도 '타락'도 아닌 것으로서 설명하는 것이었다.

그러한 스미스의 문제는 유럽의 현실에 대한 그의 위기의식과 일체를 이루고 있었다. 이를 잘 보여주는 것이 '서간'과 동일한 시기에 쓰인 '55년 초고'이다. D. 스튜어트가 보존해오다가 나중에 소실되었다고 전해지는 이 초고는 스미스가 자신에게 쏠리는 표절 의혹을 벗기 위해 에든버러 강의의 시점에 그가 명확히 서술했음을 확인해두려는 목적에서 쓰인 것으로, 1755년이라는 7년전쟁 전야의 시점에 자기중심적인 내셔널리즘 논리로 식민지 전쟁을 벌이던 유럽 여러 나라의 동향을 깊이 우려하고 특히 그 선두에 서 있던 영국과 프랑스의 정책을 단죄하려는 의도로 쓴 간결한 글이다.

> 인간은 정치가나 기획가에 의해 일반적으로 일종의 정치 공학(political mechanics)의 재료로 여겨진다. 기획가는 인간사에서 자연이 행하는 조작(操作)들을 방해하는데, 자연은 자신을 가만히 내버려두는 것 이상을, 자신의 목적을 달성할 수 있도록 정정당당히 목적을 추구하게 하는 것 이상을 요구하지 않는다.

> 한 국가를 최저의 야만에서 최고의 부유함으로 끌어올리기 위해서는 평화와 적은 세금, 그리고 정의의 적정한 집행 이외에는 별로 필요한 것이 없으며 그 이외의 모든 것은 사물의 자연적 행정(行程)이 가져온다. 이 자연의 행정을 방해하고 강제로 사물의 방향을 다른 길로 틀며 사회의 진보를 어느 한 시점에 붙들어두려고 드는 모든 정부는 부자연스러우며(unnatural), 스스로를 유지하기 위해서는 억압적이고 전제적이 되지 않을 수 없다. (『법학 강의』)

스미스가 일찌감치 명확하게 기술한 이 생각은 『국부론』을 선취하는 것으로, 스미스 사상의 핵심을 나타내는 것이었다. 일반적으로 말하자면 그것은 개인적 '자유'의 원리로, 로크에서 흄으로 전개되어온 근대 자유주의의 흐름을 따라가는 것이었지만, 스미스의 말에는 그 이상의 내용, 즉 개인의 자유를 밑받침하는 '자연'의 사상이라 할 만한 것이 담겨 있었다. '자연'은 그로티우스 이래로 근대 자연법학의 키워드였지만, 스미스는 '자연' 개념을 '자연법'이라는 법학적 개념에 그치지 않고 미개에서 문명으로 필연적으로 진보하는 인간 사회의 기본 원리로서 파악한다. 정치가나 입법자가 개인의 자유로운 경제활동의 성과인 사회질서를 마치 '정치 공학'의 재료인 양 국가의 높은 자리에서 설계하고 관리하게 하며, 그럼으로써 문명사회와 시장경제의 자유롭고 자연스러운 활동을 방해하고 억압하는 결과를 초래하던 당시 유럽의 지배적인 사상(후에 스미스 자신이 '중상주의'라는 이름으로 일괄하게 되는 사상)에 대한 근본적 비판이 바로 스미스가 이미 이 시점에 또렷하게 자각하고 있던 근본 문제였다.

이에 대한 최종적 회답이 『국부론』에 나오는 '자연적 자유의 체제 (the system of natural liberty)'라는 사상인데, 이는 그가 1764년에 글래스고대학의 교수 지위를 사임하고도 한참 후의 일이다. 도덕철학 교수로서의 스미스에게는 무엇보다도 먼저 마무리해야 할 과제가 있었다. 그것은 허치슨과 흄 이래의 스코틀랜드 도덕철학의 전통을 계승하면서 이를 독자적 도덕 이론의 체계로 완성하는 것이었다. 그리고 그 성과가 바로 1759년에 출간된 『도덕감정론』이다.

4. 『도덕감정론』에서의 공감과 도덕질서

스미스의 사상가로서의 평판과 명성은 『국부론』 못지않게 『도덕 감정론』에 의한 바가 크다. 그 평판은 금세 전 유럽의 사상가들로 하여금 "도덕적 성격에 대해 이렇게 명쾌히 써낼 수 있는 사람은 독일 어디에도 없을 것"(칸트)이라거나, "프랑스인 중에 그에 필적하는 인물은 한 사람도 없다. 나의 사랑하는 프랑스 국민 때문에 부끄러운 생각이 든다"(볼테르)고까지 말하게 했다(로스). 단기간에 이 정도의 평가를 받은 『도덕감정론』은 대체 어떤 책이었을까? 그 심오한 내용을 간략히 개관할 수는 없지만 주제와 문제의 소재는 서두의 문장에 명확히 표명되어 있다.

인간이 아무리 이기적(selfish)인 존재라 하더라도, 그의 본성에는 명백히 몇 가지 원리가 있어 그로 하여금 타인의 안녕에 관심을 갖게 하고, 타인의 행복을 필요로 하게 한다. 그들의 행복을 바라보는 기쁨 외에는 아무것도 얻지 못한다 해도 말이다. 이것은 우리가 타인의 불행을 마주하거나 이를 마음속에 생생히 떠올려볼 때 느끼는 감정인 연민 (pity) 혹은 동정(compassion)과 같은 종류에 속한다. (상권)

연민과 동정은 타인의 슬픔에 대한 우리의 동류 감정(fellow-feeling)을 나타내는 말이다. 아마도 본래 같은 의미를 가진 것이었겠지만, 이제 여기서 모든 종류의 정념에 대한 동류 감정을 나타내는 용어로 공

감(sympathy)이라는 말을 쓰더라도 그다지 부적절하지는 않을 것이다. (상권)

이 말들에는 인간 본성(인간의 자연)에 관한 스미스의 기본적 아이디어 세 가지가 제시되어 있다. 첫째로, 인간은 홉스나 맨더빌이 상정한 것처럼 이기적이기만 한 존재가 아니다. 둘째, 그 증거로 인간의 본성에는 이기심과 함께 '동류 감정'이 존재하며 이는 '공감'과 같은 것이다. 셋째, '공감'은 루소의 '연민'과는 다르며 타인의 고통이나 슬픔에 대해서는 물론이고 타인의 기쁨이나 쾌락에 대해서도 작용한다. 이는 명백히 스미스가 '서간'에서 맨더빌과 루소에 대해 행한 양면 비판의 귀결을 보여준다. 스미스는 무엇보다도 인간이 자신의 쾌락이나 이익을 최우선으로 하는 존재라는 것을 인정한다. 그런 한에서 홉스나 맨더빌은 옳았지만, 인간의 동기를 전부 이기적인 것으로 환원하려고 한 것은 그들이 범한 오류였다. 허치슨은 이 점을 올바르게 지적했지만 그 역시 또다른 극단적 논리를 펴며 '보편적 인애'에는 이기심을 완전히 극복하는 능력이 있다고 인정하고 말았다. 스미스의 '공감'은 이들 중 어느 것과도 다르며 인간의 이기적 본성을 인정하면서도 인간이 모든 경우에 이기적 동기로만 움직이는 존재는 아니라고 본다. 이 점에서 그는 흄으로부터 많은 것을 깨쳤다.

틀림없이 인간 본성의 가장 강력한 동기는 이기심이지만 모든 사람이 자신의 이기심을 제한 없이 풀어놓으면 평화로운 사회질서는 요원해진다. 그러나 '공감'에는 이기심에서 비롯되는 개인의 행동을 사회적으로 허용되는 한계 내로 억제하는 힘이 있다고 스미스는 생각했다. 스미스의 '공감'은 알기 쉽게 말해 타인의 감정을 '따라가는(go along with)' 것이다. 흔히 '저 사람의 언동에는 따를 수 없다'는 말에는 '저 사람의 언동은 적절치 않다'는 암묵적인 도덕 판단이 내포되어 있다. 스미스는 도덕적 시인을 '완전한 공감'이라는 개념으로 파악한다. 즉, 타인의 언동을 도덕적으로 시인한다는 것은 자신을 그 사람의 입장에 두고 생각하고 그것에 '완전히 공감'하는 것이다. "타인의 정념을 그 정념의 대상에 적합한 것으로서 시인하는 것은 우리가 그 정념에 완전히 공감한다고 말하는 것과 같으며, 그 정념의 대상에 적합하지 않다고 하여 그 정념을 시인하지 않는 것은 우리가 그 정념에 완전히 공감하지는 않는다고 말하는 것과 같다"(상권).

'상상 속의 입장 교환'으로 타인의 감정에 완전히 공감하는 것이야 말로 스미스가 생각하는 도덕 판단의 본질이다. 그리고 '공감'에 의한 도덕 판단이 대상으로 삼는 것은 한 사람의 감정 혹은 언동의 '적절함(propriety)'이다. 스미스의 이 주장은 전통적 도덕론이 도덕을 '덕' 및 '악덕'의 문제로 파악해온 것에 비해 지극히 참신한 관점을 제시하는 것이었다. 요컨대 우리가 일상생활에서 끊임없이 행하는 도덕 판단은 어떤 사람의 언동이 사회적으로 보아 적절한지 여부만을 문제삼으며 그것으로 충분하다. '적절함'이라는 기준을 넘어 그 언동이 '덕'이라 불릴 만한지 여부의 문제는 보통 사람의 레벨을 넘어선, 말하자면 도덕적 엘리트의 문제이다. 스미스는 이런 의미에서의 '덕'의 본질을 '완전한 적절함'이라는 개념으로서 파악했다. 도덕적 '적절함'이 '완전한 공감'의 문제라고 한다면 '완전한 적절함'으로서의 '덕'의 문제는 보통 사람은 쉽게 달성할 수 없는 '완전 곱하기 완전한 공감'의 문제라는 말이 된다. 스미스는 '덕'의 본질을 묻는 전통적 도덕론의 엘리트주의적 문제 설정을 배척하고 이를 모든 직업과 계층에 속한 보통 사람들의 일상적 도덕론으로서 재구성한다.

여기서 생기는 의문은 타인의 감정 혹은 언동에 대한 '공감'이 정말로 그 도덕적 판단과 똑같은 것인가 하는 점이다. 그렇다면 도덕 판단은 한낱 호오의 문제에 불과하지 않은가? 스미스는 이에 대해 공감이 도덕적 시인의 근거가 될 수 있는 기준으로서 도덕 판단을 내리는 인물이 '공평한 관찰자(impartial spectator)'라는 것을 들고 있다. 그것은 자의적 판단을 내리는 변덕스럽고 부주의한 관찰자가 아니라 판단의 대상이 되는 인물의 처지에 대해 충분한 지식을 갖고 있으며 그 입장에 대해 적극적이고 적절한 상상 속의 입장 교환을 행함으로써 '완전한 공감'의 유무를 판단할 수 있는 인물을 가리킨다. 그리고 스미스는 이런 '공평한 관찰자'가 특정 직업이나 신분의 속성이 아니라 문명사회를 살아가는 보통 사람들이 일상적으로 떠맡는 역할이라고 생각했다. 모든 사람은 나날의 생활 속에서 어떤 때는 행위자로서 또 어떤 때는 관찰자로서 끊임없이 입장을 바꿔가며 서로의 언동에 대해 도덕 판단을 내리면서 살아가고 그 반복과 축적 속에서 안정된 도덕의 질서가 창출된다.

스미스의 '공평한 관찰자' 이론은 근대사회의 현실에 적합한 도덕 이론이라고 할 수 있다. 근대사회는 자유롭고 평등한 개인들로 구성되는 사회로, 시장경제 사회가 그 전형이다. 이에 비해 전근대의 전통 사회에서는 사람들이 전통적 도덕규범에 대한 복종을 자연스럽게 요구받으므로 개인은 서로의 행동이 타당한지를 놓고 의식적으로 '공평한 관찰자'가 되어 판단할 필요가 없다. 사람들이 지연 · 혈연의 굴레에서 해방되어 자유롭게 자신의 이익을 추구할 수 있는 사회가 되어서야 비로소 스스로 사회적으로 타당한 행동을 하기 위한 의식적 도덕 판단이 요구되는 것이다. 스미스는 '공평한 관찰자'의 완전한 공감을 얻음으로써 자신의 행동을 사회적으로 적절한 것으로서 스스로 규제하고자 하는 감정을 인류 보편의 감정이라고 생각했다. 인간이 이기심에도 불구하고 동포에게 받아들여지길 바라는(부인되고 싶지 않은) 감정은 맨더빌이 문명사회의 '역설'이라고 생각한 것이었으며 루소가 '위선'으로서 고발한 것이었다. 그리고 스미스는 이것을 '역설'도 '위선'도 아닌 인간 본성의 근본 원리로서 승인했던 것이다.

스미스는 말년인 1790년에 출간된 『도덕감정론』 제6판에서 '덕의 성격에 관하여'라는 장을 추가해 ① '정의(justice)', ② '신려(慎慮, prudence)', ③ '자혜(慈惠, beneficence)', ④ '자기 규제(self-command)'의 네 가지를 문명사회를 떠받치는 주요한 덕으로서 열거했다. 스미스는 '정의'야말로 사람들의 생명 · 재산을 존중하게 하며 계약을 준수하게 하는 문명사회의 '기둥'인데, 이에 견주어 타인의 이익을 증진시키는 이타적 덕인 '자혜'는 문명사회의 '장식'에 불과하다고 말한다. '신려'는 자기 자신의 이익을 눈앞의 욕망에 사로잡히지 않고 장기적으로 추구하게 하는 덕이며, '자기 규제'는 이들 세 가지 모두와 관련된 고도의 자기 규제 능력을 말한다. 이 네 가지는 언뜻 ① '정의', ② '사려', ③ '용기', ④ '절제'로 이루어진 아리스토텔레스나 스토아주의자 등 고대 철학자의 '추덕(樞德)'을 떠올리게 하는데, 스미스도 그러한 스타일을 염두에 두고 있지만 내용만큼은 근대사회의 도덕론으로서 대폭 재구성되어 있다.

이 경우에 애국심의 기초가 되기도 하는 고대인의 '용기'라는 덕이 스미스에게서는 자취를 감췄다는 사실은 특히 중요하다. '자혜'의 덕이 그 자리를 대신하고 있는데, 그 밖의 나머지 세 가지 덕 역시 근대 문명사회의 질서를 지탱하는 덕이다. 타인과 관련되는 유일한 덕인 '자혜' 역시 허치슨의 이타적 '인애'나 루소가 말하는 자연인의 '연민' 보다는 자신의 재산 일부를 가난한 이에게 나누어주는 '자선(charity)' 에 가깝다. 그것은 허영심을 동기로 하는 맨더빌의 '자선'과는 종이 한 장 차이지만 그것과도 다르다. 스미스의 문명사회는 타인에 대한 적극적 관심에 의존하지 않는 이기적인 근대사회의 도덕론인 동시에 이기심으로 환원될 수 없는 타인에 대한 '공감'과 '공평한 관찰자'에 의해 질서가 잡힌 사회이다. 사람들이 서로에 대한 적극적 관심을 '공감'을 통해 표명하면서도 각자의 이익을 적절한 방식으로 스스로 규제하며 추구하는 '자연'스러운 사회, 그것이 스미스의 도덕론이 내세운 새로운 문명사회의 모습이었다.

5. 『국부론』에서의 분업·시장·부

7년전쟁이 종결되고 영국과 프랑스 간의 왕래가 자유로워진 후인 1764년의 연초에 스미스는 글래스고대학 교수직을 사임하고 열여덟 살 버클루 공작의 가정교사로서 난생처음으로 대륙 여행에 나선다. 스미스의 저서를 읽고 감명을 받은 하원의원으로, 후에 재무장관이 되는 찰스 타운센드가 자신의 양자인 버클루 공작을 스미스 아래서 공부시키기를 희망한 것이 계기가 되었다. 2년 9개월에 이르는 대륙 여행은 스미스에게 유럽 제일의 문명 대국인 프랑스의 현실을 직접 소상히 관찰할 절호의 기회였다. 스미스와 공작이 18개월을 보낸 남프랑스의 대도시 툴루즈에서는 자식을 살해했다는 누명을 쓰고 사형 선고를 받은 신교도 칼라스의 재심 청구를 요구하는 볼테르(『관용론』, 1763) 등의 운동이 고조되었으며 스미스가 머물고 있던 1765년 3월에는 칼라스의 무죄와 명예 회복이 결정되었다. 스미스는 이 사건에서 관용 없는 여론과 싸우는 양심의 문제를 발견해『도덕감정론』제6판에서 이 문제를 언급한다. 스미스는 제네바와 가까운 페르네에서 볼테르와 만났으며, 『도덕감정론』이 이미 화제에 올라 있던 파리에서는 디드로, 달랑베르 같은 계몽사상가들과 교분을 나눴다.

스미스의 파리 체제에서 특히 중요한 의미를 갖는 것은 케네, 튀르고 같은 중농주의자와의 교류인데, 『국부론』의 구상은 이 시기에 급속히 가닥이 잡혔다고 생각된다. 케네는 영국으로 돌아간 스미스에게 자신의 지서를 보내주었으며, 스미스는 완성된 『국부론』을 케네에게 헌정할 의향이었지만 케네의 죽음으로 성사되지 못했다. 프랑스에 가기 전에 이루어진 스미스의 법학 강의에서는 『국부론』제1편에서 펼쳐질 분업론, 가치·가격론 등이 이미 명확히 나타나 있는 반면에 같은 책 제2편에 등장하는 자본축적과 재생산의 이론은 전혀 모습을 드러내지 않고 있다. 자본축적과 재생산 이론은 바로 케네의 『경제표』(1758)에서 본격적으로 다뤄지는 문제로, 스미스는 거기서 많은 시사를 얻었다고 추측할 수 있다. 스미스는 『국부론』에서 중농주의의 체계를 "진리에 가장 근접한"(『국부론』 ③) 것으로 높이 평가하는가 하면 그것이 농업만을 국부의 원천으로 보는 잘못을 범하고 있다고 지적하기도 했다. 오랫동안의 과제였던 중상주의 비판에 더해 자본축적론의 전개와 중농주의 비판이 스미스의 새로운 과제가 된 것이다.

고향에 돌아온 스미스는 『국부론』의 본격적 집필에 착수한다. 제임스 스튜어트의 『경제의 원리』(1767)가 출간되고 스코틀랜드의 에어 은행이 도산하는(1772) 등 원고 집필에 영향을 주는 사건들이 일어나는 가운데 스미스는 건강을 해쳐 흄을 유언집행자로 지정하면서까지 저작을 완성하는 데에 몰두한다. 1773년에 원고가 완성되자 출판업자 밀러와 협의를 하러 런던에 간 스미스는 때마침 미국 문제가 심각해지는 것을 보고 이에 대한 정보 수집과 관련 기술(記述)의 개선에 만전을 기하기 위해 런던 체재를 3년 넘게 연장한다. 이렇게 해서 『국부론』은 미국독립선언을 앞둔 1776년 3월 9일에 천 페이지가 넘는 사절지 판형 두 권짜리 대작으로 출간된다.『국부의 본질과 원인에 관한 탐구(An Inquiry into the Nature and Causes of the Wealth of Nations)』라는 정식 제목을 가진 『국부론』의 근본 주제가 무엇인지는 책 서두의 '서문 및 이 책의 구상'에 명료히 쓰여 있다. 그 핵심을 보여 주는 내용은 다음의 두 문장에 나타나 있다.

(1) 한 나라 국민의 연간 노동은 그들이 연간 소비하는 생활필수품과 편의품 전부를 공급하는 원천이며, 이 생활필수품과 편의품은 언제나 이 연간 노동의 직접 생산물로 구성되고 있거나 이 생산물과의 교환으로 다른 나라로부터 구입해온 생산물로 구성되고 있다.

(2) 문명화되고 번영하는 나라들을 보면 수많은 사람들은 전혀 노동을 하지 않으면서도 절대다수의 일하는 사람들보다 10배, 때로는 100배의 노동 생산물을 소비한다. 그러나 사회의 총 노동 생산물이 너무나 거대하기 때문에 모든 사람들은 풍부하게 공급받으며, 가장 저급의 가장 빈곤한 노동자라도 검약하고 근면하다면 어떤 미개인이 얻을 수 있는 것보다도 많은 생활필수품과 편의품을 누릴 수 있다. (『국부론』①)

(1)의 문장은 『국부론』 전체를 관통하는 스미스의 기본적 생각이자 원리이다. 그의 최종적 '해답'이 이 대작의 첫머리에 제시되어 있다. 이에 비해 (2)의 문장은 이 '해답'을 통해 그가 해결하려고 한 '문제'의 소재를 명시한다. 이 문제는 실질적으로 스미스가 〈에든버러 리뷰〉에 기고한 '서간'에서 표명한 '맨더빌·루소 문제'와 동일한 것이다. 여기에는 영국과 프랑스로 대표되는 근대 문명사회가 부와 재산의 터무니없는 '불평등'을 본질로 하고 있다는 현실 인식이 표명되어 있다. 맨더빌은 이를 허영심이나 야심이 경제활동에서 발휘된 '역설'로서 긍정했으며, 루소는 같은 현실을 자연적 인간 본성에서의 '타락'이라고 여기며 이를 엄중히 규탄했다. 스미스의 과제는 이와 달리 문명의 발전을 '역설'도 '타락'도 아닌 인간 본성의 자연스러운 발전으로서 설명하고 긍정하는 것이었으며, 이는 문명 진보의 필연적 귀결로서 재산의 불평등을 설명하고 긍정하는 것을 의미했다.

(1)의 문장에는 스미스 경제학의 정수가 응축되어 있다. 그것은 또한 『국부론』의 원제에 정확히 들어맞는다. 요컨대 여러 국민의 부의

'본질'은 '국민의 필수품 및 편의품'이며 그 '원인'은 '모든 국민의 연간 노동'이거나 그것에 의해 타국으로부터 사들인 것이라는 이야기다. 스미스는 여기서 국부의 본질은 필수품·편의품으로 구성되며 금은 등의 귀금속은 이에 포함되지 않고 설령 귀금속이 아니더라도 사치품은 기본적으로 국부에 포함되지 않는다고 말한다. 이것은 무엇보다도 금은화폐가 국부의 실체라고 주장하는 구식 중금주의자에 대한 비판이거나 스미스가 이와 동일시한 중상주의자에 대한 비판이며 동시에 허영심을 경제활동의 원동력으로 본 맨더빌을 비판하는 것인데, 한편으로는 이를 문명의 도덕적 타락이라며 비난한 루소의 생각을 일부 인정하는 것으로 읽을 수도 있다. 스미스가 정의하는 문명사회의 진정한 부에는 그것을 손에 넣기 위한 수단에 불과한 귀금속 화폐나 그저 허영심을 충족시키기 위한 것일 뿐인 사치품이 포함되지 않기 때문이다.

다음으로, 진정한 국부를 낳는 것은 '국민의 연간 노동'이라는 주장은 ① 금은화폐를 국부의 실체로 보고 외국무역(특히 자국 제품 수출)에 의한 귀금속 축적을 국부 증대의 길이라 생각한 중상주의의 무역차액론을 비판하는 것이며, ② 국부의 원인을 노동에서 찾으면서도 이를 농업 부문의 노동에 한정한 프랑스의 중농주의자를 향한 비판이기도 했다. 스미스에게는 노동 일반이야말로 부의 원인이며, 농업 노동이 가장 생산적·효율적이라는 것이 사실이라 해도 제조업이나 외국무역을 포함한 상업 역시 좀더 낮은 정도로나마 생산적이며 국부 증대에 공헌하는 것이었다. 영국을 비롯하여 천연자원이 부족한 나라의 국민에게는 값싸고 질 좋은 제품을 타국으로부터 구입하는 것이 유리하다. 스미스는 문명사회의 바람직한 모습을 여러 국민 사이의 자유무역 체제로서 구상하고 있었으므로 타국의 이익은 자국의 손실이라 생각하는 그전 세기 이래의 편협한 경제 내셔널리즘을 강하게 비판하게 된다. 그리고 이러한 문제 설정을 전제로 하여 스미스는 본론으로 나아간다.

그 핵심에는 '개인'의 경제활동이 누릴 최대한의 '자유'야말로 국부 증대의 근본 조건이라는 생각이 자리하고 있다. 스미스의 시대에는 개인에게 자유로운 경제활동을 허용하면 경제 질서는 교란되고 사회 전체의 이익과 복지는 실현되지 못한다는 생각이 뿌리깊게 남아 있었다. 이와 달리 스미스는 정부가 개인의 자유로운 경제활동을 보장하기만 한다면 사람들이 자신의 이익을 최대화하기 위해 현명하게 행동할 것이라 보았다. 이것은 개인의 합리적인 경제활동이 사회 전체의 부를 최대화한다는, 현대 경제학의 근간에 놓인 사고방식이다. 더구나 스미스는 그 메커니즘을 "보이지 않는 손(an invisible hand)에 이끌려"(『국부론』 ②)라는 말로 설명했다. 이 '보이지 않는 손'이 바로 오늘날 이야기되는 시장 메커니즘이다. 『국부론』이 경제학의 역사에서 획기적이라고 평가받는 이유는 이 '보이지 않는 손'의 작용을 이론적으로 해명한 데에 있다. 그 중심에는 두 개의 이론이 있었다. 하나는 '분업(division of labour)'의 이론, 다른 하나는 '가치(value)'와 '가격(price)'의 이론이다.

스미스의 '분업'에는 사회적 분업과 공장 내 분업의 두 종류가 있다. 훗날 마르크스는 스미스가 이 두 가지의 이질적인 분업을 혼동했다고 비판했지만 스미스는 이를 의식적으로 동일시한 것인데, 그는 이것이야말로 문명사회의 비밀을 풀 열쇠라고 생각했다. 스미스는 사회 전체의 분업을 해명할 단서로서 독자에게 가장 비근하게 느껴지는 핀 공장의 예를 든다. 핀 공장의 예는 『백과전서』의 도판에도 실려 있었으며 이와 유사한 공장은 그의 고향 커코디에도 있었을 것이다. 노동자 한 사람이 쇳덩이로부터 핀 하나를 만든다면 하루에 한 개 만드는 게 고작이다. 그렇지만 같은 공정을 열 개의 부분으로 분할하고 열 명의 노동자가 각 부분에 특화되어 생산하면 하루에 4만 8천 개를 생산할 수 있다. 생산성이 4800배 향상되는 것이다. 그 원인은 ① 기능(技能) 개선, ② 시간 절약, ③ 신기술 발명이다. 스미스는 이 세 가지 이유가 사회 전체의 분업에도 작용하고 있다는 것에 역점을 둔다. 문명사회는 "일용직 근로자가 입고 있는 모직 상의"조차 "수많은 노동자의 결합 노동(joint labour)의 산물"(『국부론』 ①)인, 하나의 거대한 공장이라는 것이다.

특히 신기술 발명에 대해 스미스는 와트의 증기기관 개량 이래 최대의 개선이 친구들과 놀기 위해 "자신의 일을 줄이고 싶어한 한 소년의 발견"(『국부론』 ①)에 의해 이루어졌다고 말한다. 노동자의 이기심이 신기술 발명의 열쇠라는 이 에피소드는 자연히 분업의 비밀을 이야기한다. '분업'은 거대한 생산력을 의도해 이뤄지는 것이 아니라 개인의 소박한 생활개선 욕구에서 시작된다. 스미스는 이를 인간 고유의 '교환 성향'으로서 설명한다. 다른 동물은 무언가 원하는 것을 손에 넣으려 할 경우 힘에 호소할 뿐이므로 그 결과는 말 그대로 약육강식이며, 홉스는 이것이 인간의 자연 상태라고 논했다. 스미스는 이에 반대하여 인간은 '교환 성향'에 기초한 분업과 교환에 의해 평화를 유지하며 서로의 욕구와 필요를 충족시킬 수 있다고 논했다. "우리가 매일 식사를 마련할 수 있는 것은 푸줏간 주인과 양조장 주인, 그리고 빵집 주인의 자비심 때문이 아니라, 그들 자신의 이익을 위한 그들의 계산 때문이다. 우리는 그들의 인류애에 호소하지 않고 그들의 이기심에 호소하며, 그들에게 우리 자신의 필요를 말하지 않고 그들의 이익에 대해 말한다"(『국부론』 ①).

그렇다면 교환의 당사자는 실제로 어떠한 규칙에 따라 교환을 행하는 것일까? 이를 설명하는 것이 '가치' 개념이다. 토지 사유가 없고 모든 사람이 대등한 입장에 있는 초기 미개사회에서는 생산물에 투하된 노동의 양(시간)만이 교환 관계를 규제했다. 스미스가 든 예를 빌리자면 비버 한 마리가 사슴 두 마리와 교환된다면 그것은 비버 한 마리를 포획하는 데에 사슴 한 마리를 포획하는 것의 두 배에 달하는 노동량이 필요하기 때문이다. 식료로서 사슴이 비버보다 명백히 유용함에도 불구하고 민첩한 작은 동물인 비버를 포획하는 데에는 두 배의 노동이 필요하기 때문에 비버의 교환가치도 두 배가 되는 것이다. 스미스는 이 모델의 연장선상에서 문명사회의 상품 교환을 고찰하지만, 여기서는 사정이 크게 달라진다. 요컨대 토지는 지주의 사유재산이며 발달한 생산수단은 자본가의 사유재산이다. 압도적 대대수의 노동자는 자본가에게 자신의 노동을 팔아 임금을 얻는데, 이러한 계급사회에서는 상품 가치가 생산에 든 노동량에 의해 결정된다는 '투하노동 가치설'은 타당하지 않다. 왜냐하면 그 상품은 시장에서 거래됨으로써 노동자의 임금뿐 아니라 지주의 지대와 자본가의 이윤을 낳기 때문이다.

이러한 스미스의 생각은 나중에 리카도나 마르크스에게 비판을 받게 된다. 스미스는 상품의 생산에 든 노동량이 임금의 가치와 같다고 보았기 때문에 임금 부분을 상회하는 이윤과 지대를 낳는 문명사회(사실상의 자본주의)에서는 투하노동가치설이 성립되지 않는다고 생각했는데, 노동자의 노동이 임금뿐 아니라 이윤이나 지대도 낳는다고 생각하면 거기에 모순은 없기 때문이다. 이는 나중에 마르크스가 '잉여가치'론으로서 전개하는 것인데, 스미스 역시『국부론』중 몇 군데에서 노동자가 원재료의 가치에 부가한 가치가 이윤과 임금으로 분해된다고 이야기했다. 그러나 스미스는 잉여가치론적 관점을 따로 특별히 다루지는 않았으며, 최종적으로는 상품의 생산에 드는 생산비가 그 교환가치를 결정한다는 결론('생산비설')에 도달한다. 이 두 가지의 이론은 명백히 다른 사고방식이며 그것들의 혼재는 자본주의 사회의 계급 관계에 대한 스미스의 동요를 드러내는 것으로도 읽히지만, 어쨌든 그의 최종적 견해는 문명사회가 세 계급의 대등한 관계로 구성되며 각 계급이 제공하는 토지, 노동, 자본이라는 생산요소에 대한 정당한 보수로서 각 계급의 소득이 정해진다는 것이었다.

스미스는 이렇게 해서 결정되는 상품의 가격을 '자연 가격(natural price)'이라 불렀다. 그것은 장기적인 생산비에 의해 결정되는 상품의 적정한 가격인데, 실제로는 시장의 수요·공급에 의해 끊임없이 변동하는 '시장 가격(market price)'으로서 나타나며 그 최고치와 최저치의 중간에 해당하는 '중심 가격(central price)'으로서 실현된다. 스미스가 말하는 '자연 가격'은 지주, 자본가, 노동자가 각기 적정한 소득(토지, 자본, 노동의 자연 가격)을 얻을 수 있는 가격이므로 시장에서 거래되는 모든 상품에 대해 자연 가격이 실현된다면 세 계급의 이익은 서로 조화를 이루며 최대화된다. 이것이 시장경제를 배후에서 이끄는 '보이지 않는 손'의 메커니즘이다. 이는 세 계급으로 나뉜 문명사회의 개인들이 자기의 이익을 추구하는 자유롭고 합리적인 행동을 통해 사회 전체의 이익을 최대화시켜 세 계급의 조화를 실현하는 메커니즘인데, 젊은 스미스가 '55년 초고'에서 보여준, 개인의 '자유'로운 활동이 사회 전체의 '자연'의 질서를 실현한다는 비전을 학문적으로 이론화한 것이었다. 바로 이것이 스미스에게서의 경제학의 '탄생'이 지닌 사상적 의미였다.

『국부론』의 경제학에는 분업과 가치·가격의 이론 외에 또하나의 이론적 기둥이 있다. 중농주의자들에게 많은 시사를 받은 제2편의 자본축적 이론이다. 스미스는 분업의 발전이 국부 증대의 필요조건이기는 해도 충분조건은 아니라고 말한다. 왜냐하면 '근면(industry)'이 아닌 '절약(parsimony)'이야말로 국부 증대에 불가결하기 때문이다. 노동자가 아무리 근면하게 일한다 해도 자본가가 이윤을 축적하고 이를 장래를 향한 유효한 투자로 돌리지 않으면 국부는 증대하지 않는다. 따라서 스미스의 제언은 첫째로 자본가가 좀더 많은 노동자를 '생산적'으로 고용하여 이윤을 낳는 생산에 투입하는 것, 둘째로 생산적 노동자를 고용하기 위한 '자본'을 축적하는 것이다. 스미스의 '생산적 노동(productive labour)' 개념에는 ① 그 생산물이 시장에서 판매되어 자본가에게 이윤을 가져다주는 노동, ② 유형물(有形物)을 산출하는 노동이라는 상이한 두 가지 의미가 내포되어 있다. 스미스 자신은 '시장에서 팔린다'는 의미에서 두 가지를 통일했다고 생각했지만 결과적으로는 고용주에게 이윤을 가져다주지만 유형물을 산출하지는 않는 '오페라 가수'를 비롯한 서비스 노동을 '비생산적 노동'으로 보는 오류에 빠지게 되었다.

자본축적을 담당하는 쪽은 자본가이지만, 스미스는 자본가적 축적의 원리는 일종의 본능이며 모든 사람이 이를 타고난다고 생각했다. "저축을 촉진하는 원리는 스스로의 상태를 개선하려는 욕구이다. 이 욕구는 일반적으로는 조용하고 차분하지만 어머니의 태내에서 무덤에 묻힐 때까지 우리에게서 떨어지지 않는다"(『국부론』②). '절약'을 본능으로서 인정하는 것은 모든 사람은 잠재적 자본가로서의 자질을 갖추고 있다는 것을 의미하며, 지금은 노동자인 사람도 노력과 재능에 의해 자본가로 올라설 수 있다는 가능성을 시사하는 것이다. 스미스의 문명사회상은 지주, 자본가, 노동자의 세 계급을 구별하고 국부증대의 충분조건을 자본가의 생산적 투자에서 찾는다는 의미에서 자본주의적 축적의 이론으로서 전개되었지만, 어느 노동자든 자본가로 전환될 수 있음을 인정하고 있다는 의미에서는 초기 자본주의의 독립생산자적 성격을 끝까지 잃지 않았다.

스미스가 오페라 가수와 같은 서비스 노동을 가리켜 유형물을 낳지 않는 비생산적 노동으로 단정한 것은 이론적으로는 잘못이었지만 정치적으로는 모종의 중요한 의미를 가지고 있었다. 그가 말하는 '비생산적 노동자' 중에는 가수나 무용수 등 당시로서는 별로 존경받지 못했던 직업과 함께 '주권자(국왕)'를 비롯해 "그 밑에서 봉사하는 모든 사법 및 군사 관료와 육해군"이 포함되어 있으며 사회의 최상층을 이루는 이 사람들은 "국민의 공복이며 다른 사람들의 노동의 연간 생산물 일부로 유지된다"(『국부론』 ②)는 인식이 스미스에게는 있었던 것이다. 스미스의 경우에는 사회적 '유용성'과 그것이 생산적 노동으로서 국부 증대에 공헌한다는 것은 엄밀하게 구별되어야 할 별개의 사항이었으며, 정치가와 관료, 군인 같은 사람들은 국민을 위해 아무리 중요하고 유익한 일을 수행하고 있다고 한들 경제학적으로는 어디까지나 '비생산적'이며 따라서 광범위한 근로 국민의 부담임에는 변함이 없는 것이다.

6. 스미스에게서의 '자유'와 '공공'

'보이지 않는 손(시장 메커니즘)'의 작용에 의해 개인과 개인, 개인과 사회 전체의 이해가 조정된다는 스미스의 이상은 그가 생각하는 '자유'와 '공공'의 관계와도 직접적으로 관련된다. 정치가, 관료, 군인 등 통치 기구의 담당자를 비생산적 노동자로 보는 스미스의 경제사상이 오늘날에는 '시장원리주의'나 '신자유주의'의 원점으로서 극구 떠받들어지는 경향이 있는 것도 사실이다. 그러나 스미스가 말하는 '보이지 않는 손'이 반드시 무조건적인 시장경제의 긍정은 아니었으며 스미스가 생각하는 '공공'이 '자유'로운 경제활동으로 해소되지 않는 독자적 의의를 가지고 있었음을 잊어서는 안 된다. 스미스가 경제적 자유주의의 비조 중 한 명이라는 것은 틀림없지만, 그것은 그가 정부(국가)의 역할을 경시했다는 것을 의미하지는 않는다.『국부론』의 3분의 1을 점하는 제5편은 '주권자 또는 국가의 수입에 관하여'라는 제목

을 달고 있으며 조세론 · 공채론을 중심으로 하는 근대 재정학의 고전
으로 평가받는 부분이지만, 그것은 동시에 문명사회에서 정부가 해야
할 역할을 상세히 논의한 부분이기도 하다.

스미스는 정부의 정당한 역할을 ① 국방, ② 사법, ③ 공공사업의
세 가지로 분류한다. '국방'은 국제사회에서 타국의 부당한 침략으로
부터 자국 영토와 국민의 생명 · 재산을 지키는 것이며 '사법'은 국내
사회에서 타인의 부당한 침해로부터 사람들의 생명 · 재산을 지켜내
는 것이다. 그리고 '공공사업'은 국제적 · 국내적 안전과 질서의 확보
라는 전제 아래서 정부가 문명사회의 장기적 · 안정적 발전을 위해 각
종 사회 기반을 정비하고 교육 등의 공공 서비스를 제공하는 것이다.
스미스는 정부의 공공사업 추진에 의해 국민의 부가 착실히 증대된다
고 논했지만 그것은 어디까지나 국방과 사법의 적절한 집행에 의해
국제적 · 국내적 평화와 질서가 유지되는 것을 절대 조건으로 하는 것
이었다. 정부 역할의 우선순위는 국방 → 사법 → 공공사업으로, 이
서열은 절대적이다. 스미스의 정부론이나 정책론은 모두 이 관점에
서 있었다.

17세기 공화제 잉글랜드의 지도자 크롬웰이 발포한 '항해조
례'(1651)에 대해 스미스는 그것이 영국의 중상주의 정책의 근간이었
음을 비판하면서도 "국방이 풍요보다 훨씬 더 중요하기 때문에 항해
조례는 아마도 잉글랜드의 모든 상업상의 규제 중에서도 가장 현명한
것"(『국부론』②)이라고 언명했다. 국방은 개인이나 기업이 떠맡을 수
없는 역할이며 "국가의 지혜(the wisdom of the state)"(『국부론』③)
만이 그 기능을 해낼 수 있다. 스미스의 시대에는 국방의 바람직한 방

식을 놓고 '민병(militia)'과 '상비군(standing army)'의 우열을 둘러싼 격렬한 논쟁이 벌어졌다. 스미스는 명확히 상비군에 의한 국방을 지지하며 이를 분업의 생산력을 통해 설명했다. "전쟁의 기술(the art of war)은 모든 기술 중에서도 분명 최고급"에 속하며 "기계 기술의 상태는 (…) 어느 특정 시대에 전쟁의 기술이 도달할 수 있는 최고 수준을 결정한다"(『국부론』③)는 것이다.

스미스는 국내의 질서와 치안을 확보하는 '사법' 역시 시장경제가 제공하지 못하는, 문명사회에 불가결한 기능이라고 생각했다. 그는 "큰 재산이 있으면 반드시 큰 불평등이 있다. 큰 부자 한 사람당 적어도 500명의 빈민이 있을 것임이 틀림없다. (…) 오랜 세월의, 아마도 몇 대에 걸친 노동으로 획득한 큰 재산의 소유자가 하룻밤이라도 편히 잘 수 있는 것은 사법 권력의 보호가 있기 때문"(『국부론』③)이라고 쓰고 있다. 문맥을 살펴보면 스미스의 공감은 명백히 "큰 부자" 쪽을 향해 있으며, 그들의 재산을 "500명의 빈민"의 공격으로부터 지켜내는 것이 정부의 주요 임무라고 그는 생각한다. 사기나 절도 같은 부정한 방법으로 모은 큰 재산에 대해서라면 스미스가 공감을 표할 일은 없겠지만, 여기서 말하는 부자는 "몇 대에 걸친 노동으로 획득한 큰 재산의 소유자"로서 표현되며 빈자에 대해서는 "빈곤층의 노동에 대한 혐오와 현재의 안이, 욕망 충족에 대한 애호"를 말하고 있으므로 스미스의 지지와 공감이 어느 쪽을 향해 있는지는 분명하다. 남들 이상의 소질과 근면함으로 획득한 큰 재산의 소유자(및 그 자손)를 '큰 부자'라고 표현한 스미스는 이러한 소수자의 부와 재산을 지키는 것이 바로 정부의 국방 다음가는 의무이며 그것 없이는 문명사회의 순조로운 발전은 확보될 수 없다고 생각했던 것이다.

정부의 셋째 역할인 '공공사업'은 ① 항만·도로·운하 등의 생활 및 산업의 기반 정비를 위한 공공투자와 ② 공교육 사업의 두 가지로 나뉘며, 나아가 후자는 일반 대중을 위한 학교교육과 부유한 엘리트 층을 위한 대학 교육으로 구분된다. 이 모두 시장경제가 공급하지 못 하는 기능과 서비스이지만, 시장경제가 공급할 수 없는 정도(즉 정부 가 관여해야 할 정도)에 대해서는 큰 차이가 있다고 스미스는 생각했 다. 생활·산업 기반 정비에 대해 스미스는 '수익자 부담'의 원칙을 강 조하며 수익자가 누군지 알 수 있는 정도에 따라 수익자가 그에 상응 하는 부담을 져야 한다고(예컨대 정부는 운하보다 도로의 정비를 우 선시해야 한다고) 생각했다. 이것은 시장 원리라 해도 사회에 필요한 서비스를 제공할 수 있다면 가능한 한 시장에 맡겨야 한다는 생각을 보여준다.

이에 비해 같은 공공사업 안에도 시장 원리가 거의 기능하지 못하 는 영역이 있음을 스미스는 강조한다. 특히 서민(노동자)의 자제를 대 상으로 하는 초등교육이 그렇다. 지주나 부유한 중산층 자제를 대상 으로 하는 대학 교육에 대해 스미스는 스스로 체험한 바 있는 옥스퍼 드대학의 침체와 부패를 염두에 두고 사회에 유익한 일선의 학문 연 구에서 학자들이 경쟁하는 일종의 시장 원리를 장려했지만, 서민 대 상의 초등교육은 사정이 전혀 다르다고 생각했다. 그 기본적 목적은 장차 사회의 자유롭고 독립적인 성원이 되어 그 대다수가 노동자로서 생계를 유지하게 될 어린이들에게 필요 최소한의 기술과 지식을 가르 치는 것이다. 이는 공적 부담에 의한 기초적 교육의 무상 제공을 말하며, 영국에서는 19세기 후반 이후에나 그것이 실현되었다는 것을 떠올리면 스미스의 주장에는 선구적인 측면이 있었다. 아울러 이러한 제언의 배후에는 핀 공장의 예로 본 초기 자본주의의 장래와 거기서의 노동자 계급의 운명에 대한 스미스의 깊은 우려가 있었다.

> 분업이 진행됨에 따라 노동으로 생활하는 사람들의 압도적인 부분, 즉 국민 대다수의 일은 적은 수의, 때로는 한두 가지의 지극히 단순한 작업으로 한정된다. (…) [그 결과] 인간으로서 될 수 있는 한 바보가 되며 무지해진다. 정신이 무기력해짐에 따라 그는 어떠한 이성적 대화도 즐기지 못하고 거기에 낄 수도 없을 뿐 아니라 너그럽고 고상하며 나긋한 감정을 품지도 못하게 되며 결국 사생활상의 보통의 의무에 대해서조차 많은 경우에는 어떤 정당한 판단도 내리지 못하게 된다. 자신이 속한 나라의 중대하고 광범위한 이해(利害)에 대해서도 전혀 판단하지 못하며, 그를 그런 상태에서 구제하기 위한 특별한 노력이 이뤄지지 않는 한 그는 전쟁을 맞아 자신의 나라를 지킬 수도 없다. (『국부론』⑤)

이 한 구절은 마르크스의 소외론을 선취하는 '스미스의 소외론'으로 불리기도 한다. 물론 위의 문장에 나타난 스미스의 위기감은 특별한 울림을 가지고 있다. 스미스는 『국부론』 첫머리에서 '분업'의 발전이 바로 국부 증대의 원동력이라고 선언했다. 핀 공장 내부에서 사회 전체로 향하는 분업의 고도의 발전이야말로 부유함을 사회의 구석구석까지 확대시켜 500명의 빈민과 한 명의 큰 부자라는 빈부 격차를 초래하면서도 가장 낮은 곳에 있는 노동자조차 미개사회보다 풍요로운 삶을 누릴 수 있게 한다. 그러한 문명사회의 밝은 전망을 보여준 스미스가 제5편에서는 일전하여 분업의 원리를 무제한적으로 추구하면 사회의 대다수를 차지하는 노동자는 "인간으로서 될 수 있는 한 바보가 되며 무지해진다"고 단언하는 것이다. 이러한 인간이 가령 공장노동자로서의 최소한의 의무를 다했다 해도 시민으로서의 적절한 판단력을 행사하리라고는 기대할 수 없으며, 특히 스미스가 우려했듯이 "자신이 속한 나라의 중대하고 광범위한 이해"에 대한 올바른 판단을 내릴 수 없게 된다. 이렇게 되면 민중이 언제 선동가적 정치가나 신흥종교 지도자의 언설에 현혹될지 알 수 없다. 스미스가 무엇보다도 우려한 것은 그들이 시민으로서의 기개나 책임감을 상실하여 국방의 기반이 뿌리째 흔들리지 않을까 하는 것이었다.

이렇듯 스미스가 주장하는 초등교육의 공적 무상 제공은 '읽기 · 쓰기 · 셈하기'라는 지적 · 기능적 측면에서의 건전한 서민 육성뿐 아니라 문명사회의 개인을 국가가 체현하는 '공공성(나라의 안전과 독립)'에 붙들어놓는, 최후의 생명선으로서의 정치적 의미를 가지고 있었다. 분업과 자본축적의 자유로운 전개에 의해 국부를 증대시키는 스미스의 전망은 문명사회의 장밋빛 미래를 보장하는 것이 아니었다. 또한 스미스의 최종적 의도가 문명사회의 미래를 비관하며 사유재산과 이기심, 분업과 시장 원리에 근거한 문명사회의 근간을 루소처럼 고발하는 것도 아니었음을 잊어서는 안 된다. 스미스의 결론은 정부가 국방, 사법, 공공사업이라는 세 가지의 역할을 적절하고 필요에 맞게 다하기만 한다면 문명적 질서가 확보되며 국부의 증대와 국민의 행복이 기본적으로 실현된다는 것이었다.

『국부론』 전체가 이 결론을 향하는 것이었지만, 정부가 본래의 역할을 적절히 해내기만 하면 뒷일은 전부 시장 메커니즘에 맡겨도 좋다는 것은 아니었다. 정부에는 국방, 사법, 공공사업이라는 3대 기능과는 별도로 경제정책이라는 영역이 있으며 이것은 국민경제의 방향을 결정할 정도의 영향력을 갖고 있다. 스미스가 '국가의 영지(英知)'라고 표현했던 진정한 공공성의 입장에서 정치가 행해진다면 좋겠지만, 당시 영국의 상황은 이와는 거리가 멀었다. 스미스는 그가 보여준 국부 증대의 바람직한 방법과는 상이한 정책들('중상주의 정책')이 여전히 유력하며 일부 소수의 특권적 '상인 및 제조업자'의 이기주의적 이익이 우선시되고, 나아가 외국과의 쓸데없고 소모적인 전쟁이나 북미 식민지의 불합리한 지배가 이루어졌다고 생각했다. 한편으로 스미스는 중상주의에 대해 국부의 본질을 귀금속 화폐에서 찾고 그 증대를 무역 차액(무역수지)의 흑자 확대를 통해 추구했다고 비난했지만, 이 비판이 경제학적으로는 일면적이었다는 것은 오늘날 널리 인식되어 있다.

물론 실제의 중상주의자는 『경제의 원리』(1767)를 쓴 제임스 스튜어트를 필두로 해시 화폐가 부의 실체라고 소박하게 믿고 있지는 않았으며 그들이 무역차액론과 보호무역을 일정한 조건하에서 주장했다는 것은 사실이지만, 축적된 화폐가 정부의 재정 · 금융 정책(케인스주의의 선구적 형태)에 의해 적절히 운용되어 국민경제의 실질적 발전에 기여할 것으로 기대를 모으고 있었던 것도 사실이다. 그럼에도 스미스의 입장에서 보면 그의 중상주의 비판이 '55년 초고' 이래로 그가 일관되게 견지한 사상적 테마의 귀결점이었다는 것 역시 부정할 수 없다. "한 국가를 최저의 야만에서 최고의 부유함으로 끌어올리기 위해서는 평화와 적은 세금, 그리고 정의의 적정한 집행 이외에는 별로 필요한 것이 없으며 그 이외의 모든 것은 사물의 자연적 행정(行程)이 가져온다"는 주장은 『국부론』 전체를 관통하는 이념이기도 하다. 스미스는 분업, 가치·가격에서 자본축적, 정부의 이론에 이르기까지 문명사회의 총체를 둘러싸고 이 이론적 기초를 적용하려 한 것이었다.

　『국부론』은 일반 민중을 대상으로 쓰인 책이 아니다. 그것은 "정치가 혹은 입법자의 과학(the science of a statesman or legislator)의 한 부문"(『국부론』 ②)으로서 애당초 국가의 지도자들을 대상으로 쓰인 책이다. '보이지 않는 손'이 의미하는 개인과 공공사회의 조화롭고 상호 촉진적인 관계를 실현하기 위해서는 이러한 지도층에 속한 독자가 『국부론』의 원리를 바르게 이해함과 동시에 그들이 이를 실제 정치·행정의 장에 적용할 경우에는 '국가의 영지'의 체현자라는 자각과 책임감이 불가결하다고 스미스는 생각했다. 스미스는 국가가 주도하는 경제 운영을 배격하고, 시장 원리에 최대한 맡기며, 정부에 고용되어 국부를 털어먹는 '비생산적 노동자' 무리를 최소화할 필요성을 주장했다는 의미에서는 '작은 정부'의 제창자였다. 그러나 스미스는 그 '작은 정부'를 무용지물이라고는 보지 않았으며 그것이 '국가의 영지'를 체현한다는 것의 의의를 오히려 최대한 강조했다. 스미스의 '보이지 않는 손'은 '신의 보이지 않는 손'이 아니었기에 문명사회의 경제학으로 결실을 보았던 것이다.

제7장

'철학적 급진주의'의 사회사상
: 보수에서 개혁으로

1. '시대'의 문맥: 이중혁명의 시작

미국의 독립은 프랑스혁명의 도화선이 되어 유럽에서 '이중혁명 (the Dual Revolution)'의 불씨를 댕겼다. 역사가 에릭 홉스봄에 따르면 '이중혁명'은 1789년의 프랑스혁명에서 1848년의 2월혁명까지의 시대를 가리키며, 자본주의의 확립은 시민혁명과 산업혁명이라는 이중의 혁명을 필요로 했다는 역사 인식을 의미한다(『시민혁명과 산업혁명』). 물론 두 혁명의 관계나 조합 방식은 각국 나름의 역사적 상황에 따라 제각각이었다. 1688년의 명예혁명으로 일찌감치 의회주권의 근대국가 체제를 실현한 영국은 정치적 안정을 기반으로 중상주의 정책에 의한 세계시장 확립을 추진하며 산업혁명의 준비를 착착 갖춰나가고 있었다. 이에 비해 대륙 국가들에서는 프랑스혁명의 공화주의를 역전시킨 나폴레옹 체제하에서 국가 주도의 산업혁명이 시작된 프랑스와, 프랑스혁명 후의 정치적 혼란이 2월혁명 전후까지 계속된 탓에 산업혁명이 순조롭게 전개되지 못한 독일 등 여러 나라에서 큰 격차가 생겨난다.

프랑스혁명은 인류역사상 가장 큰 역사적 사건 중 하나였다. 그렇게 말할 수 있는 가장 큰 이유는 프랑스혁명이 천부인권과 주권재민의 이념을 내세워 구사회의 해체와 신사회의 건설을 꾀한 인류 최초의 대사업이었다는 점에 있다. 물론 거기에는 미국독립혁명이라는 전례가 있었지만, 미국의 혁명이 영국 본국으로부터의 독립 운동으로서 실현된 결과 영국 구사회의 통치 구조(입헌군주제)를 그대로 유지한 것에 비해 프랑스의 혁명은 절대왕정의 '구체제(앙시앵 레짐)'를 문자 그대로 전복시키고 공화제를 수립해 국왕을 처형하는 놀라운 경과를 거쳤으며, 미국의 독립과는 결정적이라 해도 좋을 차이가 있었다. 퓌레로 대표되는 현대 프랑스의 혁명사학은 이른바 자코뱅 사관을 비판하고 프랑스혁명의 과대평가에 경종을 울리는데, 그러한 경향에는 구체제와 혁명 후 사회의 중앙집권 체제로서의 연속성을 지적한 토크빌의 『구체제와 혁명』(1856)의 영향이 짙게 나타나며 한나 아렌트가 『혁명에 대하여』(1963)에서 미국독립혁명을 이념의 혁명, 프랑스혁명을 빵(경제적 이익)을 위한 혁명으로 대비시킨 것 역시 무시할 수 없는 영향을 끼친 것으로 보인다. 이러한 현대적 동향의 의의를 충분히 인정하더라도 그 때문에 프랑스혁명이 동시대의 사상가들에게 끼친 영향을 과소평가할 수는 없을 것이다.

프랑스혁명의 사상적 영향은 광범위하고 다면적이며 토크빌이나 아렌트의 문제에 그치지 않았다. 즉, 혁명이 본래적으로 내장하면서 그 사실 경과에서 드러낸 두 개의 대극적 방향성이라는 문제다. 하나는 영국식 입헌군주제에 의해 국민의 자유를 확립하는 온건 개혁의 방향성이며, 다른 하나는 미국식의 완전한 공화제를 수립하는 급진 혁명의 방향성이다. 말할 것도 없이 프랑스혁명은 후자를 취하며, 국왕 루이 16세의 처형(1793년 1월)을 시작으로 반혁명파 4만 명을 처형하여 파리 시내를 피바다로 만든 자코뱅파의 공포정치(테러리즘)가 출현했다(1793~94).

그러나 프랑스혁명의 일반적 이미지를 결정했고 인류역사의 획기적 사건으로 평가받은 이 시기는 혁명 전체의 전개에 비춰보면 일부에 불과했다. 즉, 자코뱅의 독재는 이미 '테르미도르 반동'(1794년 7월)과 로베스피에르의 처형으로 무너지고 나폴레옹에 의한 '브뤼메르 18일의 쿠데타'(1799년 11월)와 나폴레옹의 독재(1799~1804, 1804~14)가 이어진 것이다. 혁명 전체는 루이 18세의 왕정복고 (1814)로 막을 내렸으므로 나폴레옹 체제를 포함하는 넓은 의미에서의 프랑스혁명 25년 동안에 순수한 공화제의 기간은 '국민공회' 성립에 의한 왕정 폐지(1792년 9월)에서 나폴레옹의 쿠데타까지의 7년간에 지나지 않았다.

사실 1614년부터 한 번도 열리지 않았던 '삼부회(성직자 · 귀족 · 평민의 대표자에 의한 신분제 의회)'의 개최(1789년 5월)로 시작되는 일련의 변혁과 구체제 해체의 프로세스는 우선은 입헌군주제의 틀 안에서 진행되었다. 이 사이에 헌법 제정 국민의회에 의한 봉건적 특권의 폐기, '인간과 시민의 권리선언', 교회 재산의 국유화, 알라르드법에 의한 길드제 폐지, 르샤플리에법에 의한 결사 및 파업의 금지, 그리고 삼권분립과 일원제의 입헌군주제를 내건 프랑스 최초의 1791년 헌법의 제정 등의 획기적 사건이 일어난 것이다.

한편, 나폴레옹의 군사독재 및 제1제정은 그 자체가 일종의 입헌군주제의 확립이었다는 점을 잊어서는 안 된다. 나폴레옹이 이 기간에 실현한 민법전 정비나 국립은행 설립, 근대적 군대 조직이나 고등교육기관의 강화 등 '법의 지배'를 대원칙으로 하는 프랑스 사회의 근대화와 자본주의화는 그의 강력한 리더십에 의해 오히려 착실하게 달성되었다. 요컨대 프랑스혁명의 최종적 귀결은 나폴레옹 체제를 포함하는 넓은 의미의 입헌군주제하에서 이루어진 프랑스 사회의 근대화와 자본주의화였다. "완전하고 절대적인 사상의 자유, 사회질서를 해치지 않는 범위 내에서의 언론의 자유"(『나폴레옹 언행록』)라는 나폴레옹의 무난한 자유관은 그러한 프랑스 사회의 요구에 부응하는 것이었다.

그러나 정치 현실은 혁명이 입헌군주제의 틀 안에 머무르는 것을 허락지 않았다. 입법의회에서의 지롱드파(온건 공화파)의 지배를 시작으로, 오스트리아에 대한 선전포고와 '조국이 위기에 처했다'고 하는 비상사태 선언, 이에 대항하는 프로이센·오스트리아에 의한 반혁명 간섭 전쟁의 개시와 이에 맞선 프랑스 민중의 반발, 격앙된 민중의 반혁명파 수감자에 대한 '9월대학살' 같은 일련의 정치적 혼란에 의해 '국민공회'가 성립되어 왕정 폐지와 공화제 성립을 선언했다(1792년 9월). 그렇다면 어째서 프랑스의 혁명은 영국의 명예혁명과 같은 무혈혁명이 되지 못하고 지롱드파를 축출한 몽타뉴파(산악파)의 독재와 그 중심이었던 자코뱅파에 의한 공포정치의 혼란이 최종적으로 나폴레옹의 제정 수립으로 수습되는, 극단에서 극단으로 오가는 전개를 보인 것일까?

이 의문에 대한 한 가지 답을 샤르트르의 하급 성직자이자 파리 선거구에서 제3신분(평민) 대표로서 삼부회에 선출된 시에예스의 『제3신분이란 무엇인가』(1789)에서 찾을 수 있다. 시에예스는 혁명의 지침이 된 이 역사적 문서에서 프랑스혁명의 길로서 영국식 입헌군주제를 모델로 삼아야 한다는 견해(주로 귀족 신분의 견해)를 신중히 검토하고 최종적으로 이를 물리친다. 그에 따르면 영국의 정치체제는 영국 고유의 역사적 산물이며 프랑스에는 들어맞지 않는다. 세습 귀족의 상원과 서민의 하원이라는 영국의 이원제는 귀족이 봉건 신분으로서의 권위를 잃은 사실상의 하원 일원제로, 귀족이 봉건적 신분으로서 사회적 실권을 쥐고 있는 프랑스에 이를 도입하면 하원의 권한이 억압되어 천부인권과 주권재민이라는 혁명의 이념은 실현되지 못한다. 영국과는 달리 사회 구조가 봉건적·전근대적인 프랑스에서는 통치 기구의 혁명적 개혁에 의해서만 사회 전체의 근대화가 달성된다는 것이다. 구체제의 모순과 억압이 강고하면 강고할수록 그 변혁 역시 급진적이 되지 않을 수 없다. 프랑스의 혁명이 공화제 수립이어야만 하는 정치적 필연성을 시에예스는 주장했던 것이다.

애덤 스미스가 죽기 직전까지 심혈을 기울인 『도덕감정론』 제6판(1790)의 개정 부분에는 추상적 이성에 의해 사회 개혁을 꾀하는 '체계의 인간(the man of system)'에 대한 강한 비판이 보인다. 이것이 프랑스혁명에 대한 스미스의 비판인지 여부와는 별개로 혁명 초기에는 사태를 관망하고 있던 토리당 정부도 혁명정권이 오스트리아, 프로이센과 전쟁을 벌이고 벨기에를 침공하는 데에 이르자 프랑스와의 개전을 결단한다. 나아가 이 혁명이 영국 국내로 전파될 것을 두려

위한 영국 정부는 반체제적 정치 운동을 일절 금지하는 단결금지법 (1799~1800) 등의 정책을 착착 내놓으며 국내의 급진주의 운동을 철저하게 탄압했다. 그 대신에 대두한 것이 선거권 확대를 통한 의회 개혁을 노리는 '철학적 급진주의' 운동이었다. 혁명 초기에는 공화주의적 이념에 공명한 영국의 급진주의자들도 '9월대학살'이나 자코뱅의 공포정치 출현으로 경계심이 깊어졌으며, 에드먼드 버크 같은 보수주의자는 독재와 학살이야말로 혁명의 본질이라고 규탄하며 반혁명과 보수의 입장을 전면적으로 펼쳤다. 이렇게 해서 영국의 '이중혁명'은 프랑스혁명을 눈앞의 반면교사로 삼으면서 입헌군주제의 틀 안에서 산업화와 민주화를 실질적으로 추진하는 길을 선택한다.

그러나 한편에서는 입헌군주제의 현실적 개혁을 통해 혁명의 위기를 모면했다 해도 그것이 곧 영국 사회의 장기적 안정을 보장하지는 않았다. 당시의 영국은 스미스가 이론적으로 선취한 자본주의 사회가 실현되고 있던 시대였지만, 그것은 동시에 스미스의 이론을 멀찍이 초월하는 현실을 드러내는 것이었다. 특히 산업혁명의 본격적 진행이 가져온 빈부 격차나 노동자계급의 비참한 생활 실태는 스미스가 제안한 정부의 의무(국방, 사법, 공공사업)로는 도저히 대응할 수 없을 정도라고 여겨졌다. 노동자의 빈곤 자체는 스미스의 시야에 들어와 있었지만 그것은 한편으로는 그전 세기 이래의 구빈법 대상자(게으름뱅이나 주정뱅이)의 문제로서 이해되었으며, 다른 한편으로는 시장에서의 자유경쟁 원리를 최대한 보장하여 자본과 노동의 자유로운 이동을 실현하면 장기적으로는 해결 가능한 문제라고 이야기되기도 했다. 무엇보다 스미스의 경제학에서는 훗날 케인스가 명명한 '비자발적 실업(의욕과 능력이 있지만 직업을 얻지 못하는 실업)'이 존재할 여지가 없었다. 노동 수급의 어긋남에 의해 일시적 · 국소적 실업은 일어나지만, 장기적으로는 자유로운 노동시장이 이를 해결한다고 보았던 것이다.

산업혁명의 진전은 이러한 세 계급이 조화를 이루는 사회관과 역사관을 근본적으로 뒤흔들게 된다. 자본축적이 진행되어도 노동력의 수급이 일치해 실업 없이 고임금이 실현되기는커녕 산업 기술의 기계화에 의해 비숙련 · 반숙련의 직인 · 노동자들은 해고되고 실업자가 늘어나기만 하는 현실이 된 것이다. 그 주된 원인은 ① 농업혁명 및 이와 연동되는 '울타리 치기 운동(인클로저)', ② 그 결과로서의 도시인구 급증과 공업 도시의 슬럼화, ③ 산업혁명의 기술 혁신에 의한 노동력의 비숙련화, 이렇게 세 가지였다. 이들 요인은 노동력 인구를 증대시켜 숙련도를 떨어트림으로써 자본가와 노동자의 대립을 더욱 부추겼다. 영국 인구는 18세기 후반에 약 700만 명에서 약 1000만 명으로 증가했지만, 증가한 인구의 대다수는 교육 수준이나 노동 숙련도가 낮은 노동자였기 때문에 자본가와의 관계에서 노동자는 당연히 불리한 입장에 놓이게 된다. 이와 더불어 진행된 산업 기술의 혁신은 숙련 노동자의 '기능(技能)'을 기계의 '기술(技術)'로 대체하고 노동력의 기본을 반숙련에서 비숙련 노동력으로 정해서 노동자의 입장을 한층 불리하게 만든다. '러다이트운동'(1811~17)이라 불린 숙련 노동자에 의한 기계 파괴 운동은 그 귀결이었으며, 공화주의 혁명의 정치적 위기를 일단 모면한 영국은 산업혁명이 초래한 사회적 · 경제적 위기에 직면한다.

2. '사상'의 문맥: 버크와 맬서스

이러한 위기적 상황에서 영국 사상가들의 입장은 크게 두 방향으로 갈린다. 하나는 '보수주의'의 입장이며 다른 하나는 '개혁주의'의 입장이다. 여기서 말하는 '보수주의'는 산업혁명이 야기하던 전통 사회의 해체와 자본주의 사회의 출현이라는 역사적 사태를 앞에 두고 산업혁명이나 자본주의의 진전 자체를 부정하지는 않지만, 그 이상으로 이 역사의 거센 물결에 맞서 전통적인 정치와 사회의 제도를 지키려는 입장을 나타낸다. 그런가 하면 '개혁주의'는 산업혁명, 미국의 독립, 프랑스혁명 같은 안팎의 역사적 격동을 인류역사의 진보로 여겨 설령 전통 사회의 기본 구조를 크게 바꿔놓게 된다고 해도 이 진보를 따라가기 위해 필요한 정치적 개혁을 적극적으로 추진하려는 입장이다. 어느 쪽이든 영국 사회의 상황에 대한 강한 위기의식을 품고 있었지만, 결과적으로는 각기 대조적인 해결 방법을 추구하게 된다. 이 것을 조금 도식적으로 정리하자면 전자는 버크(1729~97)와 맬서스(1766~1834)로, 후자는 이 장의 주인공인 '철학적 급진주의'의 3인(벤담, 제임스 밀, 리카도)으로 대표된다.

에드먼드 버크는 영국 보수주의의 원점이라 불리는 사상가이다. 아일랜드 출신으로 더블린의 트리니티 칼리지에서 철학과 미학을 공부하고 『자연사회의 옹호』(1756), 『숭고와 아름다움의 관념의 기원에 대한 철학적 탐구』(1757)로 세상에 알려지게 된다. 그는 잡지 〈애뉴얼 레지스터〉 창간으로 유명해진 후에, 개혁적 휘그 정치가로 나중에 총리가 되는 로킹엄 후작의 비서가 되며, 윌크스 사건 등의 사회적 혼란을 분석한 『현재의 불만의 원인에 대한 성찰』(1770)을 출간한다. 북미 식민지 독립 문제가 위기의 양상을 띠던 1774년에 버크는 브리스틀 선거구에서 야당 휘그당의 하원의원으로 선출되어 조지 3세와 총리 노스의 대미 강경책을 비판하는 열띤 논진을 펼쳤다. 프랑스혁명이 발발하자 프라이스의 『조국애에 대하여』(1789) 같은 혁명 지지의 공론이 고조되고 휘그당 내부에서도 폭스 등의 혁명 지지파가 세를 얻게 되는데, 버크는 이를 비판하는 『프랑스혁명에 관한 성찰』(1790)을 펴내 반혁명 사상가로서의 명성을 확립한다.

버크는 그 책에서 자신은 이성에 의해 사회의 대담한 개조를 꾀하는 루소나 볼테르, 엘베시우스의 제자가 아니라고 말하며 "우리나라의 사변적 인물 다수는 일반적 편견(prejudices)을 퇴출시키는 대신, 그 속에 가득한 잠재적 지혜를 발견하는 데에서 자신들의 현명함을 발휘한다"고 이야기한다. "편견은 미덕을 습관으로 만들지, 서로 연결되지 않은 행위의 연속 상태로 버려두지 않는다. 정당한 편견(just prejudice)을 통해 의무는 본성의 일부가 된다"(상권). 인간의 사회는 루소 등이 말하는 자유롭고 평등한 개인들로 이루어진 자연 상태에서 시작된 것이 아니다. 각 국민은 저마다의 고유한 역사 속에서 독자적 기원을 가지며 영국은 교회와 국왕과 신분제 의회를 뿌리로 하는 '오랜 국제(ancient constitution, 國制. 그레이트 브리튼 섬에서는 예로부터 브리튼인, 로마인, 앵글로색슨인 등의 민족이 투쟁과 지배를 거듭해왔는데, 이들 민족과 국왕의 모든 시대에 걸쳐 오래고 좋은 법 즉 '커먼 로'에 의해 통치되어왔다고 보는 정치사상을 표현— 옮긴이)'를 기원으로 한다. 국민의 자유와 권리는 모두 이 역사와 전통 속에서 자라난 것이며 이는 신분제 의회나 사회 구조와 떼어놓을 수 없다. 버크는 이를 흄과 (뒤에서 살펴보게 될) 블랙스톤이 사용한 '시효'나 '묵약'이라는 개념으로 설명한다. 이것은 영국의 독자적 '관습법'의 체계를 이론화한 것이며, 국민 생활의 모든 곳에 침투하는 사회질서를 설명한 것이다.

버크에 따르면 국가나 사유재산 등의 제도는 유구한 시간적 경과를 거치면서 관습과 전통 속에서 정당화되어 국민의 공유재산으로서 역사적 가치를 획득하며, 추상적·형식적인 '자연법'이나 '자연권'에 호소하는 '사회계약'이나 인민주권 이론은 '시효'와 '묵약'이 지닌 진정한 정치적 가치를 갖지 못한다. 보수주의의 비조라 불리는 버크가, 반역죄로 문초를 받으면서도 언론의 자유를 호소한 윌크스의 운동이나 미국 독립운동을 지지하는 언설을 편 것은 이 모두가 자연법이나 자연권의 이론에 의거하지 않고 예로부터 내려오는 영국의 관습적 권리의 회복을 호소하고 있다고 여겼기 때문이다. 더구나 버크는 이 논리를 현실의 정치 문제에도 적용한다. 정치가(국회의원)는 각 선거구에서 선거로 선출되지만, 이는 국가 전체의 입장에서 정치를 행하는 국민의 대표자로서 선출된 것이지 특정한 지역적 이해의 대변자로서 선출된 것은 아니다. 국회의원은 선거구민을 '대표(representation)'할 뿐 '대리(delegation)'하지는 않는다는 것이다(「브리스틀 선거인을 향한 연설」, 1774).

그리고 버크는 이와 동일한 논법으로 당시에 불거지던 '의회 개혁' 제안들을 비판한다. 그는 정치 부패의 척결이나 효율적 행정 기구를 목표로 하는 '경제개혁'은 지지하지만, 급격한 도시화 · 공업화에 따른 의원 정수의 조정이나 중하층으로의 선거권 확대에는 단호히 반대한다. 왜냐하면 그러한 급진적 개혁은 전통적인 지역사회의 균형을 무너뜨리는 것이며, 선거권을 전통적인 지주계급에서 신흥 중산계급으로 확대함으로써 지역사회의 역사와 전통이 길러낸 '자연적 귀족제(natural aristocracy)'를 송두리째 파괴할 위험이 있기 때문이다. 버크는 자신이 '민주주의자'라는 것을 자랑했지만 그가 생각하는 진정한 '민주제'는 일반 민중에게 선거권을 주는 것과는 다르다. 그것은 인간의 능력과 식견을 평균화 · 등질화하는 사고방식과는 정반대로 정치의 진정한 담당자는 전통 사회 속에서 자라난, 지역의 농밀한 인간관계 속에서 뽑힌 '자연적 귀족'이어야 한다는 견해를 나타낸다.

버크의 '보수주의'는 영국 국제(國制)의 기본 구조를 그 전근대적 요소들까지 아울러서 '보수(保守)'하려는 것이었다. 이는 사회 전체의 이성적 변혁을 단호히 거부하는 한편, 국내외의 정치적 · 사회적 변화에 적절하고 유연하게 대응하면서 전통 사회의 생명을 지키려는, 말하자면 '역사적 자연'의 보수주의이다. 페인의 『인간의 권리』(1791~92)는 이러한 버크의 논의를 과거의 사람들이 현재의 사람들의 자유를 구속하는 사상이라는 식으로 통렬히 비판했지만 그것은 실제로는 완미(頑迷)한 수구주의와는 분명하게 구별되는, '보존하기 위해 개혁한다(reform in order to preserve)'는 개혁적 보수의 입장이었다. 버크의 역사관 자체는 영국의 문맥을 떠나 프랑스혁명 후의 독일로 흘러들어 낭만주의 경제학의 비조라 불리는 아담 뮐러(1779~1829)에게 영향을 끼쳤다. 훗날 하이에크는 버크를 자신의 '자생적 질서' 이론의 선구자 중 한 사람으로 평가했는데, 그것은 버크의 보수주의가 단순한 전통주의나 과거 찬미가 아니라 흄과 공통되는 경험주의적 사회 이론이었음을 의미한다.

이와 달리 버크보다 한 세대 젊은 맬서스의 저작 『인구론』(1798)은 영국의 역사와 전통을 넘어 인류 전체의 입장에서 전개된 '신학적 자연'의 보수주의였다. 맬서스는 잉글랜드 남부에서 부유한 농장주의 아들로 태어났다. 아버지 대니얼은 계몽사상의 애독자였으며 흄이나 루소와도 친교가 있었다. 흄이 영국에 망명중이던 루소와 함께 대니얼의 저택을 방문했을 때 태어난 지 얼마 안 된 맬서스를 봤다는 에피소드도 있다. 그는 케임브리지대학에서 수학 및 고전학을 공부했지만, 『도덕 및 정치철학의 원리들』(1785)의 저자로 유명한 크라이스트 칼리지의 윌리엄 페일리(1743~1805)의 영향을 받아 『인구론』을 떠받치는 신학적 공리주의의 세계관을 획득했다. 프랑스혁명 후인 1793년에는 지저스 칼리지의 펠로가 되며, 1796년에는 올베리에서 국교회 부목사가 된다. 고드윈의 『정치적 정의』(1793)에 촉발되어 익명으로 『인구론』을 출간하는가 하면 1805년에는 동인도회사 헤일리베리 칼리지의 근대사 및 경제학 교수에 취임해 영국 최초의 경제학 교수가 되었다. 이어서 『인구론』의 개정·증보를 계속하는 한편, 1815년에 '곡물법'의 시비를 둘러싼 리카도와의 논쟁을 중심으로 경제학자로서도 두각을 나타냈으며, 그것을 총괄한 것이 『경제학 원리』(1820)였다.

맬서스의 다채로운 생애 중에서도 『인구론』은 후세에 이르기까지 그의 대표작으로 남았다. 그에 따르면 인간 사회 존립의 절대적 조건으로서 ① 식료는 인간의 생존에 불가결하다는 것, ② 남녀 간의 정념(번식욕)은 필연적이며 앞으로도 마찬가지로 존속하리라는 것, 이 두 가지가 거론된다. 그 결과 인구는 등비(기하)급수적으로, 즉 1, 2, 4, 8과 같은 비율로 증가함에도 식료는 등차(산술)급수적으로, 즉 1, 2, 3, 4와 같은 비율로밖에 증가하지 않으며, 이러한 괴리는 해마다 확대될 수밖에 없다. 이는 신이 의도한 자연법칙적 필연성이자 '섭리(providence)'이며, 인류는 이를 피할 수 없다. 이에 대한 인간의 대항 조치로서 맬서스는 두 가지를 구별한다. 하나는 상류·중류 계급에서 찾아볼 수 있는 독신주의 등의 '예방적 제한'(생활수준을 유지하기 위한 인구 억제)이며 다른 하나는 하층계급에서 많이 보이는, 영양부족이나 질병에 의한 아동 사망률 상승과 같은 '적극적 제한'(생활고의 결과인 인구 감소)이다. 여기에 부도덕한 성적 습관, 불건강한 도시 생활, 역병이나 전쟁 등이 더해진다.

이렇게 해서 맬서스는 인구와 식료의 절대적 괴리라는 자연의 섭리로부터 벗어나기 위한 인위적 제도는 쓸데없는 노력이라고 생각한다. 특히 맬서스가 규탄하는 것이 16세기 이래의 오랜 역사를 갖는 구빈제도다. 교구법에 근거해 지주를 중심으로 하는 부자가 구빈세를 부담해서 빈곤층을 구제하는 구빈제도는 무효라고 맬서스는 생각했다. 왜냐하면 구빈제도가 노동력의 자유로운 이동을 방해하여 자활이 가능했을 빈민마저도 국부의 생산자가 아닌 기식자(寄食者)가 되며 본래는 빈민을 노동력으로 활용할 수 있었을 지주의 부가 어떠한 부도 창출하지 못하는 구빈제도의 유지에 쓰이게 되기 때문이다. 이에 대해 맬서스는 구빈제도의 철폐, 농업 생산을 장려하기 위한 보장금 도입, 나아가 상공업의 임금수준을 부당하게 높이고 있는 동업조합이나 도제제도의 폐지를 주장한다. 구빈제도로 인해 "잉글랜드 일반 민중의 모든 계급이 국가 구조의 진정한 정신과 완전히 모순되는, 일련의 불쾌하고 부적절한 전제적 법률에 복종하기를 강요받고 있다"는 주장은 스미스의 『국부론』에 등장하는 자유로운 시장 경쟁의 논리를 계승하는 것이었으며, 맬서스 경제학의 원점이기도 했다.

맬서스에 따르면 신의 섭리와 계획은 인류에게 농업 생산력의 한계를 넘어서는 인구 증식력을 가져다주고, 식량 증산을 위한 생산력 증대와 경작지 확대, 식민지 건설 등 문명사회의 진보와 발전을 명한다. 인구법칙은 "지상의 주민을 언제나 완전히 생존 수단의 수준으로 유지하고, 토지를 경작하도록 인간을 한층 몰아대며, 나아가 증가한 인구의 부양을 가능케 하는 강력한 자극으로서 부단히 작용하고" 있으며, 고드윈 등이 꿈꾸는 실업이나 빈곤이 없는 국부 증대의 추구는 신의 의도에 어긋나는 것이다. 맬서스는 빈곤과 부패가 불가피하게 증대된다고 말하는데, 이런 외견상의 비관주의의 배후에는 이 낙천적이라 할 정도의 '섭리주의'가 있었다. 그것은 버크의 절박한 언설과 정치행동의 배후에 영국의 '오랜 국제'를 향한 신뢰가 있었던 것과 마찬가지다. 그들은 모두 역사와 경제의 세계를 관통하는 '자연'의 논리가 지닌 올바름을 확신함으로써 의회 개혁 운동이나 구빈제도 같은 '인위'의 논리에 의한 개혁사상을 공격했던 것이다. 고드윈 등의 비판에 답하며 출간한 『인구론』 제2판(1803) 이후로 맬서스는 노동자가 '도덕적 억제'에 따라 자발적으로 인구를 제한하는 방책을 제창하는데, 이 역시 그의 신학적 자연이라는 틀을 수정한 것은 아니었다. 맬서스의 구빈법 비판은 노동 가능한 빈민의 구제를 폐지한 1834년의 '신(新)구빈법'에 의해 구체적으로 실현된다.

3. 철학적 급진주의의 '문제'

버크나 맬서스의 보수주의는 사회의 역사적 변화 속에서 요구되는 온건한 개혁을 지향한 보수적 개혁의 입장이었으며 결코 고루한 보수 반동의 사상이 아니었다. 이에 맞서 이러한 온건 개혁으로는 '이중혁명'의 거센 물결에 직면한 영국 사회의 문제에 도저히 대응할 수 없다고 생각하며 좀더 급진적인 사회 개혁의 길을 제창하는 사상적 운동이 일어난다. 그것이 이른바 '철학적 급진주의(philosophic radicalism)' 사상이었으며, 그 주인공은 제러미 벤담(1748~1832), 제임스 밀(1773~1836), 데이비드 리카도(1772~1823) 세 사람이었다. 그들은 가정환경, 교육 수준, 직업은 제각각이었지만, 프랑스혁명 후의 유럽 사회의 혼란과 산업혁명 후의 영국 사회의 여러 문제에 맞서는 과정에서 만나 강한 우정으로 손잡고 이 사상운동을 밀고나갔다. 그들은 프라이스, 프리스틀리 등 선행하는 정치적 급진주의의 운동이 선거권 확대 같은 민주적 주장을 내세우면서도 충분한 학문적 기초를 갖지 못해서 정치적으로는 무력했다고 비판하고 이를 대체할 진정한 학문적 무기(공리주의 철학과 경제학)로써 구사회의 근본적 개혁을 지향한 것이었다. 1832년의 제1차 선거법 개정과 1846년의 곡물법 철폐가 그 대표적 성과였다.

그들 세 사람이 직면한 근본 문제는 영국의 구사회, 즉 1688년 이후 명예혁명 체제의 근본적 개혁이었다. 이 체제는 영국을 근대적 입헌군주제로 전환시킨 획기적 체제였지만, 이제는 균열을 드러내고 있었다. 그것은 의회주권 체제라고는 해도 그 대표자(의원)는 국민 전체에 비하면 극소수의 엘리트에 불과했다. 귀족원 의원은 귀족·대지주의 세습이며 하원의원 선거권 보유자는 성인 남성의 약 15퍼센트에 지나지 않았다(피선거권 보유자는 더욱더 소수였다). 이는 결코 민주주의적이라 할 수 없는 정치체제이며 사실상의 귀족제였다. 그것을 유지하기 위한 정치 부패 역시 심각했다. 그래도 산업혁명 이전이라면 통치 능력에 기본적인 문제는 없었다. 왜냐하면 사회 전체는 아직 농업 중심이며 경제 지도자(지주와 대상인)와 정치 지도자가 기본적으로 일치하고 있었기 때문이다.

이런 상황은 산업혁명의 진전과 함께 크게 변한다. 스미스의 『국부론』은 정부의 본래 역할을 재정의함과 동시에 중상주의 정책을 비판함으로써 명예혁명 체제의 현실에 근본적 비판을 가했지만 그 비판은 체제의 경제정책 비판에 머물 뿐, 과두제적이며 비민주적인 정치구조 자체를 직접적으로 비판한 것은 아니었다. 철학적 급진주의자들은 이것으로는 불충분하다고 생각했다. 버크가 국왕이나 정부의 북미 식민지 정책을 비판하며 '경제개혁'에 의한 정치의 쇄신을 외치면서도 의회 개혁 자체에는 반대한 것에 대해서도 마찬가지였다. 이와 달리 '철학적 급진주의'는 명예혁명 체제의 지배 구조를 민주화하고 선거권을 대폭 확대함으로써 국정의 중심에 좀더 광범위한 국민의 이해(利害)와 의견을 반영할 필요가 있다고 생각했다. 이는 산업혁명 후의 정치 지도자를 새로운 경제 지도자(종래의 지주·대상인과 신흥 상공업자·자본가)와 일치시킨다는 전망이었다. 프라이스, 프리스틀리, 페인 등 다른 급진주의자들 역시 같은 문제를 제기했지만, 벤담 등 세 사람은 이들의 자연권과 사회계약의 이론에는 동조할 수 없었다.

홉스, 로크, 루소 등의 자연권론과 사회계약 이론은 18세기 중엽까지는 전제(專制) 비판의 최대 무기였지만 흄의 계약설 비판이나 버크의 보수주의의 등장이 보여주듯이 18세기 후반 이후에는 그 영향력이 크게 쇠퇴했다. 그런데 19세기에 들어서자 '이중혁명' 이후의 사회·경제 문제의 분출과 미국의 독립, 프랑스혁명의 영향으로 명예혁명 체제에 만족하지 못한 급진주의자들에 의해 자연권론이 부활하게 된다. 이런 상황에서 벤담 등은 그 이론으로는 진정한 정치·사회 개혁이 불가능하다고 생각했다. 왜냐하면 첫째로, 전통적 자연권론의 배후에는 '자연법'론이 있었으며 이는 신의 존재를 전제로 하는 그리스도교의 세계관 위에 서 있었기 때문이다. 특히 프라이스나 프리스틀리 같은 자연권론자들 다수는 비국교회 목사였으며 근본적으로는 명예혁명 체제가 비국교도에 대한 종교적 차별(공직·대학에서의 배제나 집회·결사의 금지 등)을 묵인하고 있었던 것이 그들의 격한 비판을 부른 것이었다. 제임스 밀이 스코틀랜드의 목사 출신이었듯이 철학적 급진주의자는 그리스도교 자체를 비판하지는 않았지만, 정치나 법의 원리를 신의 의지나 자연법의 논리에서 구하는 데에는 반대했다.

이러한 원리적 비판을 바탕으로, 벤담 등의 비판에는 좀더 실천적인 둘째 이유가 있었다. 그들은 자연법이나 자연권에 근거한 이론이 현실의 사회 개혁에는 무력하다고 생각한 것이다. 자연권론은 로크의 생명·재산의 권리 주장에서 프라이스의 정치적·종교적 자유의 주장까지 자연권의 침해나 억압을 비판하는 이론으로서는 분명 강력했다. 그러나 권리의 침해나 억압을 비판하기 전에 시민적 권리를 적극적으로 확립하고 그 기초를 다진다는 의미에서는 자연권 이론에 커다란 약점이 있다고 그들은 생각했다. 왜냐하면 자연권의 구체적 내용을 둘러싼 논의는 결국 개인의 주관이나 기호의 문제로 귀착되기 때문이다. 벤담은 이 점을 자연법이나 관습법의 원리를 근저에서 떠받치는 '공감과 반감(sympathy and antipathy)'의 원리로 표현하며 다음과 같이 비판했다. "옳고 그름의 기준에 관해 만들어진 여러 체계는 전부 공감과 반감의 원리로 환원될 수 있다" "그런 체계들은 모두 어떤 외적 기준에 호소할 의무를 피하기 위해, 그리고 저자의 감정과 의견을 그 자체로 충분한 이유로 받아들이도록 독자를 설득하기 위해 만들어진 고안물이다"(『도덕 및 입법의 원리 서설』).

벤담은 과거의 여러 사상이 표현은 제각각일지언정 하나같이 주관적인 권리 개념에 머물러, 어떤 권리를 객관적이고 '외적(external)인' 규준에 의해 정당화하지 않는다고 비판한다. 이런 주관적 이론으로는 산업혁명의 진전 속에서 현실로 나타난 불안정한 사회질서나 치안 악화에 적절하고 신속하게 대처할 수 없다. 특정 범죄나 사건이 법정에서 재판에 처할 경우 관습법의 전통에 따라 재판관이나 배심원의 판단에 의해 판결이 내려지는 것이 통례인데, 그것은 결국 그들이 과거의 판례를 참고하여 주관적·감정적 판단을 내리는 것에 불과하며, 실제로는 기득 권익의 옹호로 시종할 뿐이다. 버크가 상찬한 관습법의 논리와 결별해, 관습법을 떠받치는 주관적 권리론과는 다른, 정치적 권리의 객관적이고 '외적'인 규준이 필요하다는 것이다. 그 성과가 벤담과 제임스 밀의 공리주의 철학과 그에 기초한 입법론·정치론 및 교육론이었다. 철학적 급진주의는 이렇게 해서 버크의 보수주의에서 프라이스 등의 자연권론까지 기존의 사회사상을 공리주의의 논리로, 말하자면 일도양단하듯 비판하는 데에서 출발했던 것이다.

4. 공리주의 사상: 벤담과 제임스 밀

벤담은 런던에서 법률가의 아들로 태어나 유년기부터 영재교육을 받았으며 열두 살 때에 옥스퍼드의 퀸스 칼리지에 입학한다. 15세에 학사 학위, 18세에 석사 학위를 받고 링컨 법학원에서도 수학해 24세에 법정 변호사 자격을 취득했다. 옥스퍼드에서 거둔 최대의 수확은 잉글랜드법의 최고 권위였던 블랙스톤(1723~80)의 강의를 듣고 근본적 의문을 품게 된 것이었다. 벤담은 긴 생애를 통해 매우 많은 수의 저작을 출간했는데, 프랑스혁명의 사법 개혁을 지원해 명예시민 칭호를 받았으며(1792), 철학적 급진주의의 기관지인 〈웨스트민스터 리뷰〉의 창간(1823), 종교·계급·성별을 묻지 않는 런던대학 유니버시티 칼리지(UCL)의 창설(1826) 등 다양한 정치적·사회적 활동에도 나섰다. 특히 한 명의 간수가 수많은 수감자를 효율적으로 감시할 수 있는 형무소(파놉티콘)의 구상은 그가 사재를 털어 실현 직전까지 추진했던 특필할 만한 사업이었다. 파놉티콘의 실현을 위해 바쁜 나날을 보내던 1832년에 제1차 선거법 개정안이 성립된 지 이틀 후에 죽은 벤담의 시신은 유언에 따라 지금도 미라로서 UCL에 보존·공개되어 있다.

한편, 제임스 밀은 스코틀랜드 북부의 애버딘 근교에서 제화공의 아들로 태어나 야심적이었던 어머니에 의해 영재교육을 받았다. 에든버러대학에서 수학하며 목사를 지망했지만, 심기일전하여 1802년에 런던으로 가서 저널리스트로서 활동하기 시작한다. 그 첫 성과가 나폴레옹의 등장으로 보호주의가 강화되는 가운데 자유무역주의를 옹호한 『상업 옹호론』(1808)이었다. 그 무렵 에든버러대학에서 D. 스튜어트의 '도덕철학' 강의를 들은 매킨토시, 브룸 등이 〈에든버러 리뷰〉를 거점으로 열띤 자유주의적 운동을 전개하고 있었다. 제임스는 그들과의 교류를 통해 런던에서의 영향력을 점차 키워가고 벤담과 리카도의 지원을 받으며 〈웨스트민스터 리뷰〉를 중심으로 집필 활동을 해나갔으며, 이 운동의 지도자 가운데 한 사람이 되었다. 대작 『영국령 인도의 역사』(1817~18)가 거둔 성공으로 동인도회사의 안정된 지위를 획득한 후에도 그는 활발한 사상 활동을 겸하는 이중생활을 한결같이 이어나갔다.

이토록 다른 배경을 지닌 벤담과 제임스 밀이었지만, 그들의 우정 관계는 상호 보완적인 것이었다. 스코틀랜드에서 런던으로 이주한 직후 아내와 아들 존을 떠안고 생활이 어려웠던 제임스를 유복한 벤담이 도와주었으며, 제임스는 산전수전 다 겪은 몸으로서 '철학적 급진주의' 운동의 기둥이 되었다. 그는 공리주의의 입법 이론을 벤담에게 배웠지만, 다소 철학적·추상적인 감이 있던 벤담의 저작 내용을 명쾌한 정치론·교육론으로서 구체적으로 펼쳐 보이면서 이를 현실의 사회 개혁 프로그램으로서 제안했다. 그의 아들 존 스튜어트 밀은, 긴 생애를 독신으로 보내고 혜택받은 환경에서 아무런 거리낌도 없는 인생을 보낸 벤담의 사상에 대해 "얼마 안 되는 경험밖에 없는 인간의 경험론"이라 부르며 "그는 마지막까지 소년이었다"고 썼다(『벤담과 콜리지』).

벤담의 공리주의 사상은 도덕론과 입법론이라는 두 부분으로 이뤄져 있다. 도덕론의 원리는 '쾌락주의(hedonism)'이며 입법론의 핵심은 '최대 행복 원리'이다. 그의 도덕론은 선악·옳고 그름의 규준을 자연법이나 공감·반감 등의 주관적 원리로 설명하는 당시의 지배적 도덕론을 비판하며 외적이고 객관적인 원리에 의한 도덕원리의 해명을 시도한 것이었다. 거기에는 고대의 에피쿠로스 이래로 수많은 선구자들이 있었는데, 『도덕 및 입법의 원리 서설』(이하 『서설』)의 제1장은 다음과 같은 유명한 구절로 시작된다. "자연은 인류를 고통과 쾌락이라는 최고의 두 주인이 지배하도록 하였다. 우리가 무엇을 행할지를 결정할 뿐 아니라 우리가 무엇을 해야 하는가를 지시해주는 것은 오직 고통과 쾌락뿐이다. 한편에서는 옳고 그름의 기준이, 다른 한편에서는 원인과 결과의 사슬이 이 두 옥좌에 매여 있다"(『서설』). 요컨대 그 자체로 '선한' 것은 '쾌락' 이외에는 없으며, 그 자체로 '악한' 것은 '고통' 이외에는 없다. 개인의 올바른 행위는 '쾌락'을 최대화하고 '고통'을 최소화하는 것이며, 위정자나 입법자가 따라야 할 유일한 원칙은 "최대 다수의 최대 행복(the greatest happiness of the greatest number)"(『통치론 단편』)의 실현이다.

벤담의 '쾌락주의'는 고대 이래의 철학적 논의를 되풀이한 것에만 그치지 않는다. 그는 도덕의 문제를 애당초 '입법'의 문제를 이끌기 위한 기초 이론으로서 파악하고 있었다. 이론을 위한 이론, 철학을 위한 철학은 그의 흥미가 아니다. 벤담은 블랙스톤이 대표하는 당시의 지배적 법률론이나 도덕론이 '자연법'이나 '공감' 같은 원리를 이용해 현존하는 사회제도나 법률을 '자연'으로서 합리화·정당화했으며 그 결과 산업혁명의 진전 속에서 심화되는 빈곤, 실업, 범죄의 증가, 도덕의 쇠퇴 같은 갖가지 문제를 방치해왔다고 비판하고, 도덕론의 과제를 어디까지나 입법 개혁에 의한 사회 개혁의 문제로 자리매김하려 했다. 즉, 벤담의 궁극 목표는 산업혁명 후 영국 사회의 거대한 구조 변화에 대응할 수 있는 도덕론·법 이론의 확립과 그것을 통한 영국 사회의 현실적 개혁이었다.

벤담이 이상으로 여긴 입법자는 스미스가 비판한 '정치가나 기획가', 즉 인간과 사회를 '일종의 정치 공학'의 재료로 보는 입법자가 아니다. 전통적인 도덕론이나 법 이론은 '전체의 이익', '인민의 이익' 같은 말로 사회의 바람직한 모습을 논했지만, 벤담에 따르면 '사회(community)'는 그것을 구성하는 개인들로 이루어진 '의제적 단체'에 불과하며 사회의 이익은 "사회를 구성하는 성원들의 이익의 합계"(『서설』)와 다르지 않다. 벤담의 입법자가 주시하는 것은 한 사람 한 사람의 생활과 행동이며, 그들의 고통과 쾌락이다. 그 이외에 입법자가 고려해야 할 대상은 존재하지 않는다. 그로부터 한 사람이라도 많은 사람들의 쾌락을 최대화하고 고통을 최소화하는 것을 목표로 하는 '최대 다수의 최대 행복'이라는 입법 원리가 도출된다.

벤담의 방대한 저작은 이러한 방법론상의 개인주의를 바탕으로 하는 최대 행복 원리를 구체화 · 세목화 · 체계화하려는 시도였다. 그 것은 독자를 질리게 할 정도로 상세한 탓에 벤담의 작품이 별로 인기가 없는 이유가 되기도 했지만, 훗날 존 스튜어트 밀은 이러한 벤담의 '세목법'을 벤담 사상의 독창성으로 보았으며, 이것이 벤담을 '위대한 개혁자'로 만든 가장 큰 요인이라고 생각했다. 벤담은 쾌락 · 고통의 원천을 ① 물리적, ② 정치적, ③ 도덕적, ④ 종교적이라는 네 종류의 '제재(sanction)'로 분류하고 입법자의 역할은 이 네 종류의 제재를 이성과 법률의 힘에 의해 적절히 조합해 '최대 다수의 최대 행복'을 실현하는 데에 있다고 주장했다. 특히 그는 범죄에 대한 물리적 제재(육체적 고통)의 효력을 강조해 그것이 결과적으로 자기 자신의 고통을 최소화하고 쾌락을 최대화하려는 개인의 합리적 행동을 가져오며 나아가 사회 전체의 질서가 유지되고 최대 행복이 실현된다고 주장했다. 개개인이 자신의 쾌락과 이익을 최대화하는 합리적 행동('쾌락 계산')에 나서고, 법률(특히 형법)을 준수해 생활한다면 저절로 자기 자신의 최대 행복이 실현될 법률의 체계를 확립하는 것, 이것이 벤담이 이상적 입법자에게 기대한 것이었다.

벤담의 도덕론과 법 이론을 좀더 명쾌한 교육론 · 정치론으로서 전개하고, 의회 개혁 운동을 비롯한 현실 사회의 변혁에 크게 공헌한 인물이 바로 제임스 밀이었다. 그는 벤담과 마찬가지로 엘베시우스나 베카리아의 쾌락주의, 공리주의의 영향을 인정하는 동시에 로크, 흄, 하틀리의 '관념연합 원리'를 계승해 이 원리야말로 "쾌락과 고통의 예상을 활용해 사람의 마음속에 영속적으로 유익한 연쇄를 유지시키는 최선의 수단"(『교육론 · 정부론』)이라고 본다. 밀은 '관념연합 원리'를 실제로 활용해 사람들의 합리적·공리주의적 행동 원칙을 유년기부터 양성하는 장을 '교육'에서 구했다. 영국 국민이 일부 소수 엘리트의 지배를 허용한 최대의 요인은 교육의 불평등이다. 인간이 본시 가지고 있는 소질이나 재능에 큰 차이가 없는 이상, 근소한 선천적 차이를 거대한 사회적 격차로 확대시키는 것은 소수 엘리트에 의한 교육의 독점이다. 앞으로는 국민의 대다수를 점하는 중산계급과 노동자계급이 적절한 공교육을 받을 수 있는 제도를 만듦으로써 그들의 지식수준과 도덕성을 높이지 않으면 안 된다. 지육(智育)과 덕육(德育)은 밀접한 관계가 있는 것이며, 그의 최대의 테마는 "최소의 해악으로써 최대의 선을 획득하는 귀중한 중간점"을 중산계급이나 노동자계급에 대한 적절한 교육의 제공을 통해 발견하는 것이었다.

이렇게 해서 제임스 밀은 공리주의를 교육의 민주화 및 보급과 연결함으로써 중산계급과 노동자계급을 문명사회의 경제적 담지자로서뿐 아니라 지적·도덕적 담지자로서 육성한다는 전망을 열어젖혔으며, 더 나아가 선거권 확대에 의한 의회 개혁이 불가결하다고 생각했다. 즉, 그는 정당한 정부의 목적을 '최대 다수의 최대 행복'의 실현이라고 보는 벤담 이론에서 한 걸음 더 나아가 국민의 쾌락을 최대화하기 위한 가장 중요한 수단으로서 '노동'에 주목해, 특히 노동 생산물로서의 '사유재산' 보호에 정부의 최대 목적이 있다고 논한다. "사회의 행복을 가능한 한 크게 하기 위해서는 모든 사람에 대해 그의 노동 생산물을 최대한 보장해야만 한다". 벤담 이상으로 경제학적 사고가 강했던 그는 벤담이 일반적·망라적으로 최대 행복의 실현으로서 파악한 정부의 목적을 좀더 구체적으로, 사유재산의 보호로서 새로이 파악했던 것이다. 이것은 로크적인 사회계약설의 격세유전으로 보이기도 하지만, 실제로는 벤담 공리주의의 정부론을 산업혁명 시대를 배경삼아 '노동' 개념으로써 구체화한 것이었다.

제임스 밀은 이런 논의들을 거쳐 최종적으로는 '현대의 위대한 발견인 대의 정체(representative government)'가 유일하게 적절한 정치체제라고 결론짓는다. 그것은 블랙스톤이 상찬한 관습법적 왕, 귀족, 평민의 억제 · 균형 모델이 아니라 사회 전체가 위정자의 권력을 감시 · 억제하기 위한 현실적 시스템, 그리고 이 시스템에 의해 사유재산의 보장이라는 정부의 목적을 완수하기 위한 민주적 제도를 말한다. 밀에 따르면 ① 사회를 감시 · 억제하는 단체는 충분한 권력을 가져야만 하며, ② 이 단체는 사회와 이해를 같이해야 하며 그렇지 않으면 그 단체는 권력을 남용할 것이다. 그는 사회 구성원이 정부에 의한 감시 · 억제를 필요로 하는 이기적 존재라는 것을 전제로, 그 감시 · 억제 단체여야 할 정부를 담당하는 자 역시 그 강력한 권력을 남용할 수밖에 없는 이기적 인간으로 상정한다.

밀이 제기하는 그러한 정치 시스템은 무기명 비밀투표나 매년 선거 제도인데, 그는 거기에 더해 국민의 대표자를 선출하는 선거인단의 자격을 중시한다. 그의 결론은 첫째로 40세 이상의 남성으로 선거권을 한정하고, 둘째로 재산 자격을 적절한 선으로 제한하는 것이었다. 그는 이것을 "유일한 문제는 이들 양극[지나치게 많은 재산과 지나치게 적은 재산] 사이에 있는, 재산이 조금밖에 없는 자나 아예 재산이 없는 자에게 선거권을 주지 않고도 사회와 이해를 같이하는 선거인 집단을 구성할 수 있을지 여부"의 문제라고 설명했다. 선거권으로부터 배제된 40세 미만 및 노동자 남성이나 모든 성인 여성의 이해는 40세 이상 남성의 이해와 동일하므로 최소의 비용으로 최대의 효과를 얻을 길은 선거권을 그들로 한정하는 것이라고 말하는 것이다. 이런 조건에 해당하는 집단은 신흥 상공업자(자본가)이므로 밀의 제안은 이 계층에 선거권을 주자는 것이었다. 여성과 노동자가 선거권으로부터 배제되어 있다는 것을 포함하여 바로 이것이 1832년의 제1차 선거법 개정이 당면의 정치 목표로 삼은 것이었다.

5. 고전파 경제학의 사상: 리카도의 『경제학 원리』

철학적 급진주의의 3인 중에서 경제학의 역사에 가장 큰 족적을 남긴 이가 1817년에 출간된 『경제학과 과세의 원리에 대하여』(이하 『원리』)의 저자 리카도이다. 그는 런던에서 유대인 주식중개인의 아들로 태어나 보통의 학교교육이나 대학 교육을 받지 못하고 열네 살부터 아버지의 일을 도왔으며, 주식중개로 성공을 거둬 젊어서 큰 부를 이루었다. 그는 1799년에 아내가 온천요법을 받던 바스에서 우연히 입수한 스미스의 『국부론』을 접하고 경제학에 눈을 떴으며, 나폴레옹전쟁중에 일어난 잉글랜드 은행권의 감가와 지금(地金)의 높은 가격의 원인을 둘러싼 '지금 논쟁'에 참여하면서 경제학자로서의 활동을 시작했다. 1815년에 나폴레옹 체제의 종언과 함께 영국에 대한 대륙 봉쇄가 풀리고 값싼 외국산 곡물의 수입이 예정되자 이를 저지하기 위한 '곡물법'이 지주들이 지배하는 의회에 상정된다. 그는 지주계급의 입장에서 법안을 지지하는 맬서스를 비판하기 위해 「낮은 곡물 가격이 자본의 이윤에 끼치는 영향에 대하여」(「이윤」)를 출간한다.

이에 주목한 제임스 밀이 그를 철학적 급진주의 그룹에 꾀어들였다. 1819년에 리카도는 밀의 요청에 따라 하원의원 선거에 출마해 당선되어 51세의 나이로 죽기 전까지 의회 개혁과 가톨릭교도 해방 등을 둘러싸고 적극적인 정치 활동을 펼쳤다.

리카도는 철학적 급진주의의 3인 중에서 유일하게 1832년의 제1차 선거법 개정을 보지 못한 채 세상을 떠났는데, 이 개정은 그의 경제학이 거둔 최대 성과였다고 할 수 있었다. 리카도 경제학을 의회 개혁 운동으로 연결시킨 실마리는 맬서스의 『인구론』이 준 충격이었다. 그것은 버크의 '정치적 자연'과는 다른 보수주의적 세계관을 제시할 뿐 아니라 인구와 식료 생산의 관계라는 경제학적 문제를 포함하는 것이었기 때문에 그들 세 사람은 이 충격적인 저작에 대한 경제학적 대응을 강구해야 했다. 그리고 이 과제를 떠맡은 이가 리카도였다. 존 스튜어트 밀의 회상에 따르면 "이 위대한 학설[맬서스의 인구론]은 인간계의 일은 무한히 개량 가능하다는 설에 대한 반론으로서 제출되었지만, 우리는 이것을 반대의 의미에서 열심히 설파했다. 노동인구가 늘지 않도록 자발적으로 제한함으로써 모든 노동자의 고임금 완전고용이 확보될 수 있다면 인간 사회는 얼마든 개량 가능한 것인데, 이를 실현할 유일한 수단이 여기에 제시되어 있다고 이해한 것이다"(『자서전』).

즉, 맬서스가 인구와 식료의 괴리를 신의 섭리로서 파악하여 구빈제도 같은 인위적 정책은 무력하다고 주장한 것에 대해 벤담 등은 이러한 합리적 사회 개혁 일반에 대한 맬서스의 회의적 태도를 배격하고 노동자의 '고임금 완전고용'의 가능성을 입증할 경제학의 구축이 필수라고 생각했다. 리카도의 경제학이 그 답이었다. 리카도에 따르면 노동자가 실업하는 것은 노동자를 고용할 자본이 부족하기 때문이다. 리카도는 스미스와 마찬가지로 한 나라의 부는 노동자의 '근면'이 아닌 자본가의 '절약'(즉 자본축적)에 의해 증대된다고 생각했지만, 스미스와는 달리 ① 생산물의 가치는 그 생산에 투하된 노동량에 의해 결정되므로, ② 노동자의 임금과 자본가의 이윤은 한쪽이 오르면 다른 한쪽은 내려가는 대립적 관계에 있으며, ③ 자본축적에 필요한 자본으로의 배분을 증대시키기 위해서는 노동으로의 배분을 상대적으로 적게 할 수밖에 없다고 생각했다. 맬서스의 인구론이 노동자의 저임금을 자연의 섭리로서 합리화했다고 한다면, 이윤과 임금의 대립 관계를 이야기한 리카도의 이론은 자본가에게 유리한 것으로 보이지만 그는 그렇지 않다고 생각했다. 왜냐하면 노동자의 빈곤과 실업에 의해 실현되는 맬서스적인 저임금은 '고임금 완전고용'의 실현이라는 철학적 급진주의의 목표와는 양립할 수 없기 때문이다.

그래서 리카도는 자본가가 충분한 투자를 위한 펀드를 확보하려면 노동자의 생존비, 즉 노동의 자연 가격(자연 임금) 자체를 낮은 수준으로 억제해야 한다고 생각했다. 노동자의 실질적 생존비를 낮춤으로써 노동자의 생활수준을 낮추지 않고 자본가는 윤택한 축적 펀드를 확보할 수 있다. 결과적으로 신기술 도입에 의해 생산성이 향상되면 실질적 물가수준이 한층 하락해 노동자의 자연 임금 역시 한층 줄어드는 선순환이 실현된다. 자본축적은 고정자본(기계)에 대한 투자와 함께 노동 수요를 증대시키므로 단기적으로는 시장 임금이 상승한다. 노동자의 입장에서 보면 이것은 장기적 생활비는 낮고 단기적 임금은 높은 바람직한 상태이며, 리카도는 이를 "노동자에게 가장 행복한 상태"라 불렀다. 맬서스는 일시적 임금 상승은 곧바로 노동인구의 증대를 불러일으켜 임금은 낮은 수준으로 돌아간다고 생각했지만(이른바 '임금철칙'), 리카도는 늘어난 임금을 인구 증대가 아닌 생활수준 향상이나 질적 세련으로 돌리면 시장 임금도 원래의 낮은 수준으로는 돌아가지 않는다고 주장했다.

그런데 당시 영국의 상태는 이런 이상적 상태와는 정반대였다. 노동인구는 증대하고 실업자가 넘쳐났으며 단기적으로는 시장 임금이 낮은 듯 보였지만, 장기적으로는 노동자의 생활비가 상승하고 있었다. 왜냐하면 늘어나는 인구를 부양하려면 식료 증산이 필요한데, 이를 위해서는 열등 경작(좀더 생산성이 낮은 토지를 개간하는 것)을 추진할 수밖에 없으며, 단위당 곡물 가격은 확실히 상승하기 때문이다. 열등 경작이 진행되면 진행될수록 지대는 상승하므로 이에 따라 이익을 얻는 것은 지주계급으로 한정된다. 노동자의 생활은 고달파지지만, 상승하는 자연 임금을 지불하지 않을 수 없는 자본가의 이윤율도 떨어지며, 추가적인 투자가 어려워진다. 자본축적이 주춤하고 노동 수요가 저하해 시장 임금 역시 낮아지는 악순환이 일어난다. 이를 타개하려면 농업의 기계화 등에 의한 생산성 향상으로 낮은 곡물 가격을 실현할 필요가 있었지만, 최종적으로는 값싼 외국산 곡물의 수입이 불가피해진다고 리카도는 생각했다. 그의 사후에 실현된 제1차 선거법 개정에 콥든, 브라이트 등 맨체스터파의 '반곡물법 동맹'의 정치 행동이

가세해 곡물법은 1846년에 마침내 철폐된다.

6. 철학적 급진주의에서의 '자유'와 '공공'

'철학적 급진주의' 운동은 영국의 '이중혁명'에 맞선 사상적 대응이며 18세기 사상에서 19세기 사상으로의 대전환을 보여주는 것이었다. 미국의 독립과 프랑스혁명은 각기 18세기 영국과 프랑스 사회의 모순이 폭발한 결과였다. 같은 '모순의 폭발'이라고 해도 전자는 명예혁명 체제가 지닌 경제 구조(중상주의 체제)의 모순이 산업혁명의 개시와 함께 폭발한 것이며, 후자는 프랑스 절대왕정의 내부 모순이 폭발한 것이었다. 그렇지만 영국과 프랑스의 '전통 사회'가 미국과 프랑스의 두 혁명으로 인해 붕괴된 것은 사실이며, 미국의 독립에 의해 영국 전통 사회의 모순이 백일하에 드러났고, 프랑스혁명이 드높이 내건 '자유·평등·사유재산'의 이상은 19세기에 유럽 전체의 변혁을 지도하는 이념이 되었다. '철학적 급진주의' 운동은 두 혁명과의 긴밀한 공명 관계 속에서 영국 전통 사회의 민주화라는 대사업에 착수한 최초의 시도였다.

아들 밀은 아버지 제임스에 관해 "아버지는 18세기 최후의 인간이었다. 아버지는 18세기의 사고나 감정을 19세기까지 계속해서 지니고 있었다"(『자서전』)고 쓰고 있다. 이는 아버지 밀의 급진주의적 개혁 사상이 버크, 맬서스의 보수적 사상과 더불어 18세기 사상으로서의 공통된 기원을 갖는다는 인식이다. 버크의 프랑스혁명 비판이나 맬서스의 구빈제도 비판은 분명 산업혁명과 프랑스혁명이 가져온 영국 사회의 불안과 혼란 속에서 지주 주도 · 농업 중심의 전통 사회를 외적으로부터 지키려는 시도였으며, '철학적 급진주의'의 개혁 사상과는 정반대였던 것으로 보인다. 그러나 버크의 '시효'나 '묵약' 이론은 위기적 시대 상황 속에서 '보수 반동'의 색채를 강하게 띤 블랙스톤이나 흄의 사상과 다르지 않았으며, 맬서스의 인구론은 현실의 빈부 격차를 전 인류의 행복을 의도한 신의 계획 중 일부로 본다는 의미에서 18세기의 낙관주의를 공유하고 있었다. 스미스의 낙관주의와 맬서스의 비관주의 사이의 표면상 차이는 사상 구조의 차이라기보다는 산업혁명의 전과 후라는 역사 단계의 차이에서 기인한 면이 크다.

따라서 버크, 맬서스의 보수주의와 벤담, 제임스 밀, 리카도의 철학적 급진주의는 단순한 적대 관계에 있던 것이 아니다. 어느 입장이든 입헌군주제로서의 명예혁명 체제의 계승 · 존속을 암묵적 전제로 하면서도 미국혁명이나 프랑스혁명의 '공화주의'를 지향하지는 않았으며, 공화주의자 토머스 페인이나 아나키즘(무정부주의)의 고드윈은 어디까지나 예외적인 존재였다. 양자의 기본적 대립은 그러한 체제 선택의 문제가 아니라 첫째로 명예혁명 체제의 정치적 민주화(선거권 확대에 의한 의회 개혁)를 어디까지 인정할 것인지, 둘째로 이와 연동하여 영국 자본주의의 발전을 자유무역주의 확대의 방향에서 생각할 것인지 보호무역의 방향에서 전망할 것인지 하는 국가 전략상의 대립이었다. 이는 모두 하나같이 명예혁명 체제의 근간과 관계되는 쟁점이며 지주계급을 중심으로 하는 전통 사회의 구조를 파괴할 수밖에 없는 것이었기 때문에 양자의 대립과 논쟁은 한층 격렬한 것이 되어갔다.

'철학적 급진주의'가 거둔 가장 큰 정치적 성과인 제1차 선거법 개정과 곡물법 철폐는 보수주의의 패배, 급진주의의 승리라는 인상을 주지만 사태는 그리 단순하지 않았다. 선거법 개정에 의해 도시의 상공업자(중산계급)에게로 선거권이 확대된 것은 사실이지만, 전체적으로는 농촌에서 도시로의 대규모 인구 이동이나 1801년에 식민지에서 영국 본국으로 통합된 아일랜드로부터의 대거 이민에 따라 노동자계급의 인구 전체가 늘어난 결과라서 유권자의 비율은 거의 늘지 않았다. 버크, 맬서스의 보수주의의 기반이었던 18세기 지주 지배의 구조는 19세기 중엽까지 거의 그대로 유지된 것이다. 영국 사회의 진정한 변혁과 민주화는 노동자계급과 여성으로의 선거권 확대가 정말로 쟁점이 되었을 때 시작된다. 그것은 이 장의 범위를 넘어서는 과제이며, 그 시대의 사상을 선도한 인물은 아들 밀이었다.

'철학적 급진주의'의 '공공'을 떠맡은 이들 가운데에 여성이나 노동자계급이 포함되지 않은 것은 틀림없지만, 거꾸로 말하면 이는 국정을 일부 소수의 귀족·지주·대상인의 독점에서 해방시켜 선거권을 남성 유산(有産) 시민으로 확대하는 것이 그 자체로 얼마나 엄청난 사업이었는지를 보여준다. 나중에 하이에크는 흄이나 버크의 '자생적 질서' 이론과 비교해서 벤담의 공리주의를 국가권력에 의한 위로부터의 사회통제를 지향하는 '설계주의'의 전형이라는 식으로 비판한다. 벤담이 이상으로 여긴 위정자는 '최대 다수의 최대 행복'을 하나의 집계량으로서 계산해 이를 규준으로 입법 개혁과 행정 개혁을 단행한다는 의미에서는 '설계주의'의 요소가 짙다는 것을 부정할 수는 없다. 그러나 다른 측면에서 그것은 현실의 제도 개혁이 국민 생활에 끼치는 영향을 구체적으로 고려해, 국민 개개인에게 끼치는 쾌락과 고통의 차이에도 주의를 쏟는, 하이에크와 마찬가지의 방법론적 개인주의를 기초로 하여 전개된 것도 사실이다. 이런 의미에서 벤담이 당시에 형벌의 대상이었던 소수자인 남성 동성애자를 옹호하는 입장을 평생토록 견지했다는 사실을 잊어서는 안 될 것이다.

개인이 스스로의 행동을 그 활동 범위와 책임 속에서 '최대 행복 원리'에 의해 자기 규제하는 결과로서 사회 전체의 최대 행복이 산출되는 법체계를 확립하는 것, 바로 이것이 벤담의 입법자에게 주어진 과제였다. 오늘날에도 기득권의 저항을 배제하고 공공사회 전체의 이익이 될 것이 분명한 대사업이나 개혁을 정부가 국민의 지지를 얻어 추진하려는 경우에 '신의 의지'나 '이성의 법'을 들고나올 수 없다고 한다면, 벤담 등의 '최대 행복 원리' 이외에 최종적인 정치적 정당화의 근거를 발견하기는 쉽지 않다. 그런 의미에서는 우리 역시 '최대 행복 원리'의 은혜를 입고 있으며 그것 없이는 현대사회에서의 공공성의 실현은 요원할 것임이 틀림없다. 그러나 여전히 반성해야 할 것은 ① 현대사회의 '최대 다수' 중에서 암묵적으로 배제된 이가 있는지 여부, ② 정책 목표인 '최대 행복'의 실현은, 자유와 권리가 간과되기 십상인 소수자의 극심한 고통을 충분히 고려하고 있는지 여부이며, 무엇보다도 ③ 이들 문제에 대해 위정자·권력자의 행동이 최대한의 정보 공개에 의해 국민의 엄중한 감시하에 놓여 있는지 여부다. 이들 조건이 충분히 확보된 경우에 '철학적 급진주의'의 유산은 오늘날에도 여전히 유효한, 민주적 공공성 이론의 사상적 기초를 제공할 수 있을 것이다.

제8장

근대 자유주의의 비판과 계승
: 후진국에서의 '자유'

1. '시대'의 문맥: 이중혁명의 빛과 그늘

유럽 대륙에서는 프랑스혁명과 산업혁명이 영국과는 다른 사상적 영향을 끼쳤다. 영국에서는 산업혁명이 초래한 거대한 변화에 현실적으로 대응하기 위해 프랑스혁명의 급진주의적 방향성은 대폭 억제되고 선거권 확대에 의한 의회 개혁을 정치 목표로 하는 '철학적 급진주의' 운동이 주도권을 쥐었다. 이에 비해 정치적·경제적으로 크게 뒤처진 대륙 국가들에서는 프랑스혁명의 귀결이 각국의 정치 동향을 크게 좌우하는 한편, 실제의 근대화는 지극히 더디고 정체적인, 영국과는 정반대의 움직임을 보였다. 이것은 영국 자본주의의 확립이 대륙 여러 나라에 비해 훨씬 순조로웠을 뿐 아니라 영국의 정치 개혁이 입헌군주제라는 틀 안에서의 온건한 개혁에 그쳤다는 것을 의미한다. 그것 자체가 영국 사회(특히 의회정치)의 성숙도를 보여주는데, 대륙 여러 나라에서는 프랑스혁명의 정치 이념(자유·평등·사유재산)과 각국의 사회적·경제적 현실(봉건제의 잔존과 자본주의의 미발달)의 격차가 너무나 컸기 때문에 그 격차가 한편에서는 좀더 급진적인 개혁에 대한 열망을 낳고, 다른 한편에서는 근대화 자체에 대한 회의와 비판을 낳는 굴절된 사상 동향이 나타나게 된다. 독일을 비롯한 대륙 여러 나라에 대한 프랑스혁명의 사상적 영향을 생각할 경우에는 절대왕정 타도와 공화제 수립뿐 아니라 나폴레옹 체제의 성립에서 2월혁명까지의 기간을 포함한 '이중혁명' 전체를 시야에 넣을 필요가 있다. 그리고 '이중혁명'의 빛과 그늘이 가져온 희망과 환멸은 낭만주의 사상이나 관념론 철학을 낳는 토양이 되었을 뿐 아니라 사회주의 사상의 출현에도 길을 열어준다.

　프랑스혁명 당시의 독일에는 영국과 같은 입헌군주제는커녕 프랑스의 구체제와 같은 절대왕정으로서의 통일적 주권국가조차 존재하지 않았다. 종교개혁과 30년전쟁의 혼란에서 벗어나지 못한 당시의 독일은 종교도 정체도 다른, 300여 개의 크고 작은 '영방국가'가 모인 집합체에 지나지 않았다. 신성로마제국으로서의 통일성은 이름뿐이었으며 그것을 떠받치는 사회·경제의 현실은 프랑스에 견줘 훨씬 가난하고 뒤처진 것이었다. 그러한 현실 속에서 독일의 젊은 사상가들에게 용기를 불어넣은 기본 문헌이 바로 루소의 저작들, 그중에서도 『사회계약론』이었다. 칸트와 피히테, 헤겔은 하나같이 루소 사상과의 만남을 통해 자신들의 철학·사상을 구축해나간다. 프랑스혁명이 입헌군주제의 틀을 넘어 공화주의를 지향하자마자 독일, 오스트리아의 왕후·귀족이 반혁명으로 돌아선 것과는 반대로 그들은 공화주의와 루소의 사상에서 한줄기 희망의 빛을 본 것이다.

　그 전형이 『사회계약론』과 같은 해에 태어난 피히테(1762~1814)

이다. 가난한 직인의 아들로서, 루소와 칸트의 사상을 통해 근대적 자아에 눈뜬 피히테는 루이 16세와 왕비 마리 앙투아네트가 공개 처형된 1793년에 다음과 같이 썼다. "제군이 몇 번이나 되풀이하여 루소를 몽상가라 불렀음에도 불구하고 그의 몽상은 제군의 눈앞에서 실현되었다" "다름 아닌 루소에 의해 눈을 뜬 인간의 정신이, 만약 제군에게 그 이념을 파악할 능력이 있다면 제군이 불가능 중의 불가능이라 단언했을 한 저작을 완성한 것이다"(『프랑스혁명론』). 피히테는 여기서 ① 프랑스의 공화주의 혁명이 루소 사상의 실현이라는 것, ② 루소 덕에 눈을 뜬 '인간'인 칸트가 인간 정신의 능력과 한계를 추구한 '한 저작'인 『순수이성비판』(1781)을 썼다는 것, 그리고 ③ 칸트의 이 책이 출간된 직후에 일어난 프랑스혁명 자체가 칸트 철학의 증명이라는 것을 주장하고 있다.

2. '사상'의 문맥: 칸트, 피히테, 낭만주의에서의 자아의 발견

여기에 나타난 루소-칸트-프랑스혁명의 삼위일체는 무엇을 의미하는 것일까? 임마누엘 칸트(1724~1804)는 애덤 스미스가 태어나고 이듬해에 동프로이센의 수도 쾨니히스베르크(현 러시아 공화국 칼리닌그라드)에서 마구 직인의 아들로 태어났다. 어머니의 영향으로 루터파 경건주의 김나지움에서 공부하고 16세에 쾨니히스베르크대학에 입학한 그는 1755년에 같은 대학 사강사, 1770년에는 뒤늦게 철학교수가 된다. 이후 그는 죽을 때까지 고향을 떠나지 않고 평온한 학자 인생을 보내며 철학의 역사를 다시 쓰게 될 저작을 차례차례 발표했는데, 강의나 집필을 정력적으로 소화해내는 나날 중에도 친구와의 식사나 대화를 즐기는 사교성을 겸비하고 있었다. 칸트의 일과였던 오후 산책은 어찌나 규칙적이었던지 지역 사람들이 시계 대용으로 삼을 정도였으며, 루소의 『에밀』(1762)이 나왔을 때 처음으로 이를 어겼다는 에피소드가 전해진다. 칸트의 검소한 방에는 어떤 장식도 없이 오직 루소의 초상화만 걸려 있었다고 한다.

칸트의 철학에 대해서는 "독단론의 잠에서 눈을 뜨게"(『프롤레고메나』, 1782) 했다는 흄의 인과론의 영향이 유명하며, 허치슨이나 스미스 등의 영국 도덕론의 영향도 언급된다. 그러나 이런 영향이 인과론이나 도덕론 같은 철학적 영향이었던 것에 비해 루소의 영향은 칸트의 영혼을 근저에서 뒤흔드는 인격적인 것이었다. "나는 무지한 하층민을 경멸하고 있었다. 루소가 나의 잘못을 바로잡아주었다. 눈이 어두워 생긴 우월감은 사라졌으며, 나는 인간을 존경하는 법을 배웠다"(카시러)고 스스로 고백하고 있듯이 칸트는 인간의 자유와 존엄에서 출발하여 '인간은 이뤄야 할 것을 이룰 수 있다'는 이념을 입증함으로써 근대적 개인의 자유의 기초를 다졌다. 바로 이 점에 칸트와 루소의 공통성이 있었다. 루소는 사람들의 특수의지를 '일반의지'로 고양시켜 통일한 경우에만 개인의 자유와 전체의 법(필연)이 통일된다고 주장했는데, 칸트는 루소의 이 해결 방법을 자신의 철학에 도입했던 것이다.

칸트는 그때까지 세계(객체)에 내재한다고 믿어지던 시간 · 공간 · 인과관계 등의 형식은 인간이 세계에 부여하는 것(범주)이라고 생각했다. 인간이 세계에 이성에 의한 인식의 틀을 부여하는 한 인간의 인식은 그 절대적 확실성을 보장받는다. 이성적 법칙이 세계에 내재한다는 라이프니츠에서 볼프에 이르는 이성주의의 체계(프로이센의 계몽 전제를 떠받친 '독단론')를 영국의 경험주의자들이 비판한 것은 옳았지만 그것은 반대의 극단으로 치달아 경험적 인식은 확실성을 갖지 않는다는 흄의 회의론에 빠졌다. 유일하게 올바른 길은 독단론과 회의론의 양면 비판이다. 세계의 법칙은 인간의 이성으로부터 독립해 존재하는 것이 아니며(독단론 비판), 감각적 경험의 단순한 일반화도 아니다(경험론 비판). 인간의 감각적 경험을 소재로 삼아 선험적 이성이 세계에 질서를 부여하는 것이며 바로 이것이 칸트 철학에서의 '코페르니쿠스적 전회'였다.

다음으로 칸트는 같은 논리로 도덕의 문제를 논한다. 그는 영국이나 프랑스에서 유력했던 쾌락주의나 공리주의를 비판하고 행위의 도덕성은 행위가 낳는 쾌락이나 행복이 아닌 행위자의 동기 속에 '선한 의지(선의지)'로서 존재한다고 주장한다. '선한 의지'는 이성의 명령에 복종하는 의지이며 그 핵심은 "나의 준칙이 보편적 법칙이 되는 것을 나 스스로도 바랄 수 있는 그런 준칙에 따라서만 행위하라"고 하는 '정언명령'이다(『윤리형이상학 정초』). 정언명령은 때와 장소를 초월해 무조건적으로 타당한 이성의 명령이며, 모든 인간이 그 의지를 갖는 데에 모순이 없다는 것(보편화 가능하다는 것)을 함의한다. 칸트의 또하나의 정언명령은 "인간(성)을 항상 동시에 목적으로 대하고, 결코 한낱 수단으로 대하지 않도록, 그렇게 행위하라"이다. 거짓말이나 살인의 부도덕성은 타인을 자기의 수단으로 사용하는 것의 부도덕성으로서 입증되며, 인격을 경제적으로 착취하는 노예제도나 인신매매 등의 부도덕성 역시 같은 논리를 들이댈 수 있다.

칸트는 세계의 객관적 질서를 자유로운 인간이 자유로운 인간을 위해 만들어내는 주체적 질서로서 재구축했다. 이러한 사고방식의 전환은 인민은 스스로에게 부과한 법에 복종할 때에만 진정으로 자유롭다고 하는 루소의 일반의지 이론과 똑같은 형태의 것이었다. 칸트는 정치사회나 국제사회의 질서 문제 역시 같은 방식으로 논한다.『계몽이란 무엇인가』(1784)에 따르면 '계몽'은 "인간이 스스로의 잘못으로 초래한 미성년 상태로부터 벗어나는 것"이며 "어떤 일에서든 자신의 이성을 공적으로 사용할 수 있는 자유"가 증대되는 것이다.『세계시민적 관점에서 본 보편사의 이념』(1784)에서는 맨더빌의 '사악은 공익'을 연상시키는 '비사교적 사교성'의 논리를 전개해 문명사회의 질서가 이기적인 개인들의 의도치 않은 귀결로서 실현된다고 주장한다.『영원한 평화』(1795)는 충분히 계몽된 '세계시민'을 거느리는 '공화제' 국가들은 선한 의지에 기초한 이성의 공적 행사에 의한 연합을 지향해야 한다고 주장함으로써 현대 국제 평화론의 원점이 된 사상을 전개했다.

칸트가 최후에 도달한 자유롭고 평등한 국가연합으로서의 인류사회상은 '국제연합헌장' 등의 이념을 선취한 것이었지만, 실제로는 칸트 말년에 나폴레옹이 등장해 그의 꿈도 허무하게 사라져버렸다. 그런 가운데 피히테의 감격은 큰 실망과 격분으로 바뀐다. 국민국가의 통일조차 존재하지 않던 독일에서 루소의 인민주권이나 칸트의 영원한 평화 같은 것은 꿈같은 이야기일 뿐이었으며, 루소와 칸트의 이상을 계승하려 한 피히테는 다시 한번 원점으로 돌아가 문제를 재설정하려 했다. 그것은 독일 국민 한 사람 한 사람을 각자의 '자아'에 눈뜨게 하는 철학의 구축이었다. 칸트는 루소 안에서 통일되어 있던 '이성'과 '의지'를 분리하여 과학의 문제와 도덕의 문제를 서로 떼어놓았지만, 피히테는 여기서 인식론과 도덕론의 분열을 발견해, 독일 국민이 '자아'에 눈뜨기 위한 철학을 양자의 통일에서 찾아내려고 시도했던 것이다.

피히테에 따르면 자연과 사회로 이루어지는 객관적 세계는 '자아'의 투영·외화로서의 '타아'이며, '자아'가 '타아'를 획득해 '외화'하는 끊임없는 왕복운동(실천) 속에서 양자는 통일되지 않으면 안 된다. 이것이 '절대적 자아'의 실현이다(『전체 지식학의 기초』, 1794). 이러한 자아(주체)와 세계(객체)의 통일은 칸트에게서의 인식과 도덕, 이론과 실천의 분열을 넘어서려고 하는 것이며, 피히테가 낭만주의 철학자라 불리는 이유가 바로 여기에 있다. 이 철학상의 변화는 피히테에게 사회계약설에 기초한 칸트의 개인주의적 국가관으로부터 국민을 단위로 하는 공동체적 국가관으로의 전환을 불러왔다. 즉,『봉쇄 상업 국가론』(1800)은 '절대적 자아'에 의해 통일된 민족국가의 이상상(理想像)을 자급자족경제에 기초한 농본적 공동체로서 구상했으며, 나폴레옹 점령하의 베를린에서 행해진 강연『독일 국민에게 고함』(1807~08)은 '국민'을 언어·문화의 공동체라고 정의하며 국민적 '자아'를 확립하기 위한 교육의 중요성을 호소했다. 나폴레옹의 지배가 계속되던 1811년에 그는 독일 국민의 자유의 보루로서 설립된 베를린 대학의 초대 총장에 취임한다.

칸트, 피히테의 철학은 후진국에서의 근대적 자아가 자기의 각성과 확립 과정에서 개인주의적인 것으로부터 국민주의적인 것으로 전환되어가는 필연성을 보여주었다. 같은 문제는 좀더 폭넓은 예술, 역사, 사상의 영역에서 '낭만주의(romanticism)'의 큰 흐름을 낳는다. 문학에서의 낭만주의는 리처드슨의 서간체 소설이나 그 영향을 받은 루소의 『신(新)엘로이즈』(1761), 괴테나 실러의 소설과 희곡에서 그 선구를 찾아볼 수 있다. 그러나 사회사상사의 측면에서 '낭만주의'는 18세기 말의 독일에서 계몽사상의 고전주의 · 이성주의에 대한 비판으로서 시작되었다. 1798년에 창간된 잡지 〈아테네움〉을 거점으로 하는 슐레겔 형제와 노발리스 등의 운동이 그것이다. 그 영향은 나폴레옹의 억압을 피해 스위스에 거점을 두고 활동한 스탈 부인에 의해 프랑스어권으로 확대된다. 스탈 부인의 애인이었던 뱅자맹 콩스탕의 심리주의적 기법에 의한 소설인 『아돌프』(1816) 역시 그 계보상에 있다. 콩스탕은 스미스가 살아 있던 때에 에든버러대학에서 수학한 사실로 미루어 스미스 도덕론의 영향을 받았으리라고 언급되며, 칸트가 거짓말의 도덕성을 부정한 것에 대해 반론을 편 것으로도 알려져 있다.

20세기의 철학자 버트런드 러셀은 『서양철학사』(1946)에서 낭만주의의 공통적 원리로서 '공감(sympathy)'의 중요성을 짚고 있다. 특히 영국의 낭만주의는 18세기 사상에 대한 단순한 반동이라기보다는 '이중혁명' 시대에 있어서의, 18세기 사상의 비판적 계승이라는 성격이 강했다. 지금도 여전히 널리 읽히는 제인 오스틴의 소설들은 대개 낭만주의 작품으로 여겨지지 않지만 『분별과 다감(이성과 감성, Sense and Sensibility)』(1811), 『오만과 편견(Pride and Prejudice)』(1813)

같은 작품들은 애덤 스미스로 대표되는 18세기의 도덕감정론을 산업혁명 시대의 일상적인 인간관계의 관찰을 통해 구체화한 것이다. 이와 달리 좀더 정통적인 영국의 낭만주의 문학으로는 워즈워스, 콜리지, 바이런 경, 셸리 등의 서정시가 있다. 대하(大河) 국민문학이 스코틀랜드인 월터 스콧에 의해 쓰였으며, 토머스 칼라일은 『프랑스혁명사』(1837) 등의 많은 작품으로 '이중혁명'에 휩쓸리며 해체되던 전통사회의 모습을 다면적으로 묘사했다. 그는 맬서스의 인구론 등으로 대표되는 경제학을 '음울한 과학(dismal science)'이라 일컬었다고 전해진다.

이렇듯 같은 '낭만주의'라 해도 그 내용은 복잡하며, 정치적 입장역시 제각각이었다. 낭만주의 사상은 공리주의나 독일 철학과 같은 체계적 원리에 기초한 것이 아니었지만, 사상가들은 하나같이 프랑스혁명의 영광과 좌절(빛과 그늘)이라는 문제를 공유하고 있었다. 혁명의 성공에서 인간 자유의 승리를 본 그들은 자코뱅의 공포정치와 나폴레옹 체제의 출현으로 인해 인류 공통의 보편적 이성이나 자유·평등의 이념에 대해 의문을 품었다. 보편적 이성에 대한 반동으로서 꿈·환상·상상력 같은 비합리적 감정이 중시되었으며, 자유·평등에 대한 반동으로서 국민 고유의 역사나 가치에 대한 자각, 중세의 공동체나 가톨릭주의에 대한 재평가가 이루어졌다. 그것은 또한 영국의 공리주의나 경제학, 프로이센의 관료제를 전형으로 하는 근대 합리주의에 대한 사상적 저항이기도 했다.

3. 헤겔의 '문제'

'이중혁명'의 역사적 귀결을 지켜보면서 독일 철학과 낭만주의의 사상에 입각해 그후의 유럽 사상에 지대한 영향을 끼친 인물이 헤겔(1770~1831)이다. 헤겔은 슈투트가르트에서 중급 관리의 아들로 태어났으며 1788년에 튀빙겐 신학교에 입학해 훗날의 철학자 셸링, 시인 휠덜린과 함께 수학했으며, 발발 직후의 프랑스혁명을 열렬히 지지하며 루소의 저작에 몰두했다. 그후 베른, 프랑크푸르트에서 가정교사를 하며 연구를 거듭한 그는 1801년에 예나대학에서 사강사가 된다. 첫 주저인 『정신현상학』(1807)을 집필하던 중에는 예나전투에서 프로이센을 쳐부순 나폴레옹이 시내로 진입하는 것을 목격한다. 그리고 뉘른베르크, 하이델베르크에서 교직에 있으면서 『엔치클로페디』(1817)를 비롯한 철학 저작을 발표했고, 1818년에 피히테의 후임으로 베를린대학의 철학 교수에 취임해 1829년에는 총장이 되지만, 프랑스의 7월혁명 소식을 접하고, 또 영국의 제1차 선거법 개정 운동의 행방을 주시하던 중 콜레라로 갑자기 세상을 떠났다.

헤겔은 사회사상의 관점에서 보면 유럽의 현실을 근본에서부터 철학적으로 이해하기 위한 논리와 개념의 틀을 확립하기 위한 생애를 보냈다. 젊은 헤겔의 눈앞에는 루소, 칸트, 피히테의 위대한 유산이 있었지만, 이는 그에게 근대사회의 철학적 이해라는 과제에 대해 반드시 충분한 답을 주는 것은 아니었다. 그의 사상은 칸트 이래의 '독일 관념론 철학'의 종합이었으며, 근대사회가 낳은 심각한 문제들을 근본적으로 이해하고 해결하기 위한 사회사상의 체계이기도 했다. 헤겔은 마찬가지로 프랑스혁명을 사상적 원점으로 삼은 피히테에게 많은 것을 배웠지만 두 사람의 문제 설정에는 커다란 차이가 있었다.

첫째는 두 사람의 프랑스혁명 이해의 차이이다. 피히테는 프랑스혁명을 인간의 자유·평등의 이상을 '공화주의' 혁명으로서 실현한 획기적 사건이라고 보았다. 로베스피에르의 공포정치라는 일탈은 있었지만 이는 혁명 자체의 역사적 의의를 훼손하는 것이 아니었으며 피히테는 거기서 루소-칸트-프랑스혁명의 사상적 삼위일체를 발견했던 것이다. 또한 그는 공화제를 무너뜨리고 제제(帝制)를 연 나폴레옹을 강하게 비판하며 『독일 국민에게 고함』에서 혁명의 유산을 짓밟는 독재자의 침략에 격렬히 항의했다. 이와 달리 헤겔은 프랑스혁명의 획기적 의의를 인정하면서도 공포정치로의 전락 역시 혁명의 본질에서 유래하는 것이라고 생각했다. 그 결과 헤겔은 오히려 나폴레옹을 높이 평가해 예나로 개선하던 말 위의 독재자를 보았을 때의 감격을 "세계에 군림하고 이를 지배하고 있는 개인을 본다는 것은 실로 근사한 일이다"(로젠크란츠)라고 친구에게 적어 보냈다. 사실 사후에 출간된 말년의 『역사철학 강의』(1837)에서는 나폴레옹을 알렉산드로스 대왕이나 카이사르에 견줄 만한 '세계사적 개인'으로서 높이 평가하게 된다(상권). 헤겔은 혁명의 자유주의적 원리를 민법전 정비나 중앙은행 설립 같은 정책으로 실현한 나폴레옹을 긍정적으로 평가했으며, 프로이센을 비롯한 유럽 여러 지역의 근대화에 길을 열어준 그의 공적을 상찬했던 것이다.

피히테와 헤겔의 또하나의 차이는 산업혁명 시대를 파악하는 방식에 있었다. 스미스를 긍정적으로 평가했다고 알려진 칸트에게 경제학이 없었던 것과는 대조적으로, 피히테에게는 『봉쇄 상업 국가론』이라는 경제학 저작이 있었다. 그러나 그것은 독일 국민의 이상적인 경제 질서를 자급자족적인 농본 공동체로서 구상한 것이며 산업혁명의 시대에 역행하는 방향성을 가지고 있었다. 이에 비해 헤겔은 아주 이른 시기부터 J. 스튜어트, 스미스의 경제학이나 퍼거슨, 흄의 역사서를 열심히 연구했다. 분명 헤겔 자신은 경제학적 저작을 쓰지 않았지만, 『법철학』의 '시민사회'론에는 그 성과가 명확히 반영되어 있다. "헤겔의 국민경제학 수용은 동시대의 독일 관념론 철학에서는 유례를 찾아볼 수 없는 사건"(리델, 『헤겔 법철학』)이었다. 헤겔의 나폴레옹 평가가 근대적 자유의 실현을 둘러싼 것이었다면 영국 경제학 연구는 그에게 이 근대적 자유가 초래하는 빈곤·실업·노동소외를 가르쳐주었다. 이렇게 해서 헤겔은 근대사회의 긍정적·부정적 측면을 어떻게 구조적으로 파악할 것인가, 그것을 어떻게 자신의 역사철학과 세계사 인식 속에 편입시킬 것인가 하는 자기 나름의 문제를 발견한 것이다. 그것은 '이중혁명'이 낳은 현실에 입각해서 프랑스혁명의 자유라는 원리에서 출발해 결국 낭만주의나 내셔널리즘으로 기운 피히테와는 다른 방법으로 독일 국민의 자유라는 민족적 문제를 보편적인 세계사적 시야에서 포착하는 것이었다.

4. 헤겔의 학문론과 시민사회론

난해한 것으로 알려진 헤겔의 저작 중에서도 유달리 난해한 작품이 『정신현상학』이다. 이 대작을 여기서 개관하는 것은 무리겠지만 여기서는 일단 그 책에서 보이는 헤겔의 학문론을 확인해두고자 한다. 당시의 보통 생각으로 학문(과학)은 '진리'의 탐구를 뜻했으며 그 '진리'는 탐구하는 인간의 외부에 독립적으로 존재하는 무엇이었다. 그런 의미에서 '진리'는 사과나 귤 같은 '사물'이다. 헤겔은 이를 '실체(영어로 substance)'라 부른다. '주체'로서의 인간이 '객체' 즉 '실체'로서의 자연이나 사회의 법칙을 탐구한다. 주체와 객체를 결합시키는 합리적 인식의 '수단'은 수학이며 뉴턴 이래로 물리학을 중심으로 하는 수학적 학문들이 학문의 왕좌를 점해왔다. 헤겔은 이러한 상식에 대해 "수학의 명석함은 그 목적이 빈약하고 그 소재가 불충분하기 때문에 획득될 수 있는 것이며, 철학의 눈으로 보면 경멸할 만한 명석함일 뿐이다"라고 잘라 말한다.

요컨대 헤겔은 "자기 자신이 정신임을 아는 정신, 이것이 바로 학문이다. 학문은 정신의 실현이며, 정신이 자기 자신을 벽돌로 삼아 짓는 왕국이다"라고 말한다. 진리를 안다는 것은 자기 자신을 좀더 깊이 아는 것이며 학문과 자기의식은 본래적으로 일체이다. '주체'로서의 인간, '객체'로서의 자연과 사회, 이 양지를 매개하는 학문이라는 상호 독립적인 '실체'의 형식적·외면적 관계를 자명한 것으로 보지 않고 이런 관계를 돌파해 이 모든 것이 하나의 유기적 전체의 부분을 이루는 학문의 모습을 실현해야 하는 것이다. "진리를 둘러싼 모든 것과 관계되는 중요한 점은, 진리를 실체로서뿐 아니라 주체로서도 파악해 표현하는 것이다." 이러한 학문관이 뉴턴 물리학을 모델로 하여 주관과 객관의 이원론을 선험적 이성(그 전형은 수학적 인식)에 의해 정당화한 칸트나 자아(주체)와 타아(객체)의 일체성을 거론하면서도 그 일체성이 성립되는 인식의 구조를 보여주지는 못한 피히테와는 다른, 새로운 학문론의 제시를 의도한 것이라는 점은 명백하다.

이러한 헤겔의 학문관에는 두 가지의 큰 특징이 있다. 첫째는 '변증법적(대화론적)' 성격이다. 헤겔에게 주체와 객체는 독립된 두 개의 실체가 아니다. 객체의 정립(이를 '외화'라 부른다) 자체가 주체의 활동에 의해 비로소 가능해지며 '주체'에 의해 '외화'된 '객체'는 그 자체가 주체화된 '실체'로서 거꾸로 '주체'에 작용하여 이를 객체화한다. 현실 세계에서의 인간의 실천을 기반으로 하는 주체·객체의 이 부단한 왕복운동이야말로 '주체'의 '객체'에 대한 인식을 심화시켜 '객체' 자체를 '이성적'인 것으로 만든다. 이것이 학문적 인식의 변증법적 발전이며,『정신현상학』은 그 발전 과정의 상세한 고찰이다. 요컨대 외계의 사물과의 관계에서 생겨난 '의식'이 타자와의 만남에 의해 '자기의식'으로 발전하고 나아가 그것이 '이성', '정신', '종교'의 단계를 거쳐 '절대지'에 다다를 때, 그것이 바로 학문적 지의 최고 단계이며 거기서 비로소 주체와 객체, 인간과 자연의 분열이 극복된다는 것이다.

여기서 헤겔 학문론의 둘째 특징인 '역사적' 성격이 드러난다. 여기서는 '개체발생은 계통발생을 되풀이한다'는 사고 방법이 보이며, '의식'에서 '절대지'에 이르는 인간 정신의 단계는 개인의 지성과 정신의 역사적 발전임과 동시에 미개사회에서 현대에 이르는 전 인류의 지성과 정신의 단계이기도 하다고 여겨지고 있다. '자기의식'의 발전은 '주인과 노예의 변증법'이나 그리스도교('불행한 의식')와의 관련으로 설명되며, '이성'의 출현은 분업이나 사유재산의 발생과의 관련에서 고찰된다. 이기적 '이성'은 공동체의 질서를 유지하기 위한 '정신'으로 발전하지만 이는 곧장 '소외된 정신'으로 전락하며, 계몽사상과 프랑스혁명의 테러리즘이 암시된다. 계몽적 이성의 모순을 극복하는 것은 '종교'이지만, 인간 정신의 '소외'를 예수의 수육(受肉)으로 극복한다는 그리스도교의 논리는 메시아(구세주)의 도래를 장래로 미루기 때문에 불안정하다. 그리하여 최종적 해결은 '절대지'에 의해 주어진다. "정신의 자유가 널리 퍼진 이 단계에서는 스스로를 외화하는 자기가 스스로의 지와 직접적으로 일체화하며 그것이 지의 내용이 된다"는 것이다. '절대지'는 자기를 학문적으로 아는 '절대정신'을 말하는데, 이 '절대정신'이 현실에서 모습을 드러낸 것이 바로 '국가'이다.

이렇게 해서 『법철학 강의』(1824~25)의 기본 문제가 『정신현상학』의 결론에서 제시된다. 『법철학 강의』는 추상적 권리와 법, 도덕, 인륜의 3부로 나뉘며 그 실질적 내용은 헤겔의 사회과학 체계를 담고 있다. '추상적 권리와 법'에서는 근대 자연법학과 사회계약설을 분석하며, '도덕'에서는 칸트의 도덕철학을 고찰한다. '인륜'에서는 ① 가족, ② 시민사회, ③ 국가를 둘러싼 상세한 논의가 전개되는데 오늘날까지 특히 주목을 받아온 것은 '시민사회'론이다. 헤겔에 따르면 근대 자연법이나 사회계약의 이론은 소유권과 계약, 이를 보호하는 국가의 확립을 이기적인 개인들의 동의를 통해 설명했다. 그것은 일정한 설명력을 갖지만, 한편으로는 왜 우리가 정의의 법을 준수해야 하는지, 그 도덕적 근거를 설명하는 데에는 성공하지 못했다. 국가의 법률을 지키면 개인의 이익이 된다는 사적 이익 이상의, 국가가 '정의'라는 것을 입증하는 도덕적 근거를 그것은 충분히 설명할 수 없다는 것이다.

칸트는 이 문제를 의식하고 있었지만 정의의 객관적인 '법'과 정의의 주관적인 '도덕'을 형식적으로 분리하는 편의적 해결에 머물렀다. 즉, 칸트는 정부의 성립을 이기적인 개인들에 의한 '사회계약'으로 설명함과 동시에 도덕의 문제를 '정언명령'이라는 선험적 이성의 명령으로 설명하려고 했으나 헤겔은 이러한 편의적 해결에 만족할 수 없었던 것이다.

이렇게 해서 헤겔 법철학의 진정한 과제가 드러난다. 그것은 근대사회에서의 법의 객관성과 도덕의 주관성의 분열, '정의'의 객관성과 '선'의 주관성의 분열이라는 근대사회의 근간과 관련된 모순을 사상적으로 극복하는 것이었다. 그 답이 제3부의 '인륜'론이다. 그것은 '가족' → '시민사회' → '국가'라는 세 단계로 구성되며, 인류 사회가 가족적 단계에서 국가적 단계로 발전하는 역사적 필연의 분석이다. 헤겔에 따르면 '가족'은 부부, 부모 자식, 형제 같은 혈연관계를 기본으로 하는 사랑의 공동체이며 가족 간에는 개인의 이익이 희생되는 일도 드물지 않다. 그것은 '시민사회'에서는 찾아볼 수 없는 이타적 관계이지만, 혈연에 기초한 공동체라는 절대적 한계를 안고 있으며 공동체의 외부에 대해 폐쇄적·적대적이다. 이 한계를 자각한 사람들은 진정한 자유를 찾아 정신적·물질적으로 독립한 개인을 단위로 하는 '시민사회'를 창출한다.

헤겔은 '가족'에서 '시민사회'로의 발전을 루소와 같이, 본래 무구했던 인류가 사회관계를 맺는 과정에서 부패·타락하는 역사로 그리지 않는다. '시민사회'의 성립은 개인의 독립과 자유 획득의 프로세스인 한편, 사랑의 공동체로부터 자립한 개인은 그 온기나 애정 넘치는 관계를 잊지 않고 오히려 그것에 근거해 시민사회에서의 좀더 높은 통일, 자유로운 정신에 기초한 통일을 열망한다는 것이다. 왜냐하면 '시민사회'의 역사적 내실은 자본주의이며, 그 본질은 만인이 만인을 스스로의 목적 달성을 위한 수단으로 부리는 '욕구의 체계'이기 때문이다. "시민사회는 과잉 및 빈곤의 무대가 되며, 양자에 공통된 육체적·정신적 퇴폐의 광경을 보여주게 된다." 그러나 그는 시민사회의 현실에 "격분한 나머지 루소 등 깊은 사고와 감정의 소유자들은 시민사회를 거부하고 다른 극단으로 치닫는다"고 하면서 동시대의 낭만주의자를 비판한다. 또한 그는 칸트적 '정언명령'이 이러한 무질서와 혼란을 해결할 수 있으리라고는 생각지 않았다. 헤겔은 오히려 J. 스튜어트나 스미스의 경제학으로부터 많은 것을 배운 '시민사회'의 현실을 '시민사회' 자체의 논리에 집어넣음으로써 내부에서 극복하려고 했다.

5. 헤겔에게서의 '자유'와 '공공'

헤겔은 경제학자들로부터 시민사회의 생산력의 원천인 자유로운 시장경제의 중요성을 배웠을 뿐 아니라 시장경제의 부정적 측면도 배웠다. 스튜어트에게는 케인스의 학설을 선취한 유효수요 관리의 사상을 배웠으며 스미스에게는 분업과 시장의 생산력이 낳는 거대한 빈부격차를 배웠다. "영국만큼 생산량이 많고 시장이 큼에도 불구하고 빈민과 천민의 수가 많고 상황 역시 비참한 나라는 달리 없다"고 쓴 그는 동시에 그들에게 이런 문제들에 대해 근대국가가 취할 수 있는 정책적 대응의 가능성을 배웠다. 그는 사유재산과 계약의 보호를 본질로 하는 근대국가를 '외면 국가'라고 부르는데, 이는 정책적 측면에서 말하자면 '사회정책'과 '직능 집단' 두 가지를 기둥으로 한다. '사회정책'은 또 질서유지를 위한 경찰적 기능과 교육이나 빈민 구제 같은 공공적 기능으로 나뉜다. 스미스는 이런 문제를 『국부론』 제5편에서 자세히 다뤘으며, 그 이전의 법학 강의에서 이미 정부에 의한 이와 같은 활동을 '생활 행정(police)'의 문제로서 상세히 논한 바 있다. 헤겔은 구빈법과 공장법 등 국가의 사회정책적 기능이 가장 발달되어 있는 동시대 영국을 염두에 두고 이 문제를 논의했다.

헤겔은 스미스가 논한 시장 메커니즘의 유효성을 그 나름으로 인정하면서도 자본과 노동의 자유로운 이동이라는 사고방식 자체를 비판하고, "인간에게는 하고 싶은 것을 하는 것이 중요한 게 아니라 생계를 확보하는 것이 중요"하다고 말한다. 스미스가 주장한 대로라면 자유경쟁의 원리는 필요한 생활 물자를 만인에게 낮은 가격으로 공급하지 못한다. '시민사회'의 최소한의 질서유지를 위해서는 사람들의 직장과 생활을 경쟁 원리의 거센 파도로부터 지키는 방파제로서의 '동업조합'이 불가결하다는 것이다. 헤겔은 가장 앞선 선진국인 영국과 후진국 프로이센의 비교를 통해 '욕구의 체계'로서의 '시민사회'에서 정부가 맡는 역할을 고찰하는데, 근대국가에서의 개인의 자유와 공공성의 관계에 대해서는 이를 적극적으로 평가한다. 시민사회의 이기적인 개인은 한 명의 사인(私人)으로서는 공적 질서의 안정 같은 것은 신경쓰지 않고 오로지 자기의 이익을 추구할 뿐이다. 그러나 동시에 그는 세금을 내고 동업조합의 규제에 따름으로써 공공사회 전체의 질서와 안정에 관여하며, 거기서 일정한 사회적 책임을 느끼기도 한다.

여기서는 훗날의 마르크스를 연상시키는 시민사회에서의 '공'과 '사'의 '분열'이라는 인식이 보이지만, 헤겔은 마르크스와 달리 '욕구의 체계'로서의 시민사회에 있으면서도 각 구성원이 근대국가 시민으로서의 공공적 자각을 가짐으로써 '시민사회'가 공공성의 원리를 실현하는 진정한 '국가'로 내발적 전환을 이룰 가능성에 기대를 걸고 있었던 것이다. 영국인이 "국가에 강한 애착"을 지니고 "개인의 존재와 만족이 국가의 존속을 전제로 하여 비로소 가능"하다고 생각한 것은 어째서일까? 그것은 '시민사회' 자체 안에 '시민사회'를 넘어서는 공공성의 계기가 내장되어 있기 때문이라고 헤겔은 생각했다. "무엇보다 바로 여기에 근대국가의 강점이 있으며, 국가와의 연계가 공동체 정신(인륜)의 근거가 될 뿐 아니라 각자의 특수한 이해 역시 공동체 정신으로 향하게 된다" "그러한 전체와의 연계야말로 근대국가를 떠받치는 근거이며 개개인이 개개의 욕구나 목적을 충족시키는 데에서 전체의 통합 역시 확보되는 것이다".

이러한 적극적 근대국가관에도 불구하고 헤겔에 따르면 근대국가의 '외면 국가'로서의 면모는 최종적으로는 극복되어야만 한다. 그 목표는 '이성 국가'의 실현이며 이는 "공동체의 이념이 현실이 된 것"이다. 거기서 '사'와 '공'의 분열이라는 시민사회의 모순이 최종적으로 극복되어 개인은 자유로운 존재인 채로 공공사회의 일원으로서 유기적으로 통합되는 것이다. 헤겔의 국가는 ① 군주권, ② 통치(행정)권, ③ 입법권이라는 3층 구조를 이루는데, 주목해야 할 것은 '군주권'

의 위치이다. 홉스, 로크, 루소 등 헤겔 이전의 대표적 정치 이론에서는 입법권과 통치(행정)권이 국가 제도상의 두 기둥으로 여겨졌으며, 군주의 존재는 두 권한을 인격적으로 구체화하는 것에 지나지 않았다. 이에 비해 헤겔은 군주권을 입법권과 통치(행정)권 위에 군림하는 독자적 권력으로서 파악해 국가의 의지를 체현하는 최고의 존재라고 규정했다. 그렇다고 그가 절대왕정 등의 전근대적 군주제를 떠올리고 있었던 것은 아니다.

헤겔은 영국의 입헌군주제를 떠올리면서도 의회에 종속된 영국의 군주제와는 다른 독자적 존재로서 그의 군주권을 구상한다. 헤겔의 '군주'는 "자기 결정하는 의사(意思)"이며 '자유의 이념'과 '법의 지배'의 인격화이다. 민주제나 귀족제는 프랑스혁명의 공포정치가 전형적으로 보여주었듯이 복수의 특수한 개인의 이기적 의지가 충돌하는 모순된 국가 체제이다. 한편, 프랑스혁명의 자유 이념을 체현한 나폴레옹이야말로 헤겔의 이상적 군주에 가까웠다. 동시에 나폴레옹은 탁월한 역량을 지닌 마키아벨리적 정치 지도자였는데, 헤겔의 군주는 혈통에 기초한 세습 군주이며 특별한 카리스마적 능력을 필요로 하지 않는 존재였다. 그것은 자유의 이념과 법의 지배의 인격화에 지나지 않았으며 걸출한 인격일 필요도 없었다. 이러한 헤겔의 군주관을 전해들은 당시의 프로이센 국왕 프리드리히 빌헬름 3세는 강한 불쾌감을 표명했다고 전해진다.

이렇게 해서 헤겔은 '자유의 이념'의 인격화로서의 근대적 군주가 인류사에 출현하는 필연성을 『역사철학 강의』에서 상세히 고찰하게 된다. 그에 따르면 인류의 역사는 자유의 역사이며 고대 아시아(중국 · 인도 · 페르시아), 고대 그리스 · 로마, 중세 유럽, 근대 유럽이라는 단계를 통해 완성되는 자유의 역사다. 사회계약론자가 '자연 상태'라 이름 붙인, 만인이 자유롭고 평등한 관계에 있는 인류의 본원적 상태 같은 것은 존재하지 않는다. 자유는 본질적으로 역사의 산물이며, 추상적이고 한정적인 것에서 구체적이고 보편적인 것으로 국가의 발달과 함께 성장해온 것이다. 자유는 국가 안에서 비로소 살아 있는 현실의 것이 되며, 국가는 스스로의 자유를 더욱 높은 차원으로 발전시킨다. 아시아에서는 한 명의 전제군주만이 자유로운 존재이며 다른 모든 인간을 노예로서 지배했다. 고대 그리스 · 로마에서는 소수의 시민이 귀족제나 민주제의 주역이 되었지만, 그들의 경제생활은 노예노동에 의해 지탱되었다. 이와 달리 로마제국 시대에 출현한 그리스도교와 이를 수용한 옛 게르만 세계에서는 신 앞에서의 만인의 자유와 평등의 이념이 인류역사상 처음으로 등장한다. 이것을 현실의 국가 제도로서 실현한 것이 종교개혁에서 프랑스혁명에 이르는 근대국가이다.

그런데 프랑스혁명의 공화주의는 만인의 자유 · 평등 이념과는 양립할 수 없는 자코뱅의 공포정치를 낳았다. 그래서 헤겔은 자코뱅 독재 이후의 정치적 혼란을 최종적으로 수습한 나폴레옹의 독재에 주목하고 자유 이념의 진정한 실현 상태를 '군주제'에서 구한 것이다. 그것은 아시아적 전제와는 다른, "인권과 법이 확립되고, 자유가 현실의 것이 되는" 군주제이며 "공동의 정의의 실현"을 목적으로 하는 군주제이다(하권). 또한 그것은 프랑스혁명이 초기 단계에 이상화한 공화제가 아니라 자유 정신의 최고 형태인 종교개혁의 정신, 즉 프로테스탄티즘에 의해 뒷받침된 군주제이며 독일(프로이센)이나 영국의 입헌군주제여야만 했다. 동시에 헤겔은 자유의 이념을 일반적으로 실현한다는 점에서는 영국의 입헌군주제도 완전하지는 않다고 생각해, "개인의 권리나 재산의 자유에 관해 영국은 믿을 수 없을 정도로 뒤처져 있다"(하권)고 지적하고 영국에 여전히 남아 있는 장자상속 제도나 재산자격에 의한 선거권 제한을 비판한다.

헤겔이 이상으로 여기는 프로이센 국가에서는 개인의 재산권이나 영업의 자유가 좀더 완전하게 보장되며 선거권도 좀더 민주적인 것이 되어 자유와 민주주의의 체제가 완성된다. 바로 이것이 프랑스혁명 이념의 독일적 실현이었다. 폭넓은 시민층에서 뽑힌 정치가와 관료가 합리적 입법권과 통치권을 행사하고 군주가 최종적인 의사 결정을 하는 입헌군주제. 헤겔은 여기에서 자유 이념의 현실태로서의 국가의 완성을 기대했다. 헤겔의 국가관은 현실의 프로이센 국가와의 정치적 타협의 산물로서 이해되는 경우가 많다. 그러나 그 내실은 일반 시민의 자유에 대한 의지가 정치가·관료의 실무가다운 능력과 군주의 상징적 존재에 의해 실현된다는 루소적 국가상에 가까운 것이며, 게다가 루소 이상으로 역사의 실태에 입각한 현실성을 지닌 것이었다.

헤겔의 역사철학은 세계사에서의 자유의 실현을 '이성의 책략(교지)'(상권)으로 본다. 그것은 일면 전통적 그리스도교의 섭리 사관으로서의 측면을 가지며 "신의 계획의 실행이 세계사"(상권)라고 주장되지만, 동시에 "방자한 자연 그대로의 의지를 훈련하여 보편적이고 주체적인 자유가 되도록 하는 과정"(상권)으로서의 인류사의 구체적 해명이기도 하다. 인류사의 주역은 반드시 자유의 실현을 의도하는 세계사적 개인만이 아니다. 현실의 역사는 지배욕이나 권력욕에 휘둘린 살아 있는 개인의 역사이며 내전, 혁명, 전쟁을 통해 보편적 자유와 인권의 실현이 모습을 드러내는 역사이다. 역사를 움직이는 주역들은 스스로 자유 실현의 담지자라는 것은 의식하고 있지 않지만, 이를 대국적으로 돌아보면 신의 의사로서의 자유와 인권(정의)의 실현의 역사로서 이해될 수 있다. 이것은 어느 의미에서는 맨더빌의 '사악은 공익' 사상이나 애덤 스미스의 '보이지 않는 손' 사상을 계승하는 것으로, 헤겔 사상의 독자성은 이를 맨더빌이나 스미스의 노선(자유 시장 경제의 이상화)과는 다른 차원에서 체계화한 데에 있었다. 사람들의 자유로운 활동은 이성적인 군주제 국가의 지도에 의해서만 진정한 공공성을 실현할 수 있다. 바로 이것이 헤겔이 최후에 도달한 세계사 인식의 입장이었다.

제9장

마르크스의
자본주의 비판

1. '시대'의 문맥: 자본주의의 위기

19세기 중엽에 확립된 서구의 자본주의는 계급 대립과 빈부 격차 등 수많은 사회적 문제를 내포하면서도 전체적으로는 장기적 발전을 약속하는 듯이 생각되었다. 애덤 스미스의 '보이지 않는 손'을 소박하게 믿는 이는 줄어들었지만, 사람들은 그 대신에 리카도의 자유무역주의에 자본주의의 희망을 걸고 있었다. 경제적 자유주의의 이데올로기가 실제로는 영국의 세계 제패 전략을 정당화하는 것에 불과하다는 비판이 『경세학의 국민적 체세』(1841)의 저사 프리드리히 리스트를 비롯한 독일의 역사학파 경제학자들 사이에서 제기되었는데, 그들은 보호주의적 정책에 의해 자신들의 후발 자본주의를 육성할 필요성을 말했을지언정 시장경제나 자본주의 자체를 의심하지는 않았다. 그들은 단지 자국의 국익을 지키는 입장에서 영국이 주도하는 자유무역주의의 기만성을 고발했을 뿐이다. 이런 상황에서 역시 독일에서 이러한 입장에 만족할 수 없었던 이단자 한 사람이 나타난다. 카를 마르크스(1818~83)이다.

그 시대의 경제적 현실을 어떻게 볼 것인지에 대한 역사가들의 견해는 갈린다. 한쪽에는 마르크스의 맹우였던 프리드리히 엥겔스(1820~95)의 고전적 저작인 『영국 노동계급의 상황』(1845)을 전형으로 하는 '노동자 궁핍화'론이 있다. 독일 바르멘(부퍼탈)의 경영자 집안에서 태어난 그는 아버지가 경영하던 맨체스터 방적공장 노동자들의 비참한 상황에 충격을 받는다. 그는 그곳의 여공과 결혼할 정도로 노동자계급의 생활에 동정을 보였지만, 그의 관찰이 당시의 사회적 현실 전부를 설명할 수는 없었다. 즉, 산업혁명에 의한 1인당 국민소득의 증대와 실질적 생활수준 향상이라는 사실 역시 존재했던 것인데, 영국(잉글랜드)의 1인당 국내총생산은 산업혁명을 끼고 1750년부터 1870년 사이에 배로 늘어났고 1780년부터 1830년 사이에만 25퍼센트 증가했다. 그런가 하면 도시의 생활환경 악화로 인한 영유아 사망률 상승, 여성·아동 노동의 증대 등을 고려한 실질적 생활수준에 대해서는 사회적 불평등의 현저한 확대와 노동자계급의 생활 상태 정체가 있었던 것도 사실이다.

마르크스 사상의 등장 배경으로서 또 한 가지 중요한 것이 당시의 정치적 상황이다. 영국에서는 1832년의 제1차 선거법 개정 이후에도 인구의 전반적 증가, 특히 노동자계급의 증가로 정치의 비민주적 구조는 유지되고 있었다. 이를 비판하며 남성 보통선거 실시를 요구한 것이 '차티스트 운동'이다. 이 운동은 런던의 하층 중산계급과 노동자계급을 중심으로 잉글랜드 북부에서 스코틀랜드에 이르는 확장세를 보였지만 1840년 무렵에는 점차 수그러들었다. 프랑스에서는 나폴레옹 실각 후 왕정복고의 반동적 정책이 시민의 저항에 부딪히며 1830년의 '7월혁명'에 의해 루이필리프의 입헌군주제가 성사되었지만, 이것이 정치적으로는 금융자본가와 대(大)부르주아의 과두제였기 때문에 1848년에 좀더 민주적인 체제를 요구하는 '2월혁명'이 일어났다. 루이필리프는 영국으로 망명하고 일각에 사회주의자를 포함한 제2공화정이 수립되지만 상황은 크게 바뀌어서 신헌법에 의한 인민 투표로 대통령이 된 루이 나폴레옹은 1852년에 황제 나폴레옹 3세가 되어 1870년까지 이어지는 제2제정(보나파르티즘)이 탄생한다. 독일에서는 2월혁명의 영향을 받은 '3월혁명'이 일어나 자유와 민주주의에 대한 요구가 일부에서 고조되었지만, 최종적으로는 전근대적 토지 귀족(융커)에 의한 자본주의 발전 노선이 확립된다.

이렇듯 홉스봄이 '자본의 시대'라 부른 1848년부터 1871년까지의 자본주의 확립기의 현실에 대해 일면적으로 단정하기는 힘들지만, 최첨단을 달리던 영국과 프랑스를 비롯한 대륙 국가들의 사정이 전혀 딴판이었음은 분명하다. 사회사상사의 관점에서 중요한 것은 객관적인 역사의 사실보다는 각 사상가가 자신의 현실을 어떻게 포착했는가 하는 것, 특히 현실의 어떠한 측면을 가장 중요시했는가 하는 것이다. 어쨌든 이 시기에 유럽 자본주의가 전체적으로 발전한 것은 틀림없는 사실이며, 영국·프랑스를 중심으로 하는 대자본가층은 아시아나 중남미의 식민지를 포함한 전 세계로의 진출을 꾀하며 '자본의 문명화 작용'(마르크스)으로 지구의 표면을 변모시켜나갔다. 이에 대응해 반체제적 지식인 집단 역시 국경을 넘어 활발한 활동을 펼친다. 그들은 자본주의 타도와 사회주의 실현이라는 공통된 목적을 내걸고 서로 밀접한 교류를 이어나간다. 유대계 독일인 마르크스가 조국을 떠나 파리에서 경제학과 만나고 마지막 망명지였던 런던에서 『자본론』 완성에 몰두한 것이 꼭 그렇듯이 말이다.

2. '사상'의 문맥: 마르크스 이전의 사회주의

마르크스가 사회주의 사상가로 등장하기 전부터 사회주의 사상은 영국·프랑스를 중심으로 이미 다양하고도 활발하게 전개되고 있었다. 영국의 오언(1771~1858), 프랑스의 생시몽(1760~1825)과 푸리에(1772~1837)의 사상이 대표적이었다.

생시몽은 귀족 가문에서 태어나 미국 독립운동에 참여하고 프랑스혁명 때에는 자코뱅파에게 붙잡히는 등 파란만장한 인생을 보냈다. 그의 가장 중요한 저작인 『조직자』(1819), 『산업 체제론』(1821), 『산업가의 교리문답』(1823~24) 등은 나폴레옹 체제하에서 시작된 프랑스 산업혁명의 진전을 배경으로 쓰였다. 그는 근대적 과학기술이 산업혁명과 결합하여 프랑스 사회를 일변시키는 현실을 목격하면서 '산업사회' 개념을 기축으로 하는 독자적 역사관을 전개했다. 고대 그리스·로마 때부터 인류의 역사는 사회의 여러 신분이 정치권력을 놓고 다투는 '사람에 의한 사람의 지배'의 역사였다. 이에 비해 프랑스혁명 이후의 인류 사회는 '자유·평등·박애'의 기치 아래 새로운 단계에 들어섰으며 그 원리는 '사람에 의한 사물(자연)의 지배'이다. 산업혁명이 그 역사적 증명이며, 과학·기술에 의한 자연의 지배와 사회의 이성적 관리가 사회의 부유화·평등화를 불러와 마침내는 계급 대립마저 사라진다. 이를 대신하여 '과학자'와 '산업가'라는 새로운 지도적 집단이 생겨나지만 그들은 권력투쟁과 계급투쟁에 의해 지배권을 다투는 것이 아니라 서로 조화를 이루고 연대하면서 풍족하고 평화적인 공동사회(association)의 창출에 동참한다.

　나중에 하이에크는 이러한 생시몽주의를 비판하며 소비에트 러시아를 비롯한 국가사회주의의 선구라는 식으로 단죄했다(『과학에 의한 반혁명』). 생시몽주의를 이끈 부류는 상층 자본가나 대(大)금융업자 등 프랑스 산업사회의 지도층이며 이성에 의한 사회 전체의 관리와 계획의 사상이 20세기의 고도로 조직화된 산업사회를 선취했다는 것은 사실이다. 그러나 여기서 중요한 것은 생시몽이 인류 사회를 평화로 이끄는 원리로서 '산업(가)'을 발견했다는 점이다. 이는 스미스나 리카도의 경제학을 계승하는 것임과 동시에 신학이나 형이상학 대신에 과학기술이 지배하는 산업사회의 발견이기도 했다. 그의 비전은 산업사회의 질서를 '보이지 않는 손'이라는 익명의 시장 메커니즘에 맡기는 것이 아니라 자각적으로 조직된 과학자와 산업가의 이성적 관리 아래에 두는, 고전적 경제학의 사회관을 넘어서는 것이었다. 그것은 마르크스도 계승하고 있는 사고방식이지만, 그 영향은 좀더 널리 미쳐서 케인스에서 현대에 이르는, 자본주의를 인류의 이성적 관리 아래에 두려고 하는 사상의 가장 중요한 선구이기도 했다.

　이에 비해 푸리에의 미래 사회상은 훨씬 '공상적'이라고 불릴 만한 것이었다. 그는 프랑스 동부 브장송의 소상인 집안에서 태어나 어려서 아버지를 잃었지만, 재산을 상속받아 프랑스 제2의 도시 리옹에 정착한다. 그후 파리를 비롯해 프랑스 각지에서 여러 직업을 경험하면서 상업 사회의 악랄함과 허위에 눈을 떠, 대표작이 될 『네 가지 운동의 이론』(1808)이나 말년의 『협동적·산업적 신세계』(1829)에서는 빈부 격차와 인간 소외를 본질로 하는 자본주의적 상업 사회와는 다른 전혀 새로운 인류 사회('팔랑주')의 구상을 제시했다. 그는 뉴턴의 만유인력에 필적하는 '정념 인력'의 존재를 지적하고 사회 전체를 통합하는 원리는 이기심이나 이성이 아니라 정념과 협동이며, 상공업이 아니라 농업이어야 한다고 주장한다. '팔랑주'에서는 분업에 의해 억압된 인간의 정념들이 해방되며, 사람들은 '변덕스러운 정념'이 명하는 대로 다양한 직업에 종사하며 이를 즐긴다. 1620명으로 이루어진 소규모 공동사회가 실현됨으로써 일부일처제와 사유재산 제도는 부정되며 남녀의 자유연애나 동성애가 공공연하게 승인된다.

산업사회의 원리(과학기술과 분업)를 정면에서 부정하는 푸리에의 사상은 생시몽의 구상과는 정반대였다. 그것은 '자연으로 돌아가라'로 상징되는 루소의 문명 비판을 떠올리게 하지만, 동시에 푸리에의 이상사회는 단순한 농업 중심 사회가 아니다. 그것은 문명사회의 부와 생산력을 계승하면서도 이를 '정념 인력'의 원리에 의한 본능적 노동의 공동체로서 재편성하려는 것이었다. 루소와의 큰 차이는 여성관에서도 찾아볼 수 있다. 여성을 남성에게 봉사하고 복종해야 할 존재로 본 루소와는 대조적으로, 푸리에는 남녀의 완전한 평등을 주장했다. 노동을 고통이라고 보는 그리스도교적 관념을 근본적으로 부정하고 생산 활동을 쾌락과 향수(享受)의 활동으로 파악해, 스미스가 일찍이 지적한 바 있는 분업 노동의 비인간성을 고발한 푸리에의 논의는 마르크스의 노동 소외론을 선취하는 내용을 담고 있다. 마르크스는 푸리에적 이상사회를 '여성의 공유'를 주장하는 '조야한 공산주의'라는 식으로 비난하지만, 이는 현대의 시선으로 보면 당연하다고 할 수 있는 푸리에의 여성관이 마르크스를 포함한 보수적 남성의 감성을 거스른 것에 불과하다고 할 수 있다.

산업사회의 평가에서 이처럼 대조적인 평가와 전망을 제시한 생시몽과 푸리에였지만, 두 사람의 사상은 모두 자본주의를 근본적으로 뜯어고치려는 것이었으며, 그런 의미에서 '혁명적' 성격은 매한가지였다. 이에 비해 로버트 오언은 훨씬 현실적인 사회 개혁의 처방전을 내놓은 인물이다. 그는 웨일스에서 소규모 제조업자의 아들로 태어나 도제 수업을 거친 후 런던에서 맨체스터로 옮겨가서는 젊은 나이에 방적공장 경영자가 되었다. 그는 노동자의 열악한 환경에 동정을 보이며 경영자로서의 식견을 살린 사회 개혁을 위한 활동에 나선다. 스코틀랜드의 사업가 로버트 데일의 딸과 결혼한 그는 뉴라나크에 있는 장인의 방적공장을 활용해 새로운 원리에 기초한 이상사회를 실현하는 실험에 착수한다. 주요 저작인 『신(新)사회관』(1813)에서 그는 '성격 형성 원리'를 전개해 인간의 성격은 나고 자란 환경에 의해 형성된다는 환경결정론을 폈다. 그것은 반드시 독창적인 사상이라고는 할 수 없지만, 경영자로서의 풍부한 경험을 살려 단순한 환경결정론을 사회 개혁의 이론으로 응용한 것이었다. 그는 당시에는 흔했던 소년·소녀 노동을 폐지하고 '성격 형성 학교'를 세워 미래의 노동자의 지성과 도덕의 기반을 다지려고 했다. 성인 노동자에게는 충분한 임금을 지불함으로써 노동 의욕을 자극하고, 그것이 보장하는 생산성 향상은 자본가·경영자의 이익 증대를 가져온다는 것이다.

노사협조에 기초한 뉴라나크에서의 실험은 일정한 사회적 성공을 거두었지만 경영상으로는 활로를 찾지 못했다. 그러나 노동자의 곤궁은 악화되고 있었으므로 오언은 좀더 근본적인 사회 개혁 실험에 나선다. 그것이 1825년부터 미국 인디애나주에 건설된 '뉴하모니'인데, 생산과 소비의 공동체를 공산주의적 조직에 의해 실현하려는 이 계획 역시 실패로 돌아갔으며, 실의에 빠진 채 귀국한 오언은 좀더 현실적인 사회 개량에 착수하게 된다. 그 첫 시도가 1832년에 시작된 '국민공평노동교환소' 설립과 노동시간을 단위로 하는 통화 발행 실험이었으며, 이는 1844년에 로치데일에서 시작된 '협동조합(cooperative)' 운동으로 이어진다. 노동시간 통화 실험은 훗날 마르크스에 의해 혹독하게 비판받지만, 오언의 사회주의는 '뉴하모니'에서 벌인 공산주의 실험의 실패에서 교훈을 얻어 좀더 현실적인 협동조합의 탄생을 불러왔다. 오언은 오늘날 '협동조합 운동의 아버지'로서 널리 알려져 있다.

3. 마르크스의 '문제'

마르크스는 독일(프로이센) 트리어에서 유복한 법률가의 아들로 태어났다. 프랑스와 국경을 맞대고 있는 트리어는 한때 프랑스의 지배를 받기도 했으며 18세기의 계몽사상이나 프랑스혁명의 문화가 도시의 공기에 배어 있었다. 유대인이었던 마르크스의 아버지 하인리히는 랍비(유대교 성직자) 가계를 잇고 있었지만 법률가로서의 길을 건기 위해 그의 아들이 여섯 살일 때에 프로테스탄트로 개종했다. 자유주의적인 아버지의 풍부한 교양은 소년 마르크스에게 큰 영향을 끼쳤으며, 아버지의 친구가 교장으로 있던 김나지움에서 마르크스는 한층 폭넓은 고전적 교양을 습득했다. 그후에는 본대학에서 베를린대학으로 진학하여, 법률가의 길을 희망한 아버지의 뜻과는 달리 철학이나 역사를 중심으로 하는 학문·사상 연구에 몰두했다. 헤겔 사후의 베를린대학에서는 헤겔의 제자들('청년헤겔학파' 혹은 '헤겔 좌파')이 스승의 철학을 놓고 격렬한 논쟁을 벌이고 있었다. 마르크스는 특히 루트비히 포이어바흐에게 유물론의 방법을, 브루노 바우어에게 철학에 의한 사회 비판의 입장을 배웠다. 그는 역사법학의 사비니, 형법학의 간스의 강의에도 열심히 출석했으며, 특히 헤겔의 애제자였던 간스에게 큰 영향을 받았다(벌린, 『인간 마르크스』)

그러나 포이어바흐나 바우어의 헤겔 비판에 만족할 수 없었던 마르크스는 유대인 평론가 모제스 헤스의 부름을 받고 쾰른으로 가서 헤스가 창간한 반체제적인 〈라인 신문〉을 무대로 정치·사회 문제를 둘러싼 열띤 논진을 펼친다. 이 시기에 평생의 맹우가 될 엥겔스와 알게 된 마르크스는 명문가의 딸 예니 폰 베스트팔렌과 결혼하지만, 1843년에 〈라인 신문〉이 프로이센 당국에 의해 폐간되자 아르놀트 루게와 함께 파리에서 더욱 체제 비판적 잡지인 『독불 연보』를 창간한다. 거기에 게재된 것이 이 시기를 대표하는 두 논문인 「유대인 문제에 관하여」와 「헤겔 법철학 비판 서문」이다. 바우어는 독일의 유대인이 종교에 의한 차별로 고통당하는 현실을 마주하고 유대인에게 그리스도교도와 동등한 정치적 권리를 부여함으로써 그들을 해방시켜야

한다고 주장했다. 이와 달리 마르크스는 근대국가에서의 시민의 정치적 해방은 그 사회적 해방이 아니며 진정한 인간적 해방도 아니라고 주장한다. "인권 가운데 그 어떤 것도 이기적인 인간을, 시민사회의 구성원과 같은 인간을, 다시 말해 자신 속으로 퇴각한 개인, 자신의 사적 관심과 사적 자의로 퇴각해 공동체로부터 분리된 개인과 같은 인간을 넘어서지 못한다"(「유대인 문제에 관하여」). 기본적 인권은 에고이스트의 자유와 평등이다. 유대인을 정치적으로 해방시킨다는 것은 그들을 에고이스트로서 해방시키는 것에 불과하며, 그것이 진정한 사회적·인간적 해방은 아니라는 것이다.

시민으로서의 정치적 해방과는 구별되는 진정한 인간 해방은 무엇인가? 바로 이것이 마르크스가 바우어 비판에서 끄집어낸 문제였다. 같은 문제를 마르크스는 포이어바흐의 그리스도교 비판을 실마리 삼아 다른 각도에서 고찰한다. 그에 따르면 그리스도교의 본질은 도착된 인간숭배이며 '소외'된 인간주의(휴머니즘)이다. 본래는 인간의 것인 사랑과 자유, 이성을 인간에게서 빼앗아 이를 신의 독점물로서 거꾸로 인간에게 준다고 하는 논리야말로 그리스도교가 인간 소외의 사상이라는 증거다. 마르크스는 이 포이어바흐의 소외론을 토대로 그리스도교가 오랫동안 유럽인을 지배해온 사회 구조를 문제삼는다. 그리스도교의 기원인 유대교는 본래 화폐를 숭배하는 종교이며 유대교를 낳은 당시 사회는 초기 상품경제 사회였다. 근대의 프로테스탄티즘 역시 네덜란드, 영국, 북미를 중심으로 발전한 이윤 추구의 종교였다. 그리스도교가 인간 본래의 능력이나 속성을 신의 독점물로서 앗아간 것은 이 종교가 화폐 숭배와 이윤 추구의 종교였다는 사실의 이면이며, 본래의 사회적 본성을 빼앗긴 인간은 종교의 도움 없이는 동포와 교류하고 연대하지 못하는 이기적 존재가 되어버렸다고 마르크스는 생각했다.

이로부터 "종교는 곤궁한 피조물의 탄식이며, 무정한 세계의 심정이고, 또한 정신이 없는 상태의 정신이다. 종교는 인민의 아편이다"(「헤겔 법철학 비판 서문」)라는 유명한 말이 나오게 된다. 포이어바흐는 종교에 의한 인간 '소외'를 극복하기 위해 관념론에서 유물론으로의 세계관의 전환이나 철학의 비판을 수행했다. 그러나 마르크스는 그것으로는 심히 불충분하다고 생각했다. 에고이즘과 화폐 숭배에서 비롯된 그리스도교를 근본적으로 비판하려면 그 근본 원인인 상품경제 자체를 비판하지 않으면 안 된다. '아편'으로서의 종교로부터 인간을 해방시키기 위해서는 이 세계 자체를 바로잡아야 한다. 루소의 『사회계약론』을 언급한 다음의 구절에는 성숙기의 마르크스를 예고하는 내용이 담겨 있다. "현실의 개체적인 인간이 추상적인 공민(公民)을 자기 안에서 회복하고, 개체적인 인간으로서 자신의 경험적 삶, 개별적 노동, 개별적 관계 안에서 유적 존재가 될 때에야, 요컨대 인간이 자신의 '고유한 힘(forces propres)'을 사회적 힘으로 인식하고 조직함으로써 사회적 힘을 더이상 정치적 힘의 형태로 자기 자신에게서 분리하지 않을 때에야 비로소 인간 해방이 완성된다"(「유대인 문제에 관하여」).

여기에는 인간이 화폐경제의 이데올로기인 그리스도교로부터 해방되어 사람들이 종교나 화폐, 국가의 매개에 의해서가 아니라 노동을 비롯한 사회관계 안에서 직접 결합하고 연대할 수 있는 사회의 가능성이 정열적인 말로 표현되어 있다. 이 무렵에 마르크스는 경제학이라는 학문과는 전혀 관계가 없었다. 마르크스와 경제학의 만남은 파리에서 이루어졌으며, 그는 그전에 철학자, 사상가, 저널리스트로서 활동하는 가운데 청년헤겔학파의 관념적인 헤겔 비판을 근대사회 자체의 정치적·종교적 소외의 비판으로서 새롭게 파악했던 것이다.

4. 철학 비판: 『경제학·철학 수고』에서 『독일 이데올로기』로

마르크스가 새로운 활동 거점으로 삼은 파리는 당시 유럽 사회주의 운동의 중심지였다. 그곳에는 다수의 생시몽주의자나 푸리에주의자뿐 아니라 직인 출신의 무정부주의자 프루동이나 러시아 귀족 출신의 무정부주의자 바쿠닌 같은 급진적 사회주의자들이 모여 있었다. 마르크스 역시 곧바로 그들과 교류하기 시작하지만, 그들의 논의에 동조하지 않고 그것을 비판적으로 검토하며 독자적 논리를 전개해나간다. 그 최대 성과가 『경제학·철학 수고』(이하 『수고』)이다. 1932년에 당시 소비에트연방에서 처음으로 공식 간행된 이 초고에서는 훗날의 좀더 성숙되고 체계화된 저작들에서는 찾아볼 수 없는 청년 마르크스의 생생한 문제의식이 명료하게 드러나 있어, 간행 당시에 서방 지식인들에게 큰 충격을 주었다. 그들은 거기서 『공산당 선언』이나 『자본론』의 마르크스와는 다른 인간 마르크스의 살아 있는 목소리를 들은 것이다. 마르크스는 이 초고를 집필하는 가운데 기존의 사회주의에 결여되어 있던 학문적 무기를 획득한다. 그것이 경제학이라는 학문이었다.

종전까지 유대인 차별 같은 사회문제를 철학자의 눈으로 분석하고 비판하던 마르크스는 파리에서 경제학이라는 전혀 새로운 학문과 만나게 된다. 마르크스는 한편으로 스미스, 리카도, J. B. 세, 시스몽디 등 영국과 프랑스의 주요한 고전적 경제학자('국민경제학자')의 책과 씨름하며 그 학문적 성과를 배워 흡수하면서도, 다른 한편으로는 모종의 근본적 의문을 품게 된다. 애덤 스미스 이래로 경제학자들은 '보이지 않는 손'의 논리에 의해 시장 메커니즘이 개인과 사회 전체의 조화, 각 계급의 조화를 가져온다고 주장해왔다. 그런데 산업혁명 이후의 자본주의의 현실은 그것과는 정반대였다. 즉, "노동자는 부를 많이 생산하면 할수록, 그의 생산의 힘과 범위가 증대될수록 더욱더 가난해진다"는 것이 그가 관찰한 자본주의의 현실이었다. 그들이 과학자로서 자본주의의 현실을 설명할 수 없었던 것은 그들의 기본적 사고방식에 근본적 문제가 있기 때문이었다. 그것은 "국민경제학은 사유재산이라는 사실에서 출발한다. 그러나 국민경제학은 우리에게 이 사실을 해명해주지 않는다"고 하는 문제다.

스미스 이래의 경제학은 가격 결정이나 자본축적의 메커니즘에 대한 이론적 설명을 임무로 해왔을지언정 자본주의 시스템 자체를 문제삼지는 않았다. 자본주의의 대전제는 사유재산 제도이며 지주, 자본가, 노동자라는 세 계급은 토지, 자본, 노동이라는 신성한 재산의 소유자로서 등장한다. 그들은 사유재산의 소유자로서 자유롭고 평등하며, 각기의 사유재산을 자신에게 최대의 이익이 되도록 시장에서 판매하여 그 성과를 신성한 사유재산으로서 획득한다. 자본주의는 사유재산으로 시작해 사유재산으로 끝나는 시스템이다. 경제학자들에게 이것은 자명한 사실이자 현실인데, 그들의 경제학은 하나같이 이 대전제에서 출발한다. 루소가 그렇듯 사유재산 제도 자체를 의문시한 사상가가 아예 없었던 것은 아니지만, 루소가 이상으로 여긴 것은 대규모 시장경제가 아니라 소규모 독립생산자의 공화국이었으며 그렇기 때문에 루소는 경제학자가 될 수 없었다.

마르크스가 보기에 자본주의가 나날이 드러내고 있는 것은 사유재산이 인간에 의한 인간의 정치적 지배를 낳는다는 루소적 현실만이 아니다. 문제의 근원은 바로 신성불가침하다고 여겨지는 사유재산이 사람(지주·자본가)에 의한 사람(노동자)의 경제적 지배를 낳고 있는 현실, 특히 자본가가 노동자를 사유재산(자본)의 힘으로 지배하고 그 노동을 '착취'하고 있는 현실에 있다. 자본가의 지배 아래서 노동자가 일을 하면 할수록 가난해질 수밖에 없는 것은 우연이 아니라 자본주의에 내재된 메커니즘이라는 인식을 마르크스는 뚜렷이 가지고 있었다. 이 현실을 그는 '노동 소외'라는 개념으로 설명한다. 독일에 있던 시절의 마르크스는 헤겔이나 포이어바흐의 철학적 개념인 '소외'를 정치적 소외나 종교적 소외를 비판하는 맥락에서 사용했지만, 파리의 마르크스는 같은 개념을 '국민경제학'의 양상을 근본적으로 비판하기 위해서 사용한다.

자본주의가 낳는 소외는 네 가지 형태를 취한다. 첫째는 '생산물로부터의 소외'이다. 자본주의하에서 일하는 노동자는 아무리 열심히 일해도 스스로 만들어낸 생산물을 자신의 소유물로서 획득할 수 없다. 그것은 생산수단을 소유한 자본가의 재산이 된다. 둘째는 '생산 활동으로부터의 소외'이다. 본래 자기 자신의 자유로운 목적의식적 활동이어야 할 노동이 자본가의 명령에 따르는 부자유하며 고통스러운 것이 된다. 셋째로 그 결과로서 '유적 본질(존재)로부터의 소외'가 나타난다. 인간의 본래적 노동(생산 활동)의 본질은 자유롭고 의식적인 것이지만, 자본주의 사회에서는 이 본질이 부정되어 실현되지 못하므로 그것은 '유적 본질(존재)'로부터의 소외를 의미하게 된다. 마지막으로 넷째 형태로서 '인간으로부터의 인간 소외'가 발생한다. 그것은 인류 동포(동류)로부터의 소외이며, 직장 동료로부터의 소외감이나 자본가와 노동자의 대립으로서 나타난다.

이처럼 마르크스는 자본주의 사회의 현실을 '소외'나 '유적 본질(존재)'이라는 철학적 개념에 의해 파악했다. '소외'는 본래 의당한 인간의 본질(존재)이 부정되어 인간이 비본래적 상태에 빠져 있다는 생각을 나타내는 말로, 이는 인간끼리의 본래적 결합이 소외되어 신 관념을 낳는 종교적 소외나 본래적인 인류의 결합이 '자유 · 평등 · 사유재산'의 이념에 의해 소외되는 정치적 소외의 경우와 마찬가지다. 여기서 생기는 문제는 마르크스가 생각하는 소외되지 않은 노동의 모습, 네 가지의 소외로부터 자유로운 본래의 노동의 모습은 무엇인가하는 점이다. 정치와 종교의 소외에 대해서 마르크스는 인간의 유적 본질이 종교나 국가의 매개 없이 직접적으로 실현되는 것을 소외되지 않은 상태라고 생각했다지만, 소외되지 않은 노동의 모습에 대해서는 어떻게 생각했을까? 결론부터 말하자면 마르크스는 소외되지 않은 본래적 노동의 모습으로서 두 개의 서로 다른 비전을 제시한다.

하나는 '자유롭고 의식적인 노동'이라는 노동관이고, 또하나는 '사회적 노동'이라는 노동관이다. 인간 노동의 이 두 측면이 어떤 관계에 있는지에 대해『수고』에서 마르크스가 제시한 설명은 반드시 명확하지만은 않다. 인간의 노동이 본래는 '자유롭고 의식적'이라는 것을 마르크스는 다른 동물과의 비교를 통해 보여준다. 꿀벌이나 비버는 변변찮은 건설 노동자보다 훨씬 집을 잘 짓는 것처럼 보이지만, 그것은 본능에 따른 활동에 불과하다. 그렇지만 인간의 노동은 본능이나 육체적 욕구로부터 자유로이 행해지며 대상에 '미의 법칙'을 부여하는 것조차 가능하다. 이런 의미에서 인간 노동의 본래 모습은 첫째, 둘째, 셋째의 소외의 현상 형태 속에서 '소외'라는 부정적 형태로 표현된다고 할 수 있지만, 넷째의 소외 형태인 '타인으로부터의 소외'는 '사회적 노동'의 부정으로서 나타난다.

이 '사회적 노동'의 의미에 대해『수고』에서 마르크스는 '사유재산과 공산주의'라는 표제 아래서 상세하게 논하고 있다. 그에 따르면 당시의 공산주의 사상은 세 가지 형태로 구별된다. 첫째는 사유재산을 폐지하고 재산의 공유를 목표로 하는 '조야한 공산주의'이다. 공산주의라고는 하지만 그 본질은 사유재산의 보편화이며, 모든 인간이 사유재산의 주체가 되어 모든 재산을 소유의 대상으로 삼으려 한다. 마르크스는 아마도 고대의 플라톤이나 동시대의 푸리에주의자, 생시몽주의자를 염두에 두고 그 궁극의 형태를 여성을 "공동체적 육욕의 시녀"로 여기는 여성 공유의 주장에서 찾는다. 공산주의의 둘째 형태는 "여전히 정치적 차원을 못 벗어난" 형태로, 민주적이건 전제적이건 정치적 국가를 남겨두며 "사유재산의 적극적 본질을 아직 파악하지 못했고 마찬가지로 욕구의 인간적 본성을 이해하지" 못한 형태이다. 그것은 당시의 사회주의·공산주의가 노동자에 의한 국가권력 탈취를 혁명의 목표로 삼고 있었던 사실을, 그리고 무엇보다 러시아혁명(1917)으로 실현된 사회주의 국가의 현실을 떠올리게 한다.

이에 대해 마르크스는 자신의 전망을 '제3의 공산주의'로서 제시한다. 마르크스의 필치는 웅변적이며 화려하기까지 한데, 그 정수라고 할 만한 구절을 인용하고자 한다. "[제3의] 공산주의는 자기소외의 근본 원인인 사유재산을 적극적으로 지양하는 시도이며, 인간의 힘을 통해, 인간을 위해, 인간의 본질을 현실적으로 획득하려는 시도이다. 그것은 인간이 이제껏 발전시켜온 부의 전체 가운데서 의식적으로 생성되는 인간의 완전한 회복이며, 사회적 인간의, 즉 인간적 인간의 완전한 회복이다. 이 공산주의는 인간주의와 자연주의가 완전히 일체화된 것이다. 인간과 자연의 항쟁 및 인간과 인간의 항쟁을 진정으로 해결하는 것이며 실재와 본질, 대상화와 자기 확인, 자유와 필연성, 개인과 유(類) 사이의 갈등을 진정으로 해결하는 것이다. 그것은 역사의 수수께끼를 푸는 것이며 그러한 해결의 자각이다."

마르크스가 말하는 '제3의 공산주의'의 본질은 "사유재산의 적극적 지양"라는 사고방식에 있다. 그러나 이 한 구절에서 읽어낼 수 있는 낭만적이기까지 한 공산주의의 비전은 이론적 주장으로서는 명확하지 않다. 그는 이것을 "모든 소외의 적극적 지양이며, 그러므로 인간이 종교, 가족, 국가 등에서 자신의 인간적인, 다시 말해서 사회적인 현존으로 귀환하는 것"으로도 설명하지만 이 역시 추상적이다. 좀더 큰 문제는 "사유재산의 적극적 지양"으로서의 공산주의라는 사회과학적 관점과 진정한 공산주의를 '유적 본질(존재)'의 재획득이라고 정의

하는 '소외'론의 철학적 관점이 서로 어떻게 연관되는지에 대한 논리 구조가 불명확하다는 것이다. 마르크스가 엥겔스와 함께 쓴『독일 이 데올로기』(1845~46)는 바로 이 문제에 대한 회답이었다.

이 저작은 공산주의를 인간 소외로부터의 해방으로서 전망한 당시의 사회주의 사상('진정사회주의')을 근본에서 비판함과 동시에 새로운 인류 사회의 이론(이른바 '유물사관')을 제시하고 자본주의 붕괴의 필연성을 말하고 있다. 비판되어야 할 '진정사회주의'로서『수고』속에 나타난 마르크스 자신의 견해도 포함하고 있는 이 책은 자기비판이기도 했다. 이 저작의 집필 과정에서 엥겔스가 맡은 큰 역할도 잘 알려져 있다. 이 저작에 표명된 마르크스의 새로운 철학적·사회과학적 입장은 일찍이 히로마쓰 와타루에 의해 '물상화론'이라 불린 이래로, '소외론'에서 '물상화론'으로의 변화를 단절로 볼지 연속으로 볼지를 놓고 오랜 세월 논쟁이 있었다. 그 논쟁은 지금도 결말이 나지 않았지만, 두 저작 사이에 연속과 비약의 양면이 있다는 것은 확실하게 말할 수 있다. 그것을 완전한 단절 관계로 보면 마르크스의 문제의식에 나타난 명백한 연속성, 즉 자본주의 메커니즘이 인간의 자유를 억압해 진정으로 인간다운 모습이 부정된다는, 직감 혹은 신념이라 할 만한 그의 인식의 연속성을 무시하는 처사가 될 것이다.

그런가 하면 두 저작의 큰 차이는 같은 결론으로 향하는 논리와 그것을 떠받치는 논의의 틀에 있다. 이는 다음의 세 가지로 요약할 수 있다. 첫째로,『수고』의 기본적 틀을 이루고 있던 소외론의 논리가『독일 이데올로기』에서는 자취를 감추고 있다는 점이다.『수고』의 마르크스는 자본주의 사회에서의 인간 소외를 '유적 본질(존재)'의 소외로서 파악하고 그로부터의 해방을 진정한 공산주의의 목표로 보았지만, '유적 본질(존재)'의 내실인 '자유롭고 의식적인 노동'과 '사회적 노동'의 관계는 불명확했다. 이에 비해 『독일 이데올로기』에서는 인간의 '유적 본질(존재)'이라는 개념이 사라지고 그 대신에 현실적 개인의 생산 활동이 논의의 출발점에 놓이게 된다. "우리가 출발하는 전제는 (…) 현실적 개인과 그들의 행동이며, 그들의 눈앞에서 찾아볼 수 있는가 하면 그들 자신의 행동에 의해 창출되기도 하는 물질적 생활 조건이다"라고 말하고 있듯이 '유적 본질(존재)'은 스스로의 활동과 행위에 의해 창출되는 "물질적 생활 조건"으로서 새로이 파악되어 '자유롭고 의식적'이며 '사회적'이라는 인간 노동의 두 측면은 현실적 개인의 물질적 생활 조건의 두 측면으로서 통일적으로 파악되기에 이른다.

둘째로, 『독일 이데올로기』에서는 현실적 개인의 생산 활동이 '분업'과 '시민사회' 개념을 축으로 하여 전개되어 있다. 인류사의 원동력인 '분업'은 ① 자연발생적이며, ② 정신적 노동과 물질적 노동의 분리를 결정적 전환점으로 하여 정치와 종교의 자립(과거의 '소외')을 낳고, ③ '소유(사유재산)' 관념을 낳는다. '분업'과 '소유'는 자연발생적 분업의 두 측면이며, 국가에 의한 정치적 지배는 '분업'과 '소유'의 결절점에서 발생한다. '분업'과 '소유'에 의해 구성되는 사람들의 사회적 관계가 '시민사회'인데, 그것은 "생산력의 일정한 발전 단계 내부에서 이루어지는 개인의 물질적 교통의 전체를 포괄하는" 것이며 "어느 시대건 이것이 국가 및 그 밖의 관념적 상부구조의 토대를 이루고 있다". 마르크스는 분업-소유-국가로 이루어지는 인간 사회의 발전 구조(아시아적 → 고전고대적 → 봉건적 → 근대 부르주아적)를 제시하고 이를 '시민사회'와 '국가'의 관계로서 파악하면서 '물질적 토대'(시민사회)가 '상부구조'(국가)를 규정한다는 보편적인 인류사의 이론을 전개한 것이다.

　그리고 셋째로, 『독일 이데올로기』의 마르크스는 『수고』에 등장하는 '자유롭고 의식적인' 노동과 '사회적' 노동이라는 인간의 '유적 본질(존재)'의 '소외'를 '자연발생적 분업' 개념으로 설명한다. 자본주의 사회에서는 사회질서의 자연발생성이야말로 사람들의 자유를 억압하고 빈곤, 공황, 전쟁 같은 불행과 재난의 원흉이 된다. "사회적 힘, 즉 분업을 위해 제약된 (다양한 개인의) 협동에 의해 발생하는 몇 배로 늘어난 생산력은, 이 협동 자체가 자유의지적이지 않고 자연발생적이기 때문에 이들 개인에게는 그들 자신의 결합된 힘으로서가 아니라, 그들의 외부에 존재하는 소원한 강제력으로서 나타난다"는 표현은 언뜻 『수고』의 소외론과 똑같은 것으로 보이지만, 실제로는 자연발생적 분업과 지배의 역사적 귀결로서 설명되고 있다.

　『독일 이데올로기』의 마르크스가 보기에 철학자들은 스스로 자본주의의 무정부성 안에서 생활하면서도 이를 표현할 적절한 학문적 무기를 찾지 못해 그것을 단지 '소외'라는 철학적 개념으로 표현한 셈이다. 철학자가 애용하는 '소외' 개념이야말로 자연발생적 분업의 궁극의 산물이며, 소외되지 않은 본래적 '인간'이라는 발상 역시 "더는 분업에 포섭되지 않는 개인을 철학자들이 '인간'이라는 이름으로 이상으로서 표상하고, 우리가 이제껏 전개해온 전 과정을 '인간'의 발전 과정으로서 파악"한 것의 결과였다. 노동 소외로부터의 해방이라는 의미의 공산주의, 자연주의와 인간주의의 통일이라는 『수고』의 낭만주의적이라 할 만한 전망은 『독일 이데올로기』에서 좀더 사회과학적으로 정식화되어, 자연발생적 분업과 경제적 힘의 소원한 지배로부터의 인간의 현실적 해방을 의미하게 된다. 그것은 "개인의 자유로운 발전과 자유로운 운동의 조건을 그들의 통제 아래에 두는 결합"으로서의 공산주의에 대한 이론적 탐구로 나아갈 수밖에 없었다.

5. 『자본론』의 자본주의 비판

파리 시대 이후 마르크스는 엥겔스 등과 함께 정치적 실천에 깊이 관여하게 된다. 파리에서 내쫓겨 망명지 브뤼셀에서 『독일 이데올로기』를 쓴 마르크스는 그후에도 파리와 독일을 오가며 혁명운동에 참여했다. 특히 독일 망명자들의 혁명 조직으로서 1836년에 파리에서 결성된 '의인 동맹'을 중심으로 '공산주의자동맹'이 결성되어 그 제2회 대회가 1847년 11월에 런던에서 열리자 두 사람은 여기에 참가해 이론적 지도자가 되었다. 그 성과가 『공산당 선언』(1848)이다. 이 작은 저작은 프랑스 2월혁명과 독일 3월혁명의 여파에 힘입어 곧바로 공산주의의 바이블이 된다. "만국의 노동자여, 단결하라!"라는 너무도 유명한 맺음말은 프롤레타리아혁명의 실현을 위해 모든 반체제 세력과의 연대를 호소하며 노동자계급이야말로 혁명의 주역이라고 주장하는 것이었다. 1849년에 런던으로 망명한 마르크스는 영국박물관 도서실을 오가며 20년 가까이 경제학 연구에 몰두한다. 그 성과가 『자본론』(제1권, 1867)이다. 그는 세계 최초의 노동자계급의 국제적 혁명 조직인 '제1인터내셔널'의 창설(1864)에 참가하는 등 정치 활동을 이어나 갔고, 엥겔스의 경제적 지원을 받긴 했지만 딸을 잃는 극빈 생활 속에서 이 대작을 완성하는 데에 주력했다.

『자본론』에 붙은 '경제학 비판'이라는 부제는 이 저작이 스미스 이래의 고전적 경제학에 대한 근본적 비판이라는 것을 시사하고 있다. 그것은 한편으로 고전적 경제학으로부터 많은 것을 흡수해 그것과 경제 이론으로서의 기본 구조를 공유하고 있다. 노동가치설이나 자본축적론이 바로 그것으로, 이 점에서 마르크스는 리카도 같은 이의 계승자이자 완성자였다. 다른 한편으로 이 저작은 자본주의의 메커니즘을 체계적으로 분석하고 그 발전과 몰락의 필연성을 보여주는 비판적 문제의식으로 일관되어 있다. 자본주의에 대한 내재와 비판이라는 대조적인 두 측면이야말로 『자본론』을 다른 경제학 고전과 구분짓는 특징이었다. 스미스나 리카도의 경제학 고전은 하나같이 많건 적건 자본주의 경제의 합리적 메커니즘의 해명을 그 사회적 합리성과 역사적 영속성의 증명으로 끝내는 구조를 취하고 있었다. 이에 비해 마르크스는 자본주의 체제의 합리적 메커니즘의 해명이 그 시스템의 불합리성을 증명하게 되는 이론 체계를 제시한다. 이런 의미에서 『자본론』의 핵심적 사고방식은 첫째로 마르크스의 '(교환)가치'에 대한 견해이며, 둘째로는 '노동력 상품' 개념이다.

마르크스 이전의 경제학에서는 상품의 사용가치로부터 구별된 '(교환)가치'(이하 '가치')는 자명한 것이었으며, 마치 만유인력과 같은 자연의 사실로 받아들여졌다. 시장에서 노동 생산물이나 노동 자체가 '가격'을 갖는 것은 원래 그것 자체가 '가치'를 지니기 때문이며,

수요·공급의 변화에 따라 나날이 변동하는 가격(시장 가격)의 배후에는 좀더 근본적인 가치(자연 가격)가 존재한다고 생각된 것이다. 또한 '가치'를 낳는 원인으로서 노동, 희소성, 생산비 등의 다양한 요인이 지적되어 경제학자들의 논쟁을 낳고 있었다. 이에 비해 마르크스는 '상품의 물신성(페티시즘)' 이론을 전개하며 종래의 경제학의 상식을 정면에서 부정한다. 재화나 서비스가 노동이나 생산비에 의해 내재적 '가치'를 가지며, 그것이 시장에서는 '가격'으로서 나타난다는 것은 아니다. 그와 반대로 사람들이 상품 소유자로서 시장에서 마주 대하며 서로의 상품(생산물)을 손에 넣기를 바랄 때에 그 상품이 '가치'라는 이상한 속성(물신성)을 획득한다는 것이다.

그런 후에 마르크스는 이러한 상품의 물신화가 가장 철저히 관철되는 사회인 자본주의 사회에서 인간의 노동력이 상품이 되는 사태의 모순을 지적한다. 자본주의는 시장경제의 완성 형태이며 지주, 자본가, 노동자라는 세 계급에 속하는 사람들은 시장에서 자유롭고 평등한 시민으로서 만나 고용 관계나 거래 관계를 맺는다. 그들 사이에 아무리 큰 빈부 격차가 있다고 해도 그들은 적어도 법률적 의미에서는 자유롭고 평등한 관계에 있다. 바로 이것이 젊은 마르크스가 논한 근대국가에서의 정치적 '소외'의 문제인데, 『자본론』의 마르크스는 자본가와 노동자의 등가교환 관계로부터 어떻게 해서 실질적인 부등가교환이 생겨나고 자본가에 의한 노동자 '착취'가 행해지는지를 해명하려고 한다. 자본가의 '이윤'은 시민 간의 합법적 고용 관계의 결과로서 생기는 정당하고 합법적인 소득이다. 무정부주의자 프루동은 "소유, 그것은 도둑질이다"라고 고발했지만, 그것은 단적으로 잘못된 것이라고 마르크스는 생각했다.

이 문제는 곧 이윤(잉여가치)의 본질을 묻는 것이기도 하다. 자본주의가 '자유롭고 평등한' 시민사회이기도 한 이상 교환은 전부 '등가교환'이어야 하지만, 등가교환은 수만 번 되풀이되어도 거기서 잉여가치가 생기는 일은 없다. 따라서 이윤의 원천은 등가교환 자체에서 잉여가치를 낳는 하나의 특수한 상품 안에서 찾을 수밖에 없다. 그것은 "현실의 소비 자체가 노동의 대상화이자 가치 창조인 그러한 상품"(『자본론』, 제2편 4장 3절)의 발견이자 '노동력'이라는 특수한 상품의 발견이었다. 자본가가 지불하는 임금의 가치는 노동력 상품의 가치이지 자본가에 의한 그 소비가 낳는 노동의 가치가 아니다. 살아 있는 노동이 낳는 가치가 노동력 상품의 가치를 웃도는 초과분이 '잉여가치'이며 바로 이것이 자본가가 손에 넣는 이윤의 원천이다. 노동자에게 잉여노동은 실질적 부불 노동이고 무상 노동이므로 자본가는 노동자에게 조금이라도 더 일을 시켜 이윤의 최대화를 꾀할 것이다(절대적 잉여가치의 생산). 마르크스는 이것을 '착취(영어로 exploitation)'라 부른다.

이렇게 해서 마르크스는 '자유·평등·사유재산'이라는 프랑스혁명의 원리에 입각한 자본주의 사회에서 자본가가 그 원리를 조금도 위반하지 않고도 노동자의 잉여노동을 '착취'하는 메커니즘을 설명했다. 그는 그 연장선상에서 자본주의 붕괴의 필연성을 다음과 같이 논한다. ① 자본가는 노동자에게 최대한의 노동을 요구해 이윤을 최대화하려고 하지만, 노동자 역시 좀더 나은 노동조건을 제공하는 자본가 아래서 일하려고 하므로 자본가는 동업 타사(他社)를 뛰어넘는 신기술 도입을 통해 노동시간 연장보다 생산성 향상에 의해 좀더 많은 이윤을 추구할 수밖에 없다. ② 그 결과 생기는 생산력 상승은 노동자의 생산비를 낮추므로 결과적으로 좀더 많은 잉여가치가 발생한다(상대적 잉여가치의 생산). ③ 그렇지만 신기술 도입은 노동력 상품이라는 잉여가치(이윤)의 유일한 원천을 생산과정에서 배제함으로써 초과이윤을 추구하는 모순된 사태를 초래한다. ④ 그 결과 '이윤율의 경향적 저하'로 귀결되어 자본축적의 한계가 도래하며, 노동자의 빈곤이 극점에 다다름으로써 자본주의는 붕괴한다.

6. 마르크스에게서의 '자유'와 '공공'

마르크스의 장래 사회론, 즉 공산주의론은 다음의 세 가지 요소로 구성된다. 첫째는 「유대인 문제에 관하여」나 『수고』에서 뚜렷하게 드러난 인간 소외나 노동 소외로부터의 해방이라는 논의다(소외론적 관점). 둘째는 『독일 이데올로기』에서 다뤄진, 자연발생적 분업이 낳은 소원한 경제적 힘으로부터의 해방과 생산력의 이성적·계획적 관리라는 논의다(물상화론적 관점). 이 점에서는 『독일 이데올로기』에 보이는 다음과 같은 말을 떠올릴 수 있다. "공산주의는 다음과 같은 점에서 종래의 모든 운동과 다르다. 요컨대 그것은 종래의 모든 생산관계·교통관계의 기초를 변혁하고, 모든 자연발생적 전제를 비로소 의식적으로 종래의 인간의 창조물로서 다루며, 그 전제들의 자연발생성을 벗겨내 그것을 결합된 개인들의 힘에 복종시킨다." 그리고 셋째는

『자본론』에서 특히 강조된, 자본주의 붕괴의 저편으로 내다보이는 '자유의 나라'로서의 이상사회의 모습이다(자유론적 관점).

　마지막의 '자유의 나라'로서의 공산주의는 다시 두 단계로 나뉜다. 첫째는 자본의 지배와 국가의 지배로부터 해방된 '사회화된 인간, 결합된 생산자들'이 자연발생적 분업에서 비롯된 경제적 힘의 지배로부터 스스로를 해방시켜 생산과정을 합리적·계획적 지배에 따르게 하는 단계이다. 둘째는 그럼으로써 일체의 '소외' 혹은 '물상화'로부터 해방된 개인(생산자)이 과학기술의 발전에 의한 생산력의 비약적 향상에 따라 노동시간 자체를 대폭 단축시켜 순수하게 자유롭고 창조적인 활동(아마도 문화적 활동)을 누리는 단계이다. 첫째 단계의 공산주의는 사회적 생산의 이성적·계획적 제어 체제를 실현하고 있지만, 아직 자연필연성으로 규정된 물질적 생산의 세계('필연성의 왕국')의 한계 내에 있다. '통합된 생산자들'에 의한 '필연성의 왕국'의 이성적 지배라는 조건이 붙기는 하지만, 그 저편으로 '진정한 자유의 왕국'이 출현한다는 것이다. 그것은 국가가 소멸하고 자본과 노동의 계급 대립도 존재하지 않으며 노동시간이 줄어든 각자가 자유자재로 자신의 개성과 가능성을 꽃피우면서도 개인 상호 간의 결합과 연대는 확고히 유지되는 지상낙원의 모습이다. 이 '낙원'의 경제적 기초는 '개체적 소유의 재건'(『자본론』, 제7편 24장 7절)이라고 설명되어 있듯이 여기에는 공산주의가 생산수단의 국유화를 의미한다고 보는 낡은 상식과는 다른 입장이 제시되어 있다.

　이러한 마르크스의 견해는 자본주의 체제가 낳는 빈곤이나 계급 대립 같은 문제를 근원적으로 고발한다는 점에서 여전히 사람들의 정의감에 호소하는 힘을 지니고 있다. 그러나 이것을 냉정한 사회과학적 관점에서 보면 당장 수많은 의문이 생기는 것 역시 부정할 수 없는 사실이다. 마르크스의 공산주의상은 분명 많은 비판적 지식인들에 의해 실현 불가능한 유대교적 종말론이라는 식으로 비판받아왔다. 소박한 것에서 진지한 것까지 수많은 의문점이 떠오르지만, 그중에서 특히 중요하다고 생각되는 비판을 ① 마르크스의 경제학, ② 혁명론, ③ 이상사회론에 관해 다음과 같이 지적하고자 한다.

① 마르크스의 '노동가치설' 혹은 '잉여가치론'은 오직 살아 있는 인간의 노동만이 잉여가치(이윤)의 원천이라고 주장하지만, 그것은 정말일까? 그것이 정말이라면 현대의 IT 혁명을 어떻게 이해해야 할까? 과학·기술 자체가 인간의 노동이라는 이유로 반론을 제시한들, IT 혁명을 짊어진 극소수의 과학자·기술자와 IT 산업을 떠받치는 노동자가 현대 자본주의 전체의 방대한 부가가치를 창출하고 있다는 말이 되는데, 이것은 정말일까?

② 마르크스에 따르면 노동자계급의 궁핍화가 프롤레타리아혁명을 일으키는 것은 역사의 필연이지만, 현실에서는 그렇지 않다. 적어도 현대의 선진 자본주의 국가들에서 대다수의 노동자는 자본주의가 보장하는 생활수준에 일단 만족하고 있을 뿐 아니라 실업이나 빈곤에 대응하는 정부의 소득재분배와 사회보장 정책을 지지하며 이에 의존해 살아가고 있다. 노동자 대다수는 자본주의 체제의 수익자인데 체제의 수익자가 자기 손으로 체제를 무너뜨린다고는 생각하기 어렵다.

③ 마르크스가 이상으로 여기는 공산주의 사회에서는 자본과 노동의 대립이 사라질 뿐 아니라 계급 대립이 낳은 정치적 지배(국가)

역시 소멸한다고 한다. 그러나 이제껏 조금이라도 문명화된 사회에서 국가 없는 사회는 존재한 적이 없다. 마르크스는 공산주의 사회에서는 부르주아 민주주의를 대신해 '자유인의 연합'으로서의 '진정한 민주주의'가 탄생하리라 말했지만 거대한 과학·기술과 생산력이 떠받치는 이상사회의 질서가 국가 없이 운영될 수 있을까? 반대로 마르크스가 국가 철폐의 조건으로 본 '자연발생적 분업'의 폐지나 사회의 이성적·계획적 제어라는 이상은 과거 소비에트연방이나 오늘날의 중국이 보여주고 있듯이 거대한 중앙집권적 권력이 지배하는 억압적·비민주적 독재를 낳을 수밖에 없는 것은 아닐까?

이러한 논점들은 마르크스 이후의 사상가들이 공통적으로 지적해온 문제점이며, 마르크스 이후의 사회사상사는 이런 근본적 의문을 둘러싼 마르크스 비판의 역사라 해도 과언이 아니다. 구체적으로 말하면 ①의 노동가치설과 관련된 문제는 이른바 '한계혁명(Marginal Revolution)' 이후의 경제학이 정면으로 제기하는 문제이며, ②는 19세기 후반 이후의 주요 문제인 '큰 정부'를 둘러싼 문제이며, 나아가 ③은 케인스와 하이에크 이후의 '자유'의 본질을 둘러싼 격렬한 논쟁의 초점을 이루는 문제이다. 이들 문제에 대해서는 이어질 장들에서 이야기하겠지만, 여기서는 이들 논점과는 별개로 마르크스 사상의 생명력은 어디에 있는지를 마지막으로 생각해보고자 한다.

무엇보다도 우선 마르크스 사상의 원점에는 인간의 '자유'라는 이념이 존재함을 확인해둬야 할 것이다. 『수고』의 소외론이나 『독일 이데올로기』의 물상화론, 그리고 『자본론』에서의 자본주의 비판과 '자유의 나라'론은 하나같이 인간의 자유와 해방을 추구하는 사상가 마르크스의 일관된 궤적을 드러내고 있다. 그가 추구한 '자유'는 기본적 인권의 보장과 사유재산의 자유, 영업의 자유를 핵심으로 하는 '부르주아적 자유'의 법률적 보장에 머무는 것이 아니었다. 마르크스는 이러한 시민사회적 권리가 계급 대립이나 노동자계급의 빈곤이라는 사태를 초래한다고 생각했을 뿐 아니라 법 앞에서 만인이 자유롭고 평등하다는 이념의 타당성 자체를 의문시했다. 마르크스는 시민적 자유는 본질적으로 타인을 사람으로 보지 않는 에고이즘이자 자본가가 노동자를 착취할 자유라고 주장했으며, 이는 그가 믿는 진정한 '공공'이라 할 '자유인의 연합'과는 양립할 수 없었다. 마르크스 이전의 '공공'은 정도와 형태의 차이는 있을지언정 어디까지나 정치적 '공공'이었다. 문명사회의 실태에 가장 비판적이었던 루소의 경우에도 해결책은 '사회계약'에 의한 자유로운 국가의 창조였다.

그렇다면 정치적 형태를 취하지 않는 진정한 '공공'으로서의 '자유인의 연합'은 무엇일까? 그것은 무정부주의와 동일한 것일까? 이에 대한 답을 마르크스는 남기지 않았다. 그의 진의는 끝까지 불분명하며, 남겨진 얼마 안 되는 이미지 역시 공상적이고 실현 불가능한 것이었다. 그림에도 마르크스가 믿은 진정한 자유는, 사기실현의 사유라는 미명하에 타인을 지배·착취하기 위한 자유가 아니라 타인과의 공생·공동·협동을 조건과 목적으로 하는 무엇이라는 것만은 여전히 틀림없다. 흥미로운 것은 그 이념이 추상적이고 고매한 이념의 수준에서 유지되는 한 그 자체로서는 매력적이라는 점이다. 그런 '진정한 자유'의 이념은 실제로는 얼마간 관념적·공상적·유토피아적이었을지언정 바로 그 공상성 때문에 사람들의 마음을 사로잡았음을 부정할 수 없으며, 좀더 현실적이고자 한 여타 사상가들(생시몽, 오언, 푸리에 및 현대의 사상가들)의 자본주의 비판과는 다른 특별한 매력을 갖게 되었다.

마르크스의 사상은 그 유토피아적 성격으로 인해 영속적인 생명력을 획득했다고 할 수 있다. 마르크스가 '자본의 문명화 작용'으로서 인정한 자본주의 문명의 진보적 역할(시민적 자유의 보급·확대와 국민 전반의 부유화, 과학·기술·시민 문화의 발달 등)은 그가 보기에는 세계 규모로 확대되는 식민지 지배의 귀결이었으며, 프롤레타리아 혁명을 준비하는 모순의 누적 과정의 한 측면에 불과했다. 그러나 자본주의가 마르크스의 시대와는 비교할 수 없이 세계화된 오늘날의 입장에서 보면 그 '자본의 문명화 작용'이 자본주의를 지탱하고 자유민주주의 이데올로기를 전 세계로 확산시킴으로써 사회주의혁명을 방지하는 최후의 방파제가 되었다는 것 역시 사실이다.

마르크스가 지적한 자본주의의 모순(노동력의 상품화에 의한 자본과 노동의 대립)이 자본주의의 본질인 한 거기서 유래하는 여러 사회적·경제적 문제들은 앞으로도 사라지지 않을 것이다. 그런 한에서 시장과 선거라는 한정된 경제활동, 정치활동 이외에 무언가 진정한 '자유인의 연합'이 있을 수 있지 않을까 하는, 나아가 그것을 기반으로 자본주의의 지배와 착취 구조를 근본적으로 변혁해야 하지 않을까 하는 생각이 많은 사람들을 움직여 자본주의에 대한 비판적 대항축을 형성해온 것도 사실이며, 그것은 앞으로도 변함없을 것이다. 그것이 항상 마르크스 사상의 계승이라는 스타일을 취하리라 단정할 수는 없지만, 자본주의가 아무리 영속하고 마르크스 사상이 훗날의 사상가들

에게 아무리 비판당해도 자본주의가 자본주의인 한 마르크스는 죽지

않는 사상가로 남을 것이다.

제10장

J. S. 밀에게서의
문명사회론의 재건

1. '시대'의 문맥: 자본주의의 변화와 민주주의의 진전

마르크스가 런던의 영국박물관 도서실을 드나들며 경제학 연구에 몰두하던 1850~60년대에 영국에서는 산업혁명이 완료되고 자본주의 체제가 거의 확립되어가고 있었다. 사회 전반의 공업화, 기술혁신, 도시화로서 진행된 산업혁명이 영국의 부를 갑절로 늘렸다는 사실은 의심의 여지가 없지만 국부 증대의 혜택은 사회적·지리적으로 불균등했으며, 평균적 생활수준이 꾸준하게 높아졌다 해도 부의 상대적 불평등이 확대된 것 역시 사실이다. 그런가 하면 1870년대에는 자본주의 사회의 구조 변화를 예고하는 듯한 수많은 움직임이 본격적으로 나타나고 있었다. 그것은 '자본의 시대'(홉스봄)의 본질적 특징이며 마르크스가 충분히 주의를 기울이지 않은 측면이었다. 이는 영국에서 전형적으로 나타난 정치 구조와 경제 구조 양면에서의 거대한 변화였으며, 이 장의 주인공인 존 스튜어트 밀(1806~73)은 바로 그런 변화에서 시대의 근본 문제를 발견한다.

경제 구조의 변화에서 보면, 첫째로 노동자의 기능(技能)과 숙련은 공업·농업의 기계화가 완료된 후에도 여전히 불가결한 역할을 맡고 있었으며 그것이 자본가와의 권력관계에서 노동자에게 일정한 교섭력을 부여해 일부에서는 '노동귀족'이라 불리는 유복한 숙련 노동자 세력이 유지되었다. 그들은 뒤에서 이야기할 선거권 획득을 통해 사회적 영향력을 더욱 키워나가게 된다. 둘째로 산업혁명은 기계제 대공업의 확립과 농업의 기계화를 가져왔지만, 이와 병행하여 제3차 산업(사무 노동이나 지적 노동 등의 서비스산업)을 크게 확대시키기도 했다. 셋째로 이러한 산업구조의 변화는 공교육 제도 정비에 의한 노동자계급의 지적 향상을 요구했으며, 정부는 이 요구에 정책적으로 대응하지 않을 수 없었다. 그리고 넷째로 노동자 스스로도 노동조합 운동을 추진하고 산업별 조합이나 전국 노동자 조직을 결성함으로써 자본가·경영자에 대항하는 사회적 세력이 되었다.

이에 따라 정치 구조에도 큰 변화가 일어났다. 즉, 1867년의 제2차 선거법 개정으로 선거권이 도시 중산계급에서 상층(숙련) 노동자로 확대되어 영국의 정치 구조가 대중민주주의의 방향으로 한 걸음 크게 내디딘 것이다. 개정 전에는 전체 성인 남성의 약 18%였던 유권자 비율은 개정 후에 도시 성인 남성의 약 44%로 확대되었다(매슈 엮음). 제2차 개정을 성사시킨 쪽은 보수당 내각이었지만 새로운 선거법에 의한 이듬해의 총선거에서 승리한 쪽은 윌리엄 글래드스턴(1809~98)이 이끈 자유당이었다. 글래드스턴은 아일랜드의 토지개혁(1870)과 초등교육 제도 정비(1870), 노동조합법 제정(1871) 같은 자유주의적 개혁을 착착 추진하며 국민 재상으로서의 지지를 획득했다. 막스 베버는 글래드스턴을 미국의 링컨 대통령에 견주며 영국의 경우 제2차 선거법 개정이 명망가(엘리트) 지배에서 근대적 정당정치로의 전환점이었다고 지적한다(『직업으로서의 정치』).

이렇게 해서 밀과 마르크스의 시대에 고전적 경제학의 전제였던 지주, 자본가, 노동자라는 세 계급은 정당정치 속에 편입되어 지주와 대자본가를 대표하는 보수당(옛 토리)과, 중소 자본가와 숙련 노동자를 기반으로 한 자유당(옛 휘그)이라는 양대 정당에 의한 의회민주주의가 탄생했다. 이런 변화에 따라 노동자계급, 특히 상층의 숙련 노동자층은 정당정치의 수익자로서 체제 내로 편입되어 마르크스가 기대했던 혁명적 존재로부터는 멀어지게 된다. 밀은 이러한 변화를 날카롭게 포착해 자신의 사상 체계의 근간으로 받아들였지만 밀보다 열두 살 아래였던 마르크스는 자본주의의 이런 구조 변화를 충분히 인식하지 못했다. 노동자계급으로의 선거권 확대에 의해 자본주의의 영속적 발전을 가져온 제2차 선거법 개정이 이루어진 해에 자본주의의 몰락을 예언한 마르크스의 『자본론』(제1권)이 출간된 것은 역사의 아이러니다. 더구나 개정 법안 상정에 즈음해 하원의원으로서 법안 성립에 공헌했던 밀이 여성참정권 같은 진보적 주장 때문에 새로운 법안에 근거한 이듬해의 총선거에서 낙선한 것 역시 역사의 아이러니다.

이러한 사회 구조의 변화가 밀의 사상에 끼친 가장 중요한 영향은 사회의 '획일화(conformism)'라는 인식이었다. 자본주의의 계급 대립에도 불구하고 노동자계급의 상대적 부유화가 착실히 진행되고 언론 자유의 신장과 신문·잡지 등의 대중매체 보급, 초등교육의 보급에 의해 노동자계급의 식자율이 향상됨에 따라 국민 전체의 생활양식의 동질화와 국민 여론의 획일화가 진행되었다. 선거권 확대와 언론 자유 신장에 따라 각 계급의 이해를 대표하는 정당정치가들은 국민 여론의 동향과 다수 의견의 소재를 의식해 각자의 정견(政見)을 정할 수밖에 없었다. 근시안적 여론이 잘못된 것으로 밝혀진 경우에도 정치가는 의석을 지키기 위해 그 여론에 영합할 수밖에 없다. 국민의 다수 의견이 정치가의 소신과 정치의 동향을 결정하는 대중민주주의의 기본적인 모습이 밀의 시대에 생긴 것이다. 바로 이것이 밀이 토크빌의 시사를 받아 자신의 중심 문제로 다룬 '다수의 전횡(tyranny of majority)'의 출현이었다. 이 '획일화'의 진행에 대해서는 밀 자신의 다음과 같은 말만큼 웅변으로 이야기한 것도 없을 것이다.

"다른 계급과 개인을 둘러싸고 그 성격을 형성해가는 환경이 나날이 비슷해져간다. 이전에는 계층과 지역, 직업이 다르면 사는 세계가 달랐지만, 지금은 상당한 정도로 같아져 있다. 이전과 비교하면 지금은 모두 같은 것을 읽고, 같은 의견을 듣고, 같은 것을 보고, 같은 곳에 가며, 같은 것을 바라고, 같은 것을 두려워하고, 같은 권리와 의무를 가지며 그것을 주장하는 같은 수단을 갖고 있다. 남아 있는 차이는 아직 크지만, 없어진 차이와 비교하면 없는 것이나 마찬가지다. 그리고 이러한 동화는 여전히 진행중이다"(『자유론』).

2. '사상'의 문맥: 철학적 급진주의의 재검토

밀의 사상의 역사적 문맥을 검토하는 데에는 무엇보다 그의 인생을 톺아보는 것이 편리할 것이다. 제7장에서 살펴보았듯이 그의 아버지 제임스 밀은 당대를 대표하는 공리주의자였다. 아버지는 아들에게 정규교육을 시키지 않고 유아 때부터 손수 교육시켰다. 그것은 공리주의의 '관념연합 원리'에 의한 방법적·체계적 교육의 실천이자 고전에 대한 집중적 학습과 이해, 연습 문제의 반복으로 이루어진 영재교육이었다. 아들은 아버지가 시키는 대로 세 살 때부터 그리스어와 산술, 여덟 살 때부터 라틴어, 열두 살 때부터는 논리학이나 철학의 고전을 익히고 역사·문학의 숱한 고전들을 배워나갔다. 리카도의 『경제학 원리』가 출간된 후인 1819년에 아버지 제임스는 아들에게 "경제학의 전 과정"(『밀 자서전』)을 공부하게 했다. 아버지는 매일 아침 산책중에 강의를 하고 질의응답을 되풀이하며 아들에게 그 내용을 받아쓰게 했는데, 그 성과는 아버지 본인의 『경제학 강요』(1821)에 포함되었다. 밀은 후에 부친의 영재교육은 단순한 주입식 교육이 아니었으며, 기억력보다 논리적 사고력을 기르는 데에 중점을 둔 것이었다고 평가했지만, 아버지의 방침에 따라 다른 아이들과 떨어져 고독한 나날을 보낸 것이 자신의 정신 형성에 악영향을 끼쳤다는 것도 자각하고 있었다.

밀은 목사 출신임에도 그리스도교에 회의적이었던 아버지의 영향으로 "이 나라에서는 매우 드문, 종교의 신앙을 버리기는커녕 애당초 가져본 적도 없는 인간"이 되었다고 술회한다. 그는 이렇게 해서 시대의 상식이나 양식, 고정관념이나 편견에 사로잡히지 않는, 인습과는 동떨어진 관점과 사고방식을 갖게 되었다. 게다가 '철학적 급진주의' 지식인들의 영향도 있었다. 그는 아버지와 함께 어린 시절부터 벤담이나 리카도와 교유했으며 시대를 선도하는 지적 담론을 일상적으로 접하며 성장했다. 밀은 『자서전』에서 '철학적 급진주의' 운동에서 자신의 아버지가 수행한 커다란 역할을 언급하고, 그 구성 요소로서 ① 단순한 쾌락주의와는 다른 아버지 밀의 공리주의 철학, ② 맬서스 인구론의 비판적 계승, ③ 대의 정체와 완전한 언론 자유에 대한 신뢰, 이렇게 세 가지를 들고 있다. 결과적으로 보면 부친의 영재교육은 자식을 '철학적 급진주의'의 가장 유능한 계승자로 길러낸 셈이다. 더구나 아버지 밀은 불안정한 경제 상황 속에서 고생을 많이 했기 때문에 자신의 일자리를 얻은 동인도회사에 열일곱 살 먹은 아들의 자리를 확보하는 것도 잊지 않았다.

그러나 밀은 아버지의 사상의 근간을 이루는 '철학적 급진주의'에 대해 모종의 근본적 의문을 품게 된다. 그 의문의 현저한 표출이 1826년부터 이듬해에 걸쳐 그를 괴롭힌 이른바 '정신적 위기'였다. 근대사상사에서 유명한 이 '위기'에 대해서는 밀 스스로 『자서전』 제5장에서 상세하고 냉정하게 분석하고 있다. 스무 살 때의 그를 덮친 '위기'를 완전히 극복하기까지는 일이 손에 잡히지 않는 오랜 세월이 걸렸다. 기력을 잃은 채 갑갑한 나날을 보내던 밀이 단 한 가지 명료하게 이해하고 있었던 것은 이 갑갑함의 원인이 다름 아닌 아버지의 사상에 있다는 점이었다. 구원의 길은 자력구제밖에 없다. 위대한 아버지로부터 사상적으로 자립하고자 했던 그는 아버지의 사상의 근간인 '공리주의'와 대결을 벌여야만 했다. 그것은 새로운 시대의 요구에 따라 자기변혁을 이루기 위한 피할 수 없는 시련이기도 했다.

첫째로, 밀은 선의 본질은 '쾌락'이며 악의 본질은 '고통'이라는 것,

'최대 다수의 최대 행복' 원리가 유일하게 올바른 사회 개혁의 원리라는 것을 의문시하지는 않았지만 문제는 최대 행복 원리의 올바름을 지적으로 이해한다고 해서 반드시 그것을 마음속 깊이 바라게 되지는 않는다는 사실이었다. 그것은 이성과 감성의 낙차를 자각하는 것이며, 아버지의 영재교육이 가져온 자신의 일면적인 인간성에 대한 통절한 반성이기도 했다. 그로부터 밀은 "모든 행위의 규칙에서 기준이 되는 인생의 목적인 행복은 (…) 도리어 행복을 직접적인 목적으로 삼지 않을 때 달성된다"는 인생의 진실을 깨쳤으며, 시나 예술이 길러낸 풍부한 감정이나 인간성, '상상력(imagination)'의 결정적 중요성을 자각하게 된다. 그는 아버지나 벤담이 경멸하던 낭만주의적 예술의 가치에 눈떠 베버의 오페라(〈오베론〉 등)나 워즈워스의 서정시에 탐닉함으로써 그때까지 자신에게 결여되어 있던 감정적 인간성을 비로소 획득한다.

둘째로, 밀은 맬서스의 인구론을 공통된 토대로 하는 당시 경제학의 양상에 대해서도 의문을 품었다. 그는 당시 경제학의 지배적인 사고방식에 대해 다음과 같이 말한다. "이 위대한 학설[맬서스의 인구론]은 인간계의 일은 무한히 개량 가능하다는 설에 대한 반론으로서 제출되었지만, 우리는 이것을 반대의 의미에서 열심히 설파했다. 노동 인구가 늘지 않도록 자발적으로 제한함으로써 모든 노동자의 고임금 완전고용이 확보될 수 있다면 인간 사회는 얼마든지 개량 가능한 것으로, 이를 실현할 유일한 수단이 여기에 제시되어 있다고 이해한 것이다". 이것이 리카도가 생각한 자본주의 발전의 바람직한 비전이라는 것은 말할 나위도 없다. 밀 역시 자신의 경제학적 탐구 속에서 이

비전을 강화 · 발전시키지만, '위기'에서의 경제학의 문제는 좀더 근본적인 데에 있었다. 그것은 당시 밀에게 지대한 영향을 준 프랑스의 생시몽, 그리고 오귀스트 콩트를 필두로 하는 그 제자들의 문제 제기에서 비롯된 것으로, 근대 문명사회에서의 '사유재산' 및 '가족' 문제에 관한 것이었다.

밀과 생시몽 및 그 제자들의 관계는 밀접했다. 밀은 이미 열네 살 때에 1년 가까이 프랑스에 머물며 경제학자 세나 생시몽 본인을 만났으며, 1830년에는 7월혁명 직후의 파리를 방문해 생시몽주의의 지도자 바자르, 앙팡탱과 대면했고, 콩트와는 편지 왕래를 통해 밀접한 교류를 이어나갔다. 밀은 그들에게서 당시 영국 사상의 자명한 전제였던 사유재산 제도나 결혼 제도를 역사적으로 성립된 인위적 제도로 보고 그것이 장래에 대폭 변경되거나 소멸할 가능성이 있는 것으로 새롭게 파악하는 법을 배웠다. 콩트의 3단계 법칙이 그 전형이었다. 생시몽은 인류의 역사를 '위기(비판)'의 시대와 '조직'의 시대가 교대하는 것으로 보는 역사관을 피력하고, 중세 가톨릭교회에 의한 '조직'의 시대가 종교개혁에서 프랑스혁명에 이르는 '위기'에 의해 붕괴되었다고 보면서 현대 유럽 사회의 '재조직화'를 자신의 사상 과제로 삼았다. 콩트는 『실증 정신론』(1844)에서 이를 더욱 정밀하게 다듬어 '신학적'(중세) → '형이상학적'(종교개혁에서 프랑스혁명) → '실증적'(산업혁명 이후)이라는 3단계 법칙을 전개하게 된다.

밀은 콩트에게 "정치철학은 곧 역사철학이라는 것"을 배웠다. 콩트는 신학적 · 형이상학적 단계의 도덕을 '이기적'인 것, 실증적 단계의 도덕을 '이타적'인 것으로 보았는데, 밀은 콩트에게 근대사회 특유의 이기적인 행동이나 도덕을 보편적인 인간 본성이라고 여긴 18세기적 인간관을 비판적으로 상대화하는 '역사적 방법'을 배운 것이다. 그는 이렇게 해서 "사유재산이나 유산상속을 움직일 수 없는 사실로 여기며 생산과 교환의 자유를 사회 개량의 마지막 수단으로 보는 낡은 경제학은 극히 한정된 일시적 유효성밖에 갖지 못한다는 것을 비로소 자각했다". 그는 프랑스 사상가들에게 고전적 경제학이 자명한 전제로 삼은 인간관이나 사회관을 의문시하는 사상의 방법을 배웠다. 특히 가족의 실태나 남녀평등의 문제를 둘러싼 생시몽주의자들의 대담한 주장이 밀을 자극했는데, 그들은 마르크스로부터 '조야한 공산주의'라고 비난받으면서도 "남녀의 완전한 평등을 선언해 그들의 상호 의존관계에 관해 완전히 새로운 질서를 주장한" 점에서 "후세 사람들에 의해 감사하는 마음으로 기억될 충분한 자격"을 지닌 셈이었다.

밀이 '위기'를 통해 직면한 셋째 문제, 즉 공리주의적 정치학의 방법과 관련한 문제 역시 이와 무관하지 않았다. 직접적 계기는 1829년에 〈에든버러 리뷰〉 지상에서 이루어진 아버지 밀과 『잉글랜드사』(1848~55)의 저자이자 휘그 정치가인 매콜리(1800~61) 간의 열띤 논쟁이있다. 당시 악관 29세의 매콜리는 아버지 밀의 『정부론』이 취한 기하학적인 연역적 방법을 비판하며 화학을 모델로 한 귀납법적 역사 서술 방법을 주장했는데, 아들 밀은 둘 모두에게 의문을 느꼈다. 그 연장선상에서 그는 (널리 읽힌) 『논리학 체계』(1843)에서 물리학을 모델로 한 독자적인 사회과학 방법(연역과 귀납의 종합)을 전개했는데, 이 시기에 그가 마주한 좀더 심각한 문제는 자신의 아버지가 여성의 참정권을 명확히 부정했다는 사실이며 그는 그것이 아버지의 연역적 방법에 의해 정당화되고 있다고 느꼈다. 이 점은 아버지와 매콜리 간의 논쟁보다도 훨씬 이전부터 그가 안고 있던 중요한 문제였으며 아들 밀은 그 무렵부터 "아버지의 의견은 아버지의 어떤 논적의 의견만큼이나 잘못되었다"고 느끼고 있었다.

아버지 밀이 여성의 선거권을 인정하지 않은 것은 여성의 이해(利害)가 성인 남성의 이해에 이미 포함되어 있다는 논리 때문이었는데, 이에 대해 아들은 "여성의 권리가 남성의 그것에 포함되어 있다면 그에 조금도 뒤지지 않는 설득력으로 인민의 이해는 국왕의 이해에 포함되어 있다는 말이 된다. 만인에게 선거권을 말하는 이상 여성만 콕 집어 제외할 만한 이유는 도무지 떠오르지 않는다"고 생각했다. 밀은 이 점에서 벤담이 훨씬 선진적이었다고 술회하고 있지만, 벤담이 여성참정권의 지지자였다는 것이 사실이라 해도 그 벤담조차 자신의 주요 저작에서 "일반적으로 말해 여성의 반감(反感)적 경향과 공감적 경향은 남성의 경우보다도 공리성의 원리에 적합한 사례가 드물기 십상인데, 이는 주로 지식과 분별, 이해력에서의 모종의 부족(deficiency)에서 기인한다"(『도덕·입법의 원리 서설』)라고 말하고 있다. 이것이 그 무렵에 가장 의식 수준이 높다고 생각된 남성 사상가가 보통 가지고 있던 감각이며, 밀은 시대를 지배하던 이런 여성관에 정면으로 맞서 싸운다.

3. 밀의 '문제'

'위기'의 극복을 통해 밀은 사상가로서의 진정한 과제에 눈뜨게 된다. 앞의 논의를 통해 이미 명백해졌듯이, 그것은 아버지에게 물려받은 '철학적 급진주의'의 비판적 재검토이자 재건이었다. '위기'를 겪고 난 그에게는 그 구체적 방향 역시 분명했다. 그것은 ① 인간성의 진실에 좀더 깊이 다가간 공리주의 철학의 확립, ② 사유재산 제도를 자명한 전제로 삼지 않는 경제학의 확립, ③ 여성의 참정권을 포함한 새로운 민주주의 이론의 확립이다. 이들 과제는 내용 면에서 보면 각각 철학, 경제학, 정치학에 대응하는 별개의 과제였으며 밀은 실제로 각각의 학문 분야를 평생에 걸쳐 꼼꼼히 연구했다. 아울러 이 세 가지 문제는 서로 밀접한 관계 속에서 하나의 거대한 과제를 구성하고 있었다. 그것은 철학, 경제학, 정치학이라는 개별 학문의 심화 · 발전을 통해 그가 추구한 큰 테마였으며 바로 그것이 밀의 '문제'였다.

그것은 한마디로 말해 근대 문명의 현단계에 걸맞은 새로운 사회과학의 '종합'이라는 과제였다. 이 과제의 배후에는 두 가지의 역사적 문제가 있었다. 첫째는 과학 · 기술 일반을 포함한 학문의 고도화 · 전문화라는 문제이다. 19세기 중반에 접어들어 영국과 프랑스를 중심으로 산업혁명(자본주의화)과 정치혁명(민주주의화)이라는 '이중혁명'이 완료되어감에 따라 학문 일반의 양상도 큰 변화를 겪고 있었다. 그것은 18세기의 '계몽'에서 19세기의 '과학'으로 바뀌는 전환이었다. 밀의 시대에는 프랑스의 『백과전서』나 스미스의 '도덕철학'을 전형으로 하는, 인간 본성의 법칙에 의한 여러 학문의 통일이라는 이상은 무너지고 개별 과학에서의 고도로 전문화된 연구 활동이 지배적인 활동으로 되어갔으며, 그 배경에는 자본주의적인 대규모 생산의 요청에 따른 과학·기술의 발달과 이를 밑받침하는 대학 등 고등교육기관의 정비가 있었다. 나아가 이는 18세기적인 '지(知)의 거인'이라는 이상이 사라지고 기업이나 대학 등에서 일하는 개별 분야의 과학자·기술자가 중심이 된 '전문가'의 시대가 도래했다는 의미이기도 했다. 훗날 막스 베버가 문제삼는 '직업으로서의 학문'이 확립된 것이다.

이런 관점에서 보면 밀의 학문 체계는 전형적으로 18세기적인 성격과 지향성을 갖는 것이었다. 말하자면 그는 '뒤처진 계몽사상가'였다. 그는 분명 생시몽이나 콩트의 논의를 위시한 유럽 대륙의 역사 이론에서 많은 것을 흡수하는 한편 독일이나 영국의 낭만주의적 예술 작품에도 눈을 떠 그것을 지렛대 삼아 18세기적인 학문의 유산인 공리주의에서 비롯된 '정신적 위기'에서 탈출할 수 있었다. 그러나 그는 18세기적인 '인간 본성의 원리에 기초한 여러 학문의 통일'이라는 학문의 이상 자체를 버리지는 않았다. 물론 생시몽이나 콩트의 새로운 사회 이론은 전문화·기술화된 체제적 학문과는 달랐으며, 그의 '위기'를 구한 낭만주의 문학이나 철학 역시 '우울한 과학'이라는 칼라일의 경제학관이 보여주듯이 19세기의 전문화·기술화된 학문의 양상을 고발하는 것이었다. 그렇지만 이러한 감정적·추상적인 반대는 학문의 시스템화·제도화라는 역사의 필연에 대해서는 무력하다고 밀은 생각했다.

그러니까 한편으로 밀은 19세기의 고도화·전문화된 학문의 최전선을 스스로 선도하면서도 동시에 그것이 비현실적이고 세분화된 기술학으로 전락해서는 안 될 절대적 필요성을 강하게 의식하고 있었다. 그는 아버지 밀을 "18세기 최후의 인간"(『자서전』)이라고 생각했을 뿐 아니라 그 스스로도 19세기 사상가에 의한 낭만주의나 역사주의의 과도한 '반동'을 경계해 "18세기에 대한 반동에는 절대로 가담하지 않았으며, 진리의 새로운 일면을 손에 넣고서도 다른 손에 쥔 진리의 오래된 면을 소홀히 내버려두지 않았다"는 명확한 의식을 가지고 있었다. 그의 『논리학 체계』, 『경제학 원리』(1848), 『대의제 통치론』(1861) 같은 중후한 저작들이 상세한 이론적·실증적·제도적 고찰에 많은 페이지를 할애하고 있는가 하면 『자유론』(1859)으로 대표되는 그의 사상적 저작이 18세기적·계몽주의적 매력으로 독자를 끌어당기는 양면적 성격이야말로 19세기 계몽사상가 밀의 방법이었다.

밀이 직면한 둘째의 역사적·구조적 문제는 사회과학의 새로운 종합이라는 그의 궁극 목표를 실현하기 위한 구체적 과제는 무엇인가 하는 것이었다. 말년의 『자서전』은 이를 두 가지로 정리한다. 하나는 『경제학 원리』와 관련해 "인간의 궁극의 목표에 관해 조건부 사회주의에 한 걸음 다가가는 것"이며, 또하나는 『대의정치론』에서의 정치학과 관련해 "나의 정치적 이상을" 통상적 의미의 "순수민주제"에서 "그것의 수정된 형태"로 변경하는 것이었다. 바꿔 말하면 밀은 경제학과 정치학이라는 양대 학문 분야를 혁신하려는 기획에서 기존에 확립된 사고방식을 근본적으로 재고하려 했던 것이다. 그는 『자서전』에서 이 두 가지의 목표를 스스로 설정하는 과정에서 자신에게 결정적 영향을 끼친 두 인물을 언급한다.

한 사람은 경제학의 혁신이라는 점에서의 해리엇 테일러, 다른 한 사람은 정치학의 혁신이라는 점에서의 알렉시 드 토크빌(1805~59)이다. 해리엇은 밀의 친구였던 사업가의 아내로, 남편 존이 죽을 때까지 세 사람은 강한 우정으로 결속되어 있었다. 밀은 1830년에 처음 만났을 때부터 해리엇에게 강한 우정 이상의 애정을 품게 되며 그 남편의 사후인 1851년에 그녀와 결혼했다. 두 사람이 만난 것은 밀이 '위기'를 극복한 후의 일이며 이 시점에 밀이 나아가야 할 방향은 큰 틀에서는 이미 정해져 있었다. 그러나 그녀의 지적·인간적 영향이 "민주주의자이긴 했지만 사회주의자는 아니었던" 밀을 "분명하게 사회주의자라는 일반적 명칭" 속으로 들여보냈다고 밀은 회상한다. 1858년 동인도회사의 해산으로 자리를 잃은 밀이 해리엇과 함께 연구와 집필에 집중할 수 있는 환경이 갖춰졌을 때 해리엇은 남프랑스 아비뇽에서 급사한다. 밀은 그곳에 해리엇의 묘를 쓰고 스스로도 그곳을 마지막 거처로 삼았다.

밀과 토크빌의 만남은 『미국의 민주주의』(1835)를 통해 이루어졌다. 토크빌은 2월혁명 정부에서 외무장관으로 활약한 귀족 출신 법률가인데, 1831년에 7월혁명 정부의 명에 따라 미합중국의 형무소 제도 시찰에 파견되었다. 그 상세한 시찰 보고서가 그의 이름을 일약 드높인 『미국의 민주주의』였는데, 이 책을 곧장 정독하고 크게 감탄한 밀은 같은 해에 런던을 방문한 토크빌과 만나 토크빌이 죽기까지 줄곧 편지 왕래를 계속했다. 두 사람의 깊은 사상적 교류의 핵심에는 동시대의 민주주의에 대한 둘의 공통된 위기의식이 있었다. 그것은 민주주의와 시장경제라는, 근대사회의 두 근간이라 할 수 있는 제도가 필연적으로 불러오는 생활양식과 여론의 획일화·평준화, 나아가 그 최종적 귀결인 '다수의 전횡'이라는 문제였다. 토크빌은 유럽의 전통 사회와는 달리 시민 간의 완전한 자유와 평등이라는 전제에서 출발한 미국 사회 속에서 근대사회의 순수배양 과정을 목격하고 그 우월성과 함께 우려할 만한 문제 역시 일찌감치 지적했다. 밀은 그런 문제 제기에서 큰 시사를 얻어 토크빌적 분석을 통해 미국 사회와 공통된 문제를 낳고 있던 당시 영국 사회의 구조 변화를 고찰하게 된다.

밀이 스스로의 노력으로 '위기'를 벗어나 사상가로서 본격적 활동을 개시하던 시점에 해리엇과 토크빌을 만난 것은 행운이었다. 그가 이 두 사람에게 받은 지적 은혜에는 공통된 성격이 있었다. 그것은 자본주의와 사회주의의 관계든 민주주의가 품은 위험성이라는 문제든 당시의 상식적 견해를 근본적으로 뒤엎는 방향성을 지니고 있었다. 여성참정권 문제가 그 전형인데, 해리엇 사후에 그녀의 딸의 의견을 들으며 쓴 『여성의 종속』(1869)은 이제 페미니즘의 고전이 되어 있다. 그러한 밀의 사고법은 마르크스의 자본주의 붕괴론이나 유토피아적 공산주의론과도 달랐으며, 자본주의 문명이 필연적으로 초래할 '다수의 전횡'을 중심으로 한 구조적 위기를 자본주의 문명의 발전 자체가 준비하는 새로운 정치적 · 경제적 가능성을 통해 극복하려는 것이었다.

4. 철학과 도덕의 혁신

해리엇, 토크빌과의 만남은 밀에게 철학적 급진주의의 둘째 부분

(경제학)과 셋째 부분(정치학)의 혁신을 촉구했다. 이 두 부분을 떠받치는 첫째 부분(철학)의 혁신이야말로 두 부분의 혁신을 이끌 첫 과제였다. 공리주의 '철학'의 혁신에는 지식론이나 논리학이 중심이 된 좁은 의미에서의 '철학'의 혁신과, 인간 행동의 규칙이나 도덕 판단의 기준, 선악·옳고 그름의 기원을 논하는 '윤리학'의 혁신이라는 두 가지가 있다. 밀은 양쪽 모두에서 역사에 남을 작품을 남겼다. 좁은 의미의 철학으로서는 『논리학 체계』(이하 『체계』)를 저술했으며, '윤리학'의 성과는 『공리주의』(1861)로 집약되었다. 『체계』는 철학서로서는 이례적으로 베스트셀러가 되어 밀 스스로도 호평의 원인을 헤아리지 못할 정도였는데, 적어도 그 이유 중 하나는 그 책이 난해한 철학서처럼 보이지만 실은 널리 일반 사회인을 위해 쓴 사회철학책이라는 데에 있었다. 좀더 명확하게 말하면 그 저작은 밀에 의한 사회과학의 혁신에 방법론적 기초를 제공한 것이었다.

『체계』의 착상은 '위기'의 시대에 아버지 밀과 매콜리 간에 벌어진 정치학의 방법을 둘러싼 논쟁으로 거슬러올라간다. 밀은 기하학을 모델로 한 아버지의 '추상적 방법'이나 화학을 모델로 한 매콜리의 '실험적 방법' 모두에 의문을 느끼고 물리학을 모델로 한 '구체적 연역법'이 옳다고 생각했지만, 그후 콩트의 역사철학 방법론에서 많은 것을 배워 『체계』의 제6편 '도덕과학(moral science)의 논리'에서 '역사적 방법' 혹은 '역(逆)연역법'을 올바른 사회과학 방법론으로서 제시했다. 물리학에서 과학자는 '가설'을 세우고 그에 대한 정확한 연역을 통해 얻은 결론을 관찰과 실험으로 검증·반증할 수 있지만, 사회과학에서는 가설(이론)이 제시하는 개별적 결과를 관찰·실험으로 검증하기는 기술적으로 어렵기 때문에 이를 대신해 누구나 인정하는 역사상의 사실을 보편적 인간 본성의 법칙에 의해 연역적으로 증명하는 방법을 취한다. 비근한 예를 들어 말하자면 '수요와 공급의 관계가 물가수준을 결정한다'는 자명한 사실을 소비자는 조금이라도 싸게 사려고 하고 생산자는 조금이라도 비싸게 팔려고 하는 인간 본성의 법칙을 통해 거꾸로 논증하는 것이다.

그러나 이러한 철학적 동기만이 밀의 방법론적 혁신을 자극한 것은 아니었다. 그 밑바탕을 이루고 있던 것은 좀더 큰 사상적 동기이며 19세기 독일의 관념론 철학이나 콜리지 같은 영국적 형태의 보수적·현상 유지적 경향에 대한 비판이었다. 인간이나 사회의 역사적 가변성을 경시하고 그 가변성이 가져오는 사회의 다양성이나 발전 가능성에서 눈길을 거두는 이 보수적 정신이야말로 유럽 문명사회의 새로운 개량과 변혁을 가로막고 있는 원흉이라고 밀은 생각했다. 칸트의 선험적 철학을 전형으로 하여, "여러 가지 분명한 증거를 무시하려 하는 현대 일반의 경향이야말로 큰 사회문제들을 합리적으로 다루려 하는 태도에 대한 주요한 방해물의 하나요, 인류의 개선에 대한 가장 큰 장애의 하나라는 사실"(『자서전』)이야말로 그가 단순한 '역사주의'와는 구별되는, '역사적 방법'에 기초한 사회과학의 혁신을 통해 호소하고 대항하려 한 것이었다. 밀이 "여러 가지 분명한 증거"라고 생각했던 것 중에는 당연하게도 노동자나 여성의 참정권, 종속으로부터의 여성 해방이라는 문제가 포함되어 있었다. 사회 일반의 "편견은 오직 철학에 의해서만 타파될 수 있으므로, 편견이 자기편에 철학을 가지고 있지 않다는 것이 밝혀지지 않는 한 편견을 이겨내고 전진하기는 요원"

하다는 것이 그의 철학을 지탱한 신념이었다.

그런 면에서 밀의 사회과학 방법론은 사회를 변혁하고 인류 문명을 전진시키기 위한 사회사상의 방법이었다. 그는 같은 방법을 아버지에게 물려받은 공리주의의 도덕론에도 적용한다. 그 기본적 사고방식은 인간은 쾌락을 추구하며 고통을 회피하는 존재라는 쾌락주의의 인간관에 따라 쾌락은 선의 본질, 고통은 악의 본질인 이상 개인의 도덕률은 쾌락의 최대화 · 고통의 최소화이며, 위정자(정부)의 원칙은 '최대 다수의 최대 행복'의 실현이어야 한다는 것이었다. 밀이 '최대 행복 원리'라 부른 이 학설에 대해 아버지 밀이나 벤담은 아무런 의문도 표하지 않았지만, 밀은 달랐다. 그는 쾌락주의 학설이 그 시조 격인 고대 그리스의 에피쿠로스 이래로 많은 사람들에게 "뿌리깊은 반감"(『공리주의』)을 불러일으킨 사실을 중시하며 공리주의를 체계적으로 옹호하기 위해 『공리주의』를 썼다. 이 저작에서 밀이 씨름한 기본 문제는 첫째로 쾌락의 '질'이라는 문제이며, 둘째로는 '최대 행복 원리'의 구체적 의미, 그리고 셋째로는 '정의'의 공리주의적 정당화라는 문제였다.

첫째로 밀은 쾌락 · 고통의 '질'이라는 문제를 제기한다. 이것은 쾌락 · 고통의 질적 차이의 존재를 사실로서 인정하면서도, 쾌락 계산을 가능케 하는 양적 구별로 이를 해소한 벤담 공리주의에 대한 비판이었다. 쾌락주의의 비판자는 그것이 선을 육욕의 만족으로 해소해버리는 학설이라는 식으로 비판한다. 그러나 쾌락 · 고통에는 최고에서 최저까지의 무한한 질적 구별이 있으며 이를 인정하지 않는 쾌락주의자는 없다. 분명 예술을 향수하는 쾌락과 육욕을 만족시키는 쾌락을 양적으로 비교하기란 불가능하다. 그러나 "갑과 을이라는 쾌락 두 가지가 있을 경우, 이 둘을 모두 경험한 모든 사람 혹은 거의 모든 사람이 [왜 그것을 더 좋아해야 하는지 등의] 도덕적 의무감과는 무관하게, 갑을 더 좋아한다면 갑이 둘 중에 더 바람직한 쾌락"인 것은 분명하므로 이질적 쾌락·고통의 비교는 경험적으로 가능하다. 알기 쉽게 말하자면 "만족하는 돼지보다 불만족스러워하는 인간이 되는 것이 낫다. 만족하는 바보보다 불만을 느끼는 소크라테스가 되는 것이 낫다". 이것은 밀이 남긴 아마도 가장 유명한 말일 것이다. 이는 학문이나 예술의 기쁨 같은 상급 쾌락으로 만족을 얻은 소크라테스나 현인의 도덕적 수준이 식욕·성욕의 만족밖에 모르는 돼지나 바보의 도덕적 수준보다 훨씬 높다는 것을 의미한다.

이에 대해서는 다양한 반론이 있을 수 있다. 이를테면 인간의 가치관이나 취미는 다양하므로 두 명의 현인이 두 가지의 상이한 쾌락에 대해 항상 같은 평가나 선택을 할 것이라고 단정할 수는 없지 않은가. 밀의 '현인'은 늘 '상급' 쾌락을 선택한다지만 그것은 상급 쾌락을 고르는 자를 현인이라 부르는 것일 뿐이며 동어반복의 오류이다. 더구나 이러한 사고방식의 배후에는 상급 쾌락을 맛보고 싶어도 맛볼 수 없는 일반 서민을 '바보' 취급하는 밀의 엘리트 의식이 엿보인다는 지적도 있을 수 있다. 이런 비판에는 일정한 설득력이 있다. 그러나 밀이 염두에 둔 진정한 문제는 다른 데에 있다. 그의 문제는 문명사회의 실태를 보면 여전히 많은 사람들이 더 저급한 쾌락밖에 알지 못하는 열악한 생활환경에 놓여 있다는 사실이었다. 가난한 노동자는 날 때부터 하루 벌어 하루 사는 생활을 하다보니 독서나 예술을 즐길 경제력이 없고 친구와 대화를 나눌 시간적·정신적 여유도 없다. 그들의 삶은 먹기 위한 하루하루일 뿐이며 결과적으로 그들은 저급한 육체적 욕구를 채우는 기쁨밖에 알지 못한다. 이것은 밀이 서민을 경시했다는 증거가 아니라 대다수 국민이 육체적 욕구의 만족밖에 모르던 당시의 현실을 고발하는 것이라 할 수 있다.

둘째는 밀이 말하는 '최대 행복 원리'의 의미를 둘러싼 문제이다. 칸트나 칼라일을 비롯한 공리주의의 비판자들은 이 원리의 전제인 '행복' 자체의 도덕적 가치에 의문을 던지며 '행복'의 최대화를 도덕의 원리로 삼는 것을 비판한다. 이에 비해 밀은 많은 사람들을 구제하기 위한 자기희생 같은 예외는 있을지라도 개인의 행복 추구가 건전한 인생의 목표라고 인정하는 것은 이기주의적 가치관의 표명이 아니라고 주장한다. 나아가 "[공리주의의] 기준은 행위자 자신의 최대 행복이 아니라 사회 구성원 전체의 최대 행복"이며, 공리주의가 이기적 도덕론이라는 널리 유포된 견해는 잘못된 것이다. 그는 콩트를 계승해서 비이기주의적 인간관을 이야기하지만, 이것은 뒤집어 생각하면 첫째 문제의 경우와 마찬가지로 적어도 문명사회의 현실에서는 개인의 행복 추구가 타인의 그것과 대립되는 이기주의적 경향을 갖는다는 것을 그 스스로 인정한다는 의미이다. 즉, 공리주의의 '최대 행복 원리'는 사람들에게 그런 바람직하지 않은 눈앞의 사회 현실을 개선하고 개인의 행복 추구를 서로 촉진하는 사회 구조를 새로 만들어내야 한다는 과제를 제기하는 것이었다.

셋째로 밀은 모든 도덕률이 가지는 '도덕적 의무'의 감각을 공리주의의 도덕론이 설명할 수 있는지 여부의 문제를 제기하며 특히 가장 높은 도덕적 의무인 '정의'의 감각과 그 내면적 강제력을 공리주의가 충분히 설명할 수 있는가 하는 난문과 씨름한다. 칸트주의자로 대표되는 비판자들은 행위의 사회적 귀결을 시야에 넣은 공리주의의 쾌락 계산(귀결주의)이 "죽이지 말라, 도둑질하지 말라"라는 전통적 도덕률이 갖는 직각적(直覺的)·명령적 본질을 설명할 수 없다고 비판한다. 이와 달리 밀은 최대 행복 원리가 도덕적 의무의 구속력을 충분히 설명할 수 있다는 것, 그 궁극적 기초가 문명사회를 사는 사람들이 타인에 대해 품는 "동포와 일체화되고 싶은 욕구"라는 것을 주장한다. 이 주장은 칸트주의의 비역사적·비사회적 성격을 비판하는 것이지만, 밀은 이 타인과의 일체화 욕구의 기초를 사회의 문명화와 함께 더욱 보편화되는 "이해와 공감(interest and sympathy)이라는 가장 강력한 동기"에서 찾고 있다.

여기서도 밀은 첫째, 둘째의 경우와 마찬가지로 당시의 문명화 정도가 여전히 불충분하며 사람들로 하여금 동포와의 일체화를 자연스럽게 바라도록 할 만큼의 보편적인 "이해 관심과 공감"이 아직 확립되지 않은 것, 또한 그것이 사람들의 도덕적 의무 의식을 약화시켜 그들의 행동을 이기주의적으로 만들어 공리주의 이론의 설득력 역시 약해지고 있음을 의식하고 있다. 사회의 구조를 개량하고 평등화를 추진하며 동포들 사이에서 이익과 공감의 일체성의 감정이 절로 높아지는 사회를 실현하면 종교나 전통적 도덕률이 없어도 도덕적 의무 감각은 저절로 사람들의 마음속 깊이 뿌리내릴 것임이 틀림없다. "이해관계의 대립을 초래하는 요소들을 제거하고, 대다수 사람들의 행복을 무시하는 개인 또는 계급 사이의 법적 불평등을 발전적으로 극복함으로

써, 정치적 진보가 한 걸음 한 걸음 더욱 그런 방향으로 역사를 몰아
간다. 인간 정신의 발전과 발맞추어, 각 개인의 마음속에 사회의 나머
지 사람 전부와 일체감을 느끼고 싶어하는 마음이 지속적으로 강해
진다."

5. 사회주의의 가능성

밀은 『논리학 체계』와 『공리주의론』을 통해 산업혁명 후의 사회적
현실에 좀더 어울리는 철학과 도덕의 기초를 재건하려고 했다. 그것
은 한마디로 말해 당대의 사회를 변혁해 새로운 문명의 창조를 가능
케 하는 철학과 도덕의 확립을 뜻하며, 그의 아버지나 벤담의 '철학적
급진주의'를 계승하면서도 그들의 이론적 약점을 보강하려는 의도였
다. 철학적 급진주의의 세 기둥이 공리주의 철학, 리카도의 고전적 경
제학, 아버지 밀의 공리주의적 정치학이라는 것은 거듭 확인한 바다.
따라서 그는 공리주의 철학의 재건과 병행하여 다른 두 기둥인 경제
학과 정치학의 혁신에 착수해야만 했다. 그 성과가 곧 『경제학 원리』
(이하 『원리』), 『대의제 통치론』, 『자유론』, 『여성의 종속』 같은 고전들
이다.

밀은 대작 『원리』에서 고전적 경제학의 문제점을 날카롭게 지적
하고 자본주의 문명의 실태를 냉정하게 분석해 자본주의 문명의 새
로운 비전을 열어젖히려 했다. 그것은 고전적 경제학을 계승해 생산
론(제1편) → 분배론(제2편) → 교환론(제3편) → 생산과 분배의

역사적 동향(제4편) → 정부론(제5편)이라는 구성을 취하면서도 곳곳에서 보통의 경제학책에서는 찾아볼 수 없는 역사적·사상적 고찰을 전개하고 있다. 그것은 단순히 보론이나 탈선이라고만은 할 수 없는 체계상의 중요성을 가지고 있으며, "경제학 원리의 사회철학(social philosophy)에 대한 몇몇 응용과 함께"라는 제목의 일부가 드러내듯이 『원리』는 애당초 사회사상과의 유기적 일체성을 의식해서 쓴 경제학 저술이었다. 이 책은 베스트셀러가 되어 곧장 학문적 권위를 확립하는데, 밀은 그 이유를 『원리』가 경제학을 사회철학의 일부로서 다루며 경제학적 분석의 타당성을 "일정한 조건에서만 옳은 것"(『자서전』)이라고 밝힌 점에서 찾았다. 이런 의미에서 『원리』는 리카도 등의 고전적 경제학이 경제학의 역사적 한계라는 인식을 아예 결여했음을 비판하려는 의도를 지니고 있었으며 '경제학 비판'이라는 부제가 붙은 마르크스의 『자본론』과 어느 의미에서 공통된 문제의식을 가지고 있었다고 할 수 있다.

밀에 따르면 '보통의 경제학자'는 '생산 법칙'과 '분배 법칙'을 동일시해 이를 일종의 자연법칙으로서 파악해왔다. 그들은 지주, 자본가, 노동자라는 계급 관계를 자명한 전제로 하여 논의를 전개해, 세 세급에 의해 생산 활동이 이뤄지고 시장에서의 교환을 매개로 각 계급에 소득이 배분된다는 일련의 메커니즘을 자연계에 내재하는 법칙인 양 논했던 것이다. 그러나 밀은 스스로의 정신적 위기에 맞서 사상적 격투를 벌인 결과—그리고 특히 생시몽주의자나 콩트의 영향을 받아—인간의 자유를 초월한 자연조건이나 기술적 조건에 의해 결정되는 '생산 법칙'은 분명히 자연법칙의 일부이지만, '분배 법칙'은 인간 사회의 발전 단계에 따라 변화하는 인위적·역사적 법칙에 불과하다는 인식에 도달했다. 이는 보통의 경제학이 대전제로 삼는 사유재산 제도에 기초한 분배법칙 자체가 자본주의의 발전과 함께 수정·변혁되는 시기가 도래한다는 견해를 내포할 수밖에 없다. 사실 이 견해는 『원리』의 개정판에서 좀더 명확하게 드러나는데, 결국에 가서는 해리엇과 함께 "민주주의의 단계를 한참 넘어 분명하게 사회주의자라는 일반적 명칭 속에"(『자서전』) 스스로를 두게 되었다.

스미스에서 리카도에 이르는 고전적 경제학자들 역시 각 계급의 분배 관계가 역사적으로 변화한다는 것을 인정했다. 특히 리카도는 이윤과 임금의 상반 관계를 논하여, 장기적인 임금 상승과 이윤의 하락에 의해 경제성장의 한계가 올 것(정상[定常]상태)을 예상하고 있었다. 이에 비해 마르크스는 자본가끼리의 경쟁에 의해 잉여가치를 낳지 않는 고정자본 부분(기계)에 대한 투자가 증대하고 그로 인한 대량의 실업과 빈곤이 노동자를 단결시켜 자본주의는 붕괴한다고 생각했다. 리카도와 마르크스는 위와 같은 정반대되는 이유에서 자본주의의 한계 혹은 붕괴라는 어두운 전망을 내놓았지만, 밀은 그들과는 달리 '정상상태'의 도래를 '생산 법칙'의 필연적 귀결로서 받아들이는 한편 그 비관적 전망을 인위적인 '분배 법칙' 자체의 대담한 수정·변경을 통해 넘어설 것을 제언했다. 이것이 밀 스스로 '사회주의자'를 자칭한 이유였지만, 그것은 지극히 독자적인 사회주의 사상이었다.

첫째로, 밀의 사회주의는 마르크스의 그것과는 달리 필연적인 역사 법칙의 귀결로서가 아니라 자본가와 노동자를 포괄하는, 사람들의 자유로운 '선택'의 문제로서 제시되었다. 밀은 필연성이 지배하는 '생산 법칙'과는 구별된 '분배 법칙'의 문제로서 사회주의를 파악했기에 사회주의의 채택 여부도 사람들의 자유로운 선택에 달린 것이어야 했다. 그래서 밀은 자본주의의 현실이 몇몇 다른 종류의 사회주의의 가능성 혹은 선택지를 제시하고 있다고 생각했다. 즉, ① 생산수단의 사회적 공유와 분배의 완전한 평등을 주장하는 '공산주의'(영국의 오언이나 프랑스의 카베, 루이 블랑 등), ② 산업 엘리트에 의한 전제적 경제 운영과 노동의 성과에 따른 분배를 주장하는 생시몽의 '사회주의', ③ 노동이 지닌 매력의 회복을 제기하며 자본·노동·능력에 따른 분배를 주장하는 푸리에의 '사회주의'가 그 주를 이루는 것이었다. 밀은 이들의 장단점을 정리해 어느 것에나 일정한 평가를 부여하지만 최종적 선택의 규준으로서 그가 강조하는 것은 무엇을 선택하든 그것이 사람들의 자유와 개성, 사회 전체의 다양성을 최대한 보장하는 것이어야 한다는 점이었다. 그 경우에 그는 여성의 자유와 개성이 어디까지 존중될 것인가 하는 문제도 진지하게 고려해야 한다고 생각했다.

둘째로, 밀이 강조하는 것은 자본주의냐 사회주의냐 하는 선택은 가장 좋은 자본주의와 가장 좋은 사회주의 사이의 선택이어야 한다는 점이다. 그가 보기에 당시의 논쟁은 실제로 존재하는 최악의 자본주의와 아직 경험적으로 테스트되지 않은, 관념적으로 이상화된 사회주의의 비교론으로, 이는 공평한 비교라 할 수 없었다. 거꾸로 말하면 자본주의와 사유재산 제도를 유지하면서도 그 한계 내에서 어디까지 자본과 노동의 격차를 시정하고 분배의 공정과 노동자계급의 복지를 실현할 수 있을지를 가급적 검증하지 않으면 안 된다는 것이다. 그는 자본주의의 가능성을 적극적으로 평가하기 위해 실제로 영국과 프랑스에서 등장한 새로운 회사나 공장의 경영 형태를 비교하면서, 자본가와 노동자가 공동으로 경영하며 이윤 분배에 공동으로 참가하는 방식이나 혹은 노동자 스스로 경영자가 되어 생산과 분배를 공동으로 행하는 방식 등을 검토하고 있다. 밀은 어느 방식에든 일정한 평가를 내리지만 특정한 방식이 가장 좋다고 결론짓지는 않는다. 여기서도 그가 강조하는 것은 어느 방식을 택하든 간에 그 전제에는 노동자계급의 자유가 있어야 하며, 나아가 그 밑바탕에는 여성을 포함한 노동자의 '개성'에 대한 존중이 불가결하다는 점이었다.

이런 엄격한 조건을 요구하면서도 밀이 인류 문명의 진보의 불가피한 방향성으로서 일정한 종류와 형태의 '사회주의'를 전망하고 있었던 것에는 의문의 여지가 없다. 밀은 해리엇과 함께 "많은 사회주의 체제에 내재한다고 생각되는 개인에 대한 사회의 횡포를 진지하게 배척하기는 했지만, 일하지 않는 자와 일하는 자로 더는 나뉘지 않는 사회를 기다리고 바란" 것이며, "일하지 않는 자는 먹지도 말라는 법도가 빈민뿐 아니라 만인에게 평등하게 적용되는 시대, 노동 생산물의 배분이 출생의 우연에 좌우되지 않고 공정의 원리에 의해 이뤄지는 시대"를 바랐다고 쓰고 있다. 나아가 "장래의 사회문제는 어떻게 하면 개인행동의 최대 자유를 지구상의 원료 공유, 협동 노동의 이익에 대한 만인의 평등한 참여와 일치시킬 수 있을까 하는 것이었다"(『자서전』)는 밀의 전망이 분업이나 시장경제의 폐지 같은 유토피아적 주장을 담고 있지 않다는 점에서 아무리 마르크스의 그것과는 다르다고 해도 여전히 계급 지배의 철폐와 노동자에 의한 생산수단 소유나 경영 참가 등의 주장을 가능성으로서 포함한다는 점에서 자본주의 체제를 아득히 넘어선 이상사회를 제시한 것이었다는 점 역시 분명하다.

밀의 '사회주의'는 그 실현 방법이라는 점에서도 마르크스의 그것과는 비슷하지만 기실 전혀 달랐다. 밀의 사회주의는 마르크스의 종말론적 비전—자본가와 노동자의 격렬한 계급투쟁의 귀결인 자본주의의 붕괴, 수탈자가 수탈당하는 프롤레타리아 권력에 의한 계급의 근절, 그 저편으로 멀리 내다보이는 '자유의 나라'—과 달리 좀더 현실적이며, 부분적으로는 자본주의 체제 내에서 실현되는 중이라고까지 생각되었다. 두 체제의 관계는 폭력적 혁명에 의한 단절이 아닌 평화적 이행 관계로서 이해되었으며 이행 과정에서의 사람들의 자유와 개성, 사회적 다양성의 보장이 불가결한 조건으로서 요구되었다. 밀이 동시대의 사회주의나 공산주의 운동에 대한 전면적 지지를 유보한 것도 이런 운동이나 실험에서는 그런 조건이 충분히 충족되지 않는다고 여겨졌기 때문이다. 밀의 '사회주의'는 개인의 자유와 평등, 빈부 격차의 최소화, 그리고 여성을 포함한 시민 개개인의 개성이 전면적으로 꽃필 수 있는 사회의 실현을 의미한 것으로, 이는 이미 자본주의 자체 내에서 부분적으로 실현되고 있던 가능성의 전면적 실현으로서 전망되었다.

6. 밀에게서의 '자유'와 '공공'

밀은 그가 말하는 '사회주의'가 실현되면 모든 사회적 문제는 자동적으로 해결될 것이라 생각했을까? 물론 그렇지 않다. 그가 말하는

'사회주의'가 개인의 자유와 민주주의, 시장경제를 원리로 하는 사회인 한 거기에는 여전히 개인과 개인 간 이해의 대립이 있으며 그것을 조정하는 국가의 불가결한 역할이 있다. 밀 자신이 자본주의냐 사회주의냐 하는 체제 선택을 사람들의 자유로운 선택의 문제로서 제시한 것은 사실이지만, 어느 한쪽 체제를 택하든 양자의 혼합을 택하든 여전히 잔존할 좀더 근원적인 문제로서 밀은 개인 간 이해와 의견의 대립이라는 문제를 제기해 개인의 자유의 한계를 『자유론』의 중심 문제로서 파고들었던 것이다.

밀은 로크에서 벤담, 아버지 밀에 이르는 고전적 자유주의의 문제 설정 자체가 그의 시대에는 더이상 통용되지 않는다고 생각했다. 그들의 문제는 소수의 지배자 혹은 전제군주로부터 다수 국민의 자유와 권리를 보호하는 정치제도를 구상하는 것이었으며 정치권력의 부패나 남용이 일어나지 않도록 위정자나 권력자의 행동을 폭넓은 국민의 감시 아래에 두는 것이었다. 사회계약설이냐 공리주의냐 하는 이론상의 차이는 이러한 공통성에서는 그다지 문제가 되지 않았다. 그러나 밀의 시대, 즉 선거권이 국민의 다수에게로 확대된 시대에는 정치가가 겉으로는 국민 다수파의 대표자를 자처하는 한편, 그들이 다수파의 이익을 실현하기 위해 소수파를 희생시킨다는, 과거와는 정반대되는 문제가 일어나고 있었다. 소수의 이익이나 의견이 다수 의견의 압도적 힘에 의해 무시당하고 짓눌린 결과, 국민의 이익은 단기적으로는 지켜지는 듯해도 장기적으로는 크게 손상된다. '다수의 전횡'은 소수 의견이 억압됨으로써 국민의 '진정한' 이익이 침해된다는 점에서 공리주의의 입장에서도 정당화될 수 없는 문제라고 밀은 생각했다.

그렇지만 벤담이나 아버지 밀의 '최대 다수의 최대 행복'이라는 원리는 이러한 귀결을 적극적으로 추인하는 것으로도 여겨졌다. 다수파의 이해를 대표하는 정치권력의 존재는 소수자의 '고통'을 크게 웃도는 다수자의 '쾌락'을 실현함으로써 정당화되는 듯 보였기 때문이다. 그래서 밀은 '소수 의견(minority)의 존중'과 '개성(individuality)의 존중'을 현대 '자유'론의 핵심으로서 설정한다. 이 두 '존중'은 실은 같은 문제의 두 측면일 뿐이다. 국민 대중이 같은 생활양식에 길들고 같은 사고방식밖에 갖지 못하는 대중민주주의 사회에서는 다수파와 상이한 혁신적 의견을 가진 사람은 항상 다수파에게 기인 취급을 받으며 수용되기 힘든 존재로서 배제당하는 경향이 있지만, 그러한 소수자야말로 강렬한 인간적 매력이나 성격, 즉 '개성'을 가진 사람인 경우가 많다. 강한 개성의 소유자는 동질화된 사회에서는 눈에 띄고 부각되어 배제된다. 바로 이것이 밀이 가장 우려하며 경고한 '다수의 전횡'이 끼치는 해악이었다.

　"오늘날의 여론 동향에는 개성을 분명하게 드러내는 것에 대해 특히 너그럽지 못하다는 특징이 있다. 보통의 사람들은 지성의 수준이 범용하며 성향이라는 점에서도 범용하다. 뭔가 통상석이지 않은 일을 지향할 만큼의 강한 취미나 욕구는 가지고 있지 않다. 그렇기 때문에 강한 취미나 욕구를 가지고 있는 사람을 이해하지 못하며, 이러한 사람은 모두 조야하고 난폭하다고 하여 그들이 평소에 경멸의 대상으로 삼던 이들과 같은 부류라고 여긴다". 개성에 대한 불관용과 편견은 일반 대중만의 문제가 아니다. "지금은 사회의 최상층에서 최하층에 이르기까지 모든 사람이 적의를 품은 두려운 감시 아래서 살고 있다". 역사적으로 보면 고대의 플라톤이나 예수 그리스도, 근대의 칼뱅이나 루소 등의 예를 들 것까지도 없이 강한 개성을 지닌 사상가나 철학자가 문명 진보의 원동력이었음은 틀림없다고 밀은 생각했다. 문명을 진보시키는 사상은 처음에는 이단적인 소수 의견으로서 등장해 극심한 탄압이나 편견에 맞서 싸우면서 점차 사람들의 지지를 획득해나갔다. 같은 소수 의견이라 해도 서구의 정신생활을 지배하기에 이른 칼뱅의 사상·종교와, 밀의 시대에도 이단적인 문명 비판을 부르짖은 루소의 사상은 그 역사적 역할이 달랐다. 한쪽은 다수파가 된 소수파이며 다른 한쪽은 소수파에 머문 소수파였다.

밀은 여기서 어떤 경우든 소수 의견(마이너리티)을 철저히 보장하는 것이 건전한 민주주의의 발전에 결정적으로 중요하다고 주장한다. 칼뱅주의는 소수 의견으로서 역사에 등장했지만, 일단 스스로 다수파의 지위를 확립하자 소수 의견을 탄압하는 쪽으로 변해버렸다. 밀은 칼뱅주의의 예정설이나 결정론이 이러한 귀결을 불렀다고 지적하고는 소수 의견의 철저한 옹호를 논한다. 그에 따르면 첫째로 다수 의견과 소수 의견이 대립하고 소수 의견에 진리가 있는 경우에는 소수 의견 보장의 정당성이 명백하다. 둘째로 다수 의견에 진리가 있고 소수 의견이 잘못되었어도 여전히 소수 의견을 옹호할 필요성이 있다. 다수 의견은 소수 의견을 전제로 하는 상대적 개념이므로 어떤 의견이 '만장일치'로 승리한 경우 그 정당함을 경험적으로 증명할 수는 없다. 자유로운 토론의 결과, 다수 의견이 옳다는 사실을 더욱 분명하게 확인할 수 있다는 이익 역시 무시할 수 없다. 그러나 밀의 진의는 다수 의견과 소수 의견 양쪽에 진리의 요소가 내포된다는 제3의 입장에 있다. 바로 이것이 보통의 경우이며, 자유로운 토론과 소수 의견의 철저한 보장에 의해서만 좀더 많은 진리를 내포한 의견이 상대적 다수 의견으로서 발견되고 확립된다는 것이었다. 철저한 경험론자인 밀은 '진리' 자체의 상대성을 주장해 다수 의견과 소수 의견 사이의 자유로운 토론의 결과로서만 이 상대적 '진리'가 드러난다고 생각했다.

소수 의견의 보장이 민주주의의 생명선이라고는 하지만 그 한계는 어디에 있는 것일까? 강한 개성을 주장하는 소수자가 그 주장을 행동으로 옮겨 테러리즘 같은 반사회적 행동에 나설 경우에는 어떻게 할 것인가? 여기서 밀은 그의 자유론의 핵심을 이루는 현대의 '해악원리(harm principle)'라 불리는 개념을 제시한다. 그것은 두 가지 요소로 구성되어 첫째로 '개인은 그의 행위가 자기 이외의 누구의 이해와도 무관한 한에서는 사회에 대해 책임을 지지 않는다'는 것이며, 둘째로 '타인의 이익을 해하는 행위에 대해서는 개인에게 책임이 있으며 사회 방위를 위한 법률과 형벌에 복종해야만 한다'는 것이다. 간단히 말해서 '타인의 자유를 침해하지 않는 한 개인은 무엇을 해도 좋다'는 것이다. 그러나 밀의 이론은 '남에게 폐만 안 끼친다면 무얼 하든 상관없다'는 표현이 연상시키는 타인에 대한 무관심이나 에고이스트의 윤리학과는 정반대된다. 그것은 사람들의 개성과 사상 · 행동의 자유를 최대한 존중하면서 그것들을 서로 양립시키려는 사고방식이며, '소수 의견의 존중'과 마찬가지로 다양하고 강한 개성이 맞부딪치는 긴장 넘치는 인간관계 · 사회관계에서 비로소 의미를 갖는다.

실제로 사람들의 자유와 자유의 경계 영역은 언제나 명료하지만은 않다. 어떤 상황에서는 타인과 무관한 행위도 다른 상황에서는 타인에게 유해한 행위가 되는 경우가 있으며, 본래는 개인의 자유로운 재량에 맡겨야 할 행위도 타인에 대한 영향 여하에 따라서는 법적 규제의 대상이 된다. 밀이 든 예로 말하자면 이슬람교가 지배하는 사회에서 비이슬람교도에게도 돼지고기의 식용을 법률로 금지하는 것은 부당하다. 개인이나 기업이 최대한의 노력으로 경쟁 상대를 시장에서 이기려고 하는 것은 옳을 수 있어도 이를 위해 열악한 노동조건을 강제하는 것은 옳지 못하다. 국가가 국민에게 아동의 교육을 의무화하는 것은 옳지만 교육의 내용이나 방법을 강제하는 것은 위법이다. 이런 주장을 통해 밀이 지향한 것은 자본주의 문명의 발전에 따라 증대되는 생활양식과 여론의 획일성에 맞서 싸우고 그것이 낳는 '다수의 전횡'을 타파하는 일이었다. 분명 밀은 오늘날에 보아도 극단적인 주장을 서슴지 않고 있다. '복수투표제'의 제안이 전형적이다. 그는 선거권을 얻은 노동자계급이 정치 동향을 좌우해 "정치적 지식의 수준이 너무 낮아질 위험과 계급입법의 위험이라는 이중의 위험"(『대의제 통치론』)을 방지하기 위해 좀더 높은 교양과 식견을 지닌 지식인층에게 좀더 많은 표를 줄 필요성이 있다고 생각했다.

그러나 이 생각이 법 앞의 시민 평등이라는 근대 민주주의의 원칙을 저버린다는 것은 분명하다. 이런 비현실적인 주장을 하면서까지 밀이 추구한 것은 '인간의 성격이 서로 모순되는 무수한 방향으로 완전히 자유롭게 펼쳐지도록 하는 것이 개인에게나 사회에나 중요하다'는 그의 평생에 걸친 이상이었다. 인류 문명 진보의 원동력인 개인의 자유는 형식적·법률적인 시민적 자유의 보장뿐 아니라 생기 넘치는 개인들의 적극적 활동에 의해 진정으로 실현된다. 타인의 존재와 생활, 그 자유와 권리를 가능한 한 존중하면서도 자기 자신의 자유를 문명화된 방법으로 최대한 실현하려고 하는 개인에 의해서만 문명은 진보하며 사회 전체의 행복도 증대된다는 것을 그는 믿어 의심치 않았다. 개인의 자유와 다양성에 최대의 가치를 부여하는 밀의 사상은 공리주의의 한계를 벗어나버린 것이라는 비판도 있다. 설령 그렇다 해도 밀의 이상이 지금도 여전히 많은 사람들의 지지와 공감을 얻고 있다는 것은 틀림없다.

제11장

서구 문명의 위기와
베버

1. '시대'의 문맥: 제국주의와 대중사회

밀이 세상을 떠난 1873년을 전후해서 영국을 비롯한 유럽 여러 나라는 자유주의에서 제국주의로 향하는 역사적 전환기를 맞고 있었다. 영국은 곡물법 폐지(1846)나 항해법 폐지(1849)로 상징되는 '자유무역주의'의 기치 아래서 프랑스, 독일, 미국 같은 라이벌 국가에 맞서 압도적인 경제적 우위를 확립했다. 런던에서 열린 제1회 세계박람회(1851)는 이러한 영국의 공업력·기술력을 세계에 과시할 절호의 기회였다. 아울러 영국의 자유주의는 중상주의 시대부터 식민지 경영을 기반으로 하는 '자유무역 제국주의'의 성격을 띠었으며 두 차례에 걸친 중국과의 아편전쟁(1840~42, 1856~60)이 그 증거였다. 영국의 자유무역 제국주의가 직접적인 정치적 지배에 기초하지 않은 비공식적 제국주의였던 것에 비해 1870년대부터 제1차세계대전까지의 시대는 말 그대로 (공식적) 제국주의의 시대였다.

'제국주의(imperialism)'는 홉슨의 『제국주의』(1902), 힐퍼딩의

『금융자본론』(1910), 레닌의 『제국주의론』(1917) 같은 고전적 연구들에 의해 확립된 개념이다. 그것은 자유경쟁 단계에서 독점 단계로 이행한 자본주의 국가들이 국내에서 축적된 잉여 자본의 출로를 자국의 군사력을 배경삼아 해외시장에서 찾음과 동시에 식민지의 저임금 노동력과 천연자원의 획득을 노리는 정책 체계를 의미한다. 영국은 1877년에 영국령 인도를 인도제국으로 선언하고 빅토리아여왕이 인도 황제가 되었다. 프랑스의 제국주의는 제2제정기(1852~70)에 출범하여 알제리 등의 아프리카나 인도차이나반도를 중심으로 하는 아시아로 진출했으며 이는 제3공화국이 이어받는다. 보불전쟁(1870~71) 후의 통일 독일, 남북전쟁(1861~65) 후의 미국, 메이지유신(1868) 후의 일본 역시 각각 제국주의적 진출을 꾀했다. 그 귀결은 구미 열강 및 일본에 의한 세계 분할 전쟁이었으며 그 정점이 1차대전(1914~18)이었다.

제국주의의 시대는 국내적으로 보면 '대중사회'의 전성기이기도 했다. 영국에서는 제1차 선거법 개정에 따라 신흥 자본가층이 지배계급의 일부가 되었지만, 공교육의 보급이 노동자계급의 지적 수준을 높여 선거권은 제2차 선거법 개정(1867)에 의해 도시의 숙련 노동자로, 제3차 선거법 개정(1884~85)에 의해 농업 노동자나 광산 노동자로 확대되었다. 그 배경에는 제2차 산업혁명이라고 불리는 중화학 공업화와 대량 소비 사회의 출현, 화이트칼라 노동자의 급증 같은 산업 구조의 커다란 변화가 있었다. 그 결과 노동자계급의 의식과 생활 양면에서 부르주아화가 진행되어 제국주의와 내셔널리즘의 사회적 기반이 공고해졌다. 이와 같은 경향은 얼마쯤 뒤늦게 프랑스와 독일에서도 나타났으며, 토크빌과 밀이 일찌감치 예언한, 환경의 '평등화'에 의한 문명사회의 '획일성'의 진전이라는 역사의 필연적 행보는 더이상 돌이킬 수 없는 단계로 접어든다.

각국의 대중사회화의 배경으로는 정치적 민주화의 진전과 더불어 사회적 · 문화적 요인이 크게 작용했다. 신문 · 잡지를 중심으로 한 대중매체의 발달은 국민 각층의 정보를 공유화 · 동질화했으며 각국의 수도는 국민 각층의 문화적 소비의 중심지가 된다. 제1회 런던 세계박람회에서는 토머스 쿡의 여행 대리업이 급성장했으며, 도시 개조 역시 대폭 진전되었다. 제2제정하의 프랑스에서도 파리의 대대적 개조 계획에 따라 대규모의 도로 · 하수도 정비와 공공시설 건설이 진행되었으며 이는 1867년의 제2회 파리 세계박람회를 성공으로 이끌었다. 통일 후의 독일에서는 제국 재상 비스마르크가 탁월한 정치 수완으로 수도 베를린을 유럽 유수의 도시로 탈바꿈시켰으며, 오스트리아 · 헝가리제국(1867~1918)의 황제 프란츠 요제프 1세 역시 수도의 대규모 개조를 단행했다. 1873년의 빈 세계박람회에는 일본 정부가 처음으로 참가했는데, 이는 일본이 구미 제국주의 열강의 대열에 들어간 것을 상징하는 사건이었다.

산업구조의 전환에 따라 자본주의의 계급 대립 역시 새로운 형태를 띠기 시작했다. 노동자계급의 빈곤화에 따른 공산주의 혁명의 실현이라는 마르크스의 전망은 이제 비현실적이 되었으며 의회민주주의에 의한 사회주의를 지향하는 운동이 각국에서 생겨났다. 영국에서는 1881년에 케임브리지대학 출신 저널리스트인 헨리 하인드먼이 민주연맹(후의 사회민주 연맹)을 결성했으며 여기에 당시의 지배적 경제사상을 비판하던 윌리엄 모리스(『유토피아에서 온 소식』)나 마르크스의 딸 엘리너도 참가했다. 1884년에는 시드니와 베아트리스 웹 부부, 버나드 쇼, H. G. 웰스 등의 중산계급 지식인이 페이비언협회를 설립함으로써 하인드먼 등의 마르크스주의에 맞서 벤담과 밀의 공리주의를 바탕으로 한 사회개량주의의 노선이 생겨난다. 1900년에는 스코틀랜드 독립 노동당의 케어 하디가 사회민주 연맹, 페이비언협회와 함께 노동대표위원회를 설립해 영국 노동당의 기초를 마련한다. 독일에서 사회민주주의 운동은 베벨, 베른슈타인 등에 의한 독일 사회민주당 전신의 설립(1875)으로 시작되었으며, 프랑스에서는 게드, 조레스 등에 의한 사회당의 통일(1905)이 그 출발점이 되었다.

사회민주주의의 이론적 지도자였던 베른슈타인은 사회주의진압법이 시행되던 독일을 떠나 1888년부터 3년간 런던으로 망명해 웹 부부 등의 페이비어니즘의 영향을 받아 자본주의의 현실에 대한 관찰을 바탕으로 『사회주의의 전제와 사민당의 과제』(1899)를 썼다. 그에 따르면 마르크스나 엥겔스의 예측과는 달리 최첨단 자본주의에서는 ① 중산계급은 분해되지 않고 오히려 부유해지며, ② 노동자계급도 전반적으로 윤택해짐과 동시에, ③ 조직된 독점자본주의(카르텔, 트러스트)적 경향에 의해 주기적 공황 역시 억제된다. 따라서 ④ 앞으로의 사회주의는 자본주의의 폭력적 붕괴에 의해서가 아니라, 자본주의의 상대적 번영을 전제로 노동자계급이 평화적으로 정권을 장악함으로써 실현된다고 주장했다. 이러한 주장은 당연하게도 카를 카우츠키 같은 독일 사회민주당의 마르크스주의 정통파의 혹독한 비판을 불러 '수정주의 논쟁'의 도화선이 되었지만, 베른슈타인의 자본주의 인식이 좀더 정확했다는 것은 지금 와서는 명백할 것이다.

2. '사상'의 문맥: 실증주의의 여러 흐름

제국주의와 대중화 시대의 유럽 사회사상은 '실증주의(positivism)'의 큰 흐름을 축으로 전개되었다. '실증주의'라는 말 자체는 콩트의 3단계 이론에서 유래한다. 콩트는 중세의 '신학적' 단계, 프랑스혁명까지의 '형이상학적' 단계와 비교하며 산업혁명 후의 과학 · 기술의 시대를 '실증적' 단계라 부르고 실증주의의 방법에 기초한 종합적인 '사회학(sociology)'을 제창했다. 콩트 사회학의 방법론은 영국의 J. S. 밀이나 허버트 스펜서(1820~1903), 프랑스의 에밀 뒤르켐(1858~1917) 등에게 영향을 주었지만 자연과학의 방법을 사회과학에 응용한다는, 넓은 의미에서의 '실증주의'의 방법은 19세기 사회과학 전체의 기조를 이루는 것이었다. 막스 베버 등 19세기 말에서 20세기 초의 사상가들은 모두 '사회과학의 자연과학화'라 할 만한 실증주의의 지배에 맞섬으로써 각자의 사상을 확립해나간다.

'사회과학의 자연과학화'에는 두 가지 측면이 존재했다. 첫째는 고전적인 기계론적 모델을 규준으로 하는 사회과학의 '물리학화' 경향이다. 그것은 증기기관이 원동력이 된 산업혁명을 이끌었으며, 제2차 산업혁명의 중화학 공업화 시대에는 화학이나 전자기학의 급속한 발전으로 더욱 강화되었다. 결과적으로 대량의 과학자 · 기술자가 불가결해져 유럽 각국에서 고등교육기관이 정비 · 확충되고 연구자나 학생의 수도 비약적으로 늘어났다. 대학이 각 계급에 개방된 교육기관이 되고 이공계 학문의 학문적 비중과 영향력이 커짐에 따라 자연과학적 강의 스타일이나 연구 방법이 사회과학의 내용에도 영향을 끼치게 된다. 경제학을 물리학의 스타일로 가르치고 연구하는 경향이 각국의 주요 고등교육기관에서 지배적이 되어갔다.

그 전형이 이른바 '한계혁명'이다. 1870년을 전후로 '한계효용' 개념에 기초한 혁신적 경제 이론이 스위스(로잔)의 레옹 발라스(『순수경제학 요론』, 1874~77), 영국의 W. S. 제번스(『경제학 이론』, 1871), 오스트리아의 카를 멩거(『국민경제학 원리』, 1871) 세 사람에 의해 거의 동시에 발표된 것이다. 리카도나 밀의 고전적 경제학이 '노동'이나 '생산비' 같은 객관적 요인에 의해 교환가치(가격)를 설명하는 데에 비해 그들은 개인적·주관적 '한계효용'의 개념을 사용해 수학적 이론을 구사함으로써 완전히 새로운 가치와 가격의 이론을 전개했다. 세 사람의 공통된 특징은 수리적 방법을 중시해 경제학의 자연과학화라는 방향성을 관철시킨 점이다. 제번스는 이 점에 대해 "만약 그것이 하나의 과학이라면, 경제학은 수학적 과학이어야만 한다는 것은 명백"하다고 썼다(『경제학 이론』). 산업혁명 시대의 경제학이 자본가·노동자의 구별 없이 '생산'의 입장에서 가치나 가격의 문제를 고찰한 것에 비해 '한계혁명'의 경제학은 경제 문제를 주관적·개인적 효용의 만족이라는 '소비'의 관점에서 새로이 파악했다. 이는 '한계혁명'의 배후에 대중사회의 출현이 있었음을 보여주며 '한계혁명'의 트리오가 권위 있는 대학의 교수였다는 사실은 '한계혁명'이 대표하는 사회과학의 기술화·실증주의화가 곧 그 제도화·체제내화이기도 했음을 보여준다.

'사회과학의 자연과학화'의 둘째 측면은 사회과학의 '생물학화'였다. 그것은 18세기 후반 이후에 시작된 생물학의 새로운 조류가 불러일으킨 변혁이었는데, 19세기 사상에서 생물학 모델의 확립에 결정적 역할을 끼친 것이 다윈의 진화론이었다.

찰스 다윈은 에든버러대학에서 의학을, 케임브리지대학에서 신학을 공부한 후 1831년에 해군 측량선 비글호에 올라 5년간의 세계 일주를 경험하고 여러 지역에서의 광범위한 관찰·수집을 통해 생물계의 다양성을 인식한다. 그는 귀국 후에 주요 저작인 『종의 기원』(1859)으로 명성을 쌓은 다음 '자연선택[도태]' 이론을 인류의 기원과 진화에 적용하려는 시도로서 『인간의 유래』(1871)를 출간했다. 전통적 생물학에서는 생물 종의 고유한 속성이나 형태는 종의 본질(아리스토텔레스)이나 신의 창조 행위(그리스도교 신학)의 결과로서 개체에 앞서 존재한다고 여겨졌지만, 다윈은 생물 개체만이 아니라 생물 종 역시 변화·발전한다는 사실을 발견해 자연환경의 변화에 적응할 수 없는 종은 도태된다는 '자연선택'의 이론을 전개한 것이다. 신에 의한 자연의 창조를 전제로 자연과 사회의 메커니즘 자체로부터 목적인(目的因)을 추방한 물리학 모델과는 달리 진화론적 자연관은 자연계의 변화와 발전을 지배하는 법칙을 자연 자체에 내재시키는, '설계자 없는 디자인'(우치이, 제5장)의 이론이었다. 다윈은 종교적 불가지론자였지만 반대로 자연 자체가 모종의 목적을 가지고 변화·발전한다고 믿었던 것이다.

'개(個)'가 아니라 '종(種)'의 보존을 강조하는 진화론 모델은 자본주의의 완성과 계급투쟁의 격화, 민주화와 제국주의의 시대에 '적자생존(survival of the fittest)' 이론으로서 생물학을 넘어 광범위한 영향을 끼쳤다. 다윈 자신은 우연히 집어든 맬서스의 『인구론』에서 '종의 보존'이라는 착상을 얻었다고 회상하고 있는데(『자서전』), 『종의 기원』과 같은 해에 마르크스의 『경제학 비판』, 밀의 『자유론』이 출간된다. 마르크스와 밀 모두 다윈의 저서를 환영했다고 알려져 있지만, 다윈 이론을 적극적으로 계승해 '사회 다위니즘' 혹은 '사회진화론'의 비조가 된 인물은 허버트 스펜서였다. 그는 『제1원리』(1862), 『사회학 원리』(1876~1896), 『인간 대 국가』(1884) 등 수많은 저작을 통해 19세기 후반의 자유주의 이데올로그가 되었으며 진화론을 구미 열강 간의 경쟁에 응용해 제국주의 국가들의 생존경쟁 이론을 펼쳤다. 스펜서의 사상은 후발 제국주의 국가였던 미국이나 일본의 사상계에서도 수용되어 미국의 사회학자 섬너(1840~1910)나 민권론에서 국권론으로 전향한 가토 히로유키(1836~1916)에게 큰 영향을 끼쳤다. 훗날 케인스는 "적자생존의 원리는 리카도 경제학[의 비교 우위론]을 보다 일반화한 것"(『자유방임의 종언』)이라고 지적했는데, 이는 영국의 자유주의가 더이상 애덤 스미스의 '보이지 않는 손'을 필요로 하지 않으며 진화론에 의해 제국주의로의 확대·발전을 자기 정당화했다는 의미였다.

그러나 다윈 스스로 스펜서에 대해 "그의 결론이 나를 납득시킨 적은 한 번도 없다"(『자서전』)고 썼듯이 다윈은 '종의 보존'을 목적으로 하는 자연선택의 이론을 제시하긴 했어도 이종 간의 투쟁이나 동일 종 내부에서의 약육강식의 생존경쟁을 주제로 삼지는 않았다. 오히려 그는 환경의 변화에 따른 자연선택을 극복하기 위한 동일 종 내부의 협력이나 상호부조를 강조했으며, 특히『인류의 유래』에서는 인류를 포함한 동물계에 공통된 비이기적 원리로서 '공감'의 역할을 힘주어 말했다(우치이, 제6장). 진화론의 이런 이타주의적 측면을 강조하며 국가 없는 공동사회의 가능성을 논한 인물은 무정부주의자 크로포트킨(『상호부조론』, 1902)인데,『종의 기원』을 번역한 일본의 무정부주의자 오스기 사카에가 이를 번역·소개했다(1920). 경제사상 분야에서도 앨프리드 마셜의『경제학 원리』(1890)는 한계혁명의 경제학을 계승하는 한편 인간 사회의 질적 변화와 발전을 진화론적 모델로 설명했으며, 미국 제도학파의 창시자인 소스타인 베블런 역시 '제작 본능'과 '경쟁심'을 양대 원리로 하는 진화론적 사회관을 전개했다.

이렇듯 '사회과학의 자연과학화'는 복잡한 양상을 드러냈지만 물리학화와 생물학화라는 두 대조적인 경향은 '실증주의'의 지배라는 19세기 사상의 좀더 큰 흐름으로 합류해 있었다. 물리학 모델을 따른 한계혁명의 경제학과 생물학 모델을 따른 사회진화론은 모두 사회법칙의 지배를 강조해 사회의 발전과 변화를 인간의 자유를 초월한 자연 필연적 과정으로 본다는 점에서 공통된 사회관에 입각한 것이었다. 그 밑바탕에는 사회·역사 운동의 자립화, 기계화, 시스템화라는 인식이 있었으며, 인간 소외와 물상화로부터의 해방을 지향했을 마르크스주의조차도 카우츠키의 유물사관에서 전형적으로 나타나듯이 자본주의의 자동 붕괴론이 되어 있었다. 그리고 이런 '실증주의'를 둘러싼 '지적 갈등의 핵심'(휴즈)에 있었던 것이 바로 스펜서로 대표되는 사회 다위니즘이었다. 다윈의 진화론이 사회나 역사의 문제에 응용되어 '유전'과 '환경'이라는 객관적 요인이 인간과 사회의 특질을 결정한다고 이해되기에 이르자 이를 인간 자유의 부정이라고 여긴 일부 사상가들이 '실증주의'에 대한 '반역'을 꾀하며 결집한다.

휴즈에 따르면 이들 사상적 반역자로는 뒤르켐, 오스트리아의 정신분석학자 프로이트, 이탈리아의 사회학자·경제학자 파레토, 프랑스의 역사철학자 소렐 등이 있었다. 프로이트는 『꿈의 해석』(1900) 같은 저작에서 인간 무의식의 세계를 탐구하는 가운데 인간의 행위에 성적 충동이 끼치는 영향을 고찰해 합리적 개인이라는 근대사회의 대전제에 근본적 의문을 던졌으며, 뒤르켐은 『자살론』(1897)에서 '아노미(무규제)' 이론을 전개해 전통이나 도덕의 굴레가 소실된 근대사회에 사는 사람들이 빠질 수밖에 없는 허무적 상황을 지적했다. 경제학자로서도 저명한 파레토는 『사회주의의 체계』(1902)에서 마르크스의 계급투쟁 사관을 비판하고 인류사를 옛 엘리트와 새 엘리트의 끝없는 권력투쟁의 과정으로서 그려냈으며, 소렐은 『폭력론』(1908)에서 역사 속 민중의 의지적 행동(폭력)의 역할을 분석해 마르크스의 유물사관을 하나의 역사철학으로서 새롭게 파악했다.

실증주의에 대한 이들 '반역자'는 하나같이 근대 합리주의를 부정하고 자유롭고 이성적인 개인이라는 근대사회의 대전제를 의문시한 듯 보이지만, 실제로 그들은 모두 사회질서가 기계적 메커니즘으로서 자립하고 거꾸로 인간을 빨아들여 인간의 자유와 주체성을 파괴하는 현실을 비판한, 근대적 이성의 옹호자였다. 막스 베버(1864~1920) 역시 그중 한 사람이었다. 아울러 그의 사상에는 이들 사상가 중 누구와도 다른 독자적 문제의식이 있었다. 그는 말년에 학생들에게 마르크스와 니체의 사상 없이 자신의 사상은 있을 수 없었다고 말했다고 한다(몸젠). 제국주의와 대중사회의 현실을 둘러싼 베버의 고투는 두 선인의 문제 설정을 정면으로 받아들이면서도 두 선인과는 다른 방향에서 타개의 길을 찾으려는 것이었다.

3. 베버의 '문제'

베버는 1864년에 독일(프로이센) 중부의 에르푸르트에서 태어났다. 그의 아버지 막스는 직업정치가였으며 어머니는 경건한 루터파 신자였다. 보불전쟁을 거쳐 독일이 통일되려 하던 무렵, 당시 여섯 살이던 소년 베버는 대(對)프랑스 전쟁 개전시의 어른들의 흥분을 체험했다고 한다(곤노). 그는 중세 상사회사(商事會社)의 역사에 관한 연구로 베를린대학에서 학위를 취득한 후에 베를린, 프라이부르크, 하이델베르크에서 교수를 역임하지만 1897년에 아버지의 급사로 인해 극도의 신경증에 걸리며 1903년에 하이델베르크 대학을 사직해버린다. 미국과 유럽 각국에서 요양을 겸한 시찰 여행을 거듭하며 러시아혁명의 성공(1917)과 1차대전에서의 독일의 패배, 바이마르공화국의 성립(1918)을 거쳐 1919년에 뮌헨대학의 교수로 취임하기까지의 17년 동안 그는 재야의 저명한 사상가로서 활동했다. 게다가 베버는 신경증과 싸우면서도 그사이에 대단히 왕성한 활동을 보였으며, 1904년의 미국 여행을 끼고 『프로테스탄티즘의 윤리와 자본주의 정신』(1905, 이하 『정신』)을 완성하는가 하면 1차대전중에는 독일 내셔널리즘의 입장을 명확히 하여 각지를 여행하며 강연을 했다.

1905년에 제1차 러시아혁명이 일어나자 그는 러시아어를 단기간에 습득하겠다는 열의를 보였는데,『고대 유대교』(1917)를 비롯한 종교사회학의 방대한 작품군은 이 시기의 산물이다. 오늘날 베버는 프랑스의 뒤르켐과 함께 현대 사회학의 아버지라 불리지만 러시아혁명 직후의『직업으로서의 학문』(1917), 1차대전 직후의『직업으로서의 정치』(1919) 같은 저작에서 전형적으로 드러나듯이 베버의 생애는 고유하게 독일적인 지성의 역사였다. 조국의 독립에 최대의 가치를 부여하는 베버는 강렬한 정치적 의식의 소유자로, 19세에 프로이센 육군의 1년 지원병이 되어 말년까지 예비역 장교였다는 사실이 이를 잘 보여주며, 12세의 김나지움 시절에 마키아벨리의『군주론』을 접한 이래로 그의 사상의 근저에는 '권력정치(power politics)'의 사상이 자리 잡고 있었다.

그러나 베버는 이 사상을 하나의 정치 신조로서 평생토록 견지했을 뿐 아니라 조국 독일이 구조적으로 안고 있는 정치와 도덕의 문제를 근대 서구의 총체적 문제로 보편적 시야에서 새롭게 파악하는 것을 자기 사상의 과제로 삼았다. 그는 독일의 정치적 후진성이라는 문제를 경제적·사회적·문화적 후진성의 문제로서 파악해 이를 유럽의 고대사회와 근대사회의 비교 연구를 통해 역사적 시야 안에 배치함과 동시에 아시아와 유럽이라는 비교 문명론적 관점에서도 재검토하려 했다. 예컨대 그의 대표작 중 하나인『정신』이 프로테스탄티즘이 지배하는 영미의 선진 자본주의와의 비교를 통해 엘베강 동쪽 독일 자본주의의 후진성의 근원을 밝히려고 한 저작이라는 것이 이를 전형적으로 보여준다.

베버가 마르크스와 니체를 자신의 사상적 원점이라고 회상한 것의 의미 역시 이러한 관점에서 이해되어야 한다. 왜냐하면 마르크스 역시 유물사관에 기초한 장대한 세계사의 일반이론을 전개해 그 속에서 고대와 근대, 서양과 아시아라는 베버적 문제를 파악하고 있었기 때문이며, 니체 또한 그리스도교 도입 이전의 고대 그리스 문명 속에서 유럽 정신의 기원을 탐구했기 때문이다. 마르크스와 니체는 모두 실증주의에 대한 다른 '반역자'들에 앞서 실증주의의 정신이 지배하는 근대 서구의 현실을 비판적으로 바라보았으니 베버가 이 두 사람에게 많은 것을 배운 것도 당연하지만, 베버가 두 사람에게 받은 사상적 촉발의 의미는 크게 달랐다.

베버는 마르크스의 자본주의 비판을 그 나름으로 평가하면서도 '소외'나 '물상화'를 공산주의 혁명을 통해 극복한다는 낙관적 전망에는 회의적이었다. 결과적으로 그는 『정신』의 말미에서 "정신 없는 전문가들, 심장 없는 향락주의자들"이 지배하는 "껍데기"가 되어버린 근대사회의 현실을 절망적으로 바라보면서 "이 끔찍한 발전이 끝나갈 무렵에 완전히 새로운 예언자들이 출현하게 될 것인지, 혹은 옛 사상과 이상의 강력한 부활이 일어날 것인지, 또는 이것도 저것도 아니라면 일종의 발작적 오만으로 장식된 기계적 화석화가 있을지는 아무도 알 수 없다"고 썼다. 이러한 비관적 전망의 배후에는 '관료제'에 대한 그의 비판적 인식이 있었으며 바로 이것이 마르크스에게는 불충분했던 인식이었다. 베버는 관료제 시스템이 개인의 자유와 주체성을 억압할 가능성을 마르크스적 사회주의·공산주의 운동 속에서도 발견했으며 사회주의·공산주의에서도 존속할 "정신 없는 전문가들, 심장 없는 향락주의자들"의 지배를 예견했다. 베버는 마르크스가 제기한 서구 근대의 모순을 마르크스와는 다른 방식으로 인식함으로써 이를 극복할 마르크스와는 다른 가능성을 추구하게 된다.

베버가 마르크스보다도 본질적 친근성을 느낀 인물이 프리드리히 니체(1844~1900)였다. 니체는 프로이센에서 목사의 아들로 태어나 본과 라이프치히에서 고전 문헌학을 공부하고 1870년에 역사가 야코프 부르크하르트가 있는 바젤대학에 20대의 젊은 나이로 취임해, 작곡가 리하르트 바그너와의 운명적 만남을 계기로 유럽 문명의 근원을 탐구해나가는 한편, 바그너에게 헌정한『비극의 탄생』(1872)을 비롯해 그리스 문화의 정신(그리스 비극에서의 아폴론적 · 이성적인 것과 디오니소스적 · 정념적인 것의 통일)을 탐구하는 수많은 저작을 내놓았다.『차라투스트라는 이렇게 말했다』(1883~85)는 '권력의 지', '영원회귀', '초인' 같은 사상으로 잘 알려진 니체 사상의 집대성이며, 특히 사회사상의 관점에서는 근대 유럽의 문화와 사회를 구체적으로 비판한『선악의 저편』(1886)과『도덕의 계보』(1887) 두 작품이 중요하다.

이들 저작에서 니체는 서구 문명의 타락의 근원에 그리스도교가 있다고 주장한다. 그리스도교는 로마인의 지배와 억압에 저항하는 천민의 종교이며 약하고 열등한 피지배자가 우등하고 고귀한 지배자에 대해 품는 '르상티망(원한)'을 본질로 한다. "오른 뺨을 얻어맞거든 왼뺨도 내밀어라"라는 예수 그리스도의 말은 자신의 뺨을 때린 상대의 뺨을 때리는, 인간으로서의 당연한 욕구를 억압함으로써 가해자(적)에 대한 사랑을 이야기하는 도착된 도덕론이다. 인간은 본래적으로

힘과 품위에서 차이가 있는 이질적 개인이나 민족의 집합체이며 신 앞의 만인의 평등을 말하는 그리스도교 윤리는 자기기만에 불과하다. 근대의 민주주의, 평등주의는 이러한 천민 종교로서의 그리스도교가 종교개혁에 의해 부활한 결과이며 그것이 또한 실증주의에 의한 과학·기술의 지배를 이끌었다는 것이다.

"오늘날 유럽인의 특징으로서 문명, 인도주의, 진보 같은 개념이 제기되고 있다. 그것은 좋은 의미도 나쁜 의미도 아닌, 정치적 상투어로 표현하자면 유럽의 민주화 운동이라 정의할 수 있을 것이다" "이것은 유럽인들이 서로 비슷해져가는 과정이다. 이제 유럽인들은 풍토와 신분에 결부된 민족들의 발생 조건에서 갈수록 이탈해가고 있다" "이 새로운 조건 아래서는 대체로 균등하고 범용한 인간이, 요컨대 유용하고 근면하며 다양하게 써먹을 수 있는 노련한 무리 짐승 같은 인간이 만들어진다" "그러므로 유럽의 민주화는 가장 정밀한 의미의 노예 제도에 적합한 인간 유형을 만들어내며, 그런 반면에 이 시기에 출현하는 특별하고 예외적인 강한 인간은 (…) 이제껏 생각되던 것보다 더 강하고 풍부해지지 않을 수 없을 것이다"(『선악의 저편』).

니체는 마르크스처럼 화폐경제의 침투라는 경제적 요인이 그리스도교를 낳았다고 생각하지는 않는다. 오히려 그는 천민의 '르상티망'을 본질로 하는 그리스도교에 의한 인간성의 억압과 도착이야말로 서구 사회에서의 인간 소외의 근원이라고 주장했던 것이다. 마르크스라면 관념론적 역사관이라 하여 비판할 것이 분명한 이 주장에서 베버는 서구 근대의 기원과 본질에 다가서는 인식을 발견해 이를 "니체의 근사한 시론"(『종교사회학 선집』)이라 불렀다. 그러나 베버는 니체의 르상티망론을 그대로 인정하지는 않았으며, 반대로 그리스도교의 "금욕 일반을 이 르상티망이라는 기원에서 도출하려고 한 것은 완전히 잘못되었다"고 보았다. 이러한 비판의 배경에는 니체에게도 그림자를 드리우고 있던 생물학주의나 프로이트의 정신분석학에 대한 베버의 비판적 태도가 자리잡고 있었지만(야마노우치), 그것과는 별개로 니체의 실증주의 비판과 베버의 그것은 출발점에서는 문제의식을 공유하면서도 전개 방향은 전혀 달랐다.

4. 『직업으로서의 학문』과 근대 합리주의의 기원

니체 사상의 비판적 검토에서 베버가 이끌어낸 고유한 과제는 19세기를 지배하는 실증주의의 근원에 그리스도교의 세계관이 자리잡고 있음을 인정하면서도 그것을 열등한 자의 우월한 자에 대한 르상티망에 의해서가 아니라 그리스도교 자체를 한 요소로 삼는 좀더 보편적이고 근본적인 역사의 원동력에 의해 설명하는 것이었다. 베버의 방대한 저작이 그 회답이며 『고대 유대교』를 비롯한 종교사회학적 저작이 그 학문적 핵심을 이루고 있다. 『직업으로서의 학문』(이하 『학문』)과 『직업으로서의 정치』(이하 『정치』) 등 말년의 두 저작은 그러한 베버의 최종적 입장을 강력한 언어로 표명한 것이었다.

1917년 11월 7일, 러시아 10월혁명 발발 직후에 베버는 뮌헨에서 학생 단체의 의뢰로, 나중에 『학문』으로서 출간될 내용의 강연을 했다. 러시아 사회주의에 대한 학생들의 열광이나 니체적 귀족주의에 대한 공명, 상징파 시인 슈테판 게오르게의 '체험'주의에 대한 경도 등을 견제하며 그가 청중의 냉정한 주의를 환기시킨 것은, 독일의 대학이나 연구소가 확실히 미국식의 "국가자본주의적 사업"으로서 발전하고 있다는 사실에 대해서다. 그것은 한마디로 말해서 과학·기술에서의 관료제적 조직화의 진행으로, 자본주의적 기업과 마찬가지로 교수나 연구자를 실질적으로는 임노동자와 다르지 않은 존재로 바꿔놓고 있다. 미국에서는 학문이 완전히 상품화되어가고 대학교수는 대중화된 학생 집단에 "채소장수 아주머니"와 같이 단편적 지식을 파는 직업이 되어버려 자본주의적 실적주의의 경쟁이 지배하고 있다는 것이다.

유럽의 학문도 같은 운명에 처해 있다. 유럽의 학문 전통은 ① 소크라테스 이래의 그리스 철학에서 이루어진 '개념'의 발견에 의한 '진실재(眞實在)로의 길', ② 레오나르도 다빈치로 대표되는 르네상스 실험과학에서의 '진정한 자연으로의 길', ③ 프로테스탄트 과학자들이 자연의 탐구를 통해 추구한 '신에의 길'이라는 세 개의 '길'에 대한 탐구로 구성되며 전체적으로는 보편적 진리의 탐구라는 이상을 추구해왔지만, 이제 그러한 이상은 학문·연구의 장에서는 마침내 종적을 감췄다.

베버는 이처럼 그리스도교의 전통을 유럽 합리주의의 한 원천으로서 상대화하는 한편, 그리스 철학 이래의 위대한 학문적 전통이 산업혁명과 대중화의 영향 아래서 실증주의의 기술학으로 타락했다는 설명 역시 거부한다. 관료제적으로 조직화된 과학·기술의 현황 속에서 전통적인 학문적 이상의 상실을 개탄만 해서는 문제가 해결되지 않는다. 왜냐하면 그러한 학문적 이상 자체가 본래적으로 그 이상의 상실로 이어지는 필연적 운동성을 내포하고 있기 때문이다. 고대 이래의 유럽 학문이 견지해온 오래되고 좋은 이상이 근대 자본주의의 거센 물결에 의해 해체 위기에 처해 있다는 것이 아니다. 근대적 학문의 근원이며 근대 자본주의의 근원이기도 한 합리주의적 세계관 자체가 그리스 철학 이래의 유럽 학문 전통의 근대판이며 그 종국의 모습이라는 것이다.

베버는 유럽의 합리화 과정을 '세계의 탈주술화'라 부르고 그 본질을 '주지주의적 합리화'로서 파악한다. 그것은 어느 원시적 사회에서나 찾아볼 수 있는 '실천적' 합리주의와는 다르다. 후자는 예컨대 어떻게 하면 불을 지필 수 있는지 등 원시인조차 숙지하고 있는 생존을 위한 지혜를 의미하지만, 유럽 고유의 '주지주의적' 합리화는 "원하기만 한다면 언제라도 우리의 삶의 조건들에 대한 지식을 얻을 수 있다는 것, 따라서 우리의 삶에 어떤 신비스럽고 예측할 수 없는 힘이 작동할 까닭은 없다는 것, 오히려 모든 사물은―원칙적으로―예측을 통해 지배될 수 있다는 것을 우리들이 알고 있거나 또는 그렇게 믿고 있다는 것", 즉 "세계의 탈주술화"를 뜻한다.

주지주의적 합리화의 끊임없는 추구야말로 그리스 철학 이래의 유럽 학문의 원동력이자 본질이다. 또한 그것은 한 사람의 직업적 연구자로 한정된 문제도 아니다. 개인 차원에서 무한히 다양하고 혼란스러운 여러 가치가 공존·경합하는 현대 세계는 제임스 밀의 '다신론'이나 보들레르의 『악의 꽃』의 세계이기도 하다. 아무리 다양화되고 개인화되어도 그 가치나 이념은 그 사람에게는 절대이자 '신'이다. 사회생활을 영위하는 수많은 사람들은 저마다의 '신'을 섬기면서 각자의 목적을 추구하고 그 실현을 위해 희소한 경제재(화폐)나 정치재(권력)를 놓고 다툰다. 거기서는 필연적으로 '신들의 투쟁'이라는 아수라장이 출현하며 그 연장선상에서 전쟁이나 혁명이 발발한다. 당시의 실증주의적 과학이 자본주의적 경제 경쟁과 제국주의적 권력투쟁의 아수라장에서 살아남기 위한 기술학이라는 것을 베버는 리얼하게 인식하고 있었다.

베버에 따르면 과학(학문)은 '무엇을 해야 하는가'를 직접적으로 가르칠 수는 없지만 주어진 조건 아래서 '무엇을 할 수 있는가'를 가르칠 수는 있다. 즉, 어떤 목적의 실현을 위해서는 어떤 기술적 수단을 사용하는 것이 가장 합리적인지를 오직 과학만이 진정으로 엄밀한 의미에서 가르쳐줄 수 있다. 과학은 또한 어떤 목적을 달성하기 위한 가장 합리적인 수단이 그 목적의 배후에 자리잡은 가치나 이념과 모순되는 의도치 않은 귀결을 낳는 경우가 있다는 것도 가르쳐준다. "여러분이 어떤 특정한 입장을 취하기로 결단을 내린다면, 여러분은 이 신만을 섬기고 다른 신에게는 모욕을 주는 것입니다." 그리하여 학문은 "개개인에게 자기 행위의 궁극적 의미에 대해 스스로 책임을 지게 할 수 있는 것"이다.

제임스 밀이나 보들레르의 정신세계를 사는 사람들이 그럼에도 스스로의 가치를 믿고 학문에 종사하는 경우에 학문이 할 수 있는 유일한 일은 각자가 믿는 가치(신)의, 과학적 정합성에 기초한 실현을 돕는 것이며, 각자의 궁극적 가치와 그 실천적 선택이나 행동 사이에 모순이 있는지 여부를 가르쳐주는 것이다. 나아가 모순이 있는지 여부, 사람이 어떤 행위를 선택할 것인지 여부는 학문이나 과학이 책임

질 수 없는 궁극의 개인적 선택의 문제이다.

5. 『직업으로서의 정치』와 민주주의의 운명

제1차세계대전에서 패한 직후인 1919년 1월 28일, 독일 곳곳에서 혁명파와 반혁명파의 싸움이 펼쳐지고 뮌헨에서는 레테(노동자·병사 평의회) 정권이 수립되었으며, 베를린에서는 독일 공산당(스파르타쿠스단)의 리프크네히트와 룩셈부르크가 학살당하는 뒤숭숭한 상황 아래서 베버는 뮌헨 시민을 상대로 나중에 『정치』로서 출간될 내용의 강연을 했다. 정치적 실천과 개인적 신조·가치의 근본적 관계를 논한 이 강연은 러시아혁명 직후에 이뤄진 강연인 『학문』과 함께 학문과 정치라고 하는, 독일의 장래를 짊어질 젊은이들로서는 피해갈 수 없는 문제를 논했던 것이다. 베버는 거기에서 패전국 독일의 문제가 본질적으로는 근대국가 일반의 기본적 문제이며 독일 정치의 문제를 제대로 이해하려면 근대국가 자체에서의 정치의 의미와 역할, 그리고 그 역사적 전개를 이해해야만 한다고 주장한다.

베버는 『학문』에서 그리스 철학 이래의 유럽 사회의 '주지주의적 합리화'가 근대 합리주의의 기원임을 지적했다. 『정치』는 이 합리화의 완성 과정을 유럽 근대국가의 출현과 발전의 문제로서 논하고 있다. 그 열쇠는 '관료제' 개념이다. '관료제'라 하면 정부나 행정기관의 형식주의 혹은 전례주의(前例主義) 같은 비효율적이고 불합리한 '관청 사무'의 이미지를 떠올리기 십상이지만, 베버의 용법은 그것과는 정반대이다. '관료제'의 기원과 본질은 유럽의 '탈주술화'를 야기한 '주지주의적 합리화'에 있으며 명시적인 규칙의 체계에 의해 예측 가능성, 계산 가능성, 지배 가능성이라는 합리화의 원리들이 정부나 행정은 물론이고 기업, 대학, 정당, 노동조합, 군대 등의 여러 조직에서 구체적인 제도로서 실현된 것을 의미한다. 이 점은 관료제를 독일이나 일본 등 근대화에 뒤처진 나라들의 특징적 제도라고 생각하기 마련인 보통의 상식과 크게 다르며, 오히려 미국과 같이 근대화가 가장 진전된 사회일수록 고도로 발달한 관료제를 사회 곳곳에 확립하고 있다는 베버의 인식과 결부된다.

이러한 관료제의 정의에서뿐 아니라 그 역사적 전개의 설명에서도 베버의 독자적 관점을 찾아볼 수 있다. 특히 중요한 것이 근대국가를 "특정한 영토 내에서 정당한 물리적 강제력의 독점을 (성공적으로) 관철시킨 유일한 인간 공동체"라고 한 유명한 정의이다. 여기에는 ① '특정한 영토', ② '정당한 물리적 강제력', ③ '독점'이라는 세 요소가 규정되어 있는데, ①은 근대 국민국가로서의 영역성을 의미하며 ②와 ③은 '합법적 지배'에 의해 정통성을 얻은 지배자(권력)에 의한 군대, 경찰 능 실력 조직의 독섬적·배타적 소유와 행사를 의미한다. 이것은 모두 같은 관료제적 조직이면서도 정부(국가권력)와 그 밖의 기업, 대학, 정당 등의 결정적 차이를 나타내는 요소들이다. 이 세 요소는 유럽 각지에서 근대적 정치권력 즉 국가가 성립되는 과정에서 독자적으로 통합된 것이지만, 베버는 이 역사적 과정을 '인적 행정 간부진'(생산자)과 '물적 행정 수단'(생산수단)의 분리라 부르며 "독립생산자들의 생산수단을 점차 박탈함으로써 진행되는 자본주의적 기업의 발전에 전적으로 상응하는 과정"이라고 설명한다.

이 설명은 자본주의의 발전이 근대국가의 출현을 낳은 역사적 원동력이라는 마르크스주의적 설명과 겹쳐 보이지만 베버의 진의는 그와는 전혀 다르다. "전적으로 상응"한다는 표현이 보여주듯이 그는 그리스 철학 이래의 '탈주술화'의 최종적 귀결로서 자본주의 시장경제와 근대국가가 생겨났다고 보고 있다. 근대사회에서의 정치와 경제 양면에 걸친 합리화 즉 관료제화의 진행은 한결같이 '주지주의적 합리화'라는 정신적 · 비물질적인 근본 요인에 의해 설명된다. 자본주의적 생산관계 자체가 근대국가라는 거대한 관료제적 조직에 견줄 만한 관료제적 시스템이라는 것이다.

베버는 『정치』에서 근대국가의 역사적 발전을 상세히 논하고 있는데 그 설명 역시 관료 제도의 발달을 객관적으로 기술하기보다는 관료제적 정치 · 행정조직과 그것을 떠받치는 살아 있는 인간들(정치가와 관료)의 정신적 · 윤리적 긴장이라는 문제에 일관되게 역점을 둔다. 즉, 정치라는 일이 소수 엘리트의 숭고한 의무이자 운명이었던 시대와, 여타 직업과 다를 바 없는 생업이 되어버린 현대의 결정적 차이의 의미를 고찰하면서 정치를 직업으로 하는 사람들이 피할 수 없는 정신적 · 도덕적 문제를 파헤치려는 것이다.

베버에 따르면 마키아벨리 시대 이탈리아에서의 카리스마적 정치 지도자와 그 측근인 관료의 유동적인 관계는 영국 의회정치에서의 세습 정치가와 행정 관료의 구별에 의해 새로운 단계에 접어들며 민주주의 시대의 직업정치가와 행정 관료의 구별로 발전한다. 이 일련의 과정에서 그가 강조하는 것은 ① 옛 사회에서 '정치를 위해 사는' 세습 정치가와 민주주의 사회에서 '정치에 의존해 사는' 직업정치가의 근본적 차이이며, ② 민주주의 사회에서 여론의 동향에 좌우될 수밖에 없는 직업정치가와, 정치가나 상급 관청의 명령에 복종하는 것을 신성한 의무로 여기는 행정 관료 사이의 '정반대되는 성격의 책임 원칙'이다. "도덕적으로 가장 지고한 품성을 가진 관료들이야말로 정치가로서는 부적절하고 무책임한—책임 개념의 정치적 의미를 기준으로 볼 때 말입니다만—사람들이며, 그리고 이런 의미에서 도덕적으로 가장 낮은 수준의 정치가들입니다. 우리는 유감스럽게도 지금까지 이런 정치가들이 지도적 위치에서 활동하는 것을 되풀이해 경험했습니다. 이것이 바로 우리가 '관료 지배'라고 부르는 것입니다."

후진국 독일의 관료정치와 명망가 지배를 대비시키며 베버가 긍정적으로 평가하는 것은 영국과 미국의 민주주의 정치다. 그것은 가장 근대적인 정당정치의 모습이며, 미국의 링컨 대통령, 영국의 글래드스턴 총리를 대표로 하는 카리스마적 지도자 아래서 가장 높은 수준의 통일성을 갖춘 관료제적 조직에 의해 실현되었다. 그가 "국민투표적 민주제"라고 부른 영국과 미국의 민주정치에서는 정당과 정부 양면에서 관료제가 완성되어, 유권자의 신임을 받은 정치가는 스스로의 정치적 책임을 통절히 자각하면서 정치 활동을 펼치는가 하면, 행정 관료는 그때그때 정권이 어떻게 바뀌든 정치가나 상사의 명령에 묵묵히 따르는 것을 직업상의 긍지로 여긴다. 어떤 정책을 실행한 결과로 국민에게 중대한 불이익이 발생할 경우에는 그 모든 책임을 정치가 본인이 지며 관료는 그 범위 바깥에 있다.

6. 베버에게서의 '자유'와 '공공'

이렇게 보면 베버는 영미의 선진적 정당정치를 찬미하고 그것과 비교하며 조국 독일의 전근대적인 명망가 지배를 한탄하고 있는 듯 보인다. 그러나 사태는 그렇게 간단하지 않았다. 왜냐하면 영미의 '국민투표적 민주제' 역시 그것이 관료제적 조직화의 산물인 한 모종의 중대한 문제점을 내포하고 있기 때문이다. 그것은 영국의 '코커스(정당 보스에 의한 밀실 인사)'나 미국의 '엽관제도(대통령 당선자에 의한 관직 배분)'에서 보이는 '부패' 문제다. 그뿐 아니라 카리스마적 당수나 보스 정치가에 의한 독재적 정치 운영은 일반 당원이나 지지자가 자유로운 사고와 판단을 할 여지를 없애버리며 결국에는 그들의 "정신적 궁핍화(프롤레타리아화)"를 불러온다. 더구나 강력한 지도자가 이끄는 정당의 정치가(의원)들 스스로도 당시의 영국이 그랬듯이 "규율이 잘 잡힌 거수기"로 전락한다.

베버의 어투는 관료제적 정당정치에 대해 마치 마르크스의 '소외'나 '물상화'의 분석을 적용한 것처럼 들리지만 그가 주목하는 문제는 좀더 심각하다. 마르크스는 그 스스로 사회주의혁명에 의한 인간 해방이라는 궁극의 해결책을 제시했지만 베버에게는 그런 해결책이 없었다. 1918년 6월, 빈의 오스트리아 장교단 앞에서 했던 강연인 『사회주의』에서 그가 날카롭게 지적했듯이, 러시아혁명 후에 막 시작된 러시아의 국가사회주의는 산업의 국유화에 따른 생산의 비능률화와 노동 의욕의 감퇴라는 자본주의 못지않은 관료제의 폐해를 일찌감치 낳고 있었다. 베버의 사상에서는 그리스 철학과 그리스도교에 의한 주지주의적 합리화의 정점에 자본주의 경제와 민주주의 국가의 관료제적 조직화의 완성이 자리하므로 그로부터의 '해방'은 애당초 문제가 되지 않았다. 실제로 그것은 유럽 문명의 전면적 부정이 될 수밖에 없을 것이다. 베버의 문제는 자본주의냐 사회주의냐 하는 단순한 양자택일로 해결될 수 있는 것이 아니라 모든 시민이 일상적인 정치 선택의 국면에서 자기 자신의 문제로서 직면하는 종류의 것이었다. 그것은 영미에서처럼 "머신(관료 기구)을 수반하는 지도자 민주제"를 고를 것인가, 독일에서처럼 "지도자의 필수 요건인 내면적·카리스마적 자질이 없는 직업정치가(보스)들의 지배"를 택할 것인가 하는 거의 불가능한 양자택일을 강요하는 문제였다.

이에 대한 베버의 회답이 『정치』의 클라이맥스라 할 만한 '심정 윤리'와 '책임 윤리'의 상극이라는 문제다. 일반적으로 정치가에게 불가결한 능력·자질은 ① 열정, ② 책임감, ③ 판단력의 세 가지다. 베버는 지식인·학생에게서 흔히 찾아볼 수 있는 러시아혁명 후의 사회주의에 대한 열광을 야유하며 아무리 숭고한 사명을 내건 정치 행동이라도 강인한 책임감과 고도의 판단력, 그러니까 "내적 집중과 평정 속에서 현실을 관조할 수 있는 능력, 즉 사물과 사람에 대해 거리를 둘 수 있는" 능력이 뒷받침되지 않는 한 그것은 "지적 관심이 높은 사람들의 낭만주의"와 다를 바 없다고 말한다. 이 세 가지의 능력·자질은 정치 활동뿐 아니라 근대의 합리적·관료제적 조직 속에서 자기의 목적을 실현할 수밖에 없는 모든 활동의 조건이지만, 정치 활동에는 특별한 어려움이 있다. 그것은 정치가 권력투쟁, 즉 국가가 독점하는 정당한 폭력 행사를 둘러싼 투쟁이라는 사실이다. 단적으로 말하면 정치는 정치 목적을 실현하기 위해 살인을 명하는 극한의 판단에 내몰리기도 하는 특수한 세계인 것이다.

러시아나 독일의 혁명주의자들은 프롤레타리아트의 해방이나 인류의 구원 같은 타오르는 듯한 정열과 숭고한 목적('심정 윤리')에 휘둘려 정치운동으로 나아가지만, 그 목적을 달성하기 위해 선량한 시민을 죽이거나 테러리즘에 호소하는 등 본래의 목적과는 모순되는 행동을 취할 수밖에 없다. 혁명 지도자에 의한 운동 참가자의 '영혼의 프롤레타리아화' 역시 불가피하다. 혁명가를 포함한 정치가는 이 모순에 대해 어디까지 책임을 질 수 있는가('책임 윤리') 하는 것이 두 윤리 사이의 "심연과 같이 깊은 차이"이며 바로 그것이 베버의 최종적 문제였다. 그의 명확한 답은 두 윤리를 조화시키기는 불가능하다는 것이었다. '심정 윤리'를 논리적으로 파고들면 "도덕적으로 위태로운 수단을 사용하는 모든 행동을 배척하는 길밖에는" 없다. 그러나 정치는 바로 이 도덕적으로 모순되는 수단을 언제 어떤 상황에서 행사할 것인지를 둘러싼 가장 높은 수준의 책임감과 판단력을 요구하는 활동이다.

한편, '심정 윤리'에 모순이 있다고 해서 어떠한 정치가든 '책임 윤리'만으로 행동할 수는 없다. 독일의 관료정치인은 별개로 치더라도, 정치가가 관료가 아닌 이상 모든 정치 활동의 원점에는 불같은 '심정(열정)'이 있어야만 하기 때문이다. 따라서 진정한 정치가에게 최후·최고의 문제는 두 윤리의 통일이며 그 통일의 긴장과 중압을 견딜 수 있는 정신적 강인함이라는 이야기가 된다. 불타는 듯한 정치 신념에서 출발하면서도 그 모든 행동에 대한 일체의 결과책임을 한몸에 떠안고 게다가 필요하다면 예측 불가능한 상황 속에서 자기의 신념·심정에 따라 대담한 결단과 행동을 감행하는 인간, 바로 그것이 베버가 생각하는 이상적 정치가상이었다. 그는 루터의 말을 인용하며 "결과에 대한 책임을 진정으로 그리고 온 마음으로 느끼며 책임 윤리에 따라 행동하는 성숙한 인간이 어떤 한 지점에 와서 '이것이 나의 신념이오. 나는 이 신념과 어긋나게는 행동할 수 없소'"라고 말하면서 감히 심정 윤리에 따른다면 사람들이 "헤아릴 수 없이 큰 감동을 받는다"고 말한다. 이러한 베버의 지도자상에는 그가 소년 시절에 애독한 마키아벨리의 정치가상을 연상시키는 면이 있다. 그것은 단순한 정치적 리얼리즘이나 권모술수의 문제가 아니다. 양자에 공통되는 것은 근대 국가의 본질인 '법의 지배(책임 윤리)'라는 원칙을 따르며 특정 상황에서는 이를 과감하게 넘어서는 결단을 내릴 수 있는 강인한 인격으로서의 지도자상이자 참된 정치가상이다.

이러한 베버의 정치가론은 비단 직업적 정치가의 문제에 그치지 않는다. 그것은 의회민주주의라는 전형적인 관료제적 조직에 의해 성립된 근대사회를 살아가는 우리 모두의 문제로서 제시된 것이기도 하다. 베버는 루터의 말을 "인간적으로 순수한 것이며 감동을 주는 것"이라면서 "누구나 언제든 이런 상황에 처할 수도 있"다고 말한다. 본래 양립하기 어려운 '심정 윤리'와 '책임 윤리'를 그럼에도 가장 높은 수준의 긴장 속에서 통일하려고 하는 인간이란 곧 "정치를 직업으로 삼을 수 있는 참된 인간"을 가리킨다. 일반 시민일지라도 극한적 상황에 직면해 자신의 인생을 좌우할 중대한 결단의 결과를 윤리나 도덕, 결과책임의 관계에서 비교하고 헤아려야 하는 입장으로 내몰릴지도 모른다. 그런 경우에는 예측 불가능한 상황에서 책임을 질 수 없어 중대한 결단을 단념할지, 아니면 결과책임을 모조리 떠안을 각오로 결단을 감행할지를 놓고 불가능에 가까운 결정을 내려야만 한다.

밀이 사람들을 참된 공익으로 이끄는 소수자(엘리트)의 '개성'에서 대중민주주의의 구세주를 기대했다면, 베버는 같은 문제를 엘리트와 대중의 구별 없이 성숙한 시민 정신의 모습이라는 문제로서 파악해 정치가적인 '심정 윤리'와 관료적인 '책임 윤리'의 극한적 통일의 문제로서 제기했다. 근대사회의 학문과 정치라는 가장 본질적인 활동을 합리적 관료제 시스템 속에서 떠맡아 거기에 전인적 열정을 어떻게 불어넣을 것인가 하는 문제를 베버는 근대사회를 살아가는 모든 시민의 문제로서 제기한 것이다.

제12장

'전체주의' 비판의 사회사상
: 프랑크푸르트학파와
케인스, 하이에크

1. '시대'의 문맥: 세계대전, 러시아혁명, 대공황

이 장의 주인공은 두 차례 세계대전의 전간기(戰間期)에 주요 활동을 개시한 인물들이다. 그들은 막스 베버보다 한 세대 이상 젊었으며 1946년에 타계한 케인스 말고는 모두 제2차세계대전 후에도 오랫동안 사상가로서 활동했다. 사실 케인스도 전후 세계경제의 기반이 된 브레턴우즈 체제의 확립에 관여해 오늘날까지도 큰 사상적 영향력을 잃지 않고 있다. 베버는 제1차세계대전 직후까지 생존했지만 그가 맞서 씨름한 사회사상의 문제는 기본적으로 19세기 유럽이 낳은 문제였다. 그것은 제국주의 단계에 접어든 자본주의를 떠받친 근대 합리주의와 관료제의 모순이 1차대전으로서 최초로 폭발한 시대이며, 베버는 그 모순의 근원을 자본주의의 기원, 나아가서는 유럽 문명의 근원으로까지 거슬러올라감으로써 해명하려고 했다. 베버의 사상적 영위는 말하자면 20세기 초의 시점에 서서 수천 년에 이르는 유럽 문명의 과거를 자기비판적으로 총괄하고 회고하는 것이었다고 볼 수 있다.

독일 역사철학자 슈펭글러의『서구의 몰락』(1918, 1922)이나 대중 사회론의 고전인 스페인 철학자 오르테가의『대중의 반역』(1930) 역시 같은 계통에 속하는 저작이라고 할 수 있는데, 그와 달리 이 장에서 다룰 사상가들은 전간기에 주요 활동을 시작해 사상 초유의 '전체주의'의 지배를 몸소 겪으며 그것이 품은 근본적 문제를 오늘날에까지 이르는 문제의식과 분석의 눈으로 '전망'했다. 베버와 이 장에 등장하는 사상가들의 관계를 19세기의 '회고'와 20세기의 '전망'으로서 정리하는 것은 지나치게 안이한 처사일지도 모른다. 그러나 19세기의 끝에 위치하는 베버와 달리 '전쟁과 혁명의 세기'라 일컬어지는 20세기에 활동하기 시작한 그들의 사상은 현대에 이르는 사회사상의 역사에 결정적 영향을 끼치게 된다.

그 시대에는 세계사적 의미를 갖는 사건이 세 가지 일어났다. 첫째는 러시아혁명(1917), 둘째는 세계 대공황(1929), 셋째는 나치 독일의 성립(1933)이다. 여기서 문제가 되는 것은 이 세 가지의 구조적 연관이다. 이 연관의 한 측면에 대해 영국의 역사가 E. H. 카는 다음과 같이 말한다. "이 [러시아]혁명은 19세기 말 유럽에서 정점에 달한 자본주의 체제에 대한 최초의 공공연한 도전이었다. 1차대전이 한창일 때, 그리고 어느 정도는 이 전쟁의 한 결과로 혁명이 일어난 사실은 우연의 일치라고만 보기는 힘들다. 전쟁은 1914년 이전에 존재했던 국제 자본주의 질서에 치명타를 날렸고, 이 질서 고유의 불안정성을 드러냈다. 이 혁명은 자본주의의 쇠퇴가 낳은 결과인 동시에 쇠퇴를 야기한 원인으로 볼 수도 있다"(『러시아혁명』).

물론 자본주의의 문제성은 이 시대에 갑자기 분출한 것이 아니다.

그것은 산업혁명과 함께 계급 대립이나 빈부 격차의 문제로서 누구에게나 명백한 형태로 모습을 드러내어 마르크스의 근본적 비판을 불렀다. 그럼에도 카가 러시아혁명을 '최초의 공공연한 도전'이라 부른 것은 마르크스의 비판에도 불구하고 자본주의가 19세기를 통해 계속 성장·발전했기 때문이다. 게다가 그 '도전'이 자본주의 체제와는 거리가 먼 유럽의 가장 후진적인 지대이자 전근대적 농노제가 널리 잔존하는 러시아에서 일어났다는 것은 서구 국가들에는 이중의 충격으로 여겨졌다. 그것은 마르크스, 엥겔스를 계승하는 정통적 마르크스주의의 대표자였던 카우츠키나 힐퍼딩 등에게는 특히나 충격적이었다. 정통적 마르크스주의 이론에 따르면 일어나서는 안 될 러시아혁명은 어째서 일어난 것일까?

이 문제를 힐퍼딩 등의 이론을 독자적으로 발전시킨 제국주의 이론으로써 해명하고 스스로 러시아혁명의 지도자가 된 인물이 레닌(본명은 블라디미르 일리치 울리야노프)이다. 그는 제국주의 국가 간의 불균등 발전이 초래하는 대립과 모순의 최종 단계에 가장 '약한 고리'인 지역에서부터 순차적으로 프롤레타리아혁명이 발발한다는 이론을 제시하며 천재적인 지도력으로 러시아혁명을 실현시켰다. 1922년에 소비에트사회주의공화국연방(소련)이 된 러시아는 2년 후 레닌이 타계하자 서기장 스탈린이 주도권을 쥔 채 레닌의 신경제정책이나 세계동시 혁명론 등을 재고하는 일국사회주의 노선을 확립한다. 레닌은 죽기 직전에 스탈린의 독재적 체질이나 당 관료제의 비대화를 우려했지만 스탈린은 농업의 집단화나 제1차 5개년계획의 수립, 가장 두려워하던 라이벌인 레온 트로츠키의 국외 추방(1929) 등으로 스스로의 독재 체제를 착착 확립해나갔다.

스탈린 독재의 확립 과정에는 비밀경찰을 동원해 벌인 불순·불만 분자의 숙청(살해)이나 강제수용소 수감, 토지국유화나 농업 집단화에 반대하는 농민의 대량 학살 등 피비린내 나는 역사가 있었으며, 그 희생자는 무려 1000만 명을 넘었을 정도라고 한다. 그러나 한편으로 공업 생산력이 순조롭게 발전하고 구미 국가들과 외교 관계를 잇달아 맺는 등 소련의 국제적 지위는 착실히 높아져갔다. 카가 러시아혁명을 자본주의 몰락의 결과이자 원인이라 한 것은 바로 이런 의미에서였다. 그가 다른 저작에서 분석했듯이 19세기의 국제정치를 지배한, 완전한 자유무역에 의한 국제 평화의 실현이라는 '유토피아'는 1차대전으로 현실성을 잃었다. 시대에 뒤처진 이 '유토피아' 사상을 신세계의 저편으로부터 가져온, 미국 윌슨 대통령이 제창한 '국제연맹(League of Nations)'(1919~46)은 그 숭고한 사명감에도 불구하고 히틀러의 독일과 스탈린의 소련이 주도하는 권력정치의 '리얼리즘' 속에서 시작부터 실패할 운명에 놓여 있었다(『위기의 20년』, 제3장).

소련의 약진과는 대조적으로 자본주의 체제를 위기에 빠트리고 2차대전의 도화선이 된 것이 '세계 대공황'이었다. 1929년 10월 24일의 '암흑의 목요일', 뉴욕 월스트리트 증권거래소의 주가 대폭락으로 시작된 일련의 경제공황은 한때는 실업률이 25%, GDP가 50% 하락하는 등, 미국 자본주의가 출범한 이래로 전례 없는 패닉을 불러왔다. 그 여파는 곧장 전 세계에 미쳐 각국 경제에 심대한 타격을 주었다. 공황 직전까지의 미국은 전쟁 후의 심각한 불황에서 벗어나지 못하고 있던 영국이나 프랑스와는 달리 전쟁에 중도 참전함에 따라 자국의 피해는 최소한에 그칠 수 있었으며 10년 사이에 실질 GNP가 약 50% 증대한 '황금의 20년대'라 불리는 호경기를 누리고 있었다. 그런 미국에 돌연 들이닥친 대공황은 전쟁에서도 손을 떼고 스탈린 체제하에서 순조롭게 사회주의 건설에 매진하는 것처럼 보인 소련과는 대조적으로 자본주의 체제의 심각한 위기를 드러내는 듯했다.

미국은 1933년에 취임한 민주당의 프랭클린 루스벨트 대통령이 '뉴딜' 정책을 내세워 전임 후버 대통령의 고전적 자유주의 정책에서 180도 전환하는 사회주의적이라 할 만한 대규모 공공투자와 사회정책을 시행함으로써 이 위기를 극복하는 데에 성공했다. 1936년에 출간된 케인스의 『고용, 이자 및 화폐의 일반이론』(이하 『일반이론』)의 내용을 선취하는 루스벨트의 정책적 대응과 달리, 바이마르헌법 아래서 전후 부흥의 길을 걷기 시작한 독일에서는 공황에 따른 미국 자본의 철수로 경제 상황이 급격히 악화되었으며 가장 큰 타격을 입은 하층 중산계급의 불안은 극에 달했다. 그 기회를 틈타 등장한 인물이 '국가사회주의독일노동자당'(통칭 나치)의 아돌프 히틀러였다. 나치는 반미 · 반공산주의 · 반유대인으로 이루어진 교묘한 이데올로기 전술로 급속히 지지를 넓혀 1932년의 총선서에서 제1당이 되었으며 이듬해에는 '전권 위임법'을 성립시켜 사실상의 독재 체제를 확립했다.

2. '사상'의 문맥: 전체주의 비판의 여러 측면

이런 일련의 사건들이 하나같이 이 장에 등장하는 사상가들의 사상 형성에 중대한 영향을 끼친 것은 틀림없다. 문제는 이 역사적 격동 속에서 그들이 어떻게 하여 저마다의 독자적 사상을 형성했는가 하는 점이다. 아래에서는 이 시대를 '전체주의(totalitarianism)의 시대'로 파악하고 그들의 사상을 '전체주의 비판'의 여러 형태로서 이해하고자 한다. 베버 사후의 유럽 사상계에서 자본주의의 비판과 옹호라는 양극단의 입장에 있는 프랑크푸르트학파와 케인스, 하이에크를 한데 묶는 사상적 공통항은 무엇보다 '전체주의' 비판이었다. 이 경우에 '전체주의'라는 말이 반드시 엄밀한 학문적 개념은 아니다. 그것은 '좌우의 전체주의'라는 통속적 표현이 보여주듯이 후발 제국주의 국가인 독일(히틀러)의 나치즘, 이탈리아(무솔리니)의 파시즘, 전근대적 성격이 짙은 러시아의 스탈린주의를 동일시하는, 개념으로서의 조야함에서 벗어날 수 없다. 그럼에도 불구하고 '전체주의'를 이 장의 키워드로 두는 것은 베버가 대결한 "정신 없는 전문가들, 심장 없는 향락주의자들"이 지배하는 "껍데기" 안으로서의 서구 문명이 그 안팎에서 '좌우의 전체주의'라는 새로운 위기에 직면해 있었다고 생각하기 때문이다.

'전체주의'라는 말이 학문적 시민권을 획득한 것은 노이만의 『비히모스』(1942), 하이에크의 『노예의 길』(1944), 포퍼의 『열린 사회와 그 적들』(1945) 같은 전례가 있긴 했지만 유대인으로서 조국 독일을 떠나 전후 미국에서 활동한 철학자 한나 아렌트의 『전체주의의 기원』(1951)에 의한 바가 크다. 아렌트는 서구 사회의 뿌리깊은 반유대주의 전통이 제국주의 시대에 다원주의의 우생학적 세계관과 합류함으로써 20세기의 '전체주의'가 생겨났다고 주장했다. 아렌트는 독일과 러시아의 두 '전체주의'가 지닌 "놀랄 만한 유사성"으로서 ① 독재적 국가기구의 확립, ② 비밀경찰의 조직화, ③ 강제수용소 설치의 세 가지를 들고 있다(『전체주의의 기원』 ③). 아렌트의 주장은 독일과 러시아의 '전체주의'가 지닌 공통점을 국가기구나 제도의 면에서 지적한 것으로, 그에 따르면 '좌우의 전체주의'라는 표현에도 일정한 이유가 있다. 이 장에 등장하는 사상가들 역시 각기 다른 의미에서 나치즘과 스탈린주의를 같은 논리로 비판했다.

'프랑크푸르트학파'는 1923년에 설립된 '프랑크푸르트 사회연구소'에서 유래하는 명칭이다. 그곳에 결집한 호르크하이머, 마르쿠제, 아도르노 등의 유대계 지식인들은 헝가리의 마르크스주의 철학자 루카치(1885~1971)의 영향 아래서 비판적 마르크스주의의 입장을 펼쳤기 때문에 '비판 이론(Critical Theory)'의 창시자라 불리기도 한다. 루카치는 하이델베르크에서 막스 베버의 서클에 속해 있었지만 러시아혁명이 발발하자 단명에 그친 헝가리 공산당 정권(1919)의 각료가 되었으며 그후에는 망명지 빈에서 『역사와 계급의식』(1923)을 출간한다. 그 책이 겨냥한 것은 카우츠키 등 정통적 마르크스주의자의 실증주의화된 유물사관에 대한 비판이었으며, 기존의 유물사관에서는 부르주아적 관념론이라는 식으로 부정직으로 여겨지던 인간의 주체성이나 자유라는 문제를 마르크스주의에 도입하는 것이었다. 루카치의 문제 제기는 마르크스 본인의 위와 같은 관심을 드러낸 『경제학·철학 수고』의 존재가 알려지지 않은 당시에는 획기적이었으며, 노동자 계급에서의 "정신 없는 전문가"라는 베버적 문제, 즉―마르크스 소외론마저 뛰어넘는―계급의식 자체의 '소외'라는 현대적 문제를 제기했던 것이다. 루카치의 문제 제기는 같은 부다페스트 출신인 유대계 사회학자 카를 만하임을 자극해 지식사회학의 출발점이라 일컬어지는 『이데올로기와 유토피아』(1929)를 쓰게 했다. 그는 계급의식의 소외를 자각한 프롤레타리아트만이 올바른 과학적 인식을 획득할 수 있다는 루카치의 이데올로기론에 의문을 품고 부르주아도 프롤레타리아도 아닌 '지식인'의 고유한 역할을 지적했다.

이에 비해 젊은 프랑크푸르트 사상가들은 나치즘에 의한 유대인 박해의 야만을 몸소 체험했을 뿐 아니라 스탈린 독재하 강제수용소의 가공할 실태도 잘 알고 있었다. 따라서 그들은 스탈린주의에 대한 명확한 비판의 논리를 결여했던 루카치의 주체적 유물사관을 비판적으로 계승해 이를 나치즘, 스탈린주의의 근본적 비판으로 승화시키는 것을 과제로 삼았다. 그러한 한 가지 시도로서 프로이트 좌파 정신분석학자이기도 했던 에리히 프롬의 『자유로부터의 도피』(1941)가 있다. 프롬은 1차대전과 경제공황 속에서 극한의 불안에 내몰린 하층 중산계급의 심리를 나치즘의 지지 기반으로 보고 그들의 불안을 씻어줄 궁극의 권위로서 히틀러가 등장했다고 분석했다. 또한 그는 나치즘과 칼뱅주의의 유사성을 거론하며 빈곤이나 억압에서 해방된 근대인이 스스로의 불안에서 헤어나기 위해 절대적 권위를 찾는다는 근대적 자유의 모순된 구조를 지적했다. 즉, "흥분을 약속하고 개인의 생활에 의미와 질서를 부여한다고 생각되는 정치적 기구나 상징이 제공된다면 어떤 이데올로기와 지도자든 기꺼이 받아들이는" "인간기계의 절망이야말로 파시즘의 정치적 목적을 기르는 풍요로운 토양"이라는 것이다.

케인스와 하이에크 역시 두 '전체주의'의 실태를 잘 알고 있었으며 그에 대한 회의와 비판의 자세를 견지했다. 케인스는 1차대전을 종식시킨 베르사유조약의 체결 교섭에 영국측 일원으로 참가해 전후 독일의 황폐함을 익히 알고 있었으며, 러시아인 아내 리디아 로포코바와 함께 혁명 후의 러시아를 수차례 방문해 사회주의 건설의 실태에도 훤했다. 1925년에는 레닌그라드(현재의 상트페테르부르크)를 공식 방문해 그 관찰을 토대로 『러시아 관견』(1925)을 출간함으로써 소련 체제의 불합리성을 지적하는가 하면 국민 각층의 '종교적'이라 할 만한 사회주의 신앙에 주목하며 복잡한 평가를 내렸다. 그는 "레닌주의가, 적극적으로 저항하는 사람들을 조금의 공정함이나 자비심도 없이 박해하고 있다"고 쓰며 농민을 희생시켜 공업화를 추진하는 레닌 정책의 불합리성을 지적하는 한편, "신생 러시아의 잔학함과 우둔함 아래에는 일말의 이상이 감춰져 있을지도 모른다"고 쓰며 자본주의 국가를 지배하고 있는 '화폐애(love of money)'로부터의 해방이라는 인류적 이상이 그곳에서 움트고 있을지도 모른다는 개연성까지 시사하고 있다.

'좌'의 전체주의에 대한 케인스의 이런 미묘한 태도와는 대조적으로 '좌우의 전체주의'에 대한 하이에크의 비판은 의문의 여지 없이 명쾌했다. 1920~30년대에 소련 계획경제의 가능성을 둘러싼 '경제계산논쟁'에 주요 논객으로 참여한 그는 당시부터 계획경제의 이론적·실천적 불가능성을 확신했을 뿐 아니라 히틀러와 스탈린의 전체주의를 사상적으로 동일시했다. 그는 『노예의 길』에서 히틀러나 무솔리니 등의 나치즘, 파시즘을 지지하는 부류의 다수가 젊은 시절에는 일종의 사회주의자였으며 좌우 전체주의에 공통되는 진정한 '적'은 고전적 '자유주의' 사상이었음을 지적하고 히틀러는 스스로를 진정한 민주주의자라고, 심지어 진정한 사회주의자라고 말하긴 했어도 결코 진정한 자유주의자를 자칭하지는 않았으며 자유주의는 히틀러가 무엇보다도 싫어한 교의였다고 말한다. 같은 비판이 스탈린주의에도 적용된다는 것은 두말할 나위가 없다.

3. 전체주의 비판의 '문제'

비판적 마르크스주의의 입장에 선 프랑크푸르트학파에게 나치즘은 자본주의의 모순의 극점인 제국주의가 낳은 자식이며 스탈린주의는 나치 독일을 포함한 자본주의 진영의 공격으로부터 소련의 사회주의를 지켜내기 위한 필요악이다. 둘 모두 '악'이라는 점에서는 같지만 '악'의 원흉은 자본주의 자체이며 두 전체주의는 그 쌍둥이 자식인 셈이다. 프랑크푸르트학파는 나치즘과 스탈린주의의 몰락을 확신하고 있었으며 이후에도 여전히 존속할 자본주의와의 대결이 그들의 중심적 과제였다. 무엇보다도 프랑크푸르트학파의 금자탑이라 여겨지는 아도르노와 호르크하이머의 『계몽의 변증법』(1947)이 망명지 캘리포니아에서 완성되었으며 그 주된 영향력이 전후에 발휘되었다는 사실이 그 증거다. 그들의 문제는 "왜 인류는 진정한 인간적 상태에 들어서는 대신에 새로운 종류의 야만상태에 빠졌는가?" 하는 것이었다. "새로운 종류의 야만상태"의 전형이 나치즘이나 스탈린주의였다는 것은 분명하지만 '야만'의 근원은 자본주의 문명 자체였다. 그들의 문제는 몰락한 나치즘과 당시에도 끈질기게 존속하던 스탈린주의에 대한 비판적 총괄, 나아가서는 자본주의 문명·서구 문명에 대한 근원적 비판이었다.

이에 비해 케인스와 하이에크의 진정한 '적'은 무엇이었을까? 나치 독일의 오스트리아 병합 직후인 1938년 8월에 쓰인 『젊은 날의 신조』(1949)에서 케인스는 모국 영국의 정치와 도덕의 문제나 그 정신적 위기에 대해 말한다. 그는 젊은 시절에 무어의 『윤리학 원리』(1902)에서 받은 영향 덕에 벤담주의에 감염되지 않은 것을 행운으로 여기면서 "벤담주의적 전통이야말로 근대 문명의 내부를 좀먹는 기생충으로, 오늘날의 도덕적 퇴폐에 대해 책임을 져야만 한다"고 생각해 "일반 사람들의 이상(理想)의 질을 파괴하던 것은 경제적 규준의 과대평가에 기초한 벤담류의 계산이었다"고 쓰고 있다. 유럽이 가장 위태로운 상황에 처해 있던 시점에 케인스의 진정한 적은 나치즘도 스탈린주의도 아닌 "경제적 규준의 과대평가"에 기초한 "벤담주의"였으며 바로 그것이 근대 문명을 망쳐놓은 원흉이었다.

케인스가 자유당의 여름학교에서 진행한 강연인 『나는 자유당원인가?』(1925)는 이 점에 대해 중요한 힌트를 던져준다. 19세기를 지배한 보수당(토리)과 자유당(휘그)의 양당제는 자본주의의 계급 구조 변화에 의해 보수당과 노동당의 양당제로 대체되고 있었으며 이 강연의 전해에는 맥도널드에 의해 최초의 노동당 내각이 구성되었다. 이런 변화에서 '벤담주의'는 19세기 전반에는 자유무역주의를 정당화하는 사상이 되고 19세기 말에서 20세기에 걸쳐서는 '최대 다수의 최대 행복'을 실현하기 위한 사회민주주의(특히 페이비언주의) 이데올로기가 되었다. 케인스에 따르면 보수·노동 두 정당은 전자는 '보수적 자유무역주의', 후자는 '사회개량주의'라는 간판을 내걸고 있었지만 실제로는 중도 우파냐 중도 좌파냐 하는 차이에 불과했으며 그 정치적 실태는 선거공약의 실현을 위한 예산(돈)의 쟁탈이었다. 특히 보수당에는 '세습'의 악폐가 만연했으며 노동당에는 (케인스가 '파괴주의자'라 부른) 마르크스주의자라는 암이 도사리고 있었다. 모두 수적으로는 적을지라도 영국 정치를 타락시키는 원흉이었다.

이러한 분석을 바탕으로 평생토록 자유당원이었던 케인스는 존망 위기에 직면해 있던 당을 향해 '새로운 자유주의(New Liberalism)'의 비전을 제시한다. 케인스는 미국의 경제학자 커먼스의 견해를 긍정적으로 평가하며, 자본주의 문명의 거대한 변화를 보지 않고 종래의 이데올로기를 고집하는 보수·노동 두 정당의 자세를 강하게 비판한다. 현대의 자본주의가 향하고 있는 방향은 "경제적 무정부 상태로부터 사회적 정의와 사회적 안정을 위한 경제력을 통제·지도하는 것을 신중히 지향하는 체제로의 이행"이며 그것이 기술적으로나 정치적으로나 헤아릴 수 없는 어려움을 수반하더라도 "새로운 자유주의의 진정한 사명은 그 어려움의 해결에 나서는 것이다". 즉, 케인스의 진정한 '적'은 이제는 시대에 뒤처진 이데올로기가 된 '벤담주의'이며 거기서 헤어나지 못하는 영국 정치의 현실이었다. 그런 상황에 대한 케인스의 제안인 '새로운 자유주의'는 미국의 뉴딜 정책을 떠받치고 전후 영국의 복지국가를 이끄는 현실의 힘이 되어간다.

하이에크 역시 나치즘이나 스탈린주의와만 싸운 것은 아니다. 『노예의 길』 서두에는 "모든 당파의 사회주의자에게 바친다"라는 통렬한 야유가 적혀 있다. 그 옆에는 흄과 토크빌의 말이 짧게 인용되어 있는

데, 둘 다 자유의 상실은 대놓고 찾아오지 않고 부지불식간에 들이닥친다는 의미의 문장이다. 이 경우 "모든 당파의 사회주의자"에는 히틀러의 독일, 스탈린의 소련은 물론이고 영국 노동당과 미국 민주당의 '계획주의자'나 '전체주의자'가 포함되어 있다. 나치 독일은 바이마르 체제 아래서 출현한 돌연변이가 아니라 비스마르크 이래의 독일 자본주의·제국주의가 조직화·계획화됨에 따라 필연적으로 생겨난 것이다. "전체주의로 향하는 운동을 추진한 진짜 자극은 조직된 자본가와 조직된 노동자라는 두 거대한 특수 이익 단체로부터 주로 발생해왔다". 그것이 나치 독일에서 특수한 반유대주의와 반공주의 이데올로기로 재무장해 1차대전의 패자부활전에 나선 결과가 2차대전이다. 영국·미국·소련은 같은 연합국으로서 독일과 싸우고 있지만 나치와 소련은 본래 같은 국가사회주의에 속해 있으며 나치가 격퇴된 후에는 영미의 자유주의와 소련의 전체주의 사이에서 싸움이 벌어질 것은 불 보듯 뻔하다.

자유를 위한 이런 싸움을 통해 하이에크는 진정한 적은 자신들의 발밑(영국)에 있다고 쓰며 "오늘날 영국의 많은 정치적 문헌이 과거 독일에서 서구 문명에 대한 신뢰를 파괴하고 나치즘이 성공을 거둘 수 있는 마음의 상태를 빚어낸 저작이나 논문들과 얼마나 유사한가" 하는 사실을 지적한다. 하이에크가 이름을 들어 비판한 대상은 저명한 작가·역사가인 웰스, 소련사의 대가 카, 정치학자 래스키이다. 웰스는 열렬한 인권 옹호론자인 동시에 "가장 포괄적인 중앙집권적 계획화의 창도자"이며 자유주의를 "유토피아니즘"으로 단정한 카의 사상은 나치의 이론가 카를 슈미트의 생각과 똑같다. 특히 래스키는 노동당의 간부이며 당의 새 강령에서 계획화 사회의 창설과 중앙집권적 생산관리를 주장하고 있는데, 그것은 "25년 전 독일의 이데올로기"를 그대로 베낀 것이다. 여기서 하이에크는 래스키의 사상이 세계 최초로 생존권을 보장한 독일공화국 헌법(바이마르헌법)을 계승하고 있음을 암암리에 비판하고 있는데, 전후에 개화하게 될 영국의 복지국가 사상은 이미 이 시점에 노동당의 기본 정책으로서 형태를 갖춰가던 중이었다.

문명사회가 직면한 이 위기적 사태 앞에서 하이에크가 강조하는 것이 영국 혹은 유럽의 유구한 '자유주의' 전통이다. 키케로나 타키투스 등의 고대 사상에서 시작해 에라스뮈스나 몽테뉴 등의 르네상스 사상을 거쳐 로크나 밀턴, 스미스나 흄, 코브덴이나 브라이트, 토크빌이나 액턴 등에 의해 연면히 계승되어온 이 전통은 무엇보다도 우선 '개인주의'를 원리로 하지만 그것은 이기주의나 자기중심주의와는 구별되는, 단적으로 말해 '인간으로서의 개인'에 대한 존경에 기초하는 '관용(톨레랑스)'의 사상이다. 2차대전 후에 하이에크는 이 고전적 자유주의 사상을 개별 논점이나 사상가를 연구함으로써 심화시키는데, 그 기본적 방향성은 전쟁중에 이미 명확히 정해져 있었다. 그는 고전적 자유주의의 위대한 전통을 재확인함으로써 '좌우의 전체주의'와 싸우는 것은 물론이고 그것을 낳은 진정한 '적'과의 싸움을 개시했으며, 그 '적'에는 래스키로 대표되는 노동당의 복지국가 노선이나 뉴딜 정책의 수정자본주의 노선이 포함되어 있었다. 그것은 또한 케인스의 '새로운 자유주의'와의 싸움을 함의하기도 했다. 하이에크 대 케인스의 싸움이 자본주의 문명의 행방을 좌우하는 중대한 쟁점 중 하나가

된 오늘날에 시장 원리주의와 최소 국가를 주장하는 하이에크 후계자들의 사상이 '신자유주의(neoliberalism)'라는 미묘하게 다른 명칭으로 불리는 데에는 충분히 이유가 있는 것이다.

4. 『계몽의 변증법』의 자본주의 문명 비판

프랑크푸르트학파의 과제는 자본주의 문명 비판을 서구 문명 자체에 대한 근원적 비판으로까지 심화시키는 것이었다. 그들은 루카치, 베버, 니체, 마르크스 같은 사상적 뿌리를 공유했으며 그중 다수는 미국에 망명함으로써 이 작업을 진행했다. 20세기 최대의 사상서라고 이야기되는 『계몽의 변증법』은 나치 독일의 폴란드 침공으로 2차대전이 발발한 1939년에 집필이 시작되어 1944년 5월에 로스앤젤레스에서 완성되었으며 1947년에 암스테르담에서 출간되었다. 공저자인 아도르노와 호르크하이머는 미국이라는 신천지로 몸을 옮겨 최첨단의 자본주의 문명을 자랑하는 캘리포니아를 활동 거점으로 삼음으로써 독일 시절에 시작한 서구 문명 비판을 심화시켜 이 책을 완성할 수 있었다. 당시의 로스앤젤레스에는 작곡가 쇤베르크나 스트라빈스키, 지휘자 발터나 클렘페러 같은 망명 유대계의 천재적 예술가들이 모여 있었다. 이 책의 백미라 할 수 있는 '문화 산업: 대중 기만으로서의 계몽'이라는 장은 영화의 수도 할리우드를 포함해 저자들의 캘리포니아 체험 없이는 쓰이지 못했을 것이다.

『계몽의 변증법』을 관통하는 주제는 자본주의 문명은 부와 생산력에도 불구하고 왜 '새로운 종류의 야만상태'에 빠졌는가 하는 문제이다. '계몽의 변증법'이라는 문제 제기는 ① 이미 신화가 계몽이다, ② 계몽은 신화로 전락한다, 이렇듯 일견 모순되는 두 개의 명제로부터 이루어진다. 이 두 명제의 증명이 저작 전체의 주제이며 그것은 ①을 증명하기 위해 그리스 신화의 정점에 자리하는 호메로스의 서사시『오디세이아』(기원전 800년경)를 문제삼고, ②를 증명하기 위해 근대의 '계몽'이 20세기의 '문화 산업'과 '반유대주의'로 전락하는 과정을 상세히 추적함으로써 '계몽'이 그 '한계'에서 '신화'적 세계로 역전되었음을 보여주려 한다. 고대의 '신화'적 세계가 '계몽'의 원리에 의해 한번 부정되고는 근대적 '계몽'의 철저한 귀결로서 현대에 부활한다. 20세기는 그러한 시대라는 것을 보여주는 것이 이 저작의 주제이며, 자본주의 문명이 전락한 현대의 '신화'적 세계에서의 탈출과 해방의 길을 모색하는 것이 저자들의 최종적 목표였다.

아도르노와 호르크하이머에 따르면 신화적 세계에서 인간은 자연에 포섭되어 인간의 이성이나 주체성은 아직 발달하지 못한 상태다. 『오디세이아』는 주인공 오디세우스가 온갖 적과 싸우고 숱한 곤경과 위험을 극복하며 고향으로 돌아가기까지를 그린 웅대한 서사시로, 한 명의 미숙한 젊은이가 자립한 인간으로 성장해가는 이야기 속에서 신화적 인간이 계몽적 인간으로 성장하며 다시 태어나는 순간을 포착한다. 신화적 세계에서 인간은 외적 자연의 풍요로운 세계에 에워싸인 채 외적 자연에 복종하는 '모방(미메시스)'의 원리에 따라 살고 있다. 이와 달리 계몽의 본질은 외적 자연과 싸우고 그것을 지배해서 세계를 자유로이 조종하려고 드는 '이성'의 원리이다.『오디세이아』는 신화적 인간의 '모방'에서 계몽적 인간의 '이성'으로의 결정적 전환 과정을 그리고 있다.

이런 의미에서 두 사람은 베버가 일찍이 그리스 철학에서 발견한 '세계의 탈주술화(주지주의적 합리화)'의 기점을 『오디세이아』의 신화에서 발견한 것이라 할 수 있다. 그러나 베버의 '주술'적 세계는 신화적 세계 자체였을 것이다. 그 신화적 세계에서 합리화의 기점을 보는 아도르노와 호르크하이머는 베버의 문제를 비판적으로 심화시킨다. 베버와의 계승 관계는 두 사람이 영웅 오디세우스의 활동 속에서 자본주의적인 합리적 노동의 모습을 읽어내 거기서 '경제인'의 원형을 발견한 사실에서도 드러난다. 두 사람은 영웅 오디세우스와 영국 소설가 대니얼 디포의 주인공 로빈슨 크루소를 겹쳐 "속임수로 똘똘 뭉친 이 홀로 선 남자는 이미 경제적 인간(호모 에코노미쿠스)이며, 이성을 가진 인간은 결국 모두 경제적 인간인 셈이다. 따라서 『오디세이아』는 이미 일종의 로빈슨 표류기"이며 영웅이 위험을 무릅쓰고 원주민을 상대로 재산을 축적하는 것은 "후에 부르주아 경제학이 위험 부담의 개념으로서 확립한 것"을 선취한다고 말한다.

요컨대, 영웅 오디세우스가 갖가지 적과 싸우며 간난신고 끝에 고향으로 돌아가는 모습 전체가 이성적 개인의 외적 자연에 대한 지배로서의 '노동'을 그리고 있다는 것이다. 좀더 정확하게 말하자면 인간이 노동을 통해 외적 자연을 지배하는 주체적 활동 자체가 '이성'이라는 인간에게 고유한 능력의 기원이라는 것이다. 이성적 인간이 합리적 생산 활동을 수행한다는 것은 경제학의 상식이지만, 아도르노와 호르크하이머는 이 관계를 역전시켜 외적 자연을 지배하기 위한 인간의 근원적 활동인 '노동' 자체가 인간을 이성적 존재로 단련시킨다고 말한다. 이성이 노동의 산물인 것이지 노동이 이성의 산물인 것이 아니다. '외적 자연'의 지배는 인간의 '내적 자연'의 지배와 동일하며, 자연을 지배하는 것은 자연을 억압해 '소외'시키는 것이므로 노동 자체가 인간을 이성적 존재로 만듦과 동시에 인간 본래의 자연적 요소(정념, 감정, 상상력 등 비이성적이라 여겨지는 것)를 억압해 '소외'시킨다. 베버는 니체의 르상티망론에서 받은 영향으로 마르크스의 유물사관을 비판하고 유럽 문명의 원동력을 '주지주의적 합리화'라는 관념적 요인에서 찾으려 했지만, 아도르노와 호르크하이머는 노동과 관념의 관계를 재역전시켜 오디세우스의 노동에서 근대 경제인의 단초를 본다.

'계몽'의 원리는 18~19세기의 자본주의 확립기에 일견 '신화'와는 동떨어진 모습을 취한다. 마키아벨리, 홉스, 맨더빌 같은 선구자들이 근대인의 이기심을 정당화했는데 그 유산을 물려받은 칸트가 이성의 자율을 철학적으로 증명했다. 그러나 오디세우스의 노동으로 생겨난 인간의 이성과 주체성은 노동이라는 근원적 기반에서 떨어져나가 철학 원리로서 추상화되고 독립하자마자 자기모순에 직면한다. 외적 자연과 내적 자연의 이중의 지배와 억압에 의해 성립된 이성은 지배·억압해야 할 대상에서 떨어져나가 자립하면 억압을 위한 억압, 지배를 위한 지배로 전락해 본래는 자연 지배의 수단이었을 이성과 주체성 자체가 자기 목적이 된다. "인간 내부의 자연을 부정함으로써 인간 외부의 자연을 지배한다는 목적뿐 아니라 스스로의 삶의 목적 또한 혼란스러워지고 불투명해진다. 인간이 자기 자신을 더는 자연으로서 의식하지 않는 순간, 인간을 살게 하는 모든 목적—사회의 진보, 모든 물질적·정신적 힘의 향상, 나아가 의식 자체마저—은 무가치해진다". 칸트의 '정언명령'과 니체의 '초인'은 일견 정반대되는 원리이지만 실제로는 모두 이성을 위한 이성, 자유를 위한 자유를 지상 가치로 삼고 있으며 무엇을 위한 이성과 자유인지, 그 근본적 방향성을 잃었다는 것에는 변함이 없다.

'계몽'이 낳은 서구 문명의 궁극적 모습은 현대의 자본주의이다. 그것은 특히 '문화 산업'에서 집약된다. 거기서 목적과 방향을 잃은 '계몽'의 이성과 주체성은 '신화'의 '모방' 원리로 전락한다. 20세기의 미국에서 전형적으로 나타난 고도 대중 소비사회는 라디오, 영화, 각종 광고 선전 매체를 통해 본래는 인위적 기술과 작위적 산물인 복잡하기 이를 데 없는 생활환경을 그곳에 사는 사람들로 하여금 '자연'스러운 환경이라고 여기게 하는 데에 성공했다. 사람들은 미디어나 광고로 보급되는 유행에 따르기를 소비생활 속에서 강제당하며, 그 강제가 '강제'라고 느껴지지 않을 만큼 '자연'스러워지므로 거기에 조금이라도 따르지 않는 이가 외려 '부자연'스러운 것으로서 돌출되며 사회적 부적합사로 비치게 된다. 자본의 지배가 관철되는 노동 현상에서는 물론이고 본래는 자기 자신을 되찾기 위한 자리인 사적 오락 면에서도 사람들은 문화 산업이 제공하는 모델에 맞춘 생활을 강제당한다. 그것은 "스스로를 정동(情動)의 내부에 이르기까지 문화 산업이 제공하는 모델에 알맞은 효율적 장치로 만들려고 하는 시도"이며 "소비자들의 강제된 미메시스"이다.

고대의 신화적 세계를 지배한 '모방(미메시스)' 원리는 계몽적 이성에 의해 내쫓겨야 하지만 현대의 문화 산업이 인위적·기술적으로 재현하는 '자연'의 세계에서 멋지게 부활함으로써 사람들의 자유나 주체성을 앗아가는 신화적 세계가 다시 나타난다. 나치 독일에서 나타난 반유대주의의 병리 역시 이러한 고도 대중 소비사회의 병리로서 파악해야 한다. 왜냐하면 자본이 대중매체나 광고를 통해 만들어내는 획일적인 '자연'의 질서에 적합하지 않을뿐더러 그것에 대한 '모방'에 빠지지 않는 소수의 사람들이 차별적인 낙인찍기의 대상이 되고 사회적 배제의 표적이 되기 때문이다. 반유대주의가 그 전형이지만 유일한 사례는 아니다. 자본주의의 신화적 세계에서는 차별과 배제의 대상은 무엇이든 상관없으며 그들 나름의 문화적 차이를 지닌 유대인은 '인종'이 아닌 '차이'에 의해 표적이 되었을 뿐이다. "문명에 뿌리내린 이 고상한 인간들은 자신들과 유대인의 차이에 기초하여 평등과 인간성을 인식하기 때문에 그들 안에서는 대립 감정과 위화감이 유발된다. 이렇게 해서 문명의 지배적 노동 질서에 반하는 갖가지 터부시된 정동은 체제 순응적인 병적 증오(idiosynkrasie)로 전환된다." 즉, "사회의 반유대주의로부터의 해방은 [반유대주의자의] 병적 증오감의 내용을 개념으로까지 끌어올려 그것이 무의미하다는 것을 깨닫는지 여부에 달려 있다."

5. 케인스와 하이에크에게서의 두 가지 자유주의

『계몽의 변증법』의 전체주의 비판이 '좌우의 전체주의' 문제를 자본주의 문명의 병리적 현상으로서 파악하고 이에 대해 유럽 문명의 원리(노동에 의한 자연의 억압과 소외) 자체에 대한 비판을 통해 답하려고 한 것이라면 케인스와 하이에크의 전체주의 비판은 눈앞에 펼쳐지던 전체주의의 현실을 자본주의 문명의 사수라는 공통된 목적의 범위 안에서 해명하려고 한 것이었다. 그들은 '좌우의 전체주의'의 공격으로부터 자본주의 문명을 지켜내면서도 자본주의 자체의 구조적 부패 혹은 타락의 문제와 정면으로 맞서며 그 근원에 다가서려고 했다. 그러나 그 공통된 틀 안에서도 두 사람의 사상적 입장은 대극적으로 달랐으며 이는 케인스의 '새로운 자유주의'와 하이에크의 '신자유주의'의 대립으로 나타났다. 이러한 대립에도 불구하고 여기서 강조하고 싶은 것은 두 사람이 각각의 의미에서 '자유주의'의 변혁(케인스)이나 부흥(하이에크)을 주장했다는 점인데, 요컨대 둘 모두 각각의 의미에서 '자유주의자(리버럴)'였다는 엄연한 사실이다.

분명 1883년에 케임브리지에서 태어난 케인스와 1899년에 빈에서 태어난 하이에크를 같은 규준으로 비교하기란 불가능하다. 케임브리지대학의 저명한 경제학자 존 네빌 케인스의 아들로 태어난 케인스가 발군의 수재로서 명문 사립학교 이튼을 거쳐 케임브리시대학(킹스 칼리지)에 입학했을 무렵에 하이에크는 고작 세 살로, 케인스가 1905년에 대학을 졸업하고 인도부 육군국에 배속되었을 때 하이에크는 일곱 살 소년이었다. 당대 일류의 학자, 예술가, 문화인을 포괄한 '블룸즈버리 그룹'의 중심인물로 활약한 케인스가 매력적인 성격의 타고난 스타였던 것과는 대조적으로 하이에크는 의사 아버지, 경제학자 외할아버지를 둔 가정에서 태어나기는 했지만 특별한 수재는 아니었으며 수

수한 성격에다 결코 케인스처럼 인기가 있지는 않았다.

　그러나 나중에 1차대전으로 두 사람 사이에 접점이 생긴다. 케인스는 재무부 수석대표로서 전쟁 종결 후인 1919년에 파리강화회의에 출석했는데 하이에크는 전쟁중에 오스트리아 육군의 신참 포병대 장교로서 연합군과 싸우고 있었다. 케인스가 파리강화회의에서 영국과 프랑스가 독일과 오스트리아를 상대로 막대한 배상금을 요구한 것에 반대해 도중에 자리를 뜬 에피소드는 잘 알려져 있다. 특히 비참한 상황에 처해 있던 오스트리아에 대한 과대한 배상 청구를 케인스가 비판함으로써 "우리 중유럽 사람들에게는 영웅 같은 존재"가 되었다고 하이에크는 회상한다(웹슷). 실제로 케인스는 패전국들에서 반(反)영미 내셔널리즘이 고조될 것을 우려하며 짐짓 2차대전의 개연성을 예견하고 있었다. "곤경에 처한 이들은 조직의 나머지 부분마저 뒤엎거나 개인의 불가피한 욕구를 필사적으로 충족시키려는 시도 속에서 문명 자체를 몰락시킬지도 모른다. 이것이 지금 우리의 모든 자원과 용기와 이상주의가 협력해 맞서야만 하는 위험이다"(『평화의 경제적 결과』).

　두 사람의 이런 생애상의 관련성 자체가 흥미롭긴 하지만 그들의 가장 중요한 접점은 단적으로 말해서 둘 모두 단순한 직업적 경제학자가 아니었다는 점이다. 케인스는 대학 시절에는 경제학이 아닌 수학을 전공했다. 마셜이나 피구 같은 위대한 스승, 선배의 영향으로 경제학의 길을 가긴 했지만 그는 일관되게 영국경험론의 전통에 깊이 뿌리내린 철학자로서의 문제의식을 잃지 않았다. 그것은 그의 첫 저작이 1921년에 출간된 『확률론』이었다는 데에서도 단적으로 드러나지만, 그의 경험론 철학자로서의 정신은 주저인 『일반원리』를 비롯한 그의 모든 저작에서 드러난다. 특히 흄은 그의 우상이었다. 케인스는 1938년에 흄의 익명 저작인 『인간본성론 적요(摘要)』(1740)를, 역시 흄이 쓴 것으로 추정되는 '서문'을 추가해 저명한 경제학자 피에로 스라파와 함께 복간했으며, 흄 저작의 귀중한 간행본을 망라한 '케인스 라이브러리'를 킹스 칼리지 도서관에 남겼다. "경제학은 도덕과학(moral science)으로, 자연과학이 아니다"라는 그의 일관된 신념 역시 한계혁명 이후의 실증주의적 경제학과는 달리 흄의 철학적 원점으로 돌아가려는 사고방식에 따른 것이었다.

하이에크 역시 철학적 경제학자였다. 그는 1918년에 오스트리아학파의 거점이었던 빈대학에 입학해 카를 멩거의 후계자인 비저 문하에서 수학했으며 특히 젊은 강사 미제스에게 큰 자극을 받았다. 멩거로 시작되는 오스트리아학파의 경제학은 그가 한계혁명의 중심인물 중 한 사람이었다는 점이 보여주듯이 원래 철학적·수학적 지향성이 강했는데, 하이에크는 거기에 더해 그가 '고전적 자유주의'라고 부른 유럽의 지적 전통을 구성하는 방대한 문헌들에 정통했을 뿐 아니라 맨더빌, 흄, 버크, 토크빌, 액턴 등의 근대 자유주의의 기축을 이루는 여러 고전에 대해서도 비할 데 없는 지식과 감식안을 지니고 있었다. 특히 흄을 높이 평가했던 것도 케인스와 공통된다. 전후의 시카고대학(사회사상연구소) 시절인 1952년에 출간된 『감각 질서』는 영국경험론의 내관적 방법을 최신 심리학이나 대뇌생리학과 연결하는 연구로, 이 역시 그의 가장 초기의 철학적 관심의 연장선상에 있는 성과이며 케인스의 『확률론』과 비교할 만한 저작이다.

이렇듯 사상가로서의 케인스와 하이에크를 한데 묶는 공통된 지적 관심이나 원천은 확실하게 존재한다. 그것은 한마디로 말해 고전적 자유주의 및 그것에 방법론적 기초를 부여하는, 흄을 비롯한 영국 경험론 철학에 대한 깊은 관심이다. 물론 두 사람은 당대 일류의 경제학자였으며 그들의 숱한 학문적 논쟁은 무엇보다도 경제학자의 그것이었다. 논쟁의 중심을 이룬 것은 당시의 시대 상황을 반영하는 자본 이론이나 화폐수량설을 둘러싼 문제들이었는데, 하이에크는 위대한 선배 케인스의 논문을 탐독하며 스스로를 경제학자로서 단련시켜나갔다. 케인스 역시 명석한 두뇌를 지닌 후배 하이에크의 학문적 도전을 기꺼이 받아들여 이를 자신의 이론을 개선하는 데에 활용했다. 케인스는 『일반원리』에서 하이에크에 대한 수많은 언급을 남겼으며 이미 런던 정경대(LSE)의 교수로 있던 하이에크 역시 『노예의 길』을 집필할 무렵에는 케임브리지를 자주 찾는 등 두 사람의 관계는 공적으로든 사적으로든 매우 친밀했다. 케인스가 죽자 하이에크는 케인스의 아내 리디아에게 "그는 내가 아는 단 한 명의 진정으로 위대한 인물이자 한없는 존경의 대상이었습니다. 그가 없는 세계는 훨씬 척박할 것입니다"(웹숏)라고 써 보냈다.

이러한 여러 공통점에도 불구하고 케인스와 하이에크의 '자유주의'는 내용상 정반대되는 것이었다. 이 점을 대공황 3년 전인 1926년에 출간된 케인스의 『자유방임의 종언』(이하 『종언』)을 통해 살펴보자. 이 저작의 주제는 19세기적 자유방임주의 이데올로기에 대한 근본적 비판이다. 그에 따르면 근대 자유주의의 지적 전통에는 두 개의 이질적 흐름이 있다. 하나는 로크, 흄 등의 '자유주의 · 개인주의'의 흐름이고 다른 하나는 루소, 벤담으로 대표되는 '민주주의 · 평등주의 · 사회주의'의 흐름이다. 케인스의 신조가 전자에 속해 있다는 것은 분명하지만 자유무역주의의 전성기였던 19세기 전반에는 두 개의 이질적 흐름이 이질적으로 여겨지지 않은 세 가지의 사정이 있었다. 그것은 ① 경제적 자유주의의 성공이 코브덴 같은 신흥 자본가층의 부를 증대시켜 자유주의와 평등주의가 일치한다고 생각된 것, ② 자유방임 이데올로기의 단순성과 평이함이 일반 대중의 지지를 얻기 쉬웠던 것, 그리고 ③ 이 단순한 이데올로기를 비판해야 할 지적 세력 특히 역사주의(보호주의)와 마르크스 사회주의가 학문적 무력함 탓에 유효한 비판을 가하지 못했다는 것이다.

하이에크 역시 1945년의 강연 「참된 개인주의와 거짓된 개인주의」에서 자유주의 · 개인주의의 두 계보를 구별했는데 그 내용은 케인스의 구별과 거의 동일하다. 그들은 하나같이 자유주의의 본류가 루소나 벤담 등의 평등주의나 민주주의가 아니라 개인의 자유에 최대의 가치를 부여하는 흄 등의 개인주의에 있다고 명확히 주장한다. 두 사람은 마르크스 사회주의에 대한 부정적 평가도 공유한다. 그러나 공통점은 거기까지이며 그 이후의 판단을 통해 두 사람의 의견은 크게 갈린다. 케인스가 주로 영국 사상 내부에서 근대 자유주의의 두 이질적 계보의 대비를 논하고 있는 데 비해 하이에크는 주로 영국 사상(참)과 프랑스 · 독일 등의 대륙 사상(거짓) 사이에서 참 · 거짓의 두 개인주의의 대비를 논한다. 단적으로 말해 케인스는 벤담 이후의 19세기 영국 자유주의가 18세기의 진정한 자유주의 정신을 망각한 것을 비난하고 있는 데 비해 하이에크는 18세기, 19세기의 구별과 무관하게 영국의 '참된 개인주의'와 대륙의 '거짓된 개인주의'를 대비시키고 있다. "19세기에 영어를 쓰는 세계에서 자유주의로 여겨지던 것과 유럽 대륙에서 자유주의라 불리던 것의 근본적 차이가 참된 개인주의와 거짓된 개인주의의 혈통과 밀접하게 맺어져 있다"(하이에크, 『시장·지식·자유』).

그렇기 때문에 케인스가 '거짓된' 자유주의의 보급 요인으로서 지적한 ①과 ②를 하이에크는 지지할 수 없었을 것이다. 케인스는 코브덴 등의 자유무역주의의 '단순성'과 '평이함'을 비판하지 않고 오히려 그것을 18세기 이래의 '참된 개인주의'의 연장이라고 보았다. 반면에 하이에크는 19세기 후반 이후 영국에 유입된 대륙 국가들의 '거짓된 개인주의'(생시몽, 콩트, 훔볼트 등)의 악영향을 문제삼는다. 바로 그것이 그가 『노예의 길』에서 혹독히 비판한 20세기 전체주의의 기원이기 때문이다. 또한 케인스가 보기에 이 새로운 자본주의관이야말로 '거짓된 개인주의'이기는커녕 제국주의 단계로 접어든 자본주의에 대응하는 올바른 역사 인식이다. 케인스가 문제로 삼은 것은 20세기 들어서도 여전히 19세기 전반과 같은 벤담주의의 유토피아를 지식인은 물론이고 정치가나 관료들 대다수가 완고하게 믿고 있다는 사실이었다. 케인스가 '재무부 견해'라 부른 이 인습적인 자유방임주의는 사실상 파탄 난 상태였지만 국가 지도자들의 관념을 여전히 지배·구속하고 있었다. 케인스는 바로 이 그릇된 시대착오적 이데올로기 혹은 신념에서 벗어날 것을 호소했던 것이다.

6. 전체주의 비판에서의 '자유'와 '공공'

케인스가 보기에 하이에크가 공격하는 '전체주의'나 '계획주의'에
는 그것을 낳은 역사적 이유가 있었다. 그것은 ① 주식회사 제도의 발
달에 의한 소유와 경영의 분리, ② 전기, 가스, 수도 등 시장경제가 공
급할 수 없는, 거액의 초기투자를 필요로 하는 공적 기업의 출현이며
이를 한데 아울러 "대기업이 스스로를 사회화하는 경향"을 낳고 있다.
더구나 이러한 구조 변화는 영국 사회의 계급 구조에 근본적 변화를
초래하고 있으며 고전적 경제학의 전제였던 지주, 자본가, 노동자라는
계급 구조는 이제 투자가, 기업가, 노동자라는 새로운 계급 구조로 바
뀌었다. 이 변화는 일시적·부분적 변화가 아닌 근본적·불가역적 변
화다. 케인스가 생각하기에 소위 역사의 필연을 무시한 채 영국의 '전
체주의'나 '계획주의'를 대륙적 합리주의('거짓된 개인주의')의 악영
향으로만 보는 하이에크의 이런 견해는 타당하지 못하다는 이야기가
된다.

케인스에 따르면 이런 역사적 변화는 돌이킬 수 없으며, 정치가나
경제학자는 이것을 전제로 하여 사고방식을 근본적으로 일신하지 않
으면 안 된다. 19세기 전반까지는 자유방임주의가 실제로 사회 전체
의 부를 증대시키고 그에 따라 말단 노동자계급의 생활수준 상승을
불러오는 구조가 존재했다. '저축=투자'의 항등식(세의 법칙)이 바로
그것이며, 자본가와 노동자의 극단적 소득 불평등은 자본가의 소득이
투자로 돌려짐으로써 생산 활동의 증대로 이어지고 이것이 노동 수요
를 밀어올림으로써 노동자의 임금 상승과 생활수준 향상을 가져왔다.

그렇지만 19세기 후반부터 현대에 걸쳐 종래의 자본가계급이 투자가 계급과 기업가(경영자)계급으로 분화됨에 따라 '저축=투자'의 관계가 성립하지 않게 되었다. 투자가는 조금이라도 큰 차익을 노린 채 전 세계에 투자를 하므로 이제까지는 국내 산업에서 순환되던 잉여 자금이 국외로 유출되어 노동자계급의 이익이 되지 못한다. 이제껏 노동자의 생활수준 향상을 가져온다는 이유만으로 정당화되어온 소득분배의 불평등이 그 도덕적 정당성을 잃게 된 것이다.

자본가계급과 투자가계급의 분리에 의한 '저축=투자' 도식의 붕괴라는 현상은 '주식회사' 제도의 확립에 따른 '소유와 경영의 분리'의 귀결이자 역사의 필연으로, 이를 원래대로 돌려놓기는 불가능하다. 그렇다면 남겨진 유일한 길은 정부가 시장을 대신해 '저축=투자'의 관계를 정책적으로 재현하여 소득분배의 불평등을 사회적으로 정당화하는 것밖에 없다. 부자에 대한 누진 소득세 강화를 통한 소득재분배 정책이 가장 알기 쉬운 형태인데, 그것은 정책적으로는 일부 실시되었으며 이론적으로도 피구의 『후생 경제학』(1920)에 의해 옹호되었다. 그러나 케인스는 자유로운 노동시장에 대한 신뢰를 전제로 한 피구의 이론에 비판적이었으며 정부에 의한 좀더 근본적인 시장 개입의 필요성을 염두에 두고 있었다. "오늘날의 경제학자들에게 부과된 주요한 과제는 아마도 정부가 해야 할 일과 정부가 해서는 안 될 일을 다시금 구별하는 일일 것이다. 이에 수반되는 정치학의 과제는 민주정치의 범위 안에서 해야 할 일을 수행할 능력을 가진 정부의 형태를 다양하게 궁리해보는 것이다"(『종언』).

오늘날 20세기 최대의 경제학서로 꼽히는 『일반원리』는 이러한 견해를 이론적으로 체계화한 것이다. 그는 자본주의의 기본적 결함을 ① 완전고용을 달성할 수 없는 것, ② 부와 소득의 분배가 자의적이고 불공평한 것 두 가지로 보았다(하권, 178쪽). 그 요점은 ① 자본주의의 자유경쟁은 수요·공급의 전 사회적 일치를 보장하지 않으며, 특히 임금은 상승하기는 해도 하락하기는 힘들다는 '하향 경직성'이 있기 때문에 노동 공급과 노동 수요는 어긋날 수밖에 없고, ② '유동성 선호(언제든 처분할 수 있는 현금으로서 자산을 보유하고자 하는 인간성의 경향)'에 따라 부자의 저축(잉여 자금)이 실물적 생산 활동에 대한 투자(주식시장)로 이어지지 않고 금융시장으로 빠져나가거나 은행예금으로서 묶이기 때문에, ③ 고전파 경제학이 전제로 한 '저축=투자'의 항등식은 성립하지 않으며 완전고용은 실현될 수 없다는 것이었다. 이에 대한 케인스의 정책 제언은 ① '승수효과(정부에 의한 소비는 파급적으로 큰 수요를 낳는다)'를 기대할 수 있는 정부의 대규모 공공투자(재정 정책)에 의해 실물적 유효수요를 창출하고, ② 저금리를 유지하는 금융정책을 통해 부자의 잉여 자금을 주식시장으로 돌려 저축=투자의 선순환을 정책적으로 실현하는 것이었다.

『일반이론』은 수많은 경제학 고전 중에서도 특히 난해하다고 알려진 책이지만, 그 밑바탕을 이루는 사상은 이미 『종언』에서 명확하게 드러났듯이 자본주의의 구조 변화라는 인식에 기초한 난해하지만은 않은 일련의 인식이었다. 많은 경제학자들이 그것을 받아들이기 힘들어한 가장 큰 이유는 케인스가 시장 메커니즘의 신뢰성이라는 애덤 스미스 이래의 경제학의 대전제 혹은 신념에 정면으로 의문을 제기한 데에 있었을 것이다. "세계는 사적 이해와 사회적 이해가 항상 일치하도록 하늘로부터 통치되지 않는다. 세계는 현실에서도 양자가 일치하도록 지상에서 관리되고 있지도 않다. 계몽된 이기심(enlightened self-interest)은 항상 사회 전체의 이익(public interest)이 되도록 작동한다는 것은 경제학 원리로부터의 정확한 연역이 아니다"(『종언』). 스미스의 '보이지 않는 손'이라는 논리를 정면으로 부정한 이 사고방식이야말로 당시 경제학자들 대다수의 반발을 부른 가장 큰 이유였다.

하이에크가 케인스의 경제학을 비판한 것도 같은 이유에서인데, 케인스 자신은 맨더빌이나 맬서스 등 스미스를 신봉하는 주류파 경제학이 무시하거나 경시해온 유효수요의 경제사상 전통을 발굴함으로써 이러한 견해에 도달했으며, 결코 스스로 전대미문의 논의를 전개하고 있다고는 생각지 않았다. 한편, 하이에크 역시 경제학자로서는 물론이고 철학자·사상사가로서의 근본적 입장에서 케인스를 비판했던 것이며, 시장 메커니즘의 유효성을 '신의 보이지 않는 손'의 형이상학이라는 식으로 믿고 있었던 것도 아니다. 그는 「사회에서의 지식의 이용」(1945), 「경쟁의 의미」(1946) 같은 전후의 논문들에서 상세히 논했듯이 '시장'은 재화·서비스의 경제적 교환의 장에 그치지 않고 사람들의 경험적 지식이 교환·공유됨으로써 사회질서를 안정시키는 경험적 '규칙(rule)'이 창출되는 장이라고 생각했다. "경쟁은 본질적으로 여론(opinion) 형성의 과정이다. 즉, 경쟁은 우리가 경제 시스템을 하나의 시장으로서 생각할 때 전제하는, 경제 시스템의 저 통일성과 연관성을 정보를 퍼트림으로써 창출한다"(『시장·지식·자유』).

시장을 기반으로 하여 사회의 '아래로부터' 자연적·자발적으로 생겨나는 사회질서를 하이에크는 '자생적 질서(spontaneous order)'라 불렀다. 그것은 '참된 개인주의'의 기반이며, 반면에 위정자·독재자에 의한 '위로부터'의 명령에 의해 사회에 강제된 질서는 '거짓된 개인주의'의 기반이다. 그는 이를 '설계주의(constructivism)'라 명명했다. 하이에크의 '자생적 질서' 옹호와 '설계주의' 비판은 케인스 경제학만을 염두에 둔 것은 아니다. 그것은 모든 종류의 '거짓된 개인주의'를 향한 것이며 그중에는 소련식의 사회주의 계획경제는 물론이고 발라스의 일반균형이론도 포함되어 있었다. 하이에크에게는 위에서 명령해 시장적 질서를 설계·조정·수정하게 하는 사고방식이야말로 잘못의 근원이었으며 그는 사실상 케인스 경제학을 포함해 당시의 유력한 경제학파들을 전부 적으로 돌리고 있었다. 그 모두는 하나같이 사회질서의 설계, 계획, 조정이라는 그릇된 관념에 기초한 경제학이며 그 근본에는 개인의 자유 실현과는 궁극적으로 양립할 수 없는 '전체주의' 사상이 자리하고 있다는 것이다.

물론 하이에크는 케인스가 비판한 공상적 자유방임주의자는 아니었다. 『노예의 길』에서 이미 밝힌 적이 있듯이 "계획주의자가 말하는 계획에 대한 반대와 자유방임의 주장을 혼동해서는 안 된다" "유효한 경쟁이 작동하는 조건을 창출할 수 없는 분야에서는 경제활동을 이끌기 위해 경쟁 이외의 방법에 의존해야 한다는 것을 부정하지 않는다"는 것이 하이에크가 평생토록 견지한 기본적 입장이었으며, 애덤 스미스가 그러했듯이 시장이 공급할 수 없는 공적 서비스의 적절한 공급은 정부의 의무라고 생각하고 있었다. 그렇다면 케인스와 하이에크의 최종적 차이는 무엇이었을까? 정부가 시장에 개입하는 정도의 문제일까, 그 종류나 질의 문제일까? 케인스는 자유방임주의가 근거를 잃은 20세기의 '새로운 자유주의'를 말하면서도 다시금 문명사회의 핵심적 원리로서 '개인주의'의 중요성을 강조하며 『일반원리』의 마지막 장에서 다음과 같이 말하고 있다.

"개인주의는 그 결함과 남용만 제거된다면 다른 어떤 체제보다도 자기 선택을 행사하는 영역을 대폭 확대한다는 의미에서 개인적 자유의 가장 좋은 옹호자이다. 그것은 또한 생활의 다양성(variety of life)의 가장 좋은 옹호자이기도 하다. 생활에 다양성이 생겨나는 것은 바로 이 확대된 자기 선택의 영역 덕분이며 다양성의 상실은 동질적 혹은 전체주의적 국가(homogeneous or totalitarian state)가 상실하는 것 중에서 가장 큰 것이다"(『일반원리』 하권).

여기서 케인스가 자유로운 사회에서 결정적으로 중요하다고 강조하는 '개인주의'는 하이에크의 '참된 개인주의'와 그다지 멀리 떨어져 있지 않다. 오히려 둘은 기본적으로 같다고 생각된다. 개인의 자유롭고 다양한 삶을 옹호하기 위해 '전체주의'와 대결하는 자세도 그들 사이에서는 조금도 다르지 않았다. 케인스가 마지막까지 자유당의 입장을 견지하고 마르크스주의자, 국가사회주의자를 중추에 품은 영국 노동당의 체질을 엄중하게 비판한 것 역시 하이에크의 노동당 비판과 공명하는 성질을 갖는다. 거기서 남겨진 차이는 자유로운 사회를 확보하기 위한 제도적 조건을 어떻게 구상해야 할지이며 그 정책적 구체화로서 어떤 정치적 선택을 장려할 것인지 하는 문제뿐이라고 할 수도 있을 것이다. 두 사람은 참된 개인주의에 기초한 자유로운 문명사회의 옹호라는 근본적 가치관을 공유하면서도 그 구체적 실현 방법에 대해 견해를 (경우에 따라서는 180도) 달리했을 뿐이라고 할 수도 있을 것이다.

마지막으로 케인스와 하이에크가 궁극의 입장으로서 공유한 자유주의·개인주의는『계몽의 변증법』의 저자들과도 무관하지 않다는 점을 확인해두고자 한다. 계몽의 변증법의 역사 속에서 문명사회의 야만과 광기를 몸소 체험한 아도르노와 호르크하이머에게 최후의 구원은 계몽적 이성과 자유라는, 문명화된 '자유로운 사회'의 가치관을 근본적으로 재검토하면서도 그것을 버리지 않고 오히려 영웅 오디세우스의 원점으로 돌아가 거기서 참으로 비판적인 근원적 이성(노동과 일체화된 이성)의 힘을 다시금 불어넣는 것이었기 때문이다. 문화 산업이 만들어내는 신화적 세계는 자본이 요구하는 제2의 자연이며 거기에 적합하지 않은 것을 배제하고 차별하는 '미메시스' 원리의 부활이 그 본질이었다. 거기에서 이질적인 것을 배제하는 힘은 자유로운 개인의 다양성을 부정하려는 힘이며, 그 다양성이야말로 케인스나 하이에크가 자본주의 문명의 범위 내에서 지키려고 한 것이었다.『계몽의 변증법』의 맺음말은 "스스로를 완전히 자각하고 힘을 가지게 된 계몽은 계몽의 한계를 분쇄할 수 있을 것"이라는 어두운 암시이자 바라는 말로 되어 있다. 계몽적 이성의 근원적 힘이 비판적 정신이자 다양한 개인을 다양한 개인으로서 궁구하고 받아들이는 정신이라고 한다면, 그것은 참된 자유주의·개인주의의 본질을 "생활의 다양성"의 보장에서 본 케인스나 "인간으로서의 개인에 대한 존경에 기초한 관용"이라고 표현한 하이에크의 사상과도 무관하다고는 할 수 없을 것이다.

제13장

현대 '리버럴리즘'의
여러 흐름

1. '시대'의 문맥: 사회주의 체제의 성립과 붕괴

제2차세계대전의 종결에서 현대에 이르는 사회사상의 전개가 이 장의 주제다. 이 시대는 오늘날과 직접적으로 이어지지만 아직 그 최종적 행방을 알 수 없기도 하다. 사회사상의 관점에서도 이 시대에는 백가쟁명이라 할 수 있을 만큼 많은 사상들이 난립하고 있으며 그런 난립이나 경합의 본질을 한마디로 특징짓거나 그 귀결을 예측하기는 어렵다. 그러나 약 70년에 걸친 이 시대를 사회사상의 전개라는 관점에서 바라보면 거기에 몇 가지 결정적 전환점이 있었다는 것을 알 수 있다.

첫째는 이른바 '냉전' 체제의 성립이다. 그것은 2차대전의 원인이 되기도 했던 '좌우의 전체주의' 중 한쪽인 소비에트연방(소련)이 미국, 영국, 프랑스 등과 어깨를 나란히 하는 전승국이 되어 전후 '냉전(Cold War)' 구조의 주요 담당자가 된 것을 의미한다. 전쟁에서 동맹 관계였던 자본주의 국가들과 소련은 전쟁 후의 세계 질서를 둘러싼 주도권 다툼 속에서 잠재적 적대 관계에 들어섰다. '냉전'은 두 차례의 세계대전처럼 무력을 사용한 '열전'과 대비되는 말로, 물론 그 사이에 한국전쟁(1950~53)이나 베트남전쟁(1965~73)을 비롯해 많은 지역적 전쟁이나 분쟁이 벌어졌지만 제3차세계대전은 일어나지 않았다. 이는 핵무기의 위력에 의한 '공포의 균형'으로 세계대전이 회피된 결과이기도 했지만, 그러한 전제 아래서 '서방'의 자본주의 국가들은 소련, 동유럽, 중국 등 '공산권'의 사회주의 국가들과 정치, 경제, 군사 등 모든 장면에서 대치했으며, 두 진영 모두 외교적 수단과 군사적 수단을 교묘하게 구사하면서 전후 세계를 둘로 갈라놓는 정치 구조를 만들어냈다.

전후의 사회주의 체제는 소련을 중심으로 전개되었지만 그것은 나아가 소련의 직접적 지배를 받는 동유럽 국가들(동독, 체코슬로바키아, 헝가리, 폴란드)과, 소련과 일정한 거리를 두면서 독자적인 사회주의 노선을 추구하는 유고슬라비아, 중화인민공화국(중국), 쿠바와 같은 나라들로 나뉘었다. 소련은 아시아, 아프리카, 중동 여러 지역에 대해서도 정치적·군사적 영향력을 행사해 몇몇 사회주의 정권을 세웠지만 장년에 걸친 서구와 일본의 지배에서 해방된 옛 식민지 국가들에서는 미·소 양국의 지배로부터 자유로이 민족의 독립과 근대화를 추구하는 노선이 나타나 아시아, 아프리카 29개국이 모인 '아시아·아프리카회의(반둥회의)'(1955)나 25개국이 모인 '비동맹제국수뇌회의'(1961)가 개최되었다. 이들 비동맹 국가는 이데올로기적으로는 반미적 사회주의 노선이나 '개발독재'형 근대화 노선을 취하는 국가가 많았으며 전체적으로는 서방의 자유민주주의 진영과 선을 긋고 있었다.

전후 세계의 둘째의 결정적 전환점은 동서 '냉전' 체제의 붕괴이다. 서베를린으로의 시민 유출을 저지하기 위해 1961년 8월에 동독이 세운 '베를린 장벽'이 프랑스혁명으로부터 200년이 지난 1989년에 해방을 희구하는 동·서 베를린 시민의 손에 의해 무너졌으며, 이를 계기로 1991년 이후 소련 및 동유럽 국가들의 사회주의 정권이 차례차례 무너졌다. 그 이전에도 헝가리혁명(1956)이나 '프라하의 봄'(1968) 등 자유를 희구하는 동유럽 시민의 운동이 소련의 군사개입으로 탄압되는 사건들이 있었지만, 그것은 사회주의에 아직 희망을 걸고 있던 서방 지식인을 크게 실망시킨 반면에 소련의 정치력·군사력의 강대함을 세계에 과시하는 것이었다. 이에 비해 '벽'의 붕괴가 방아쇠를 당긴 사회주의 정권의 자괴·자멸은 자본주의 국가 사람들에게 전에 없이 큰 충격을 주었다.

러시아혁명 이래의 70년이 넘는 역사를 지닌 사회주의 국가들은 어째서 유혈 사태 한번 없이 차례차례 맥없이 무너졌을까? 그 진정한 원인은 후세 역사가의 규명을 아직 필요로 하고 있다. 1960년대에 소련은 정치적으로나 경제적으로나 오히려 순탄했다. 1953년에 죽은 스탈린의 후계자가 된 흐루쇼프는 1956년에 스탈린의 공포정치를 공식적으로 비판하고 레닌의 원점으로 회귀하는 집단지도체제의 부활과 국내 경제의 개혁, 자본주의 진영과의 평화공존을 정책으로 내세우는 등 국제사회에서 소련의 지위를 회복하는 듯했다. 흐루쇼프의 정책을 후계자 브레즈네프가 물려받은 1960년대의 소련 경제는 연율 10% 안팎으로 성장해 국민의 생활수준도 자본주의 국가들에 뒤지지 않게 향상되었다고 한다. 과학기술 면에서도 세계 최초의 인공위성인 '스푸트니크 1호'를 쏘아올리는 데에 성공하는(1957) 등 당초에는 미국을 뛰어넘는 국면도 있었다.

그렇지만 1970년대 이후에 소련 경제는 급속히 정체되어 연평균 성장률이 1~2% 대로 떨어졌다. 그 근본적 원인은 시장 메커니즘을 결여한 사회주의 계획경제의 파탄이다. 국민의 생활수준이 낮고 필요 최소한의 소비 물자를 공급하면 되는 단계에서는 계획경제에도 일정한 합리성이 있으며 나라의 자원 대부분을 중화학공업과 군수산업에 집중시키는 소련의 경제 구조는 그 나름대로 유효했다. 그러나 기초적 생활 물자가 공급되고 국민의 소비 수요가 고도화·다양화되면 경제 관료가 탁상 계산으로 세운 생산계획으로는 도저히 현실의 소비 수요에 대응할 수 없게 된다. 국영기업의 '리스크를 떠안지 않는' 습성 탓에 기업 간 경쟁이 일어나지 않는 것은 당연하다고 쳐도, 아래로부터의 '기술혁신(innovation)'이 일어나지 않는 것은 무엇보다 치명적이었다(이노키). 이래서는 사회주의 경제로서의 기술이나 생산력의 발전 자체가 정체될 수밖에 없다.

한편, 초기 단계에는 계획경제에 적합한 듯했던 중화학공업 중심의 소련 경제 구조 역시 1980년대에 자본주의 국가들에서 일어난 'IT(Information Technology) 혁명' 혹은 '정보혁명'에서 완전히 뒤처져 소비에트 경제 전체의 정체를 초래했다. 미국의 문명비평가 앨빈 토플러가 신석기시대의 농업혁명, 근대의 산업혁명의 뒤를 잇는 '탈공업화' 혁명을 '제3의 물결(the Third Wave)'이라 불렀듯이 전통적 중공업 사회로부터의 이탈을 불러온 '정보혁명'은 자본주의 고유의 변화가 아닌 인류사적인 경제 구조의 변화였다. 그것은 선진국 경제 구조의 중심을 전통적 제조업에서 정보·서비스 산업으로 결정적으로 변화시킨 경제의 '소프트화' 운동이었을 뿐 아니라 무인 제철 공장이나 산업용 로봇이 상징하듯이 전통적 제조업의 모습을 근본적으로 바꿔 생산성을 비약적으로 향상시켰다. 소련·동유럽을 중심으로 한 사회주의 경제체제는 이러한 세계사적인 기술·산업 구조의 변화에서 완전히 뒤쳐져버렸던 것이다.

소련·동유럽 사회주의의 이런 근본적 결함을 깨달은 인물은 소련의 마지막 지도자 고르바초프였다. 그는 소련 공산당 서기장(1985~91) 및 대통령(1990~91)으로서 '페레스트로이카(개혁)', '글라스노스트(정보공개)' 같은 대담한 자유화·민주화 개혁들을 실행했지만 이미 때늦은 상태였다. 70년 가까이 이어진 소비에트 경제의 경직된 관료 통제와, 경제 현장에서의 경쟁 원리와 이노베이션의 결여는 그런 응급 대책으로 쉽사리 해결될 만한 것이 아니었다. 게다가 고르바초프의 개혁은 경제의 자유화·시장화가 아닌 정치적 민주화와 정보공개에 더 쏠려 있었다. 이는 레닌 이래의 민주집중제 사상이 중앙 지령형 계획경제의 대전제이며 바로 그것이 사상·언론·결사·표현 등 시민적 자유의 억압을 떠받치는 소비에트러시아의 치명적 결함이라는 인식에서는 옳았지만, 거꾸로 급격한 정치적 민주화에 의한 민족문제의 분출이나 지도부의 분열을 초래해 소비에트연방 자체를 붕괴로 이끌었다.

그런가 하면 고르바초프와는 정반대되는 방식으로 정치적 자유화·민주화 없는 경제개혁을 힘있게 추진한 인물이 중국의 덩샤오

핑이다. 그는 신중국 건국의 아버지인 마오쩌둥이 일으킨 '문화대혁명'(1966~76)에 의해 실각했지만 1976년에 마오가 죽고 나서 저우언라이의 지원을 얻어 복권되었으며, 사회적·경제적으로 혼란한 중국 사회를 바로잡기 위해 '개혁 개방' 노선을 제시한다. 그것은 일당독재에 의한 집단지도체제의 범위 내에서 소련식의 계획경제를 버리고 농업의 민영화를 비롯한 시장경제의 기법을 도입하는 한편 선진 자본주의의 기술이나 자본을 과감히 받아들이는 '사회주의 시장경제'의 전략이었다. 그 결과 1980년대의 중국은 연율 10% 안팎의 경제성장을 보였으며, 현재의 중국은 일본을 제치고 미국 다음가는 세계 제2의 경제 대국이 되었다. 그러나 덩이 베를린 장벽 붕괴 직전에 일어난 '제2차 톈안먼사건'(1989) 때 분연히 일어선 학생·시민의 민주화 요구를 철저히 탄압했듯이 정치적 자유화·민주화 없는 경제 발전의 일면적 추구는 오늘날 중국에서 자본주의 이상의 경제 격차를 낳는 가운데 새로운 사회적 혼란이 빚어질 수밖에 없는 정세가 계속되고 있다.

중국의 미래를 예단할 수는 없겠지만 일찍이 '제3세계' 혹은 '비동맹'이라 불린 아시아, 아프리카, 중동 국가들도 1960년대에는 소련과 중국의 압도적 영향 아래서 사회주의 노선을 취해 '개발독재'형 경제 발전을 추구한 결과 국민의 생활수준이 얼마간 향상되었지만, 한편으로는 자유와 민주주의를 요구하는 시민운동이 일어나 1980년대부터 현재에 이르기까지 그 대부분의 나라가 의회민주주의를 기본으로 하는 정치체제로 거듭났다. 그중에는 종교적 요인과도 얽혀 아직껏 정치 정세가 불안정한 나라도 적지 않지만, 그런 나라들이라 해도 과거의 사회주의 체제로 되돌아갈 것이라고는 생각하기 어렵다. 2014년 시점에 사회주의 국가라 불리는 곳은 중국, 조선민주주의인민공화국 (북한), 쿠바, 베트남, 라오스 정도에 불과하며 역사의 거시적 동향으로서 현실의 사회주의 체제는 자연 소멸의 길을 걷고 있다고 해도 과언이 아닐 것이다.

2. '사상'의 문맥: '역사의 종언'인가 '문명의 충돌'인가

소련 · 동유럽 사회주의 체제의 성립과 붕괴야말로 2차대전 후의 세계 구조를 특징짓는 결정적 사실이었다. 우리는 이것을 (정치사적 · 경제사적 문제로서가 아닌) 사회사상의 문제로서 어떻게 받아들여야 할까? 여기서 참고가 되는 것이 오스트리아 출신의 경제학자로, 나치의 등장과 함께 미국으로 건너간 슘페터의 논의이다. 그는 『자본주의 · 사회주의 · 민주주의』(1942)에서 자본주의는 '실패'가 아닌 '성공'에 의해 사회주의로 이행할 수밖에 없다는 유명한 견해를 제시했다. 그가 말하는 자본주의의 '성공'은 독점 단계로의 이행에 수반되는 소유와 경영의 분리, 자본주의 시스템의 합리화 · 사회화 · 계획화의 진전, 고등교육의 보급에 따른 테크노크라트(기술 관료) 지배의 완성, 의회민주주의의 실질적 공동화(空洞化) 등을 뜻한다. 현대의 사회주의는 마르크스나 엥겔스가 예측했던 곤궁한 노동자계급에 의한 폭력 혁명에 의해서가 아니라 계획화 · 고도화된 자본주의로부터의 평화적 이행으로서 실현된다는 것이다.

그러나 슘페터의 문제는 그보다 더 앞에 있었다. 자본주의에서 사회주의로의 평화적 이행이 실현되었다 해도 소련과 같은 일당독재의 중앙집권 시스템에 의한 정치 · 경제의 일원적 지배가 일단 완성되었을 때 과연 자본주의의 유산인 민주주의가 유지될 수 있을 것인가 하는 문제가 바로 그것이다. 현대의 자본주의에서는 테크노크라트에 의한 관료적 지배가 완성된 상태에서 자본가나 노동자가 이를 적절히 감시 · 억제하는 의회민주주의 구조가 간신히 기능하고 있지만, 자본가나 노동자가 계급으로서 소멸해 정치와 경제 운영이 소수의 정치권력자와 중앙집권적 관료 기구의 수중에 떨어졌을 때 국가권력의 폭주를 누가 어떻게 저지할 것인가 하는 점이야말로 '진정한 문제'라는 이야기다. 자본주의가 그럭저럭 보증해온 자유와 민주주의의 정치제도가 생산수단의 국유화와 계획경제, 중앙집권적 관료 통제 속에서 어떻게 유지될 수 있을 것인가 하는 점이 그의 문제 제기였다.

그리고 슘페터의 이러한 문제 제기야말로 '베를린 장벽' 붕괴 이후의 역사를 이해하는 결정적 열쇠이다. 여기서 사회주의 체제 붕괴의 역사적 의미를 논한 두 권의 책, 프랜시스 후쿠야마의 『역사의 종언』(1992)과 새뮤얼 헌팅턴의 『문명의 충돌』(1996)을 참고할 수 있다. 후쿠야마는 1806년 예나전투에서 나폴레옹이 프로이센군을 격파한 데에서 '역사의 종언'을 본 헤겔의 생각을 '베를린 장벽' 붕괴 이후의 역사 해석에 적용한다. 제8장에서 보았듯이 헤겔은 프랑스혁명이나 로베스피에르의 공포정치가 아니라 '세계사적 개인'인 나폴레옹의 등장 속에서 세계사에서의 '자유'가 보편적 · 인격적으로 실현된 것을 보았다. 후쿠야마에 따르면 바로 이것이 사회주의 체제 붕괴의 역사적 의미이며 '베를린 장벽'의 붕괴는 예나전투의 현대적 재현이었다. 헤겔을 비판하며 노동자계급에 의한 '진정한' 자유와 민주주의의 실현을 주장한 마르크스는 잘못되었으며 자본주의와 불가분한 의회민주주의의 자유 말고 진정한 자유 같은 것은 존재하지 않는다는 점을 소련·동유럽의 붕괴가 입증한다는 것이다.

특히 주목할 만한 것은 소련·동유럽 붕괴의 구체적 원인에 대한 후쿠야마의 분석이다. 그에 따르면 공산권의 붕괴는 종종 주장된 것처럼 국영기업의 낮은 생산성이나 기술혁신의 결여, 계획경제의 기술적 곤란 등에 의한 것이 아닌 도덕적 결함 때문이었다. '이성'과 '욕망'에 견줄 만한 인간 영혼의 본질적 부분으로서의 '기개'라는 플라톤의 전통에 입각해 헤겔은 『정신현상학』의 '주인과 노예의 변증법' 논의에서 상호 승인을 구해 투쟁하는 개인이라는 인간상을 제시했다. 즉, 대등한 인간끼리는 상대를 굴복시켜가면서까지 싸울지라도 결코 죽이지는 않는다. 사람은 상대를 죽인 순간 자신의 강함과 가치를 인정해줄 타자를 잃기 때문이다. 승자는 주인(귀족), 패자는 노예(평민)가 되는데 주인이 노예의 노동에 의존해 인간으로서 열악해지는 반면에 노예는 노동을 통해 스스로를 단련하여 어느새 주인과 대등한 지위로 자기를 격상시킨다. 상호 승인을 추구하는 싸움이야말로 사람들을 사회적으로 한데 묶는 끈이며, 민주주의와 시장경제만이 이 본질적 욕구의 만족을 보장할 수 있는 유일한 체제라고 후쿠야마는 생각한다.

브레즈네프 시대의 소련은 인간의 상호 승인 욕구의 억압이라는 사회주의 체제의 근본적 결함을 메우기 위해 자본주의 체제 못지않은 물질적 이익의 공여에 힘썼다. "공산주의는 영혼 속의 '기개' 부분에 맞서 부르주아 자유주의보다 훨씬 철저하게 영혼 속의 '욕망' 부분을 강화"했으며 노동자계급과 빈민에게 "그들의 도덕적 가치에 대한 타협을 대가로 요구하는 파우스트적 거래를 통해 그들에게 이것[물질적 풍요, 좀더 나은 삶에 대한 희망]을 제공해왔다. 그리고 이 거래를 통해 체제의 희생자는 체제의 옹호자가 되었지만, 다른 한편에서 그 체제는 거기에 관여하고자 하는 누구의 의향으로부터도 자유롭게 몸집을 불려나갔다"(『역사의 종언』). 소련·동유럽의 사회주의를 물질적 이익('돈')의 힘으로 국민의 영혼을 매수하려 한 체제라고 말하는 후쿠야마의 논의는 체제의 경제 파탄으로 인해 '돈'이 바닥나면서 본래의 도덕적 결함이 드러났다는, 사회주의 체제 붕괴의 진실을 날카롭게 분석한 것이었다.

후쿠야마의 논의는 세계적으로 큰 반향을 불러일으켰지만 한편으로 그것은 새뮤얼 헌팅턴의 문명론적 반론을 유발했다. 헌팅턴은 '베를린 장벽' 이후 사회주의 체제의 붕괴가 1980년대에 세계 각지의 '개발독재' 국가나 이슬람 국가에서 일어난 '민주화'를 향한 세계적 조류의 일부라는 것을 인정하면서도 그것을 후쿠야마처럼 서구식 의회민주주의의 승리라고는 보지 않았다. 오히려 그는 소련·동유럽 붕괴 후에 세계가 크고 작은 여러 종교·민족 분쟁을 분출시키며 거시적으로는 그리스도교의 서구 문명, 유교의 중국 문명, 그리고 이슬람 문명이라는 세 개의 거대한 문명권으로 분열된 현실을 지적한다. 그러니까 그는 전후의 '냉전' 구조가 효과적으로 은폐해온 세 이질적 문명 간의 본래적 대립과 긴장이 냉전의 붕괴에 의해 현실의 '충돌'로서 나타나는 새로운 역사 단계의 도래를 지적한 것이다.

헌팅턴의 논의는 1980년대 이후 중국의 정치 대국화와 급격한 경제 발전이라는, 사회주의 체제의 몰락과 일견 모순되는 현실을 유교 문명의 확대에 의한 제국 지배라는 문화·문명의 이질성이라는 관점에서 절묘하게 설명한 것이다. 그는 "문화와 문명의 다양성은 서구 문화를 세계적으로 유의미한 것으로 보는 서구 그리고 특히 미국의 신념에 의문을 제기하는 것"이라 지적하고 서구 문명이 상대적으로 쇠퇴한 사실을 서구 사회의 사람들에게 경고한다. 그것은 서구식 자유민주주의의 승리에 의한 '역사의 종언'이라는 후쿠야마의 전망과 대극을 이루는 논의로, 인류 사회의 불안정화와 비관적 전망을 오히려 한층 강조하는 것이었다. 그는 중국 문명과 이슬람 문명 속에서 서구식 개인주의, 자유주의, 민주주의의 원리와는 근본적으로 양립할 수 없는 이질적 사회 구조를 인정했으며, 이슬람 원리주의 조직의 서구 사회에 대한 연이은 파괴 활동이나 테러리즘, 중국의 소수민족 억압이나 공공연한 군사적 확장주의 경향도 궁극적으로는 문명론적 대립의 결과로 본다.

그러한 차이에도 불구하고 두 사람의 논의는 '사회주의 체제의 몰락'이라는 공통된 역사 인식을 갖고 있었다. 후쿠야마는 똑같은 인식을 서구식 민주주의와 시장경제의 승리로 해석했으며, 헌팅턴은 서로 다른 세 문명 사이의 본래적 이질성과 대립이 표면화된 것이라고 이해했다. 단적으로 말해서 둘 다 '사회주의'의 문제는 인류에게 이미 청산이 끝난 과거의 문제라고 보는 것이다. 이 장에서 다루는 문제는 20세기의 사회사상이라는 관점에서 보았을 때 이러한 역사 인식이 과연 전면적으로 적절하다고 할 수 있는가 하는 것이다. 이 점을 생각하려면 우리는 2차대전 직후 구미 국가들의 현실로 다시 한번 돌아가야만 한다.

3. 현대 리버럴리즘의 '문제'

소련·동유럽을 중심으로 사회주의 체제가 착착 구축되어가는 가운데 서구 여러 나라와 미국은 2차대전의 전례 없는 참화로부터의 부흥이라는 최대의 과제에 직면해 있었다. 결과적으로는 미국의 '마셜 플랜(유럽 부흥 계획)'(1948~51)의 원조도 있어서 서구 여러 나라의 부흥은 급속히 진행되었으며 전쟁 피해가 가장 심했던 독일조차 전후 6년 만에 전쟁 이전의 생산력 수준을 회복했다. 이것은 일본이 전쟁 이전 수준으로 생산력을 회복하기까지 10년이 걸린 것과 비교하면 매우 빠른 회복이었다(이노키). 한편, 미국의 전쟁 피해는 유럽 국가들에 비해 경미한 정도에 그쳤으며, 1929년 대공황의 침체도 거액의 전시 군사 지출 덕에 회복하여 전쟁이 끝날 무렵의 실업률은 겨우 2%였다. 트루먼 대통령은 이를 이어받아 전후 미국의 최대 정책 목표로서 '완전고용(full employment)'의 실현을 내걸게 된다(이노키).

이런 착실한 전후 부흥을 배경으로 자본주의 국가들이 1950년대부터 60년대에 걸쳐 추진한 기본 정책은 케인스주의 경제정책에 의한 복지국가 확립 노선이었다. 영국이 그 모델이 되었다. 전쟁으로부터의 부흥은 물론이고 전후 영국 사회의 모습을 어떻게 구상하고 재건할지가 도마 위에 오른 것이 1945년 7월의 총선거였다. 같은 해 5월에 나치 독일과 이탈리아가 항복하면서 유럽에는 평화가 찾아왔지만 아시아 태평양에서는 연합군이 여전히 일본과 치열하게 싸우던 이 시점에 영국 국민이 택한 것은 애틀리가 이끄는 노동당 정권이었다. 히틀러의 침략에 맞서 국토를 수호하고 유럽 전선에서 연합군을 승리로 이끈 현직 처칠 총리가 노동당이 정권을 쥐면 '전체주의'의 악몽이 되살아날 것이라고 유권자들에게 호소했음에도 불구하고 노동당은 압도적 대승을 거뒀다. 당시 이 뉴스를 히로시마 우지나 지구의 육군선박 사령부에서 접한 일등병 마루야마 마사오는 영국 국민의 성숙한 정치적 선택에 큰 충격을 받았다고 한다.

영국 국민이 지지해 선택한 노동당의 기본 정책은 '사회주의'적 정책이었다. 그것은 철강, 석탄, 전기, 철도, 통신 등 기간산업의 국유화에 기초한 '완전고용' 정책과 '요람에서 무덤까지'로 알려진 '사회보장' 정책을 두 축으로 삼고 있었다. 전자의 기초에는 정부의 공공투자에 의한 유효수요의 창출과 누진과세에 의한 대규모 소득재분배, 그리고 그에 따른 완전고용의 실현을 이론적으로 이끈 케인스 경제학이 있었으며 후자의 배경에는 1942년에 정부의 '베버리지 보고'로서 책정된 포괄적 사회보장 정책의 기본 계획이 있었다. 애틀리의 노동당 정권은 전후 부흥의 실현과 함께 이 두 가지 기본 정책의 실현을 공약으로 내걸어 6년 동안 정권을 유지하며 그것을 거의 달성했다. 베버리지 자신은 케인스와 마찬가지로 자유당원의 입장에서 이에 힘썼으므로 영국의 복지국가 정책은 노동당의 페이비언주의를 원류로 하는 '사회민주주의'와 자유당의 '새로운 자유주의'라는 상이한 두 계보가 합류해 실현되었다고 할 수 있다.

그후 마르크스레닌주의에 기초한 소련·동유럽식 '공산주의

(communism)' 혹은 '집산주의(collectivism)'와, 서구식 '사회민주주의(social democracy)'로서의 '사회주의(socialism)'의 본질적 구별은 서구 국가 사람들의 상식이 된다. '사회주의'와 '공산주의'를 나누는 것은 기간산업의 국유화나 누진 소득세에 의한 소득재분배, 이를 바탕으로 한 복지국가의 이념이 아니다. 그와 같은 요소들은 오히려 양자에 공통되었으며, 마르크스와 엥겔스의 『공산당 선언』으로까지 거슬러올라갈 수 있는 사상이다. 둘 사이의 결정적 차이는 의회민주주의를 둘러싼 평가이다. 전후의 서구 국가들은 의회민주주의는 자본가계급의 대변 기관이지 노동자계급을 위한 진정한 민주주의가 아니라는 마르크스레닌주의의 비판을 단호히 거부했다. 이 점에서는 영국의 보수당이든 노동당이든 기실 전혀 다르지 않았던 것이다. 사실 애틀리 정권은 미국의 '마셜 플랜'을 받아들여 1949년에 '반공의 보루'로서 미국이 주도해 결성된 '북대서양조약기구(NATO)'에도 망설임 없이 가맹했다.

'복지국가'와 '큰 정부'의 기본 정책에 대해서도 마찬가지로 말할 수 있다. 1951년의 총선거에서 보수당이 정권을 되찾은 후에도, 나아가 그후에 노동당 정권이 복귀한 후에도 케인스주의와 복지국가의 기본 정책은 그대로 계승되었다. 영국을 비롯한 2차대전 후의 자본주의 국가들은 정도의 차이는 있을지라도 케인스주의의 '큰 정부'에 의해 운영되었으며 '사회민주주의', '복지국가', '혼합경제', '수정자본주의' 등 다양한 이름으로 불렸지만 그 명칭과 관계없이 국제정치의 현실에서는 명확히 '반공'의 입장을 취하고 국내적으로는 사회민주주의적인 '큰 정부'의 정책을 추진했다. 케네디 대통령(재임 1961~63)의

'뉴 프런티어' 정책, 존슨 대통령(재임 1963~69)의 '위대한 사회' 계획 같은 1960년대 미국 민주당의 정책이나 일본의 이케다 총리(재임 1960~64)에 의한 '국민소득 배증 계획'도 나라 형편상의 차이는 있을지언정 하나같이 케인스주의 경제·재정 정책을 기본으로 한 사회민주주의 노선에 속한 것이었다. 일본을 '가장 성공한 사회주의 국가'라 비꼬는 것도 이런 의미에서 꼭 틀린 말은 아니다.

선진 자본주의 국가의 이런 기본 정책은 1980년대 이후에 각국에서 '큰 정부'의 거액의 재정 적자가 심각한 정치적 쟁점이 되고 두 차례의 '석유 위기(오일 쇼크)'(1973, 79)에 의한 유가 상승이 선진국 경제에 큰 타격을 입힘으로써 근본적으로 비판받게 된다. '영국병'의 근본적 치료와 '사회주의'의 해체를 외친 영국의 대처 총리(재임 1979~90)의 등장과 미국의 레이건 대통령(재임 1981~89)이 재정과 무역의 '쌍둥이 적자' 해소와 소련을 '악의 제국'이라 부르는 노골적 반공 노선을 추진한 것을 정치적 분기점으로 들 수도 있겠지만, 그 사상적 배경에는 '케인스는 죽었다'고 일컬어진 케인스 경제학의 쇠퇴와 하이에크에게서 기원한 '신자유주의'의 대두가 있었다. 대처 총리는 학생 시절부터 애독해온 하이에크의 책을 가르침으로 삼아 '사회주의'를 해체하기 위한 정책들을 차례차례 단행했다. 나아가 경제의 '세계화(globalization)'라는 세계적 조류는 정치와 사상 양면에서 '신자유주의'를 강력히 부추겼다.

여기서 주의해야 할 것은 소련·동유럽의 붕괴와 '신자유주의'의 이데올로기적 관련성이다. 양자가 1980년대 이후에 거의 동시 병행적으로 일어났다는 이유로 사회주의 체제 붕괴의 사상적 원인으로서 혹은 그 최대의 사상적 교훈으로서 '신자유주의'를 거론하는 경향이 존재한다. 물론 하이에크를 애독한 영국의 대처 총리가 소련의 고르바초프를 '맹우'로 여기고 신자유주의적 사고방식을 교시한 것은 틀림없으며 그것이 고르바초프의 개혁에 어느 정도 영향을 준 것도 사실일 것이다. 하이에크와 함께 신자유주의의 이론적 지도자였던 밀턴 프리드먼 역시 『자본주의와 자유』(1962)의 2002년판에 부친 서문에서 "저 극적인 베를린 장벽과 소련의 붕괴를 경험하자 세계는 비로소 계획경제는 바로 하이에크가 말하는 '노예의 길'이라는 것을 인식했다. 그리고 이 인식은 이제 완전히 정착해 있다"고 쓰고 있다.

그러나 '신자유주의'의 발흥과 '베를린 장벽' 이후의 세계적 격동은 본래 아무 관계도 없는 두 개의 사건이다. 옛 사회주의 체제의 전면적 붕괴와 발달한 자본주의 국가들에서의 '작은 정부' 대 '큰 정부'의 논쟁은 기본적으로 별개의 문제이다. 소련·동유럽의 체제가 무너진 것은 후쿠야마가 지적했듯이 자유와 민주주의를 억압하는 본래적인 도덕적 결함이 계획경제의 모순을 만난 결과이며, '신자유주의'가 정치적 쟁점이 된 것은 선진국의 재정 문제 악화가 부유층에 대한 과세 강화를 요구했기 때문이다. 프리드먼은 위의 서문에서 자신의 경고에도 불구하고 미국의 재정 적자가 전혀 줄어들지 않은 것, 특히 군사 예산을 제외한 정부 지출이 확대를 거듭해 1982년에서 2002년에 걸쳐 국민소득의 30% 안팎에서 오르내리는 것을 개탄한다. 현재의 오바마 정권 아래서도 이런 경향은 여전하며 오히려 더욱 심각해지고 있다. 사실문제로서 미국은 거듭되는 대외 전쟁에 의한 군사 지출 증대를 제쳐놓더라도 확실히 '큰 정부'가 된 것이다. 일본을 비롯한 선진국의 재정도 기본적으로는 마찬가지다.

프리드먼은 '신자유주의'의 주장이 머지않아 선진국의 정부를 작게 만들고 재정을 '건전화'시키리라 기대했던 듯하지만 그의 기대는 아직 실현되지 않았으며 가까운 장래에 실현될 가능성도 극히 낮다. 분명 2차대전 때부터 하이에크가 비판한 '좌우의 전체주의'의 문제는 자본주의 국가에서의 '큰 정부'가 필연적으로 내포하는 행정 권력과 관료 기구의 비대화, 경제정책에서의 계획과 통제 요소의 확대, 대규모 소득재분배에 의한 공공투자 확대 등을 의미했다. 하이에크가 소련의 사회주의 체제와 서구 국가들의 '큰 정부' 경향성을 같은 종류의 위험이라고 보았던 것은 사실이다. 그러나 그는 소련의 사회주의를 영미의 '큰 정부'와 동일시하지는 않았으며, 나치 독일로 대표되는 '우'의 전체주의를 서구 국가 일반의 '큰 정부'와 동일시하지도 않았다. 그는 오히려 그 각각의 차이에 대한 분명한 인식을 바탕으로 서구에서의 개인주의적 자유의 전통을 강조하며 자본주의 국가들의 '큰 정부'가 개인의 자유를 압박하는 '전체주의'로 전락할 위험을 경고했던 것이다.

4. 하버마스와 롤스

앞 장에서 살펴보았듯이 2차대전 후 유럽과 미국의 '리버럴리즘'의 주요 원류에는 세 가지의 사상적 계보가 있었다. 첫째는 케인스와 하이에크의 공통된 사상적 모체였던 흄·스미스 등의 '개인주의'를 근간으로 한 고전적 자유주의로, 그것은 현대의 '신자유주의'의 먼 원류이기도 하다. 둘째는 케인스가 자본주의의 역사적 변화의 귀결로서 긍정하고 하이에크가 '좌우의 전체주의'의 기원이라는 식으로 비판했던 20세기 초두 이후의 '새로운 자유주의'이며, 셋째는 전후의 냉전 구조 속에서 소련·동유럽의 마르크스레닌주의와 대결을 벌이며 전개된 '사회민주주의'이다. 현대 리버럴리즘의 여러 흐름은 많건 적건 이들 세 계보가 복잡하게 뒤얽힌 결과이며 역사 상황과 시대의 변화에 따라 다양한 형태로 나타났다고 할 수 있다. 아래에서는 전후의 자유주의 사회사상 중에서도 특히 큰 중요성과 영향력을 가진 미국의 존 롤스와 독일의 위르겐 하버마스의 경우를 살펴보고자 한다.

1921년생인 롤스와 1929년생인 하버마스는 넓은 의미에서는 동시대인이라 할 수 있을 것이다. 그러나 자세히 들여다보면 1945년 시점에 하버마스는 열다섯 살의 김나지움 학생이었지만 롤스는 프린스턴 대학을 졸업하고 육군에 입대해 뉴기니, 필리핀을 거치며 적과 싸운 후 점령군의 일원으로서 일본에 4개월간 체재하고 있었다. 그는 원폭 투하 직후의 히로시마의 참상을 목격했으며 정신연령이라는 것을 고려하면 하버마스보다 한 세대 위였다. 하버마스의 아버지는 상공회의소 대표로서 나치 지지자였으며 하버마스 본인도 히틀러 소년단의 일원으로서 고사포 부대의 보조 요원으로 동원되어 있었다. 롤스의 아버지는 변호사, 어머니는 여성참정권 운동가였으니, 롤스와 하버마스가 자란 시대와 가정환경은 정반대인 듯 보이지만 그들의 사상에는 적어도 두 가지의 본질적 공통점이 있었다.

첫째는 그들이 전형적인 중산계급 출신이며 모두 '체제'의 사상가라는 점이다. 이는 '보수'의 사상가라는 의미가 아니다. 오히려 둘 다 흔히 말하는 의미에서 정치적 보수주의의 대극에 서 있었다. 롤스는 1961년에 하버드대학의 철학 교수로 취임한 후에도 평온한 학자 생활의 한편에서 공민권운동이나 베트남 반전운동에 적극적으로 관여했으며, 하버마스도 나치 독일의 만행(유대인 대량 학살)에 대한 평가를 둘러싼 '역사가 논쟁'(1986~87)에서 전후 독일을 나치의 망령에서 해방시켜 독일 내셔널리즘을 재건하려던 보수적 역사가들에 맞서 철저한 나치 비판의 입장을 취했다. 나아가 그는 '베를린 장벽' 붕괴 후에 쟁점으로 부상한 독일 통일을 둘러싼 논쟁에서도 내셔널리즘에 충동질된 성급한 통일 운동을 분명하게 비판했다.

두 사람을 '체제'의 사상가라 칭하는 것은 그들이 전후의 냉전 구조를 전제로 사고하고, 각자의 모국인 미합중국과 독일연방공화국(서독)의 기본 원리에 대한 수용을 바탕으로 각자의 모국에 내포된 사회 구조의 모순과 정면으로 맞붙었다는 의미에서이다. 또한 그것은 선진국의 자본주의가 꾸준히 강화하고 확장시킨 사회민주주의적 기본 정책(쉽게 말해 '큰 정부'나 '복지국가' 정책들)을 사상적으로 정당화하면서 그러한 전후 민주주의 체제가 농시에 낳는 사회적·경제적 불평등이나 민주주의의 위기와 사상적으로 대치하는 것을 의미했다. 바로 여기에 역시 '비판적'이라 일컬어지면서도 헤겔, 마르크스에 기원을 둔 자본주의 비판이라는 '반체제'의 입장으로 일관한 프랑크푸르트학파 제1세대 사상가들과의 큰 차이점이 있다.

하버마스는 분명 전후의 프랑크푸르트 사회연구소를 재건한 아도르노, 호르크하이머의 훈도를 받은 프랑크푸르트학파 '제2세대'의 대표자라고 불리며, 롤스 역시 프랑크푸르트학파 제1세대로서 망명지 미국에 정착해 1960년대의 미국 리버럴리즘에 충격을 안긴 헤르베르트 마르쿠제(『에로스적 문명』, 1955; 『1차원적 인간』, 1964)나 프롬(『건전한 사회』, 1959) 등으로부터 적지 않은 사상적 자극을 받았을 것이다. 그럼에도 불구하고 그들의 공통된 과제는 동서 '냉전'의 국제적 긴장 관계 속에서 발전한 미국이나 서독의 복지국가적 자본주의를 비판적으로 정당화하는 것이었다. 여기서 두 사람의 사상이 가진 둘째 공통성이 등장한다. 그것은 그들이 하나같이 17~18세기의 계몽사상을 자기의 중요한 사상적 근거로 삼고 있다는 점이다.

하버마스는 1959년에 호르크하이머와 대립하며 프랑크푸르트 사회연구소를 사직하고 『공론장의 구조변동』(1962)의 집필에 전념해 '시민적 공공성'의 이론을 전개했다. 그에 따르면 18세기 계몽사상의 시대에 영국과 프랑스를 중심으로 공적 정치의 세계와도 사적 이해가 지배하는 경제사회(헤겔, 마르크스 등의 '시민사회')와도 다른 '시민적 공공권(public sphere)'이 성립되었다. 거기서는 사람들이 중산층을 중심으로 자유로운 '여론'을 형성함으로써 귀족주의적인 공적 정치의 세계에 대한 비판적 대항축을 형성하고 있었다. 이 '공공권'은 산업혁명을 거쳐 J. S. 밀의 시대까지는 어찌어찌 존속하지만 그후 정치적 민주주의의 진전과 함께 국가의 활동이 '시민적 공공성'을 침식하다가 결국 이것을 흡수한다. 바로 이것이 케인스가 '새로운 자유주의'라 부르며 받아들이고 하이에크가 '사회주의'의 출현이라는 식으로 비판한 사태인데, 두 차례의 세계대전을 거쳐 국가의 관료제적 지배와 조직화가 완성되고 전후의 '복지국가'가 성립되기에 이르러 계몽

시대의 '시민적 공공권'은 완전히 소멸하기에 이르렀다는 것이다.

　더구나 하버마스는 『의사소통행위이론』(1981)에서 똑같은 문제를 자본주의 국가 시스템에 의한 '생활 세계의 식민지화'로서 다시 정의한다. 그는 헤겔, 마르크스 이래의 선구자들이 인간의 활동을 노동으로 일면화해 계몽적 이성을 노동하는 인간의 '도구적 이성'으로 환원한 것을 비판하면서 계몽의 또하나의 유산인 '시민적 공공권'을 떠받치는 칸트적인 '커뮤니케이션적 이성'을 재평가하고 이를 20세기에 걸맞은 민주적인 '시민적 공공성'의 기초로서 재건해야 한다고 주장했다. "연대라는 사회 통합의 힘이야말로 광범위하게 분절화된 민주적 공공성과 제도를 통해 화폐와 행정 권력에 맞서 자기주장을 하지 않으면 안 된다" "그것은 우리가 구체적 생활 상황에서 알고 있는 상호 승인의 구조를, 배제 없는 의견 형성 과정과 민주적 의사 형성 과정의 커뮤니케이션적 전제들을 통해 법과 행정에 의해 매개된 사회관계로 전이시키는 데에 있다"(『근대: 미완의 프로젝트』).

　하버마스의 제안을 한마디로 설명하면 18세기의 '계몽적 · 커뮤니케이션적' 이성을 민주화하여 현대에 복권시키자는 것이다. 즉, 그는 현대의 자본주의 시스템을 정치적 · 도덕적으로 승인할 수 있는 조건을 계몽적 이성의 민주화에 의한 '시민적 공공성' 혹은 '시민사회'의 현대적 재생이라는 전략으로써 재검토한 것이다. 그가 '화폐'와 '행정 권력' 양쪽을 싸워야 할 상대로 명시한 것은 국가가 자본주의의 반사회적 양상을 관리 · 억제한다는 사회민주주의적 입장을 자신이 기본적으로 지지하고 있음을 보여주는 동시에 그러한 국가가 관료제에 의한 '시민사회'의 억압 장치로 전화할 위험성도 강하게 의식했다는 것을 뜻한다. 그것에 대항하기 위해서는 '시민적 공공성'을 활성화시키기 위한 민주주의 운동('연대')이 불가결하며 바로 그것이 자본주의의 현실 속에서 자유와 정의를 실현할 유일한 방법이라는 것이다.

5. 롤스에게서의 공정으로서의 정의

계몽사상이라는 원점으로 돌아감으로써 자본주의의 현실과 싸우고 진정한 자유와 정의를 실현한다는 과제는 존 롤스의 것이기도 했다. 그는 대표작 『정의론』(1971)에서 하버마스가 계몽 시대의 시민적 '공공권'으로 돌아가 '커뮤니케이션적 이성'의 복권을 제기한 것과 마찬가지로 로크, 루소, 칸트의 '사회계약설'의 전통으로 돌아가 '공정으로서의 정의(justice as fairness)' 사상을 부활시키려 했다. 그의 주된 논적은 벤담, 시지윅, 피구 등의 '고전적 공리주의'였다. 앞 장 제3절에서 다뤘듯이 젊은 날의 케인스 역시 벤담주의의 전통을 "오늘날의 도덕적 퇴폐에 대해 책임을 져야만 하는" "근대 문명의 내부를 좀먹는 기생충"이라고 했다. '큰 정부'를 지지한 롤스와 케인스는 이처럼 모두 고전적 공리주의와 싸웠지만, 두 사람의 고전적 공리주의에 대한 비판의 근거와 이유는 아주 달랐다.

벤담의 '최대 다수의 최대 행복'을 기치로 내건 고전적 공리주의는 19세기 중엽까지는 '작은 정부'를 표방하는 고전적 자유주의의 이데올로기였지만, 세기 후반에는 벤담주의가 페이비언사회주의로 탈바꿈했으며, 케인스의 시대에는 피구의 후생 경제학이 되어 '복지국가'

실현을 지향하는 노동당 정책의 이론적 근거가 되었다. 그런 한에서는 '큰 정부'를 긍정하는 케인스가 공리주의를 비판할 이유는 없다고 생각될지도 모르지만 그의 비판은 좀더 근본적인 인간관과 관련된 것이었다. 즉, 무어 철학에서 결정적 영향을 받은 젊은 케인스의 비판은 벤담주의의 '최대 행복 원리'가 '선(善)' 자체의 최대화가 아니라 '쾌락'이나 '행복'의 최대화를 '정의(正義)'로 여기는 것을 향하고 있었다.

이에 비해 롤스는 '선(the good)'과 '올바름(the right)'은 본질적으로 다른 개념이며 '선'의 본질이 '쾌락'이냐 '행복'이냐 혹은 '선 자체'이냐에 관계없이 오히려 그것에 앞서 '올바름=정의'의 본질을 정의해야 한다고 주장한다. '선'의 최대화에서 '정의'의 본질을 보는 공리주의는 인간 사회에서의 '선' 즉 가치관의 다양성과 대립을 충분히 고려하지 않으며 설령 J. S. 밀처럼 '쾌락'의 질적 구별을 인정했다 하더라도 '선'의 본질을 '쾌락'으로 환원하는 것에는 변함이 없다. 공리주의는 대립하는 개인들 사이에서 질서와 평화를 실현할 길을 보여주는 정의론의 근본적 과제를 간과하며, 개인 간의 여러 '선'의 대립과 차이를 고려하지 않고 사회 전체의 효용을 최대화하는 것을 '정의'로 여기는 오류를 범하고 있다는 것이다.

공리주의의 논리에 따른다면 어떤 사회제도나 법률 아래서 다수 수익자의 '쾌락'이라는 '선'의 총계가 소수 피해자의 '고통'이라는 '악'의 총계를 조금이라도 웃돌면 그 제도나 법률은 옳은 것이며 그 결과 '정의'의 궁극적 규준은 '최대 다수의 최대 행복'이 된다. 예컨대, 고전적 자유주의의 경우 '곡물법' 철폐에 의한 자유무역의 실현은 소수 지주의 '고통'과 맞바꾸어 대다수의 중산계급과 노동자계급의 '쾌락'을 증대시킨다는 논리에 따라 옳다고 주장된다. 마찬가지로 피구의 후생경제학에서는 소수 부자에 대한 과세를 통한 소득재분배 정책은 한계효용체감의 법칙에 따라 다수 국민의 행복을 증진시키기 때문에 옳다고 주장되었다. 어느 것이나 소수 부자의 희생 위에 다수 일반 시민의 복지(최대 행복)를 실현한다는 주장이며 이는 현대의 사회민주주의에도 유리한 논의이다.

이와 달리 롤스는 고전적 공리주의의 문제는 그것이 개인 간, 계급 간의 사회적·경제적 대립과 불평등의 존재를 전제하여 이를 사후적으로 '시정'한다는 기본적 사고방식에 입각해 있는 점이라고 생각했다. 그것은 불평등·불공정한 사회의 현실을 정치와 정책의 힘으로 조금이라도 평등·공정하게 하려는 발상이다. 이에 대해 롤스는 고전적 사회계약설의 논리에 따라 법도 정부도 존재하지 않는 '원초적 상태(original position)'를 논리적으로 상정하고 거기서 전원이 합리적으로 선택할 사회를 진정으로 공정한 사회로서 구상한다. 현실의 사회적·경제적 불평등을 '시정'하는 것이 아니라 애당초 불평등·불공정이 발생할 수 없는 사회 구조를 제시하려는 것이다. 그 근본적 원리가 바로 '정의의 두 원리'이다.

정의의 제1원리는 '자유'에 관한 것으로, "기본적 자유는 모든 사람에게 평등하게 분배되어야 한다"(자유 원리)이다. 정의의 제2원리는 '평등'에 관한 것으로, 사회적·경제적 불평등은 ① "최소 수혜자에게 최대의 이익이 되고"(차등 원리), ② "공정한 기회균등의 조건하에 모든 사람들에게 개방된 직책과 직위가 결부되게끔"(기회균등 원리) 편성되어야 한다는 것이다.

롤스는 여기서 고전적 공리주의와 자신이 말하는 사회계약설의 본질적 차이를 명확히 하기 위해 '무지의 베일(veil of ignorance)'이라는 가설을 도입한다. 그것은 '원초적 상태'에 있는 개인들은 자신의 재능, 성격, 행운의 정도, 사상·신념, 재산 등 자신이 처한 경험적 조건들에 대해 사전에 아무런 지식도 가지고 있지 않고, 각각의 경험적 조건들을 알지 못할뿐더러 상호 간에 면식도 관심도 없다는 것을 의미한다. 이것은 같은 사회계약설이라 해도 '자연 상태'에서 생긴 빈부 격차를 계기로 삼아 평화로운 사회질서를 회복하기 위해 사회계약으로 나아간다는 로크의 이론 구성과는 크게 다른 사고방식이며, 루소의 '일반의지'나 특히 칸트의 '정언명령'을 모델로 한 것이다. '원초적 상태'에 놓인 사람들은 자기 이익의 최대화도 '최대 다수의 최대 행복'도 아닌 진정으로 공정하고 이성적인 사회질서를 선택하는 것으로 여겨지며, 그 근본적 지침이 '정의의 두 원리'라는 것이다. 그 기본적 이유는 사람은 설령 자신이 가장 불리한 상황에서 태어났다고 해도 누구나 가급적 평등한 자유와 기회균등, 필요 최소한의 사회적 분배를 받을 수 있는 사회를 선택할 것임이 틀림없기 때문이다.

　롤스는 나이가 세 하위 원리 사이의 우선 관계를 명시해 사회의 구체적인 제도 설계에서는 ① '자유 원리', ② '기회균등 원리', ③ '차등 원리'의 순서로 고려되어야 한다고 주장한다. 예컨대, 극단적 빈부 격차를 시정하기 위해 '차등 원리'에 기초해서 일부 부자의 재산이나 소득에 극단적으로 무거운 세금을 부과한다고 하자. 공리주의적 사회민주주의의 입장에서는 용납되는 것으로 보이는 이 정책도 '자유 원리'가 최우선인 롤스의 입장에서는 불공정한 정책이 될 가능성이 있다. 그는 '차등 원리'와 사회주의적 '교정(矯正) 원리'를 구별하여 '차등 원리'가 "마치 모든 사람들이 동일한 경주에 있어서는 공정한 바탕 위에서 경쟁할 것이라고 기대되는 것처럼, 불리한 조건을 똑같이 해주도록 사회에 요구하지는 않는다"고 쓰고 있다. 실제로 롤스의 '기본적 자유'에는 정치적 자유, 사상·언론·집회의 자유, 인신의 자유 같은 자연권적 자유에 더해 선거권이나 피선거권, "개인적 재산=동산을 보유할 권리"가 포함되어 있으며 그는 이상적인 사회의 모습은 "재산소유 민주주의"라고 말한다.

그렇다면 '정의의 두 원리'를 실현하는 롤스의 이상사회는 결국 어떠한 사회일까? 그것은 통상적 의미의 자본주의 사회와 어떻게 다를까? 롤스는 자신의 정의 이론이 "단독으로 특정 체제를 지지하지는 않는다"고 말하는 한편, 사유재산의 평등한 분배에 기초한 자유로운 경쟁 시장을 전제로 해서 논의를 전개한다. 그런가 하면 기본적 자유의 목록에서는 생산수단의 소유나 자본가에게 유리한 노사 계약의 자유 등이 제외되어 있으며 "어쨌든 이론상으로는 자유주의적 사회주의 체제 또한 정의의 두 원칙에 부합된다"고 말한다. 그의 본심이 어디에 있는지는 불분명하지만 '정의의 두 원리'가 자본주의냐 사회주의냐 하는 정치적 체제 선택의 문제와는 다른 차원의 철학적·사상적 문제라는 것이 강조된다. 롤스는 이를 전제로 하여 "분배적 정의의 뒷받침이 되는 제도"(배경적 제도)로서 정부에 의한 부와 소득의 공정한 분배를 논하고 있다.

그에 따르면 '정의의 두 원리'를 실현하기 위한 정부의 적절한 활동은 ① 경쟁적 가격 시스템의 유지, ② 적절한 유효수요 정책에 의한, 직업 선택의 자유를 존중한 '무리 없는 완전고용'의 실현, ③ 시장 원리가 공급할 수 없는 사회적 수요의 공급, ④ 각종 조세정책에 의한 재산의 광범위한 분산 등이다. 롤스는 평등하고 광범위하게 분산된 '재산 소유 민주주의'를 실현하기 위한 세제로서 상속세·증여세·소비세를 정의에 좀더 부합하는 것으로 보았으며, 누진 소득세에 대해서는 그것이 불가결한 경우로 한정해야 한다고 주장한다. 이는 과도한 누진 소득세가 '차등 원리'에 우선되어야 할 '자유 원리'에 저촉된다는 생각을 반영한 것이며, 그것을 대신할 상속세의 강조는 상속재산의 불평등이 영국의 사회적 병폐의 근본 원인이라고 단정한 케인스의 견해와 비슷한 면이 있다. 나아가 그는 자본주의의 불평등한 분배는 "노동자계급의 상황을 개선하는지 여부라는 한 가지 점"에 의해 정당화된다는 케인스의 『자유방임의 종언』 속 주장에 대해 "효율성이나 보다 큰 이익의 총합에 대한 정의의 우선성과 합치한다"고 평가하고 있다.

롤스는 고전적 자유주의가 정의의 제1원리인 '자유 원리'만을 일면적으로 강조하고 제2원리인 '차등 원리'와 '기회균등 원리'를 고려하지 않는다고 비판한다. 제2원리를 고려하지 않는 제1원리의 관철은 그 자체로 제2원리와 모순될 뿐 아니라 자유경쟁이 필연적으로 불러오는 불평등으로 인해 '기본적 자유'를 얻지 못하는 사람들을 대량으로 낳아서 결과적으로 제1원리 자체의 파괴와 약육강식의 현실을 초래한다. 한편, 롤스가 '교정 원리'라 부른 순수 사회주의적 평등주의 역시 제1원리와 양립하지 못한다. 결국 그가 제시하는 '공정한 사회'는 '자유 원리'에 기초한 자유경쟁에 따라 부의 효율적 증대를 꾀하면서도 적절한 정부 정책에 의해 '차등 원리'와 '기회균등 원리'가 실현되는 사회라는 이야기가 된다. 그는 이것을 "모든 사회적 가치─자유와 기회, 소득과 재산, 자존감의 사회적 기초─는 이들 가치의 전부 또는 일부의 불평등한 분배가 모든 사람에게 이익이 되지 않는 한 평등하게 분배되어야 한다"고 요약하고, 특히 '차등 원리'에 대해 이 원리는 "기본 구조의 목표를 변형시킴으로써 총체적 제도 체제가 더이상 사회적 효율성이나 기술 지배적 가치를 강조하지 않도록 한다"고 설명한다.

6. 현대 리버럴리즘에서의 '자유'와 '공공'

롤스가 제시하는 '복지국가'나 '큰 정부'의 모습은 대규모 소득재분배라는 피구적 공리주의의 귀결이 아니라 '자유와 공정과 효율의 통일'이라는 케인스의 사상과 좀더 친화적이었다. 그러나 롤스에게는 케인스의 그것과 같은 사회주의에 대한 경시는 보이지 않으며 오히려 롤스는 사회주의의 잠재적 가능성을 인정하고 있는 것으로 생각된다. 그것은 케인스가 알 수 없었던, 1960년대의 소련의 발전이나 '프라하의 봄' 등 사회주의 체제 내부에서 일어난 자유 추구의 시민운동에 대한 기대를 표현한 것일 수 있겠지만, 소련·동유럽 사회주의의 붕괴 후인 1999년에 출간된 『정의론』 개정판에서도 사회주의의 가능성을 인정하는 서술이 등장하는 것은 사회주의 체제 붕괴 후의 자본주의 현실이 여전히 '정의의 두 원리'와는 동떨어진, 불공정·불평등한 것이라는 그의 인식을 드러낸다.

실제로 롤스의 사상에는 케인스는 물론이고 마르크스나 하버마스 못지않은 놀라울 만큼 래디컬한 견해가 포함되어 있다. 사회적 불평등의 주된 요인인 개인의 타고난 재능의 불평등이나 그 귀결인 재산의 불평등에 대해, 그것이 아무리 공정한 경쟁의 결과이며 개인의 노력이나 재능, 행운의 성과였다 할지라도 그 개인이 본래적으로 독점할 자격은 없다는 생각이 전형적이다. "어느 누구도 보다 큰 타고난 능력과 보다 유리한 사회생활의 출발 지점을 가질 자격은 없다" "천부적으로 타고나는 것은 정의롭다거나 부정의하다고 할 수 없으며, 사람이 사회의 어떤 특정한 지위에 태어나는 것도 부정의하다고 볼 수 없다. 이것은 단지 자연적 사실에 불과하다. 정의 여부가 문제가 되는 것은 제도가 그러한 사실들을 처리하는 방식이다".

이러한 롤스의 주장은 그후로 미국은 물론이고 리버럴리즘 사상 전체를 뒤흔든 큰 논쟁으로 발전했다. 그 대표는 로버트 노직의 『아나키 · 국가 · 유토피아』(1974) 등 '리버테리언(자유 지상주의자)'의 입장이며 또하나는 매킨타이어(『덕의 상실』, 1981), 왈저(『정의의 영역들』, 1983), 샌델(『자유주의와 정의의 한계』, 1982) 등 '커뮤니테리언(공동체주의자)'의 입장이다. 그들의 사상적 배경이나 문제의식, 나아가 롤스 비판의 내용은 제각각이지만 그들의 공통된 논점은 '원초적 상태'나 '무지의 베일' 같은 가설에 나타난 롤스 이론의 기본적 성격—샌델이 '부하(負荷) 없는 자기'라 부른, 고유한 역사적 · 문화적 배경에서 동떨어진 추상적 · 비현실적 인격 개념을 논의의 출발점에 두고 있다는 것—에 관계된 것이었다. 롤스의 논의가 지닌 추상성과 비현실성을 자유로운 개인의 존엄이라는 입장에서 비판한 부류가 리버테리언이며, 그것을 공동체 속에서 태어나 살아가는 개인이라는 관점에서 비판한 부류가 커뮤니테리언이었다.

　노직은 롤스와 마찬가지로 로크적 사회계약론을 기초로 논의를 전개했지만, 롤스와는 달리 로크의 이론에 좀더 충실한, '노동에 의한 소유'의 논리를 기축으로 하는 '권원(權原) 이론'을 전개했다. 그것에 따르면 노직이 '최소 국가(minimal state)'라 부른 정당한 정치권력의 기원은 ① 무주물(無主物)을 획득한 결과로서의 소유물의 보호, ② 동의에 의한 소유권 양도의 보장, ③ 앞의 두 가지에 대한 부정행위를 바로잡는 것이라는 세 가지뿐이다. 이에 비해 샌델은 아리스토텔레스 이래의 '공통선'의 사상 전통으로 돌아가 '올바름'이 '선'보다 우월하다는 롤스의 기본적 견해를 비판한다. 개인은 본디 다양한 정치적·종교적·문화적 배경을 지닌 공동체 속에서 나고 자라며 거기서 살아감으로써 저마다의 자아를 확립한다. 공동체는 종교적·문화적으로 규정된 '공통선'의 세계이며 사람들은 '공통선'을 갖춰나가는 가운데 그 공동체 고유의 '정의'를 갖춰나간다. 따라서 '선'이야말로 '올바름'에 우선한다고 생각하지 않을 수 없다. 롤스의 이론을 "흄의 얼굴을 한 의무론(칸트)"이라 부른 샌델은 "공리주의가 우리의 독자성을 진지하게 생각하는 데에 실패했다고 한다면, 공정으로서의 정의는 우리의 공동성을 진지하게 생각하는 데에 실패했다"고 지적한다. 롤스가 흄의 정의론을 빌려 칸트의 선험적 자아를 경험화한 것을 긍정적으로 평가하면서도 그 경험화의 관철은 필시 구체적인 공동체적 개인에게 도달할 것이라고 주장하는 것이다.

롤스, 노직, 샌델은 고전적 공리주의의 인간관·사회관에 반대함에 있어서는 일치한다. 그들 모두 '선'을 '쾌락'으로 환원하는 인간관을 비판하고 '최대 다수의 최대 행복'을 '정의'의 규준으로 삼는 사회관을 거부한다. 그러나 세 사람은—각자가 논의의 출발점으로 삼은—'개인'을 파악하는 방식과 각자가 생각하는 개인의 '자유'의 내용에서 결정적 대립을 보였으며, 그것은 동시에 세 사람 각자의 '자유'가 이끌어내는 '공공성'에서 결정적 차이를 낳았다. 롤스의 공공성은 개인의 재능이나 노력의 성과인 사유재산조차 관리할 수 있는 공공성이며, 노직의 그것은 어디까지나 자유로운 개인에게 봉사하고 개인의 존엄을 침범하지 않는 범위 내에서의 공공성인 반면에 샌델의 공공성은 개인의 자유 자체를 길러내고 그것에 형태를 부여하는 결정적 조건이자 개인에 선행하는 공공성이다.

세월이 지나 롤스는 이들의 비판에 응해 1993년에『정치적 자유주의』를 출간했다. 그는 이 책에서 앞선 저작의 추상적·철학적 이론 전개를 버리고 좀더 구체적이고 역사적인 미국의 입헌주의적 민주주의를 모델로 한 현실적 민주주의 정치론을 전개했다. 그것은 또한 하버마스의 '시민적 공공성' 이론과도 공명해 두 사람 사이에 학문적 응답이 오간 셈이다. 두 사람의 사상적 출발점이 전후의 냉전 구조를 전제로 한 서독과 미국 중산계급의 양식(良識)이었다는 것은 앞에서 지적한 대로이지만, 그들의 귀착점 역시 전후 자본주의 체제의 양심이라 할 만한 사상적·정치적 입장이었다. 냉전 구조의 확립과 붕괴를 배경으로 한 현대 리버럴리즘의 흐름은 하버마스나 롤스는 물론이고 노직이나 샌델 등도 포함해 소련·동유럽을 비롯한 사회주의의 장대한 실험이 인류 사회에 비극과 참화를 불러온 사실에 대한 뼈아픈 인식의 공유에서 출발했으며, 자본주의 체제의 현존재와 그 장기적 지속 가능성을 전제로 그 한계 내에서 개인의 자유와 존엄을 지키고, 개인들이 쌓아올리는 공공적 질서의 가능성을 사상의 가능성으로서, 자본주의의 상식을 넘어서는 아슬아슬한 극한까지 추구한 것이었다.

그런 의미에서는 '리버테리언'의 선구라 불리는 하이에크가 단순한 '작은 정부'론자도 시장 원리주의자도 아니었다는 사실을 떠올릴 만하다. 개인의 자유를 최대한 확보해야 한다는 엄격한 조건을 달기는 했지만 그는 복지국가의 기본적 정당성을 다음과 같이 인정하고 있었다. "부유해짐에 따라, 스스로를 돌볼 수 없는 사람들에게 공동사회가 항상 제공해온 생존의 최저한도와 시장의 외부에서 제공할 수 있는 한도는 점차 상승하며, 정부가 유효하고 해를 끼치는 일이 없이 그러한 노력을 지원하고 나아가서는 그러한 분야에서 어떤 역할을 해서는 안 된다든가, 주도권을 쥐어서는 안 된다든가 혹은 일시적으로 어떤 실험적 개발을 지원해서는 안 된다고 할 이유는 거의 존재하지 않는다. 여기서 문제는 정부 활동의 목적보다도 오히려 그 방법이다"(『자유의 조건 [III] 복지국가에서의 자유』).

우리는 여기서 극단적인 '신자유주의' 이데올로기는 물론이고 다양한 입장에서 제기된 '신자유주의 비판'의 이데올로기적 주술로부터도 해방되어 냉정한 눈으로 성숙한 자본주의 사회의 현실을 직시할 필요가 있다. 그것은 자본주의 사회의 성숙 속에서 교육, 의료, 돌봄노동, 복지, 환경 등의 모든 공적 서비스에 대한 국민의 요구가 고도화·다양화·개별화 일로를 걷고 있다는 기본적 사실이다. 공적 서비스의 민영화·시장화라는 신자유주의적 기법도 가능한 한 적극적으로 도입할 필요가 있다는 것은 말할 나위 없다고 할지라도 결국 시민 개개인의 다양성을 지키고 보장하는 풍요롭고 성숙한 사회를 유지하기 위해서는 어떤 형태이든 '복지국가'나 '큰 정부'를 피할 길이 없다는 현실이야말로 현대 리버럴리즘의 여러 흐름이 드러낸 공통된 인식이었다.

정작 문제는 그렇게 구상된 '복지국가'가 구현하는 공공성의 근거이며, 하이에크가 말한 대로 "정부 활동의 목적보다도 오히려 그 방법"인 것이다. 롤스를 비롯한 현대 리버럴리즘의 여러 흐름은 정당한 공공성의 실현 기관으로서의 국가·정부의 모습과 그 '방법'이라는 문제에 정면으로 답하려 한 시도의 궤적이며 우리는 거기서 무언가를 배우지 않고서는 장래의 현실적이고 신뢰할 수 있는 인류 사회의 전망을 얻지 못할 것이다. '개인'의 자유와 존엄에 기초한 '공공'사회의 실현이라는 서구 리버럴리즘의 기본적 가치를 확인하면서 성숙한 자본주의 사회에서의 자유와 평등, 공정과 효율의 최대한의 양립 가능성을 추구하는 것, 바로 이것이 현대 리버럴리즘의 사상적 과제이자 인류 사회의 과제다.

사회사상의 역사에서
무엇을 배울 것인가

1. 방법으로부터의 물음

지금까지 르네상스, 종교개혁에서 소련·동유럽 사회주의 체제의
붕괴까지 서구 근대 500년간 사회사상이 걸어온 길을 개관했다. 이 책
을 통해 필자는 과거에서 현재에 걸친 중요한 (그 다수는 위대한) 사
상가들의 내면세계에 가능한 한 공감적으로 파고드는 것을 중시하는
한편, 그 사상의 내용을 현대의 관점에서 비판하거나 옹호하는 등 초
월적으로 평가하는 방식은 되도록 피하고자 했다. 그 성패는 독자의
판정에 맡길 수밖에 없지만 '시대'와 '사상'이라는 두 '문맥' 속에서 고
투한 사상가들의 '문제'를 부각시키는 것을 주요한 방법으로 삼았다.

서장에서 밀과 마르크스를 비교하며 이야기했듯이, 사회사상의 역
사는 같은 시대의 공기를 호흡하고 같은 정치·경제·사회의 문제를
마주하면서도 그것과 사상적으로 어떻게 맞설 것인지에 있어서는 그
스타일과 방법을 완전히 달리한 사상가들의 수많은 예를 제공한다.
이는 '시대'의 문맥이 정치적·경제적 문맥 속에 놓인 여러 사상의 내

용을 일의적(一義的)으로 규정하지는 않는다는 것을 여실히 보여준다. 그 근본적 이유는 같은 시대를 사는 사상가들이 상이한 여러 '사상'의 문맥 속에서 자기 나름의 고유한 '문제'를 설정한 데에 있다. 사상가들은 절대로 회피할 수 없는 '시대'의 문맥 한가운데서 살면서도 거기에 얽매이지 않고 자유롭게 각자의 문제를 설정했는데, 그 문제 설정은 복잡한 사상의 전통과 문맥이 제공하는 논리나 이념, 개념 장치에 기대 이뤄질 수밖에 없었다. 따라서 사상가들은 '시대'의 문맥과 '사상'의 문맥이라는 이중의 문맥에 의해 규정되면서도 또한 그것으로부터 자유롭게 자기 자신의 최종적 '문제'를 제기해나갔다.

그러나 이 책의 최종적 목표는 위와 같은 각 사상가에 대한 공감적 파악에 입각하여 '자유'와 '공공'의 관계와 긴장이라는 중심 문제에 다가서는 것이었다. 그것은 무엇보다도 마키아벨리에서 롤스에 이르는 사상가 모두의 과제였으며 아울러 현대를 사는 우리 스스로의 과제이기도 하다. 의회민주주의와 시장경제에 기초한 사회를 사는 현대인은 아무리 자기중심적으로 살려고 마음먹어도 '공(公)'의 굴레에서 벗어날 수 없다. 아동은 의무교육 시스템에 편입되며, 성인이 되면 나라에 따라 차이가 있겠지만 근로, 납세, 선거, 병역 같은 의무가 기다리고 있다. 무엇보다 우리는 태어난 순간부터 법치국가(법의 지배)의 시스템에 완전히 둘러싸이며 비합법의 길을 택하지 않는 한 거기서 벗어나기란 불가능하다. 실업자도 노숙자도 국가가 제공하는 실업보험이나 생활보호의 신세를 질 수밖에 없다.

여기서 문제가 되는 것은 이러한 '공'과 '사'의 관련이며, 논리적 모순이나 긴장을 내포한 아슬아슬한 통일이다. 이 책은 그 점에 서술의 초점을 맞추고 있다. 과거의 사상가들이 우리 앞에 남긴 지적·학문적 유산과 전통을 바탕으로 우리들 각자가 스스로의 '공'과 '사', '자유'와 '공공'의 통일을 이루고, 이 시스템에서 절대로 벗어날 수 없다는 현실을 어떻게 논리적으로 정당화해서 되도록 도덕적 확신을 가지고 그것을 받아들일 것인가 하는 근본적 문제를 생각하기 위한 길잡이가 되는 것이 이 책의 목적이었다. 이 경우에 우리는 과거의 사상가를 자기 기호에 맞게 취사선택하면 좋을 듯도 하다. 그렇게 할 수 있으면 편하겠지만, 현실적으로는 어려운 이야기다. 플라톤이나 아리스토텔레스의 사상이 아무리 위대하고 불후의 가치를 지닌다고 해도 오늘날 우리는 그들이 자명한 것으로 본 도시국가의 기본 구조(노예제나 여성의 낮은 지위)를 자명한 것으로 받아들일 수는 없기 때문이다.

이는 그들은 잘못되었으며 우리가 옳다는 식의 단순한 이야기가 아니다. 고대 그리스 사회와 근대 이후의 사회는 근본적으로 다르며 바로 거기에 '역사'의 절대적 무게가 있다. 이 책에 등장하는 마키아벨리 이후의 사상가들에 대해서도 마찬가지로 이야기할 수 있다. 그들은 모두 얼마간 노예제를 공격하고 그런 한에서 고대 사상가의 한계를 자각하고 있었지만, 근대 사상가들 사이에서도 노동자나 여성의 선거권을 공공연하게 승인하기까지는 긴 세월이 걸렸다. 그것은 J. S. 밀의 시대인 19세기 이후의 일로, 인민주권을 설파한 루소도 여성의 참정권 같은 것은 아예 상정도 하지 못했다.

오늘날의 우리는 적어도 선진국에서는 다행하게도 노동자나 여성의 참정권을 자명한 전제로 여기는 사회에 살고 있으며 어떠한 궤변으로도 이에 반대할 수는 없다. '역사'가 허락지 않는 것이다. 이것을 인류의 '진보'라 부를지 어떨지는 제쳐두더라도 그것이 '되돌릴 수 없는' 역사적 성과라는 사실은 부정할 수 없다. 더구나 현대의 우리는 거기서 반전하여 우리 자신의 사회에 여전히 도사리고 있는 성차별의 현실에 대해 비판적 시선을 거둘 수 없다. 우리는 루소의 이중 잣대를 마냥 비웃을 수는 없으며, 여성의 권리 확립을 위한 밀의 싸움에서 우리는 여전히 배울 여지가 있다. 마찬가지로 일부 이슬람 국가에 남아 있는 여성 차별적 법률과 제도 역시 사회사상의 역사를 공부한 이라면 남의 일로 보아 넘길 수는 없을 것이다.

여성 차별의 문제만이 아니다. 개발도상국에서는 물론이고 선진국에서도 여전히 민족, 종교, 출생, 성적 지향 등을 이유로 하는 다양한 차별이 잔존하며 우리 모두에게는 이런 현실을 법 앞의 자유와 평등의 이념에 조금이라도 근접시킬 도덕적 의무가 부과되어 있다. 그러한 개개인의 도덕적 의무감을 어떠한 논리로 정당화할지를 이야기하는 것이 바로 사회사상의 문제이다. 우리는 그것을 루소의 이중 잣대에도 불구하고 그의 '일반의지'를 현대화함으로써 이룰 수도 있는가 하면, 롤스의 이론을 구사해 '무지의 베일'에서 출발할 수도 있을 것이다. 자신이 동성애자로 태어날 가능성이 있는 롤스의 '원초적 상태'에서는 누구든 동성애자 차별이 없는 사회질서를 합리적으로 선택할 것이다. 이처럼 인류 문명의 되돌릴 수 없는 발자취를 전제한다고 해도 과거의 '고전'이라 불리는 사상은 여전히 수백 년의 시간적 간격을 뛰어넘어 우리 앞에 평등하게 늘어서 있으며, 우리들 각자는 그 속에서 자신의 사상 형성의 출발점을 발견할 수 있을 것이다.

2. 현대의 '자유'와 '공공'의 가능성

현대의 '공'과 '사', '자유'와 '공공'의 문제는 자본주의의 현실이라는 문제와 떼어놓을 수 없다. 사회사상의 역사는 우리에게 법 앞의 만인의 자유와 평등의 실현이라는, 인류 문명의 되돌릴 수 없는 발걸음과 방향성을 가르쳐주며, 이는 자본주의 사회의 모습 자체에 대해서도 마찬가지다. 제13장에서 자세히 논했듯이 전후 자본주의의 흐름은 한마디로 말해 '복지국가'나 '큰 정부'와 함께한 것이었다. 케인스, 하버마스, 롤스 등 그 사상적 정당화에 노력을 기울인 사상가들의 계보에 초점을 맞췄지만, 동시에 '신자유주의'의 비조라 불리는 하이에크나 프리드먼에 대해서도 살펴보았다. 거기서 강조한 것은 자본주의의 현실에서 '신자유주의'의 극단적 주장이 실현된 적은 한 번도 없었으며 앞으로도 그러리라는 것이다. 복지국가가 직면하는 막대한 재정 적자는 심각한 문제이지만, 그렇다고 해서 어떤 문명국이든 국민에게 "건전하고 문화적인 최저한도의 생활을 영위할 권리"(일본국 헌법 제25조)를 보장하지 않아도 되는 것은 아니다.

중요한 것은 선진 자본주의 국가에서 공통된 이 문제야말로 마르크스적 사회주의에 대한 꿈을 최종적으로 단념한 데에서 비롯되었다는 점이다. 그 '단념'의 결정적 계기가 소련·동유럽 사회주의 체제의 붕괴에 있음은 말할 나위 없으며, 마르크스 이후의 사회사상사는 이미 그에 대한 답을 내놓고 있었다. 물론 마르크스 자신은 자본주의가 가장 발달한 나라에서 사회주의혁명이 일어나리라 기대했지만 그 기대는 보란듯이 빗나가고 말았다. 그것이 역사의 우연이 아닌 필연적 귀결이라는 것은 이 책에서 다양한 각도로 지적한 대로다. 실은 장차 선진국에서 마르크스적 사회주의·공산주의가 실현될 가능성은 한없이 제로에 가깝다.

그러나 지구상 어디에도 대체 가능한 사회체제가 존재하지 않으며, 인류 사회가 온통 세계화된 자본주의 체제 일색으로 빈틈없이 물들어 있는 것은 자본주의 체제로서도 큰 위기이다. 소련이 '건재'하던 냉전 시대에는 자본주의와 사회주의의 우열 경쟁이 문제가 될 수 있었고, 그것은 사회주의 진영은 물론이고 자본주의 체제를 조금이라도 개선해나가는 동기가 될 수도 있었다. 그러한 대안이 없어진 현재, 자본주의를 조금이라도 개선해나가기 위한 이유와 동기를 어디서 찾을 것인가, 바로 이것이 현대를 사는 사람들의 공통된 문제일 것이다. 그리고 바로 거기에서 사회사상의 역사를 공부해야 할 중대한 이유가 생긴다.

하버마스나 롤스의 책임 있는 비판적 고찰과 제언이 설득력을 갖는 것은 그들의 논의가 마르크스적 사회주의의 이상을 단념한 데에서 출발하기 때문이다. 그렇기 때문에 우리들 각자는 그것을 진지하게 경청하고 자본주의의 현실을 비판적인 눈으로 관찰해 때로 필요한 수정을 가하는 노력을 기울일 수밖에 없다. 왜냐하면 사회사상의 역사가 가르쳐주듯이 자본주의는 숨길 수 없는 구조적 모순, 즉 '법 앞의 자유와 평등'이라는 근대사회의 최고 원리가 현실에서는 부자유와 불평등을 낳는다는 모순을 품고 있기 때문이다.

하이에크가 지적했듯이 자본과 노동의 자유로운 이동과 경쟁을 원리로 하는 시장경제는 중앙 지령적 계획경제나 통제경제의 시스템과 비교해 명백히 효율적 자원 배분을 가능케 하며 무엇보다 사상·언론의 자유나 직업 선택의 자유 등 시민적 자유의 근간과 양립하는 유일한 경제 시스템이다. 아울러 자본주의는 그 이면에 노동력 상품화와 무정부적 경쟁이라는 모순을 낳고 있다. 자본주의의 긍정적 측면만을 취하고 부정적 측면을 제거하면 이상적이겠지만 그것이 원리적으로 불가능하다는 것을 사회사상의 역사는 입증한다. 우리 역시 케인스 사상의 목표였던 '자유와 공정과 효율'의 최대한의 통일을 목표로 삼을 수밖에 없는 것이다.

그런가 하면 롤스의 사상도 이러한 모순과 맞섰다. 그는 사회주의와 자본주의 양쪽에 원리적으로는 등거리를 유지했으며, 어느 쪽에서나 문제가 되는 '공정으로서의 정의'의 실현을 추구했지만 그가 논의의 전제로 삼은 '무지의 베일' 아래서 합리적 개인이 마르크스적 사회주의를 선택할 가능성은 극히 낮을 것이다. 왜냐하면 스탈린 체제하의 소련이나 현대 중국의 현실을 고려하면, 가장 불리한 상황에 처한 사람의 지위를 개선하기 위해서만 사회적 불평등이 인정된다는 롤스의 차등 원리가 마르크스적 사회주의 아래서 충족된다고는 생각하기 어렵기 때문이다. 과거의 소련·동유럽과 오늘날 중국의 사회주의는 마르크스의 사회주의가 아니라는 반론은 성립되지 않는다. 마르크스의 이상사회론에서는 무릇 가장 불리한 사회적 상황에 처한 개인이라는 상정 자체가 존재하지 않기 때문이다. 만인의 자유와 평등이 실질적 뒷받침도 없이 자명한 것으로 전제된 마르크스의 이상사회에서는 역설적이게도 롤스의 '공정으로서의 정의' 자체가 성립되지 않는 것이다.

의회민주주의에 대해서도 유사한 사정이 존재한다. 대의제를 기본으로 하는 근대의 민주주의가 근본적 문제를 안고 있다는 것은 적어도 루소 이후의 사상가들이 명확히 지적한 바 있다. 루소와 마르크스는 '대의제'가 '진정한' 민주제가 아니라고 주장했다. 토크빌과 밀은 대의제 민주주의가 그 성공으로 '다수의 전횡'을 초래해 민주제의 공동화(空洞化)를 가져올 위험성을 경고했다. 베버는 의회민주주의가 근대 관료제의 완성이며 사회를 '껍데기' 안에 가두었다고 지적했다. 하버마스나 롤스는 그럼에도 대의제 민주주의의 가능성에 기대를 걸면서 그것이 진정으로 자유롭고 공정한 사회를 낳기 위한 조건을 저마다의 방식으로 탐구했다.

이들 근대사상가가 벌인 실험의 밑바닥에는 현대에는 아렌트가 체현했듯이, 말하자면 '통주저음'으로서 흐르는 고대 그리스 · 로마의 직접민주제를 향한 동경이 깔려 있었을지도 모른다. 그러나 그와 동시에 고대사회가 노예나 여성을 배제한 남성 유산 시민의 직접민주제라는 사실 역시 그들은 한시도 잊지 않았을 것이다. 오늘날 우리가 직접민주제의 실현 불가능성을 인정하면서도 법 앞의 자유와 평등이라는 대의명분 아래서 의회민주주의에 '진정한 민주제'의 정신만이라도 불어넣기를 바라는 것은 당연한 일이다.

그러나 고대 그리스 · 로마의 직접민주제가 갖가지 제도적 궁리를 통해 겨우 실현될 수 있었던 것은 남성 유산 시민이 기실 살기 위한 노동에서 해방된 '자유'로운 시민이었기 때문이다. 현대의 시민은 노예제의 사슬에서 해방된 대신에 고된 노동에 얼마간 매여 있다. 자본주의의 대원칙은 '일하지 않는 자 먹지도 말라'이다. 장애·연령 등의 제약으로 일하지 못하는 사람들은 나라의 제도에 의해 생존을 보장받지만 이 역시 국민의 노동이 떠받치는 시스템이다. 선진 자본주의 국가에서는 과학기술의 발달과 생산성 향상으로 노동시간 단축이 착실히 진행되고 있으며 사람들이 살기 위한 노동 이외의 정치·문화 활동, 지역 활동에 종사할 객관적 가능성은 커지고 있지만, 그것의 직접민주제적 방향으로의 통일은 가능하긴 해도 유일한 선택지가 아니며, 경우에 따라서는 루소의 '자유에 대한 강제'라는 패러독스를 낳을 위험성이 있다. 사람은 무엇보다 자신의 시간, 가족이나 몇몇 친구와 보내는 친밀한 시간을 소중히 여기기 마련이다.

샌델 등이 주장하듯이 지역사회를 비롯한 각종 공동체적 인간관계 속에서 '사'와 '공'이 통일될 가능성은 부정할 수 없지만 '공공'에 대한 참여를 정치적·도덕적으로 의무화하는 사회가 반드시 바람직한 사회는 아닐 것이다. 중요한 것은 지구 반대편에서 일어난 자연재해나 전쟁에 대해서도 최대한의 지식과 이해와 상상력을 가지고 공감하려는 자세이며, 그것을 가능케 하는 지성의 토대이다. 타인의 불행이나 슬픔을 조금이라도 자신의 문제인 양 공감할 수 있는, 조금이라도 공감하려고 드는 지성과 정신의 기본적 자세가 중요하다. 이 책에 등장하는 사상가들의 다양한 언설은 그 토대를 만들기 위한 가장 좋은 자원이 될 것이다.

의회민주주의와 자본주의 시장경제 시스템은 인류가 아는 '상대적으로' 가장 좋은 제도이기는 하지만 결코 완전무결하지는 않으며 하나같이 큰 결함을 내포하고 있다는 것을 '고전' 속 사상가들은 가르쳐준다. '고전'의 독자인 우리들은 자본주의와 민주주의가 완전무결하지 않다는 것을 배움으로써 오히려 '자유'로워질 수 있다. 아무리 뛰어난 것이라도 특정 '고전'의 사상이나 이데올로기를 절대화하고 그것에 기초하는 일원적 사회변혁을 시도한다면 우리는 '자유'를 잃을 것이다. 거꾸로 말해 '고전'은 현대인에게 계속해 읽힘으로써 오랜 생명력을 얻고 현실 사회의 경험적 비판과 개량을 시도하는 가운데 우리를 '자유'롭게 해줄 것이다.

후기

   이 책은 내가 게이오기주쿠대학 경제학부에서 진행했던 강의를 바탕으로 정리한 사회사상의 통사이다. 독자로는 주로 학부생 및 대학원 석사과정생을 상정했지만 박사과정 이상의 대학원생이나 다른 분야의 연구자, 그리고 이 분야에 관심을 갖는 일반 독자도 의식한 내용이 되었다. 25년에 걸쳐 내가 담당해온 강의명은 '사회사상', '사회사상사', '경제사상의 역사' 등인데, 이 강의들을 준비하고 실제로 강의실에서 학생들에게 이야기해온 경험의 총괄이 이 책의 기본적 내용이다.

   이 책이 전문 학술서가 아니라는 것은 분명하지만 교과서로 이용할 수 있는 통사로서 몇 가지 특징을 가지고 있다. 즉, 이 책은 ① 책에서 다룰 사상가를 선택함에 있어서 여타 사회사상사 책들에 등장하는 주요 사상가를 망라하면서도 거기서 과감한 악센트를 주어, ② 사상 내용을 설명함에 있어서 '자유와 공공의 상극'이라는 나의 관심을 전면에 내세웠으며, ③ 결과적으로 독자를 지적·학문적으로 자극하고 일종의 도전이나 문제 제기를 꾀하는 방향성을 취했다. 또한 위에서 나열한 특징들이 그저 나 혼자 그리 생각하는 것에 그치지 않도록 궁리하여 각 장에 공통적으로 ① '시대'의 문맥, ② '사상'의 문맥, ③ 사상가의 '문제'라는 구성상의 보조선을 그음으로써 책의 내용과 형식에 일관성과 객관성을 부여했다.

그 '과감한 악센트'에는 두 가지 의미가 있다. 첫째는 고대와 중세의 사상가를 주요 대상에서 제외한 것이다. 이는 이 책이 독자적으로 '사회사상'을 정의한 결과에 따른 것으로, 서장에서 말한 대로 고유한 의미의 사회사상은 근대에, 사상가로서는 마키아벨리에서 시작된다는 것이 그 취지였다. 이 책의 주제인 개인의 자유와 개인이 창출하는 정치적·사회적 공공성의 상극이 서구 근대사상 고유의 문제라는 생각은, 개인의 자유와 다양한 종류의 공공성의 긴장·상극이 중대한 국면을 내보이고 있는 현대에 유니크한 의의를 갖는다고 여겨지며, 그 결과 이 책의 서술이 존 롤스에까지 이른 것은 다른 책들과 비교해 약간의 장점일지도 모른다.

그러한 '악센트'의 또다른 의미는 대상으로 삼은 사상가의 배열 방식에 신경을 써서 '사상의 문맥'에 등장시킨 '조연' 사상가와 '사상가의 문제'의 '주연' 사상가가 제법 명확히 구별되어 있다는 점이다. 결과적으로 '왜 이 사상가가 조연인가' 혹은 '왜 이 사상가가 주연인가' 하는 의문이 솟을지도 모른다. 이는 조연으로서 등장한 사상가들의 중요성을 과소평가한 결과가 아니라 정말로 '자유와 공공의 상극'이라는 이 책이 지닌 문제 관심의 결과라는 점에 대해 모쪼록 이해를 구하고자 한다.

그리고 바로 이것이 독자에 대한 '도전이나 문제 제기'와 관련되는 점이다. 종래의 사회사상의 통사에서는 근대 서구 사회의 인류사적 유산(자유, 평등, 기본적 인권, 민주주의 등)을 자본주의의 억압과 침해로부터 어떻게 지켜낼 것인가 하는 관점이 암묵적으로 설정되어 있었다. 이는 서구 근대의 인류사적 유산이라는 것은 인정하면서도, 그것을 '자본주의'의 현실에도 불구하고 '시민사회'가 낳은 유산으로서 파악해온 것이다. 이에 비해 이 책은 이 사상적 유산은 근대사회는 물론이고 무엇보다 자본주의의 확립 및 본질과 불가분의 관계에 있으며, 어느 한쪽을 버리고 다른 한쪽을 취하는 것은 불가능하다는 기본적 문제의식에 입각해 있다. 이는 서구 '시민사회'의 유산을 계승하면서도 자본주의를 극복해 '진정한 사회주의'에 이른다고 하는 전망을 처음부터 단념했다는 의미이기도 하다. 바꿔 말하면 개인의 자유나 기본적 인권의 보장과 양립하는 유일한 사회·경제 시스템으로서 다양한 종류의 자본주의가 존재한다는 엄연한 사실을 받아들이고 그 구조적 모순과 결함을 사회사상의 역사에서 배우는 것, 바로 거기에 이 책의 기본적 문제의식이 있다. "이제껏 시도되어온 다른 모든 것을 제외한다면, 민주주의는 최악의 정치형태다"라는 영국 대처 총리의 회의적 민주주의 변호론은 그대로 자본주의에도 들어맞을 것이다. 아니 실로 자본주의에 가장 잘 들어맞는다고 해야 할지도 모르겠다.

이 책이 수많은 현대 사상가 중에서 하버마스나 롤스에 주목하고 케인스나 하이에크의 사상을 높이 평가하는 것은 바로 그 때문이다. 이들 네 사람은 전혀 다른, 많은 점에서 대립을 보이는 사회사상의 소유자였지만 그럼에도 그들은 하나같이 자본주의의 장기적 존속을 암묵적 대전제로 삼아 그 구조적 문제에 분석의 메스를 들이대고, 엄정한 비판을 바탕으로 현실적 개혁을 위한 방책을 제언했다는 점에서 공통된 입장에 서 있었다. 그런 의미에서 그들은 고전적 마르크스주의자나 포스트모더니즘 사상과는 다른 입장을 취하며, 이 책 역시 그러한 그들의 문제의식을 공유한다.

이 책의 구성상의 특징에 대해서도 말해두고자 한다. '시대'와 '사상'의 문맥, 사상가의 '문제', '자유와 공공'을 각 장의 기둥으로 삼는 구성에 대해서는 앞에서 언급한 대로이지만, 그 밖의 부분은 사상가들의 논의에 대한 요약이나 개관이 중심이 되어 있다. 주연이냐 조연이냐에 따라 차이는 있겠지만, 특히 주연으로 등장한 사상가들에 대한 설명이나 기술은 다른 사회사상사 책과 비교할 수 없을 만큼 상세하다. 연구서에 가까운 고찰이나 해석도 곳곳에 배치되어 있다. 사상가의 육성(원문)을 많이 인용한 데에서도 드러나듯이, 나로서는 그리함으로써 독자들이 사상가 본인에게 좀더 관심을 가지게 되어 향후 자주적 독서와 연구로 나아가기를 바랐다.

권말의 참고문헌과 주요 저작 연표 역시 그와 같은 배려의 결과이다. 특히 참고문헌은 다른 책들보다 훨씬 상세하게 싣고 있다. 번역서를 포함해 일본어로 읽을 수 있는 문헌(게다가 단행본)으로 한정하긴 했지만, 그럼에도 사회사상에 관한 문헌이 일본어로 이렇게나 많이 출간되었다는 사실을 독자에게 전하고 싶었다. 나 스스로도 이 목록을 작성하며 몇 가지 발견이나 놀라움을 경험했다. 도리어 독자가 헤맬지도 모른다는 걱정이 들기도 하지만, 그 이상으로 독자 스스로 도서관을 찾아 서점에서는 쉽게 구할 수 없는 수많은 책을 손에 쥐고 읽으면서 사회사상사의 참맛을 맛보고 스스로의 문제 관심을 발전시켜 나가길 바랄 따름이다.

2차 문헌(연구 문헌)으로는 국내외의 정평 있는 문헌(잡지 논문은 제외)을 골랐지만 나 스스로 학생 시절부터 영향을 받은 바 있는 문헌도 많이 포함시켰다. 좋은 책일지라도 지나치게 전문적이거나 학술적인 문헌은 생략했다. 국내외의 연구 문헌을 가급적 (해당 문헌이 최초로 간행된) 연대순으로 배열한 결과, 각 분야의 연구사가 손바닥 들여다보듯 훤히 드러나는 의외의 장점이 있기도 했다. 저작 연표는 사회사상사의 주요 저작 간의 선후 관계나 영향 관계를 각 장의 구별을 뛰어넘어 보여주려는 목적이 있으며, 주요한 세계사적 사건을 함께 실어 사회사상과 역사적 배경의 관계를 시계열적으로 살펴볼 수 있게 했다.

이 책이 완성되기까지 많은 분들이 협조해주신 것에 대해 깊은 감사와 함께 여기에 적어두고자 한다. 미즈타 히로시(水田洋) 선생은 집필이 반을 넘어간 무렵에 원고를 일독해주셨으며 여러 귀중한 의견도 들려주셨다. 스사토 류(壽里龍) 씨는 이 책이 완성될 즈음에 원고 전체를 읽고 여러 귀중한 지적을 해주셨다. 또한 2013년도 봄 학기에 게이오기주쿠대학 대학원에서 이 책의 원고를 매주 한 챕터씩 교재로 삼아 '사회사상사 연습'이라는 강의를 진행했을 때는 학생들에게서 매번 대단히 유익한 의견을 들을 수 있었다. 이 밖에도 이 책이 완성될 수 있었던 배경에 내가 오랜 세월에 걸쳐 멤버로 활동해온 수많은 학회 · 연구회에서의 각 분야 연구자들과의 교류가 있었음은 말할 것까지도 없다. 성함을 일일이 들지 못할 만큼 많은 그 모든 분들께도 이 자리를 빌려 사의를 표한다.

사회사상 통사의 단독 집필이라는 대담한 구상이 나고야대학 출판회를 통해 구체화된 것은 2001년 4월로, 지금으로부터 13년 전의 일이다. 그동안 꾸준히 내 담당 편집자를 맡아주신 이가 미키 신고(三木信吾) 씨다. 이 책의 완성이 이렇게까지 늦어진 것은 무엇보다 내 태만함의 소치이지만 미키 씨는 지지부진한 나를 항상 지지해주셨으며 이 책을 손에 쥐게 될 독자의 입장에서 적절한 조언을 해주셨다. 드디어 이 책이 완성된 지금 다시금 미키 씨의 오랜 노고와 협력에 진심으로 감사의 인사를 전하고 싶다.

이 책이 게이오기주쿠대학 경제학부 강의의 산물이라는 것은 첫머리에서 밝혔는데, 나 자신도 같은 학부에서 들은 노지 히로유키(野地洋行) 선생의 강의를 통해 사회사상의 재미에 눈을 떠 연구자의 길을 걷게 되었다. 대학원에 진학한 후로는 게이오기주쿠대학 안팎의 많은 스승, 동료와의 유익한 교류를 통해 많은 것을 배우고 흡수해왔다. 지금 겨우 완성된 이 책의 원고를 다시 훑어보고 있자니 곳곳에서 노지 선생의 가르침의 흔적이 보인다. 완성된 이 책을 보여드리지 못하는 지금, 선생에 대한 심심한 사의를 담아 이 책을 세상에 내보내고자 한다.

2014년 3월 20일
사카모토 다쓰야

이 책은 坂本達哉, 『社會思想の歷史』(名古屋大學出版會, 2014)를 한국어로 완역한 것이다. 저자 사카모토 다쓰야는 일본의 사상사가로, 다년간 흄과 스미스 등을 중심으로 영국경험론, 사회 · 경제사상사, 경제학사를 연구해왔다.

저자가 후기에서 말하고 있는 대로 이 책은 25년에 걸쳐 대학에서 학생들을 가르쳐온 저자의 경험을 총괄하고 있지만, 그렇다고 해서 단순히 강의 교재로 쓰일 만한 책을 의도한 것은 아니었다.

저자에 의하면 종래의 사회사상사는 자유, 평등, 기본적 인권, 민주주의 같은 "근대 서구 사회의 인류사적 유산"을 "'자본주의'의 현실에도 불구하고 '시민사회'가 낳은" 것으로서 파악하고 이를 "자본주의의 억압과 침해로부터 어떻게 지켜낼 것"인지, 나아가 이러한 '시민사회'의 유산을 계승하여 어떻게 자본주의를 극복하고 '진정한 사회주의'에 다다를 것인가 하는 관점을 암묵적으로 전제하고 있었다. 그러나 1989년을 기점으로 사회주의권이 붕괴한 뒤로는 세계화 · 고도화하는 자본주의에 대응하는 정부의 정책으로 관심이 옮겨가고 혁명이나 체제 변혁이라는 거대 담론이 종언을 고함에 따라 사상사를 새롭게 재구성할 필요성이 생겼다. 이러한 상황에서 '진정한 사회주의'의 실현은 불가능하며 인류는 자본주의를 받아들이고 이를 수정·개량할 수밖에 없다는 생각을 바탕으로 통사 서술의 새로운 방법을 제시하는 데에 도전한 저자는 이 책에서 이야기할 '사회'를 "'법의 지배'를 원리로 하는 '합리적 국가'를 가지는 사회", "'시장'을 경제적 기반으로 하는 사회"로 정의하고 고찰의 대상을 (자신의 정의에 부합하는) 근대 서양 사회로 한정하여 '자유'와 '공공'이라는 두 개념을 축으로 르네상스에서 현대에 이르는 사회사상의 역사를 훑는다.

영어권을 중심으로 한 문명사회 옹호의 사상사라는 성격이 다소 강하지만 500년 세월에 이르는 사회사상사의 주요 학설을 일별하기에는 부족함이 없을 것이다.

이 책에는 "가능한 한 원전을 많이 인용해 가급적 사상가들의 '육성'을 전하려"는 "노력"에 따라 인용문이 숱하게 등장한다. 저자가 여러 원전의 일본어 번역본에서 가져온 인용문은 책의 성격상 명제적·추상적인 것이 많은 관계로, 그리고 역자로서는 근본적으로 중역인 관계로 공들여 한국어로 옮겨도 뜻이 충분히 전달되지 않는 경우가 많았다. 이에 옮긴이는 몇몇 인용문에 대해서는 각 원전의 한국어 번역본을 참고했다. 다만 지문과의 통일성을 고려하여 옮긴이가 문장을 임의로 조정한 경우도 있다. 완성된 문장을 임의로 조정한 점에 대해서는 양해를 구하고 싶다. 옮긴이가 참고한 각 원전의 한국어 번역본 서지는 다음과 같다.

니콜로 마키아벨리, 『군주론』, 강정인 · 김경희 옮김, 까치, 2015.

니콜로 마키아벨리, 『로마사 논고』, 강정인 · 김경희 옮김, 한길사, 2018.

에라스무스, 『우신예찬』, 김남우 옮김, 열린책들, 2011.

토머스 모어, 『유토피아』, 전경자 옮김, 열린책들, 2012.

마르틴 루터, 『독일 민족의 그리스도인 귀족에게 고함 외』, 황정욱 옮김, 길, 2017.

프랜시스 베이컨, 『신기관』, 진석용 옮김, 한길사, 2016.

르네 데카르트, 『방법서설』, 이현복 옮김, 문예출판사, 2019.

토마스 홉스, 『리바이어던』 1 · 2, 진석용 옮김, 나남출판, 2008.

존 로크, 『인간지성론』 1 · 2, 정병훈 · 이재영 · 양선숙 옮김, 한길사, 2014.

존 로크, 『통치론』, 강정인 · 문지영 옮김, 까치, 1996.

볼테르, 『철학편지』, 이봉지 옮김, 문학동네, 2019.

장 자크 루소, 『인간 불평등 기원론』, 이충훈 옮김, 도서출판b, 2020.

장 자크 루소, 『사회계약론』, 김영욱 옮김, 후마니타스, 2018.

애덤 스미스, 『국부론』 상 · 하, 김수행 옮김, 비봉출판사, 2007.

애덤 스미스, 『도덕감정론』, 박세일 옮김, 비봉출판사, 2009.

에드먼드 버크, 『프랑스혁명에 관한 성찰』, 이태숙 옮김, 한길사, 2017.

제러미 벤담, 『도덕과 입법의 원칙에 대한 서론』, 강준호 옮김, 아카넷, 2013.

카를 마르크스, 『헤겔 법철학 비판』, 강유원 옮김, 이론과실천, 2011.

존 스튜어트 밀, 『존 스튜어트 밀 선집』, 서병훈 옮김, 책세상, 2020.

존 스튜어트 밀, 『공리주의』, 이종인 옮김, 현대지성, 2020.

프리드리히 니체, 『선악의 저편』, 박찬국 옮김, 아카넷, 2018.

막스 베버, 『직업으로서의 정치』, 전성우 옮김, 나남출판, 2019.

에리히 프롬, 『자유로부터의 도피』, 김석희 옮김, 휴머니스트, 2020.

아도르노 · 호르크하이머,『계몽의 변증법』, 김유동 옮김, 문학과지성사, 2001.

존 롤스,『정의론』, 황경식 옮김, 이학사, 2003.

에드워드 H. 카,『러시아 혁명』, 유강은 옮김, 이데아, 2017.

참고문헌

* 1차 문헌(사상가의 저작)과 2차 문헌(현대의 연구 문헌)을 일본어로 읽을 수 있는 것으로 한정하여 장(章)별로 실었다. 2차 문헌에는 수많은 고전적 사상서나 역사서가 포함되어 있다.
* 본문에서 인용·언급한 문헌은 ○로 표시했다. 복수의 일본어 번역본이 있는 문헌은 참조한 번역본만 ○로 표시했다. 번역문은 인용한 번역서와 반드시 일치하지는 않는다.
* ○로 표시된 문헌은 각 장에서 인용·언급된 순으로, 그 밖의 1차 문헌은 원칙적으로 원저가 발행된 순으로, 2차 문헌은 원저 발행 연도의 역순으로 (경우에 따라서는 주제별로 구분하여) 실었다.
* ○로 표시한 1차 문헌의 원저 발행 연도는 본문에 표기되어 있으므로 여기서는 생략했다. 그 밖의 1차 문헌에 대해서는 ○로 표시된 것과 동일한 문헌인 경우에는 번역서 발행 연도만 표기했으며, 그렇지 않은 경우에는 [ ] 내에 원저 발행 연도를 표기했다. 저작집 등에서는 예외적으로 원저 발행 연도를 생략한 것도 있다. 2차 문헌은 원칙적으로 부제와 번역자명은 생략하고 원저 발행 연도를 [ ] 내에 표기했다. 일본어 문헌의 첫 발행 연도도 [ ] 내에 표기했다.
* 독서 안내로서 2차 문헌 중 내가 각 분야의 명저라고 여기는 저작은 ☆로 표시했다.

서장: 사회사상이란 무엇인가

【1차 문헌】

○ポランニー, 『經濟の文明史』(玉野井芳郎 他譯), ちくま學藝文庫, 2003[1924-1964]年.
○アーレント, 『人間の條件』(志水速雄 譯), ちくま學藝文庫, 1994[1958]年.
○バーリン, 『自由論』(小川晃一·福田歡一·小池銈·生松敬三 譯), みすず書房, 2000[1979]年.

【2차 문헌】

○『廣辭苑(第6版)』, 岩波書店, 2008年.
○高島善哉·水田洋·平田清明, 『社會思想史槪論』, 岩波書店, 1962年.

○ウィリアムズ, R., 『[完譯] キーワード辞典』, 平凡社ライブラリー, 2011[1983]年.

今村仁司・三島憲一・川崎修 編, 『岩波社會思想事典』, 岩波書店, 2008年.

廣松渉・今村仁司 他編, 『岩波哲學・思想事典』, 岩波書店, 1998年.

スキナー, Q., 『思想史とは何か』, 岩波書店, 1990[1988]年.

フーコー, M., 『知の考古學』, 河出文庫, 2012[1969]年; 『言葉と物』, 新潮社, 1974[1966]年.

〈사회사상 통사〉

中村健吾 編著, 『古典から讀み解く社會思想史』, ミネルヴァ書房, 2009年.

水田洋, 『新稿 社會思想小史』, ミネルヴァ書房, 2006年.

佐伯啓思, 『西歐近代を問い直す』, PHP文庫, 2014[2003]年.

山脇直司, 『社會思想史を學ぶ』, ちくま新書, 2002年.

植村邦彦, 『「近代」を支える思想』, ナカニシヤ出版, 2001年.

城塚登, 『社會思想史講義』, 有斐閣, 1998年.

水田珠枝, 『女性解放思想史』, ちくま學藝文庫, 1994年.

平井俊彦 編, 『社會思想史を學ぶ人のために』, 世界思想社, 1994年.

山脇直司, 『ヨーロッパ社會思想史』, 東京大學出版會, 1992年.

水田洋・安川悦子・安藤隆穂 編, 『社會思想史への招待』, 北樹出版, 1991年.

木崎喜代治・筒井清忠・阪上孝, 『社會思想史』, 有斐閣, 1987年.

平田清明 編著, 『社會思想史』, 青林書院新社, 1979年.

內田義彦, 『社會認識の歩み』, 岩波新書, 1971年.

出口勇藏, 『社會思想史』, 筑摩書房, 1967年.

三木清・林達夫・羽仁五郎・本田謙三, 『社會史的思想史』, 岩波書店, 1949年.

〈정치사상 통사〉

宇野重規, 『西洋政治思想史』, 有斐閣, 2013年.

仲正昌樹 編, 『政治思想の知惠』, 法律文化社, 2013年.

川出良枝・山岡龍一, 『西洋政治思想史』, 岩波書店, 2012年.

山岡龍一, 『西洋政治理論の傳統』, 放送大學出版會, 2009年.

千葉眞 編著, 『平和の政治思想史』, おうふう, 2009年.

田中浩, 『國家と個人』 新版, 岩波書店, 2008年.

佐伯啓思・松原隆一郎, 『共和主義ルネサンス』, NTT出版, 2007年.

ロールズ, J., 『ロールズ政治哲學史講義』 I・II, 岩波書店, 2011[2007]年.

牛澤孝麿,『ヨーロッパ思想史のなかの自由』, 創文社, 2006年;『ヨーロッパ思想史における〈政治〉の位相』, 岩波書店, 2003年.

藤原保信,『自由主義の再檢討』, 岩波新書, 1993年.

福田歡一,『政治學史』, 東京大學出版會, 1985年.

☆ウォーリン, シェルドン・S.,『政治とヴィジョン』, 福村出版, 2007[1960]年.

セイバイン, G. H.,『西洋政治思想史』, 岩波書店, 1953[1950]年.

〈경제사상 통사〉

經濟學史學會·井上琢智 他編,『古典から讀み解く經濟思想史』, ミネルヴァ書房, 2012年.

喜多見洋·水田健 編著,『經濟學史』, ミネルヴァ書房, 2012年.

小峯敦 編,『福祉の經濟思想家たち』增補改訂版, ナカニシヤ出版, 2010年.

和田重司,『資本主義觀の經濟思想史』, 中央大學出版部, 2010年.

大田一廣·鈴木信雄 他編,『新版 經濟思想史』, 名古屋大學出版會, 2006年.

根井雅弘,『經濟學の歷史』, 講談社學術文庫, 2005年.

高哲男 編,『自由と秩序の經濟思想史』, 名古屋大學出版會, 2002年.

中村達也·新村聰·八木紀一郎·井上義朗,『經濟學の歷史』, 有斐閣, 2001年.

間宮陽介,『市場社會の思想史』, 中公新書, 1999年.

馬渡尚憲,『經濟學史』, 有斐閣, 1997年.

☆森嶋通夫,『思想としての近代經濟學』, 岩波新書, 1994年.

宇澤弘文,『經濟學の考え方』, 岩波新書, 1989年.

猪木武德,『經濟思想』, 岩波書店, 1987年.

☆ハイルブローナー, R. L.,『入門經濟思想史 世俗の思想家たち』, ちくま學藝文庫, 2001[1986]年.

ハチスン, T.,『經濟學の革命と進步』, 春秋社, 1987[1978]年.

☆ガルブレイス, J. K.,『不確實性の時代』, 講談社學術文庫, 2009[1977]年.

內田義彦 他,『經濟學史』, 筑摩書房, 1970年.

☆シュンペーター, J. A.,『經濟分析の歷史』全3冊, 岩波書店, 2005-2006[1954]年.

〈철학·윤리사상 통사〉

伊藤邦武,『物語哲學の歷史』, 中公新書, 2012年.

一ノ瀬正樹,『功利主義と分析哲學』, 放送大學教育振興會, 2010年.

兒玉聰,『功利と直觀』, 勁草書房, 2010年.

柘植尙則, 『イギリスのモラリストたち』, 硏究社, 2009年.
熊野純彦, 『西洋哲學史』 2冊, 岩波新書, 2006年.
テイラー, チャールズ, 『近代』, 岩波書店, 2011[2004]年.
ロールズ, J., 『ロールズ哲學史講義』 上·下, みすず書房, 2005[2000]年.
シュナイウィンド, J. B., 『自律の創成』, 法政大學出版局, 2011[1998]年.
テイラー, チャールズ, 『自我の源泉』, 名古屋大學出版會, 2010[1989]年.
☆マッキンタイア, A., 『美德なき時代』, みすず書房, 1993[1984]年.
バウマー, F. L., 『近現代ヨーロッパの思想』, 大修館書店, 1992[1977]年.
マッキンタイヤー, A., 『西洋倫理學史』, 以文社, 1986[1967]年.
☆ラヴジョイ, A. O., 『存在の大いなる連鎖』, ちくま學藝文庫, 2013[1960]年.
☆ラッセル, バートランド, 『西洋哲學史』 全3冊, みすず書房, 1970-2000[1946]年.

〈사회학 사상 통사〉

佐藤俊樹, 『社會學の方法』, ミネルヴァ書房, 2011年.
富永健一, 『思想としての社會學』, 新曜社, 2008年.
☆アロン, R., 『社會學的思考の流れ』 2冊, 法政大學出版局, 1974-1984[1967]年.
☆パーソンズ, T., 『社會的行爲の構造』 全5冊, 木鐸社, 1976-1989[1937]年.

제1장 마키아벨리의 사회사상

【1차 문헌】

○ブルクハルト, ヤーコプ, 『イタリア·ルネサンスの文化』(柴田治三郎 譯) 上·下, 中公文庫, 1974年.
○アクィナス, トマス, 『神學大全』(高田三郎 他譯) 全45卷, 創文社, 1960-2012年.
○キケロー, 『キケロー弁論集』(小川正廣·谷榮一郎·山澤孝至 譯), 岩波文庫, 2005年.
○ペトラルカ, 『無知について』(近藤恒一 譯), 岩波文庫, 2010年.
○マキアヴェリ, 『新譯 君主論』(池田廉 譯), 中公文庫 BIBLIO, 2002年.
○マキアヴェッリ, 『ディスコルシ「ローマ史」論』(永井三明 譯), ちくま學藝文庫, 2011年.
○マキアヴェッリ, 『フィレンツェ史』(齊藤寛海 譯) 2冊, 岩波文庫, 2012年.
○プラトン, 『國家』(藤澤令夫 譯) 2冊, 岩波文庫, 1979年.
○ヴェーバー, 『職業としての政治』(脇圭平 譯), 岩波文庫, 1980年.

アリストテレス, 『政治學』(山本光雄 譯), 岩波文庫, 1961年.

アクィナス, トマス, 『君主の統治について』(柴田平三郎 譯), 岩波文庫, 2009[1267頃] 年.

キケロー, 『老年について』(中務哲郎 譯), 岩波文庫, 2004年; 『友情について』(中務哲郎 譯), 岩波文庫, 2004年.

ダンテ, 『神曲』(三浦逸雄 譯) 全3冊(地獄篇・煉獄篇・天國篇), 角川ソフィア文庫, 2013年.

ペトラルカ, 『ルネサンス書簡集』(近藤恒一 譯), 岩波文庫, 1989年.

『マキアヴェッリ全集』全6冊+補卷, 筑摩書房, 1998-2000年.

マキアヴェリ, 『君主論』(佐々木毅 譯), 講談社學術文庫, 2004年.

マキアヴェッリ, 『戰爭の技術』(服部文彦 譯), ちくま學藝文庫, 2012[1519-20]年.

グイッチャルディーニ, F., 『フィレンツェ名門貴族の處世術[リコルディ]』(永井三明 譯), 講談社學術文庫, 1998[1530]年.

【2차 문헌】

○ピレンヌ, アンリ, 『ヨーロッパの歴史』, 創文社, 1991[1936]年.

○☆スキナー, Q., 『近代政治思想の基礎』, 春風社, 2009[1978]年.

○☆ポーコック, J. G. A., 『マキアヴェリアン・モーメント』, 名古屋大學出版會, 2008[1975]年.

スキナー, Q., 『マキアヴェッリ』, 未來社, 1991[1981]年.

佐々木毅, 『マキアヴェッリの政治思想』, 岩波書店, 1970年.

〈중세에서 근대로(역사)〉

キャメロン, R./ニール, L., 『概說世界經濟史 I』, 東洋經濟新報社, 2013[2003]年.

バーク, ピーター, 『ルネサンス(ヨーロッパ史入門)』, 岩波書店, 2005[1987]年.

ノース, ダグラス・C., 『經濟史の構造と變化』, 日經BPクラシックス, 2013[1981]年.

☆大塚久雄, 『共同體の基礎理論』, 岩波現代文庫, 2000[1970]年.

羽仁五郎, 『ミケルアンヂェロ』, 岩波新書, 1968年.

☆ブローデル, フェルナン, 『地中海(普及版)』全5冊, 藤原書店, 2004[1966]年.

ハスキンズ, C. H., 『大學の起源』, 社會思想社, 1993[1957]年; 『十二世紀ルネサンス』, みすず書房, 2007[1927]年.

☆ホイジンガ, J., 『中世の秋』2冊, 中公クラシックス, 2001[1919]年.

〈중세에서 근대로(사상)〉

將基面貴巳,『ヨーロッパ政治思想の誕生』, 名古屋大學出版會, 2013年.

佐々木毅,『よみがえる古代思想』, 講談社學術文庫, 2012;『宗教と權力の政治』, 講談
　　社學術文庫, 2012年.

高田康成,『キケロ』, 岩波新書, 1999年.

鷲見誠一,『ヨーロッパ文化の原型』, 南窓社, 1996年.

佐々木毅,『近代政治思想の誕生』, 岩波新書, 1981年.

☆野田又夫,『ルネサンスの思想家たち』, 岩波新書, 1963年.

☆ボルケナウ, F.,『封建的世界像から市民的世界像へ』, みすず書房, 1965[1934]年.

제2장 종교개혁의 사회사상

【1차 문헌】

○エラスムス/モア,『痴愚神禮讃・對話集・ユートピア』(渡邊一夫 責任編集),『世界の名
　　著 22 エラスムス/トマス・モア』, 中公バックス, 1980年.

○ラブレー,『ガルガンチュアとパンタグリュエル』(宮下志朗 譯) 全5册, ちくま文庫,
　　2005-2012年.

○モンテーニュ,『エセー』(原二郎 譯) 全6册, 岩波文庫, 1996年.

○エラスムス,『評論・自由意志』(山内宣 譯), 聖文舍, 1977年.

○モア,『ユートピア』(澤田昭夫 譯), 中公文庫, 1993年.

○カンパネッラ,『太陽の國』(近藤恒一 譯), 岩波文庫, 1992年.

○ハリントン, J.,『オセアナ』(田中浩 譯), 河出書房新社, 1962年.

○ヒューム,「理想共和國の構想」(田中敏弘 譯),『ヒューム 道德・政治・文學論集(完譯
　　版)』, 名古屋大學出版會, 2011年, 所收.

○モリス,『ユートピアだより』(川端康雄 譯), 岩波文庫, 2013年.

○『舊約聖書・創世記』(關根正雄 譯), 岩波文庫, 1967年.

○『新約聖書』(新約聖書翻譯委員會 譯), 岩波書店, 2004年.

○ルター,『キリスト者の自由・聖書への序言』(石原謙 譯), 岩波文庫, 1955年.

○ルター,『キリスト者の自由ほか』(松田智雄 責任編集),『世界の名著 23 ルター』, 中公
　　バックス, 1979年.

○カルヴァン,『キリスト教綱要』(渡邊信夫 譯) 改譯版 全3册, 新教出版社, 2007-
　　2009年.

○アウグスティヌス,『神の國』(服部英次郎・藤本雄三 譯) 全5冊, 岩波文庫, 1982-
　　1991年.

エラスムス,『痴愚禮讚』(大出晃 譯), 慶應義塾大學出版會, 2004年.

エラスムス,『痴愚神禮讚』(渡邊一夫・二宮敬 譯), 中公クラシックス, 2006年.

エラスムス,『痴愚神禮讚(ラテン語原典譯)』(沓掛良彦 譯), 中公文庫, 2014年.

モア,『ユートピア』(平井正穂 譯), 岩波文庫, 1957年.

モンテーニュ,『エセー』(荒木昭太郎 譯) 全3冊, 中公クラシックス, 2002-2003年.

カルヴァン,『キリスト教綱要(1536年版)』(久米あつみ 譯), 教文館, 2000年.

カルヴァン,『カルヴァン小論集』(波木居齊二 譯), 岩波文庫, 1982年.

【2차 문헌】

○☆トレルチ, エルンスト,『ルネサンスと宗教改革』, 岩波文庫, 1959[1913]年.

○ハイネ, ハインリッヒ,『ドイツ古典哲學の本質』, 岩波文庫, 1973[1835]年.

○☆ヴェーバー, マックス,『プロテスタンティズムの倫理と資本主義の精神』, 岩波文庫,
　　1989[1905]年.

德善義和,『マルティン・ルター』, 岩波新書, 2012年.

田上雅德,『初期カルヴァンの政治思想』, 新教出版社, 1999年.

大津眞作,『市民社會思想史 I』, 高文堂出版社, 1996年.

梅津順一,『近代經濟人の宗教的根源』, みすず書房, 1989年.

ブラシュケ, K.,『ルター時代のザクセン』, ヨルダン社, 1983[1970]年.

有賀弘,『宗教改革とドイツ政治思想』, 東京大學出版會, 1966年.

제3장 고전적 '사회계약' 사상의 전개

【1차 문헌】

○コペルニクス,『天體の回轉について』(矢島祐利 譯), 岩波文庫, 1953年.

○ガリレオ,『天文對話』(青木靖三 譯) 2冊, 岩波文庫, 1959年.

○ニュートン,『プリンシピア: 自然哲學の數學的原理』(中野猿人 譯), 講談社, 1977年.

○ベーコン,『學問の進步』(服部英次郎・多田英次 譯), 岩波文庫, 1974年.

○ベーコン,『隨想集』(渡邊義雄 譯), 岩波文庫, 1983年.

○ベーコン,『ノヴム・オルガヌム(新機關)』(桂壽一 譯), 岩波文庫, 1978年.

○ベーコン,『ニュー・アトランティス』(川西進 譯), 岩波文庫, 2003年.

○デカルト,『方法敍說』(谷川多佳子 譯), 岩波文庫, 1997年.

○デカルト,『省察』(山田弘明 譯), ちくま學藝文庫, 2006年.

○デカルト,『哲學原理』(山田弘明 他譯), ちくま學藝文庫, 2009年.

○グロティウス,『戰爭と平和の法』(一又正雄 譯) 復刻版, 酒井書店, 1989年.

○ホッブズ,『市民論』(本田裕志 譯), 京都大學學術出版會, 2008年.

○ホッブズ,『リヴァイアサン』(水田洋 譯) 全4冊, 岩波文庫, 1982-1992年.

○ロック,『人間知性論』(大槻春彦 譯) 全4冊, 岩波文庫, 1972-1977年.

○ロック,『統治二論 [完譯]』(加藤節 譯), 岩波文庫, 2010年.

○ロック,『寬容についての書簡』(平野耿 譯注), 朝日出版社, 1971年.

○ロック,『利子・貨幣論』(田中正司・竹本洋 譯), 東京大學出版會, 1978年.

○ロック,『教育に關する考察』(服部知文 譯), 岩波文庫, 1967年.

○ロック,『キリスト教の合理性・奇跡論』(服部知文 譯), 國文社, 1980年.

デカルト,『省察・情念論』(井上庄七・野田又夫 譯), 中公クラシックス, 2002年.

大沼保昭 編,『戰爭と平和の法』補正版, 東信堂, 1995年.

ホッブズ,『人間論』(本田裕志 譯), 京都大學學術出版會, 2012[1658]年.

ホッブズ,『哲學原理』(伊藤宏之・渡部秀和 譯), 柏書房, 2012[1640]年.

ホッブズ,『リヴァイアサン』(永井道雄・上田邦義 譯), 中公クラシックス, 2009年.

ホッブズ,『ホッブズの弁明・異端』(水田洋 編譯・解說), 未來社, 2011[1679]年.

ホッブズ,『哲學者と法學徒との對話』(田中浩・重森臣廣・新井田 譯), 岩波文庫, 2002[1681]年.

ロック(M. ゴルディ 編),『ロック政治論集』(山田園子・吉村伸夫 譯), 法政大學出版局, 2007年.

ニュートン,『光學』(島尾永康 譯), 岩波文庫, 1983[1703]年.

ロック,『知性の正しい導き方』(下川潔 譯), 御茶の水書房, 1999[1706]年.

【2차 문헌】

○トレヴァ゠ローパー 他,『十七世紀危機論爭』, 創文社, 1975[1968]年.

○☆マイネッケ, F.,『近代史における國家理性の理念』, みすず書房, 1960[1924]年.

○☆クーン, トーマス,『科學革命の構造』, みすず書房, 1971[1962]年.

〈17세기 사상의 여러 측면〉

上野修,『デカルト・ホッブズ・スピノザ』, 講談社, 2011年.

松森奈津子,『野蠻から秩序へ』, 名古屋大學出版會, 2009年.

太田義器,『グロティウスの國際政治思想』, ミネルヴァ書房, 2003年.

木村俊道,『顧問官の政治學』, 木鐸社, 2003年.

柴田壽子,『スピノザの政治思想』, 未來社, 2000年.

塚田富治,『ベイコン』, 研究社出版, 1996年.

島尾永康,『ニュートン』, 岩波新書, 1994年.

エストライヒ, ゲルハルト,『近代國家の覺醒』, 創文社, 1993[1989]年.

坂本賢三,『ベーコン』, 講談社, 1981年.

野田又夫,『デカルト』, 岩波新書, 1966年.

ロッシ, パオロ,『魔術から科學へ』, みすず書房, 1999[1957]年.

☆バターフィールド, H.,『近代科學の誕生』2冊, 講談社學術文庫, 1978[1949]年.

☆アザール, ポール,『ヨーロッパ精神の危機』, 法政大學出版局, 1973[1935]年.

ウイレー, B.,『十七世紀の思想的風土』, 創文社, 1958[1934]年.

〈사회계약 사상의 역사〉

重田園江,『社會契約論』, ちくま新書, 2013年.

關谷昇,『近代社會契約說の原理』, 東京大學出版會, 2003年.

飯島昇藏,『社會契約』, 東京大學出版會, 2001年.

バウチャー, D./ケリー, P. 編,『社會契約論の系譜』, ナカニシヤ出版, 1997年.

加藤節,『近代政治哲學と宗教』, 東京大學出版會, 1979年.

☆福田歡一,『近代政治原理成立史序說』, 岩波書店, 1971年.

〈홉스〉

川添美央子,『ホッブズ 人爲と自然』, 創文社, 2010年.

梅田百合香,『ホッブズ 政治と宗教』, 名古屋大學出版會, 2005年.

田中浩,『ホッブズ』, 研究社出版, 1998年.

タック, リチャード,『トマス・ホッブズ』, 未來社, 1995[1989]年.

☆オークショット, M.,『リヴァイアサン序說』, 法政大學出版局, 2007[1975]年.

藤原保信,『近代政治哲學の形成』, 早稻田大學出版部, 1974年.

ワトキンス, J. W. N.,『ホッブズ』, 未來社, 1999[1973]年.

水田洋,『近代人の形成』第2版, 東京大學出版會, 1964年.

☆シュトラウス, レオ,『自然權と歷史』, ちくま學藝文庫, 2013[1953]年.

☆シュトラウス, レオ,『ホッブズの政治學』, みすず書房, 1990[1952, 1963]年.

☆太田可夫(水田洋 編),『イギリス社會哲學の成立と展開』 改訂版, 社會思想社,

1984[1948]年.

〈로크〉

三浦永光,『ジョン・ロックとアメリカ先住民』, 御茶の水書房, 2009年.

山田園子,『ジョン・ロック『寛容論』の研究』, 溪水社, 2006年.

田中正司,『ジョン・ロック研究』新增補版, 御茶の水書房, 2005年.

大森雄太郎,『アメリカ革命とジョン・ロック』, 慶應義塾大學出版會, 2005年.

中神由美子,『實踐としての政治・アートとしての政治』, 創文社, 2003年.

下川潔,『ジョン・ロックの自由主義政治哲學』, 名古屋大學出版會, 2000年.

岡村東洋光,『ジョン・ロックの政治社會論』, ナカニシヤ出版, 1998年.

一ノ瀬正樹,『人格知識論の生成』, 東京大學出版會, 1997年.

浜林正夫,『ロック』, 研究社出版, 1996年.

生越利昭,『ジョン・ロックの經濟思想』, 晃洋書房, 1991年.

☆田中正司,『市民社會理論の原型』, 御茶の水書房, 1991年.

加藤節,『ジョン・ロックの思想世界』, 東京大學出版會, 1987年.

☆ダン, ジョン,『ジョン・ロック』, 岩波書店, 1987[1984]年.

제4장 계몽사상과 문명사회론의 전개

【1차 문헌】

○ディドロ/ダランベール 編,『百科全書: 序論および代表項目』(桑原武夫 譯編), 岩波
　　文庫, 1971年.

○ファーガスン,『市民社會史』(大道安次郎 譯), 白日書院, 1948年.

○マンデヴィル,『蜂の寓話: 私惡すなわち公益』(泉谷治 譯), 法政大學出版局, 1985-
　　1993年.

○ヴォルテール,『哲學書簡・哲學辭典』(中川信・高橋安光 譯), 中公クラシックス,
　　2005年.

○ヴォルテール,『ルイ十四世の世紀』(丸山熊雄 譯) 全4冊, 岩波文庫, 1958-1983年.

○ヴォルテール,『カンディード』(植田祐次 譯), 岩波文庫, 2005年.

○ヴォルテール,『寛容論』(中川信 譯), 中公文庫, 2011年.

○モンテスキュー,『ペルシア人の手紙』(大岩誠 譯) 2冊, 岩波文庫, 1950-1951年.

○モンテスキュー,『法の精神』(野田良之 他譯) 全3冊, 岩波文庫, 1987-1988年.

〇ディドロ,「ブーガンヴィル航海記補遺」(串田孫一 責任編集),『世界の名著 35 ヴォルテール/ディドロ/ダランベール』, 中公バックス, 1980年.

〇ケネー,『經濟表』(平田清明・井上泰夫 譯), 岩波文庫, 2013年.

〇ハチスン,『美と德の觀念の起原』(山田英彦 譯), 玉川大學出版部, 1983年.

〇ハチスン,『道德哲學序說』(田中秀夫・津田耕一 譯), 京都大學學術出版會, 2009年.

〇ヒューム,『人間本性論』(木曾好能・石川徹・中釜浩一・伊勢俊彦 譯) 全3冊, 法政大學出版局, 2011-2012年.

〇ヒューム,『道德・政治・文學論集 [完譯版]』(田中敏弘 譯), 名古屋大學出版會, 2011年.

〇ヒューム,『政治論集』(田中秀夫 譯), 京都大學學術出版會, 2010年.

ベール, ピエール,『歷史批評辭典』(野澤協 譯) 全3冊, 法政大學出版局, 1982-1987[1702]年.

モンテスキュー,『ローマ人盛衰原因論』(田中治男・栗田伸子 譯), 岩波文庫, 1989[1734]年.

ヒューム,『人間知性研究』(齋藤繁雄・一ノ瀬正樹 譯), 法政大學出版局, 2011[1748]年.

ヒューム,『宗教の自然史』(福鎌忠恕・齋藤繁雄 譯), 法政大學出版局, 2011[1757]年.

『ディドロ「百科全書」産業・技術圖版集』(島尾永康 編・解說), 朝倉書店, 2005年.

ランゲ,『市民法理論』(大津眞作 譯), 京都大學學術出版會, 2013[1767]年.

レーナル, ギヨーム=トマ,『兩インド史』(大津眞作 譯) 2冊, 法政大學出版局, 2009[1770]年.

ディドロ,『ブーガンヴィル航海記補遺』(中川久定 譯); ブーガンヴィル,『世界周航記』(山本淳一 譯), 岩波書店, 2007[1772; 1771]年.

ヒューム,『奇蹟論・迷信論・自殺論』(福鎌忠恕・齋藤繁雄 譯), 法政大學出版局, 2011年.

【2차 문헌】

〇ポーコック, J. G. A.,『德・商業・歷史』, みすず書房, 1993[1985]年.

〇ラヴジョイ, A. O.,『人間本性考』, 名古屋大學出版會, 1998[1961]年.

〇☆ハーシュマン, A. O.,『情念の政治經濟學』, 法政大學出版局, 1985[1977]年.

〇☆ハイエク, F. A.,『市場・知識・自由』, ミネルヴァ書房, 1986年.

ウォーラーステイン, I.,『近代世界システム II 重商主義と「ヨーロッパ世界經濟」の凝集』, 名古屋大學出版會, 2013[2011]年.

米田昇平,『欲求と秩序』, 昭和堂, 2005年.

竹本洋, 『經濟學體系の創成』, 名古屋大學出版會, 1995年.

マグヌソン, L., 『重商主義』, 知泉書館, 2009[1994]年.

浜林正夫, 『イギリス名譽革命史』 2冊, 未來社, 1981-1983年.

赤羽裕, 『アンシァン·レジーム論序説』, みすず書房, 1978年.

☆小林昇, 『經濟學の形成時代』, 未來社, 1961年.

〈계몽사상 전반〉

富永茂樹 編, 『啓蒙の運命』, 名古屋大學出版會, 2011年.

☆水田洋, 『思想の國際轉位』, 名古屋大學出版會, 2000年.

☆ポーター, R., 『啓蒙主義』, 岩波書店, 2004[2000]年.

イム·ホーフ, U., 『啓蒙のヨーロッパ』, 平凡社, 1998[1993]年.

ブラムフィット, J. H., 『フランス啓蒙思想入門』, 白水社, 1985[1972].

ヴェントゥーリ, F., 『啓蒙のユートピアと改革』, みすず書房, 1981[1971]年.

☆ゲイ, P., 『自由の科學』 2冊, ミネルヴァ書房, 1982-1986[1969]年.

☆カッシーラー, E., 『啓蒙主義の哲學』, ちくま學藝文庫, 2003[1932]年.

ベッカー, C., 『一八世紀哲學者の樂園』, 上智大學; ぎょうせい(發賣), 2006[1932]年.

〈프랑스 등의 계몽〉

里須純一郎, 『チェーザレ·ベッカリーア研究』, 御茶の水書房, 2013年.

植田祐次 編, 『ヴォルテールを學ぶ人のために』, 世界思想史, 2012年.

鷲見洋一, 『「百科全書」と世界圖繪』, 岩波書店, 2009年.

保苅瑞穂, 『ヴォルテールの世紀』, 岩波書店, 2009年.

寺田元一, 『「編集知」の世紀』, 日本評論社, 2003年.

森岡邦泰, 『深層のフランス啓蒙思想』, 晃洋書房, 2002年.

大津眞作, 『市民社會思想史 II』, 高文堂出版社, 1997年.

川出良枝, 『貴族の德, 商業の精神』, 東京大學出版會, 1996年.

西嶋幸右, 『文明批評家モンテスキュー』, 九州大學出版會, 1996年.

押村高, 『モンテスキューの政治理論』, 早稻田大學出版部, 1996年.

堀田誠三, 『ベッカリーアとイタリア啓蒙』, 名古屋大學出版會, 1996年.

中川久定, 『啓蒙の世紀の光のもとで』, 岩波書店, 1994年.

赤木昭三, 『フランス近代の反宗教思想』, 岩波書店, 1993年.

安藤隆穂, 『フランス啓蒙思想の展開』, 名古屋大學出版會, 1989年.

☆ダーントン, R., 『猫の大虐殺』, 岩波現代文庫, 2007[1984]年.

ダーントン, R., 『革命前夜の地下出版』, 岩波書店, 2000[1982]年.

☆ヴェントゥーリ, F., 『百科全書の起源』, 法政大學出版局, 1979[1977]年.

ダーントン, R., 『パリのメスマー』, 平凡社, 1987[1968]年.

平田清明, 『經濟科學の創造』, 岩波書店, 1965年.

スタロバンスキー, J., 『モンテスキュー』, 法政大學出版局, 1993[1961]年.

フォール, E., 『チュルゴーの失脚』, 法政大學出版局, 2007[1961]年.

グレトゥイゼン, B., 『ブルジョワ精神の起源』, 法政大學出版局, 1974[1927]年.

リシュタンベルジェ, A., 『十八世紀社會主義』, 法政大學出版局, 2012[1899]年.

〈스코틀랜드 등의 계몽사상〉

田中秀夫, 『近代社會とは何か』, 京都大學學術出版會, 2013年.

村松茂美, 『ブリテンとヨーロッパ連邦』, 京都大學學術出版會, 2013年.

田中秀夫, 『アメリカ啓蒙の群像』, 名古屋大學出版會, 2012年.

林直樹, 『デフォーとイングランド啓蒙』, 京都大學學術出版會, 2012年.

坂本達哉, 『ヒューム 希望の懷疑主義』, 慶應義塾大學出版會, 2011年.

フィリップソン, N., 『デイヴィッド・ヒューム』, 白水社, 2016[2011]年.

青木裕子, 『アダム・ファーガスンの國家と市民社會』, 勁草書房, 2010年.

森直人, 『ヒュームにおける正義と統治』, 創文社, 2010年.

ハーマン, A., 『近代を創ったスコットランド人』, 昭和堂, 2012[2006]年.

犬塚元, 『デイヴィッド・ヒュームの政治學』, 東京大學出版會, 2004年.

長尾伸一, 『ニュートン主義とスコットランド啓蒙』, 名古屋大學出版會, 2001年.

小柳公洋, 『スコットランド啓蒙研究』, 九州大學出版會, 1999年.

田中秀夫, 『啓蒙と改革 ジョン・ミラー研究』, 名古屋大學出版會, 1999年.

泉谷周三郎, 『ヒューム』, 研究社出版, 1996年.

田中秀夫, 『文明社會と公共精神』, 昭和堂, 1996年.

坂本達哉, 『ヒュームの文明社會』, 創文社, 1995年.

田中秀夫, 『スコットランド啓蒙思想史研究』, 名古屋大學出版會, 1991年.

☆ホント, I./イグナティエフ, M. 編著, 『富と德』, 未來社, 1990[1983]年.

☆フォーブズ, D., 『ヒュームの哲學的政治學』, 昭和堂, 2011[1975]年.

田中敏弘, 『マンデヴィルの社會・經濟思想』, 有斐閣, 1966年.

ウィリー, B., 『十八世紀の自然思想』, みすず書房, 1975[1940]年.

☆スティーヴン, L., 『十八世紀イギリス思想史』, 筑摩書房, 1969[1876]年.

제5장 루소의 문명비판과 인민주권론

【1차 문헌】

○ルソー,『學問藝術論』(前川貞次郎 譯), 岩波文庫, 1968年.

○ルソー,『人間不平等起源論』(中山元 譯), 光文社古典新譯文庫, 2008年.

○ルソー,『社會契約論・ジュネーヴ草稿』(中山元 譯), 光文社古典新譯文庫, 2008年.

○ルソー,『エミール』(今野一雄 譯) 全3冊, 岩波文庫, 2007年.

○ルソー,『告白』(桑原武夫 譯) 全3冊, 岩波文庫, 1965-1966年.

○ミル, J. S.,『自由論』(齊藤悅則 譯), 光文社古典新譯文庫, 2012年.

ルソー,『人間不平等起原論・社會契約論』(小林善彦・井上幸治 譯), 中公クラシックス, 2005年.

ルソー,『新エロイーズ』(安士正夫 譯) 全4冊, 岩波文庫, 1960-1961[1761]年.

『ルソー, ジャン=ジャックを裁く』(原好男 譯), 現代思潮社, 1969年.

『ルソー・コレクション』(川出良枝 選) 全4冊, 白水社, 2012年.

『ルソー全集』(小林善彦 他譯) 全14冊+別卷2冊, 白水社, 1978-1984年.

【2차 문헌】

○ロス, I. S.,『アダム・スミス傳』, シュプリンガー・フェアラーク, 2000[1995]年.

福田歡一,『ルソー』, 岩波現代文庫, 2012年.

桑瀬章二郎 編,『ルソーを學ぶ人のために』, 世界思想社, 2010年.

川合淸隆,『ルソーとジュネーヴ共和國』, 名古屋大學出版會, 2007年.

水林章,『公衆の誕生, 文學の出現』, みすず書房, 2003年.

小林善彦,『誇り高き市民』, 岩波書店, 2001年.

フレーデン, B.,『ルソーの經濟哲學』, 日本經濟評論社, 2003[1998]年.

坂倉裕治,『ルソーの教育思想』, 風間書房, 1998年.

吉岡知哉,『ジャン=ジャック・ルソー論』, 東京大學出版會, 1988年.

海老澤敏,『むすんでひらいて考』, 岩波書店, 1986年.

中川久定,『甦るルソー』, 岩波現代選書, 1983年.

スタロバンスキー, J.,『ルソー』, みすず書房, 1993[1971]年.

☆カッシーラー, E.,『ジャン=ジャック・ルソー問題』, みすず書房, 1997[1954]年.

デュルケーム, E.,『モンテスキューとルソー』, 法政大學出版局, 1975[1953]年.

☆山崎正一・串田孫一,『惡魔と裏切者 ルソーとヒューム』, ちくま學藝文庫, 2014[1949]年.

제6장 스미스에게서의 경제학의 성립

【1차 문헌】

○スミス, 『國富論』(杉山忠平 譯・水田洋 監譯) 全4冊, 岩波文庫, 2000-2001年.

○ペイン, 『コモン・センス 他三編』(小松春雄 譯), 岩波文庫, 1976年.

○スミス, 『法學講義 1762~1763』(水田洋 他譯), 名古屋大學出版會, 2012年.

○スミス, 『法学講義』(水田洋 譯), 岩波文庫, 2005年.

○スミス, 『哲學論文集』(水田洋 他譯), 名古屋大學出版會, 1993年.

○スミス, 『修辭學・文學講義』(水田洋・松原慶子 譯), 名古屋大學出版會, 2004年.

○スミス, 「『エディンバラ評論』(一七五五~五六年)への寄稿文」, 『哲學論文集』所收.

○スミス, 「五五年草稿」, 『法學講義』(水田洋 譯), 岩波文庫, 2005年, 507-508頁.

○スミス, 『道德感情論』(水田洋 譯) 2冊, 岩波文庫, 2003年.

○ステュアート, 『經濟の原理』(小林昇 監譯) 2冊, 名古屋大學出版會, 1993-1998年.

スミス, 『道德感情論』(高哲男 譯), 講談社學術文庫, 2013年.

スミス, 『國富論』(大河內一男 監譯) 全4冊, 中公クラシックス, 2010年.

スミス, 『國富論』(山岡洋一 譯) 全2冊, 日本經濟新聞社出版局, 2007年.

【2차 문헌】

〈스미스의 생애와 시대〉

☆フィリップソン, N., 『アダム・スミスとその時代』, 白水社, 2014[2010]年.

山崎怜, 『アダム・スミス』, 研究社, 2005年.

田中秀夫, 『原点探訪アダム・スミスの足跡』, 法律文化社, 2002年.

水田洋, 『アダム・スミス』, 講談社學術文庫, 1997年.

ロス, I. S., 『アダム・スミス傳』(第5章, 二次文獻).

水田洋, 『アダム・スミス研究』, 未來社, 1968年.

高島善哉, 『アダム・スミス』, 岩波新書, 1968年.

ステュアート, D., 『アダム・スミスの生涯と著作』, 御茶の水書房, 1984[1794]年.

〈스미스의 사상〉

☆水田洋, 『アダム・スミス論集』, ミネルヴァ書房, 2009年.

田中正司, 『現代世界の危機とアダム・スミス』, 御茶の水書房, 2009年;『アダム・スミスと
　現代』增補版, 御茶の水書房, 2009年.

大島幸治, 『アダム・スミスの道德哲學と言語論』, 御茶の水書房, 2008年.

ラフィル, D. D., 『アダム・スミスの道德哲學』, 昭和堂, 2009[2007]年.

田中正司, 『アダム・スミスの自然法學』第2版, 御茶の水書房, 2003年; 『經濟學の生誕 と『法學講義』』, 御茶の水書房, 2003年.

☆田中正司, 『アダム・スミスの倫理學』2冊, 御茶の水書房, 1997年.

只腰親和, 『「天文學史」とアダム・スミスの道德哲學』, 多賀出版, 1995年.

田中正司, 『アダム・スミスの自然神學』, 御茶の水書房, 1993年.

鈴木信雄, 『アダム・スミスの知識=社會哲學』, 名古屋大學出版會, 1992年.

井上和雄, 『資本主義と人間らしさ』, 日本經濟評論社, 1988年.

篠原久, 『アダム・スミスと常識哲學』, 有斐閣, 1986年.

ホーコンセン, K., 『立法者の科學』, ミネルヴァ書房, 2001[1981]年.

スキナー, A. S., 『アダム・スミスの社會科學體系』, 未來社, 1981[1979]年.

☆ウィンチ, D., 『アダム・スミスの政治學』, ミネルヴァ書房, 1989[1978]年.

☆モロウ, G. R., 『アダム・スミスにおける倫理と經濟』, 未來社, 1992[1923]年.

〈스미스의 경제학〉

丸山徹, 『アダム・スミス『國富論』を讀む』, 岩波書店, 2011年.

星野彰男, 『アダム・スミスの經濟理論』, 關東學院大學出版會, 2010年.

堂目卓生, 『アダム・スミス』, 中公新書, 2008年.

竹本洋, 『『國富論』を讀む』, 名古屋大學出版會, 2005年.

田島慶吾, 『アダム・スミスの制度主義經濟學』, ミネルヴァ書房, 2003年.

星野彰男, 『アダム・スミスの經濟思想』, 關東學院大學出版會, 2002年.

佐伯啓思, 『アダム・スミスの誤算』, PHP新書, 1999年.

新村聰, 『經濟學の成立』, 御茶の水書房, 1994年.

和田重司, 『アダム・スミスの政治經濟學』, ミネルヴァ書房, 1978年.

☆小林昇, 『國富論體系の成立』, 未來社, 1973年.

ホランダー, S., 『アダム・スミスの經濟學』, 東洋經濟新報社, 1976[1973]年.

☆內田義彦, 『經濟學の生誕』增補版, 未來社, 1962[1953]年.

제7장 '철학적 급진주의'의 사회사상

【1차 문헌】

○トクヴィル, 『舊體制と革命』(小山勉 譯), ちくま學藝文庫, 1998年.

○オブリ 編, 『ナポレオン言行錄』(大塚幸男 譯), 岩波文庫, 1983年.

○シィエス, 『第三身分とは何か』(稻本洋之助 他譯), 岩波文庫, 2011年.

○バーク, 『自然社會の擁護』(水田洋 責任編集), 『世界の名著 34 バーク/マルサス』, 中公バックス, 1980年.

○バーク, 『崇高と美の觀念の起原』(中野好之 譯), みすず書房, 1999年.

○プライス, 『祖國愛について』(永井義雄 譯), 未來社, 1966年.

○バーク, 『フランス革命の省察』(中野好之 譯) 2冊, 岩波文庫, 2000年.

○ペイン, 『人間の權利』(西川正身 譯), 岩波文庫, 1971年.

○マルサス, 『人口論』(齊藤悅則 譯), 光文社古典新譯文庫, 2011年.

○ゴドウィン, 『政治的正義(財産論)』(白井厚 譯), 陽樹社, 1973[1793]年.

○マルサス, 『經濟學原理』(小林時三郎 譯) 2冊, 岩波文庫, 1968年.

○ベンサム, 『道德および立法の諸原理序說』『統治論斷片』(關嘉彦 責任編集), 『世界の名著 49 ベンサム/J. S. ミル』, 中公バックス, 1979年.

○ミル, J., 『商業擁護論』(岡茂男 譯), 未來社, 1965年.

○ミル, J. S. 『ベンサムとコウルリッジ』(松本啓 譯), みすず書房, 1990年.

○ミル, J. 『敎育論・政府論』(小川晃一 譯), 岩波文庫, 1983[1818, 1824]年.

○リカードウ, 『經濟學および課稅の原理』(羽鳥卓也・吉澤芳樹 譯) 2冊, 岩波文庫, 1987年.

○リカードウ, 『利潤論』(水田洋 他譯), 『イギリスの近代經濟思想』, 河出書房新社, 1964年, 所收.

○ミル, 『ミル自傳』(朱牟田夏雄 譯), 岩波文庫, 1960年.

ハミルトン, A./マディソン, J./ジェイ, J., 『ザ・フェデラリスト』(齋藤眞・中野勝郎 譯), 岩波文庫, 1999[1788]年.

バーク, 『政治經濟論集』(中野好之 編譯), 法政大學出版局, 2000年.

バーク, 『フランス革命の省察』(半澤孝麿 譯), みすず書房, 1997 牛.

バーク, 『エドマンド・バーク著作集』(中野好之 譯) 全3冊, みすず書房, 1973-1978年.

ヘイズリット, W., 『時代の精神』(神吉三郎 譯), 講談社學術文庫, 1996[1825]年.

ミル, 『ミル自傳』(村井章子 譯), みすず書房, 2008年.

『デイヴィド・リカードウ全集』(P. スラッファ 編) 全11冊, 雄松堂書店, 1969-1999年.

【2차 문헌】

○☆ホブズボーム、E. J.,『市民革命と産業革命』, 岩波書店, 1968[1962]年.

○フュレ, F.,『フランス革命を考える』, 岩波書店, 2000[1978]年.

○☆アレント, H.,『革命について』, ちくま學藝文庫, 1995[1963年]年.

〈프랑스혁명의 시대와 사상〉

柴田三千雄,『フランス革命はなぜおこったか』, 山川出版社, 2012年.

三浦信孝 編,『自由論の討議空間: フランス・リベラリズムの系譜』, 勁草書房, 2010年.

安藤隆穂 編,『フランス革命と公共性』, 名古屋大學出版會, 2003年.

シャルチェ, R.,『フランス革命の文化的起源』, 岩波書店, 1999[1991]年.

柴田三千雄,『フランス革命』, 岩波現代文庫, 2007[1989]年.

フュレ, F./オズーフ, M. 編,『フランス革命事典』全7冊, みすず書房, 1998-2000[1988]年.

ハント, L.,『フランス革命の政治文化』, 平凡社, 1989[1984]年.

ソブール, A.,『フランス革命』2冊, 岩波新書, 1980[1948]年.

☆ルフェーブル, G.,『1789年』, 岩波文庫, 1998[1939]年.

マチェ, A.,『フランス大革命』全3冊, 岩波文庫, 1958-1959[1927]年.

☆ミシュレ, J.,『フランス革命史』2冊, 中公文庫, 2006[1847-1853]年.

〈영국의 급진주의와 보수주의〉

小畑俊太郎,『ベンサムとイングランド國制』, 慶應義塾大学出版會, 2013年.

土屋惠一郎,『怪物ベンサム』, 講談社學術文庫, 2012年.

スコフィールド, P.,『ベンサム功利主義入門』, 慶應義塾大学出版會, 2013[2009]年.

中澤信彦,『イギリス保守主義の政治経濟學』, ミネルヴァ書房, 2009年.

永井義雄,『ベンサム』, 研究社, 2003年.

岸本廣司,『バーク政治思想の形成』, 御茶の水書房, 1989年;『バーク政治思想の展開』, 御茶の水書房, 2000年.

永井義雄,『自由と調和をもとめて』, ミネルヴァ書房, 2000年.

山下重一,『ジェイムズ・ミル』, 研究社, 1997年.

エイヤー, A. J.,『トマス・ペイン』, 法政大學出版局, 1990[1988]年.

☆杉山忠平,『理性と革命の時代に生きて』, 岩波新書, 1974年.

白井厚,『ウィリアム・ゴドウィン研究』増補版, 未來社, 1972年.

永井義雄,『イギリス急進主義の研究』, 御茶の水書房, 1962年.

小松春雄, 『イギリス保守主義史研究』, 御茶の水書房, 1961年.
☆ケインズ, J. M., 「T. R. マルサス」, 『ケインズ全集 第10卷 「人物評傳」』, 東洋經濟新報
　社, 1980[1933]年.

〈영국 고전파 경제학〉

中村廣治, 『リカードウ評傳』, 昭和堂, 2009年.
飯田裕康·出雲雅志·柳田芳伸 編著, 『マルサスと同時代人たち』, 日本經濟評論社,
　2006年.
佐々木憲介, 『經濟學方法論の形成』, 北海道大學圖書刊行會, 2001.
蛯原良一, 『リカードウ派社會主義の研究』, 世界書院, 1994年.
千賀重義, 『リカードウ政治經濟學研究』, 三嶺書房, 1989年.
ホランダー, S., 『古典派經濟學』, 多賀出版, 1991[1987]年.
ウィンチ, D., 『マルサス』, 日本經濟評論社, 1992[1987]年.
☆羽鳥卓也, 『古典派經濟學の基本問題』, 未來社, 1972年.

제8장 근대 자유주의의 비판과 계승

【1차 문헌】

○フィヒテ, 『フランス革命論』(桝田啓三郎 譯), 法政大學出版局, 1987年.
○カント, 『純粹理性批判』(篠田英雄 譯) 全3冊, 岩波文庫, 1961-1962年.
○カント, 『プロレゴメナ』(篠田英雄 譯), 岩波文庫, 1977年.
○カント, 『道德形而上學原論』(篠田英雄 譯), 岩波文庫, 1976年.
○カント, 『永遠平和のために·啓蒙とは何か 他』(中山元 譯), 光文社古典新譯文庫,
　2006年.
○フィヒテ, 『全知識學の基礎·知識學梗概』(限元忠敬 譯), 溪水社, 1986年.
○フィヒテ, 『封鎖商業國家論』(出口勇藏 譯), 弘文堂書房, 1967年.
○フィヒテ, 『ドイツ國民に告ぐ』(石原達二 譯), 玉川大學出版部, 1999年.
○コンスタン, 『アドルフ』(大塚幸男 譯), 岩波文庫, 2010年.
○オースティン, 『分別と多感』(中野康司 譯), ちくま文庫, 2007年.
○オースティン, 『高慢と偏見』(小尾芙佐 譯) 2冊, 光文社古典新譯文庫, 2011年.
○カーライル, 『英雄崇拜論』(老田三郎 譯), 岩波文庫, 1949年.
○ヘーゲル, 『精神現象學』(長谷川宏 譯), 作品社, 1998年.

○ヘーゲル, 『法哲學講義』(長谷川宏 譯), 作品社, 2000年.

○ヘーゲル, 『歴史哲學講義』(長谷川宏 譯) 2冊, 岩波文庫, 1994年.

カント, 『純粹理性批判』(中山元 譯) 全7冊, 光文社古典新譯文庫, 2010-2012年.

カント, 『純粹理性批判』(熊野純彦 譯), 作品社, 2012年.

カント, 『啓蒙とは何か 他四篇』(篠田英雄 譯), 岩波文庫, 1974年.

カント, 『プロレゴーメナ・人倫の形而上學の基礎づけ』(土岐邦夫・觀山雪陽・野田又夫 譯), 中公クラシックス, 2005年.

カント, 『道德形而上學の基礎づけ』(中山元 譯), 光文社古典新譯文庫, 2012年.

カント, 『永遠平和のために』(宇都宮芳明 譯), 岩波文庫, 2009年.

オースティン, 『高慢と偏見』(富田彬 譯), 岩波文庫, 2002年.

ヘーゲル, 『精神現象學』(樫山欽四郎 譯) 2冊, 平凡社ライブラリー, 1997年.

ヘーゲル, 『法の哲學』(藤野渉・赤澤政敏 譯), 中公クラシックス, 2001年.

『ヘーゲル全集』(武市健人 他譯) 全32冊, 岩波書店, 1996年.

【2차 문헌】

○カッシーラー, E., 『カントの生涯と學説』, みすず書房, 1986[1918]年.

○ローゼンクランツ, K., 『ヘーゲル傳』, みすず書房, 1983[1844]年.

○リーデル, M., 『ヘーゲル法哲學』, 福村出版, 1976[1969]年.

安藤隆穗, 『フランス自由主義の成立』, 名古屋大學出版會, 2007年.

ミード, G. H., 『西洋近代思想史』2冊, 講談社學術文庫, 1994[1936]年.

〈낭만주의 사상〉

清水満, 『フィヒテの社會哲學』, 九州大學出版會, 2013年.

高山裕二, 『トクヴィルの憂鬱』, 白水社, 2012年.

鹽野谷祐一, 『ロマン主義の經濟思想』, 東京大學出版會, 2012年.

堤林劍, 『コンスタンの思想世界』, 創文社, 2009年.

伊坂青司・原田哲史 編, 『ドイツ・ロマン主義研究』, 御茶の水書房, 2007年.

原田哲史, 『アダム・ミュラー研究』, ミネルヴァ書房, 2002年.

バイザー, F. C., 『啓蒙・革命・ロマン主義』, 法政大學出版局, 2010[1992]年.

岩岡中正, 『詩の政治學』, 木鐸社, 1990年.

成瀬治, 『傳統と啓蒙』, 法政大學出版局, 1988年.

小野紀明, 『フランス・ロマン主義の政治思想』, 木鐸社, 1986年.

☆バーリン, I., 『ロマン主義と政治』, 岩波書店, 1984年.

シェンク, H. G.,『ロマン主義の精神』, みすず書房, 1975[1966]年.

ラヴジョイ, A. O.,『観念の歴史』, 名古屋大學出版會, 2003[1948]年.

ベイト, W. J.,『古典主義からロマン主義へ』, みすず書房, 1993[1946]年.

☆マイネッケ, F.,『歴史主義の成立』2冊, 筑摩書房, 1967-1968[1936]年.

☆シュミット, C.,『政治的ロマン主義』, みすず書房, 2012[1925]年.

〈헤겔〉

權左武志,『ヘーゲルとその時代』, 岩波新書, 2013年.

村岡晋一,『ドイツ觀念論』, 講談社選書メチエ, 2012年.

ソーンヒル, クリス,『ドイツ政治哲學』, 風行社, 2012[2007]年.

藤原保信(引田隆也·山田正行 編),『ヘーゲルの政治哲學』, 新評論, 2007年.

加藤尙武 編,『ヘーゲルを學ぶ人のために』, 世界思想社, 2001年.

高柳良治,『ヘーゲル社會理論の射程』, 御茶の水書房, 2000年.

長谷川宏,『ヘーゲルの歴史意識』, 講談社學術文庫, 1998年.

城塚登,『ヘーゲル』, 講談社學術文庫, 1997.

加藤尙武 他編,『ヘーゲル事典』, 弘文堂, 1992年.

プリッダート, B. P.,『經濟學者ヘーゲル』, 御茶の水書房, 1999[1990]年.

テイラー, C.,『ヘーゲルと近代社會』, 岩波書店, 2000[1979]年.

☆リッター, J.,『ヘーゲルとフランス革命』, 理想社, 1966[1957]年.

☆マルクーゼ, H.,『理性と革命』, 岩波書店, 1961[1954]年.

ルカーチ,『若きヘーゲル』2冊, 白水社, 1998[1948]年.

제9장 마르크스의 자본주의 비판

【1차 문헌】

○エンゲルス,『イギリスにおける勞動者階級の狀態』(一條和生·杉山忠平 譯), 岩波文庫, 1990年.

○サン゠シモン,『産業者の教理問答 他一篇』(森博 譯), 岩波文庫, 2001年.

○サン゠シモン,『サン゠シモン著作集』(森博 編譯) 全5冊, 恒星社厚生閣, 1987-1988年.

○フーリエ,『四運動の理論』(巖谷國士 譯) 2冊, 現代思潮社, 1970年.

○フーリエ,『産業的協同社會的新世界』(五島茂·坂本慶一 責任編集),『世界の名著 42 オウエン/サン·シモン/フーリエ』, 中公バックス, 1980年.

○オウエン, 『新社會觀』(同上).

○マルクス, 『ユダヤ人問題によせて・ヘーゲル法哲學批判序說』(城塚登 譯), 岩波文庫, 1974年.

○マルクス, 『經濟學・哲學草稿』(長谷川宏 譯), 光文社古典新譯文庫, 2010年.

○マルクス/エンゲルス, 『ドイツ・イデオロギー』(廣松渉 編譯・小林昌人 補譯), 岩波文庫, 2002年.

○マルクス/エンゲルス, 『共産党宣言』(水田洋 譯), 講談社學術文庫, 2008年.

○マルクス, 『資本論』(向坂逸郎 譯) 全9冊, 岩波文庫, 1969-1970年.

バザール 他, 『サン=シモン主義宣言』(野地洋行 譯), 木鐸社, 1982[1830]年.

フォイエルバッハ, 『キリスト教の本質』(船山信一 譯) 2冊, 岩波文庫, 1965[1841]年.

フーリエ, 『愛の新世界』(福島知己 譯) 増補新版, 作品社, 2013[1972]年.

オウエン, 『オウエン自敍傳』(五島茂 譯), 岩波文庫, 1961[1857-1858]年.

マルクス, 『新譯初期マルクス(ユダヤ人問題に寄せて・ヘーゲル法哲學批判序說)』(的場昭弘 譯), 作品社, 2013年.

マルクス, 『經濟學・哲學草稿』(城塚登・田中吉六 譯), 岩波文庫, 1964年.

マルクス, 『ルイ・ボナパルトのブリュメール18日 (初版)』(植村邦彦 譯), 平凡社ライブラリー, 2008[1852]年.

マルクス, 『經濟學批判』(武田隆夫 他譯), 岩波文庫, 1956年.

マルクス, 『資本論 第一卷』(今村仁司・三島憲一・鈴木直 譯) 2冊, 筑摩書房, 2005年.

マルクス, 『資本論 經濟學批判 第1卷』(中山元 譯) 全4冊, 日經BP社, 2011-2012年.

マルクス, 『經濟學批判要綱』(高木幸二郎 監譯) 全5冊, 大月書店, 1958-1965年.

『マルクス=エングルス全集』(大內兵衛・細川嘉六 監譯) 全53冊, 大月書店, 1959-1991年.

【2차 문헌】

○ホブズボーム, E. J., 『資本の時代』2冊, みすず書房, 1981-1982[1975]年.

○ハイエク, 『科學による反革命』(渡邊幹雄 譯), 春秋社, 2011[1952]年.

○バーリン, I., 『人間マルクス』, サイエンス社, 1984[1939]年.

〈초기 사회주의〉

ビーチャー, J., 『シャルル・フーリエ傳』, 作品社, 2001[1986]年.

中川雄一郎, 『イギリス協同組合思想研究』, 日本經濟評論社, 1984年.

ドゥブー, S., 『フーリエのユートピア』, 平凡社, 1993[1978]年.

永井義雄, 『ロバート・オーエン試論集』, ミネルヴァ書房, 1974年.

白井厚, 『オウエン』, 牧書店, 1965年.

坂本慶一, 『フランス産業革命思想の形成』, 未來社, 1961年.

☆シャルレティ, S., 『サン＝シモン主義の歴史 1825-1864』, 法政大學出版局, 1986[1931]年.

デュルケム, E., 『社會主義およびサン-シモン』, 恒星社厚生閣, 1977[1928]年.

〈마르크스 사상과 그 주변〉

ハーヴェイ, D., 『〈資本論〉入門』, 作品社, 2011[2010]年.

植村邦彦, 『市民社會とは何か』, 平凡社新書, 2010年.

植村邦彦, 『マルクスのアクチュアリティ』, 新泉社, 2006年.

良知力, 『ヘーゲル左派と初期マルクス』, 岩波書店, 2001年.

的場昭弘 他編, 『新マルクス學事典』, 弘文堂, 2000年.

的場昭弘, 『パリの中のマルクス』, 御茶の水書房, 1995年.

的場昭弘, 『トリーアの社會史』, 未來社, 1986年.

內田弘, 『「經濟學批判要綱」の研究』 新版, 御茶の水書房, 2005[1982]年.

柄谷行人, 『マルクス その可能性の中心』, 講談社學術文庫, 1990[1978]年.

廣松涉, 『マルクス主義の理路』, 勁草書房, 2009[1974]年.

☆マクレラン, D., 『マルクス傳』, ミネルヴァ書房, 1976[1973]年.

望月清司, 『マルクス歴史理論の研究』, 岩波書店, 1973年.

廣松涉, 『青年マルクス論』, 平凡社, 1971年.

城塚登, 『若きマルクスの思想』, 勁草書房, 1970年.

☆平田清明, 『市民社會と社會主義』, 岩波書店, 1969年.

☆廣松涉, 『エンゲルス論』, ちくま學藝文庫, 1994[1968]年.

梅本克己, 『唯物史觀と現代』, 岩波新書, 1967年.

☆內田義彦, 『資本論の世界』, 岩波新書, 1966年.

☆アルチュセール, L., 『マルクスのために』, 平凡社ライブラリー, 1994[1965]年.

城塚登, 『フォイエルバッハ』, 勁草書房, 1958年.

제10장 J. S. 밀에게서의 문명사회론의 재건

【1차 문헌】

○ミル, J.,『經濟學綱要』(渡邊輝雄 譯), 春秋社, 1948年.

○コント,『實證精神論』(淸水幾太郎 責任編集),『世界の名著 46 コント/スペンサー』, 中公バックス, 1980年.

○マコーリ,『英國史』(中村經一 譯), 旺世社, 1948-1949年.

○ミル,『論理學體系』(大關將一 譯) 全6冊, 春秋社, 1949-1959年.

○ミル,『經濟學原理』(末永茂喜 譯) 全5冊, 岩波文庫, 1959-1963年.

○ミル,『代議制統治論』(水田洋 譯), 岩波文庫, 1997年.

○トクヴィル,『アメリカのデモクラシー』(松本禮二 譯) 全4冊, 岩波文庫, 2005-2008年.

○ミル,『女性の解放』(大內兵衛・大內節子 譯), 岩波文庫, 1957年.

○ミル,『功利主義』(川名雄一郎・山本圭一郎 譯),『功利主義論集』, 京都大學學術出版會, 2010年, 所收.

コント,『科學=宗敎という地平』(杉本隆司 譯・解說), 白水社, 2013年;『ソシオロジーの起源へ』(杉本隆司 譯), 白水社, 2013年.

コント,「社會再組織に必要な科學的作業のプラン」「實證精神論」「社會靜學と社會動學」(淸水幾太郎 責任編集),『世界の名著 46 コント/スペンサー』, 中公バックス, 1980年.

ミル,『J. S. ミル初期著作集』(杉原四郎・山下重一 編) 全4冊, 御茶の水書房, 1979-1997年.

トクヴィル,『アメリカの民主政治』(井伊玄太郎 譯) 全3冊, 講談社學術文庫, 1987年.

トクヴィル,『舊體制と大革命』(小山勉 譯), ちくま學藝文庫, 1998[1856]年.

ミル,『自由論』(山岡洋一 譯), 日經BP社, 2011年.

ミル,『自由論』(鹽尻公明・木村健康 譯), 岩波文庫, 1971年.

トクヴィル,『フランス二月革命の日々』(喜安朗 譯), 岩波文庫, 1988[1893]年.

【2차 문헌】

○マシュー, C. 編,『19世紀 1815年-1901年』, 慶應義塾大學出版會, 2009[2000]年.

キャメロン, R./ニール, L.,『槪說世界經濟史 II』, 東洋經濟新報社, 2013[2003]年.

ホブズボーム, E. J.,『産業と帝國』, 未來社, 1996[1968]年.

〈토크빌〉

松本禮二,『トクヴィルで考える』, みすず書房, 2011年.

菊谷和宏,『「社會」の誕生』, 講談社選書メチエ, 2011年.

高山裕二,『トクヴィルの憂鬱』, 白水社, 2011年.

ダムロッシュ, L.,『トクヴィルが見たアメリカ』, 白水社, 2012[2010]年.

富永茂樹,『トクヴィル』, 岩波新書, 2010年.

宇野重規,『トクヴィル』, 講談社選書メチエ, 2007年.

小山勉,『トクヴィル』, ちくま學藝文庫, 2006年.

☆清水幾太郎,『オーギュスト・コント』, ちくま學藝文庫, 2014[1995]年.

〈밀의 사상〉

川名雄一郎,『社會體の生理學』, 京都大學學術出版會, 2012年.

矢島杜夫,『ミルの「自由論」とロマン主義』, 御茶の水書房, 2006年.

杉原四郎,『自由と進歩』(『杉原四郎著作集 2』), 藤原書店, 2003年.

馬渡尚憲,『J. S. ミルの經濟學』, 御茶の水書房, 1997年.

小泉仰,『J. S. ミル』, 研究社, 1997年.

グレイ, J. G. W.,『ミル「自由論」再讀』, 木鐸社, 2000[1991]年.

關口正司,『自由と陶冶』, みすず書房, 1989年.

山下重一,『J. S. ミルの政治思想』, 木鐸社, 1976年.

☆ベイン, A.,『J. S. ミル評傳』, 御茶の水書房, 1993[1882]年.

제11장 서구 문명의 위기와 베버

【1차 문헌】

○ホブスン,『帝國主義論』(矢內原忠雄 譯) 2冊, 岩波文庫, 1951-1952年.

○ヒルファディング,『金融資本論』(岡崎次郎 譯) 2冊, 岩波文庫, 1982年.

○レーニン,『帝國主義論』(角田安正 譯), 光文社古典新譯文庫, 2006年.

○ベルンシュタイン,『社會主義の諸前提と社會民主主義の任務』(佐瀬昌盛 譯), ダイヤ
　　モンド社, 1974年.

○ジェヴォンズ,『經濟學の理論』(小泉信三・寺尾琢磨・永田清 譯), 日本經濟評論社,
　　1981年.

○メンガー,『國民經濟學原理』(安井琢磨・八木紀一郎 譯), 日本經濟評論社, 1999年.

○ワルラス, 『純粹經濟學要論』(久武雅夫 譯), 岩波書店, 1983年.

○ダーウィン, 『種の起源』(渡邊政隆 譯) 2冊, 光文社古典新譯文庫, 2009年.

○ダーウィン, 『ダーウィン自傳』(八杉龍一・江上生子 譯), ちくま學藝文庫, 2000年.

○スペンサー, 『第一原理』(澤田謙 譯), 日本圖書センター, 2008[1923]年.

○ケインズ, 『自由放任の終焉』(宮崎義一・伊東光晴 責任編集), 『世界の名著 69 ケインズ/ハロッド』, 中公バックス, 1980年.

○クロポトキン, 『相互扶助論』(大杉榮 譯), 同時代社, 2012年.

○マーシャル, 『經濟學原理』(馬場啓之助 譯) 全4冊, 東洋經濟新報社, 1965-1967年.

○フロイト, 『夢判斷』(高橋義孝 譯), 新潮文庫, 2005年.

○デュルケーム, 『自殺論』(宮島喬 譯), 中公文庫, 1985年.

○ソレル, 『暴力論』(今村仁司・塚原史 譯) 2冊, 岩波文庫, 2007年.

○ヴェーバー, 『プロテスタンティズムの倫理と資本主義の精神』(大塚久雄 譯), 岩波文庫, 1989年.

○ヴェーバー, 『古代ユダヤ教』(內田芳明 譯) 全3冊, 岩波文庫, 1996年.

○ウェーバー, 『職業としての學問』(尾高邦雄 譯), 岩波文庫, 1980年;『職業としての政治』(脇圭平 譯), 岩波文庫, 1980年.

○ニーチェ, 『悲劇の誕生』(鹽屋竹男 譯);『ツァラトゥストラ』2冊(吉澤傳三郎 譯);『善惡の彼岸・道德の系譜』(信太正三 譯) 以上, ちくま學藝文庫, 1993年.

○ヴェーバー, 『宗教社會學論選』(大塚久雄・生松敬三 共譯), みすず書房, 1972年.

○ウェーバー, 『社會主義』(濱島朗 譯), 講談社學術文庫, 1980年.

ダーウィン, 『種の起原』(八杉龍一 譯) 2冊, 岩波文庫, 1990年.

ダーウィン, 『ビーグル號航海記 [新譯]』(荒俣宏 譯), 平凡社, 2013[1845]年.

スペンサー, 「科學の起源」「進步について」「知識の價値」(清水幾太郎 責任編集), 『世界の名著 46 コント/スペンサー』, 中公バックス, 1980年.

ヴェブレン, 『有閑階級の理論』(高哲男 譯), ちくま學藝文庫, 1998[1899]年.

パレート, 『一般社會學提要』(姬岡勤 譯・板倉達文 校訂), 名古屋大學出版會, 1996[1916]年.

ウェーバー, 『職業としての政治・職業としての學問』(中山元 譯), 日經BP社, 2009年.

フロイト, 『幻想の未來・文化への不滿』(中山元 譯), 光文社古典新譯文庫, 2007[1927; 1930]年.

【2차 문헌】

○內井惣七, 『ダーウィンの思想』, 岩波新書, 2009年.

○☆ヒューズ, S.,『意識と社會』, みすず書房, 1999[1958]年.

○モムゼン, W. J.,『マックス・ヴェーバー』, 未來社, 1994[1974]年.

○今野元,『マックス・ヴェーバー』, 東京大學出版會, 2007年.

○山之內靖,『マックス・ヴェーバー入門』, 岩波新書, 1997年.

ポーター, A.,『帝國主義』, 岩波書店, 2006[1994]年.

ホブズボーム, E. J.,『帝國の時代』, みすず書房, 1993-1998[1987]年.

☆サイード,『オリエンタリズム』2冊, 平凡社ライブラリー, 1993[1978]年.

ラッセル, B.,『ドイツ社會主義』, みすず書房, 1990[1896]年.

〈베버 사상의 주변〉

小林純,『ドイツ經濟思想史論集』2冊, 唯學書房, 2012年.

伊藤邦武,『經濟學の哲學』, 中公新書, 2011年.

只腰親和・佐々木憲介 編,『イギリス經濟學における方法論の展開』, 昭和堂, 2010年.

田村信一・原田哲史 編著,『ドイツ經濟思想史』, 八千代出版, 2009年.

丸山徹,『ワルラスの肖像』, 勁草書房, 2008年.

江里口拓,『福祉國家の效率と制御』, 昭和堂, 2008年.

西澤保,『マーシャルと歴史學派の經濟思想』, 岩波書店, 2007年.

杉本榮一,『近代經濟學史』, 岩波書店, 2005年.

松永俊男,『ダーウィン前夜の進化論爭』, 名古屋大學出版會, 2005年.

八木紀一郎,『ウィーンの經濟思想』, ミネルヴァ書房, 2004年.

御崎加代子,『ワルラスの經濟思想』, 名古屋大學出版會, 1998年.

田村信一,『グスタフ・シュモラー研究』, 御茶の水書房, 1993年.

高哲男,『ヴェブレン研究』, ミネルヴァ書房, 1991年.

上山安敏,『フロイトとユング』, 岩波書店, 2007[1989]年.

パラディス, J./ウィリアムズ, G.,『進化と倫理』, 産業圖書, 1995[1989]年.

三島憲一,『ニーチェ』, 岩波新書, 1987年;『ニーチェ以後』, 岩波新書, 2011年.

井上琢智,『ジェヴォンズの思想と經濟學』, 日本評論社, 1987年.

ボウラー, P. J.,『進化思想の歴史』, 朝日選書, 1987[1984]年.

☆コリーニ, S./ウィンチ, D./バロウ, J.,『かの高貴なる政治の科學』, ミネルヴァ書房, 2005[1983]年.

☆ジャッフェ, W.,『ワルラス經濟學の誕生』, 日本經濟新聞社, 1977年.

☆ポパー, K.,『歴史主義の貧困』, 日經BP社, 2013[1960]年.

〈베버의 사상〉

中野敏男,『マックス·ウェーバーと現代』增補版, 靑弓社, 2013年.

安藤英治,『マックス·ウェーバー』, 講談社學術文庫, 2003年.

橋本努,『社會科學の人間學』, 勁草書房, 1999年.

姜尙中,『マックス·ウェーバーと近代』, 岩波現代文庫, 2003[1986]年.

上山安敏,『ウェーバーとその社會』, ミネルヴァ書房, 1996[1978]年.

住谷一彦,『マックス·ヴェーバー』, NHKブックス, 1970年.

生松敬三 ,『社會思想の歷史』, 岩波現代文庫, 2002[1969]年.

☆大塚久雄,『社會科學の方法』, 岩波新書, 1966年.

☆ウェーバー, マリアンネ,『マックス·ウェーバー』, みすず書房, 1987[1926]年.

제12장 '전체주의' 비판의 사회사상

【1차 문헌】

○シュペングラー,『西洋の沒落』(村松正俊 譯) 2冊, 五月書房, 2001年.

○オルテガ,『大衆の反逆』(寺田和夫 譯), 中公クラシックス, 2002年.

○ノイマン, F.,『ビヒモス』(岡本友孝·小野英祐·加藤榮一 譯), みすず書房, 1963年.

○ハイエク『隷屬への道』(西山千明 譯), 春秋社, 2008年.

○ポパー,『開かれた社會とその敵』(小河原誠·內田詔夫 譯), 未來社, 1980年.

○アーレント,『全體主義の起原』(大久保和郎·大島通義·大島かおり 譯) 全3冊, みす
　　ず書房, 1981年.

○ルカーチ,『歷史と階級意識』(平井俊彦 譯), 未來社, 1998年.

○マンハイム,『イデオロギーとユートピア』(高橋徹·德永恂 譯), 中公クラシックス,
　　2006年.

○フロム,『自由からの逃走』(日高六郎 譯), 東京創元社, 1965年.

○ケインズ,『ロシア管見』(宮崎義一 譯),『ケインズ全集 第9卷』, 東洋經濟新報社,
　　1981年.

○ホルクハイマー/アドルノ,『啓蒙の弁証法』(德永恂 譯), 岩波文庫, 2007年.

○ケインズ,『若き日の信條』『私は自由党員か』『自由放任の終焉』その他(宮崎義一·
　　伊東光晴 責任編集),『世界の名著 69 ケインズ/ハロッド』, 中公バックス, 1980年.

○ムア,『倫理學原理』(泉谷周三郎·寺中平治·星野勉 譯), 三和書籍, 2010年.

○ホメロス,『オデュッセイア』(松平千秋 譯) 2冊, 岩波文庫, 1994年.

○ケインズ,『平和の經濟的歸結』(早坂忠 譯),『ケインズ全集 第2卷』, 東洋經濟新報社, 1977年.

○ケインズ,『確率論』(佐藤隆三 譯),『ケインズ全集 第8卷』, 東洋經濟新報社, 2010年.

○ハイエク,『感覺秩序』(穐山貞登 譯) 新版, 春秋社, 2008年.

○ハイエク,『市場・知識・自由』(田中眞晴・田中秀夫 編譯), ミネルヴァ書房, 1986年.

○ピグウ,『厚生經濟學』(氣賀健三 他譯) 全4冊, 東洋經濟新報社, 1965年.

○ケインズ,『雇用・利子および貨幣の一般理論』(間宮陽介 譯) 2冊, 岩波文庫, 2008年.

オルテガ,『大衆の反逆』(神吉敬三 譯), ちくま學藝文庫, 1995年.

ウェルズ, H. G.,『解放された世界』(浜野輝 譯), 岩波文庫, 1997[1914]年.

ルカーチ,『歷史と階級意識』(城塚登・古田光 譯), 白水社, 1991年.

トロツキー,『レーニン』(森田成也 譯), 光文社古典新譯文庫, 2007[1924]年;『永續革命論』(森田成也 譯), 光文社古典新譯文庫, 2008[1930]年;『裏切られた革命』(藤井一行 譯), 岩波文庫, 1992[1937]年.

ニーバー, R.,『道德的人間と非道德的社會』(大木英夫 譯), 白水社, 1998[1932]年.

フッサール/ハイデッガー/ホルクハイマー,『30年代の危機と哲學』(清水多吉・手川誠士郎 編譯), 平凡社ライブラリー, 1999[1932]年.

ケインズ,『若き日の信條』『自由放任の終焉』『貨幣改革論』『繁榮への道』『戰費調達論』(宮崎義一・中内恒夫 譯),『貨幣改革論・若き日の信條』, 中公クラシックス, 2005年, 所收.

ケインズ,『雇用・利子および貨幣の一般理論』(鹽野谷祐一 譯), 東洋經濟新報社, 1995年.

ケインズ,「ヒューム」(那須正彦 譯),『ケインズ全集 第28卷』, 東洋經濟新報社, 2013年.

ケインズ,『雇用・利子・お金の一般理論』(山形浩生 譯), 講談社學術文庫, 2012年.

ケインズ,『ケインズ說得論集』(山岡洋一 譯), 日本經濟新聞出版社, 2010年.

ショオ, G. B.,『資本主義・社會主義・全體主義・共産主義』(藤本良造 譯) 全3冊, 角川文庫, 1969-1970[1937]年.

ドラッカー, P. F.,『「經濟人」の終わり』(上田惇生 譯), ダイヤモンド社, 2007[1939]年.

ラスキ, H. J.,『現代革命の考察』, みすず書房, 1969[1943]年.

ストレイチイ, J.,『なぜ社會主義をえらぶか』, 岩波新書, 1948[1944]年.

オーウェル,『動物農場・おとぎばなし』(川端康雄 譯), 岩波文庫, 2009[1945]年;『一九八四年』(高橋和久 譯), ハヤカワepi文庫, 2009[1949]年.

シュミット,『政治思想論集』(服部平治・宮本盛太郎), ちくま學藝文庫, 2013[1914-

　　1954]年.

『ケインズ全集』(中山伊知郎 他編) 全30冊; 既刊 18冊, 東洋經濟新報社, 1997-
　　2013年.

『ハイエク全集』(古賀勝次郎 他編) 第1期 10冊+別卷; 第2期 10冊+別卷, 春秋社,
　　2007-2013年.

【2차 문헌】

○カー, E. H.,『ロシア革命』, 岩波現代文庫, 2000[1979]年.

○☆カー, E. H.,『危機の二十年』, 岩波文庫, 1996[1946]年.

○ワプショット, N.,『ケインズかハイエクか』, 新潮社, 2012[2011]年.

〈전체주의 시대의 역사〉

ネイマーク, N. M.,『スターリンのジェノサイド』, みすず書房, 2012[2010]年.

溪內謙,『上からの革命』, 岩波書店, 2004年.

サーヴィス, R.,『レーニン』2冊, 岩波書店, 2002年.

秋元英一,『世界大恐慌』, 講談社學術文庫, 2009[1999]年.

ホブズボーム, E.,『20世紀の歴史 極端な時代』2冊, 三省堂, 1996[1994]年.

侘美光彦,『世界大恐慌』, 御茶の水書房, 1994年.

林敏彦,『大恐慌のアメリカ』, 岩波新書, 1988年.

カー, E. H.,『ロシア革命の考察』, みすず書房, 2013[1969]年.

ガルブレイス, J. K.,『大暴落 1929』, 日經BPクラシックス, 2008[1955]年.

〈전체주의 시대의 여러 사상〉

蔭山宏,『崩壞の經驗』, 慶應義塾大學出版會, 2013年.

若森みどり,『カール・ポランニー』, NTT出版, 2011年.

ソーンヒル, クリス,『現代ドイツの政治思想家』, 岩波書店, 2004[2000]年.

櫻井哲夫,『戰爭の世紀』, 平凡社新書, 1999年.

佐々木毅,『プラトンの呪縛』, 講談社學術文庫, 2000[1998]年.

フュレ, F.,『幻想の過去』, バジリコ, 2007[1995]年.

藤田省三,『全體主義の時代經驗』, みすず書房, 1995年.

ジェイ, M.,『弁証法的想像力』, みすず書房, 1975[1973]年.

德永恂,『社會哲學の復權』, 講談社學術文庫, 1996[1968]年.

ヒューズ, S.,『ふさがれた道』, みすず書房, 1999[1968]年;『大變貌』, みすず書房,

1999[1975]年.

〈케인스, 하이에크와 그 주변〉

桂木隆夫 編, 『ハイエクを讀む』, ナカニシヤ出版, 2014年.

西澤保·小峯敦 編著, 『創設期の厚生經濟學と福祉國家』, ミネルヴァ書房, 2013年.

伊藤邦武, 『ケインズの哲學』, 岩波書店, 2011年.

仲正昌樹, 『いまこそハイエクに學べ』, 春秋社, 2011年.

松原隆一郎, 『ケインズとハイエク』, 講談社現代新書, 2011年.

姫野順一, 『J. A. ホブスン 人間福祉の經濟學』, 昭和堂, 2010年.

山中優, 『ハイエクの政治思想』, 勁草書房, 2007年.

小峯敦, 『ベヴァリッジの經濟思想』, 昭和堂, 2007年.

平井俊顯, 『ケインズとケンブリッジ的世界』, ミネルヴァ書房, 2007年.

小畑二郎, 『ケインズの思想』, 慶應義塾大學出版會, 2007年.

伊東光晴, 『現代に生きるケインズ』, 岩波新書, 2006年.

佐伯啓思, 『20世紀とは何だったのか』, PHP 新書, 2004年; 『ケインズの予言』, PHP新書, 1999年.

平井俊顯, 『ケインズ·シュムペーター·ハイエク』, ミネルヴァ書房, 2000年.

江頭進, 『F. A. ハイエクの研究』, 日本經濟評論社, 1999年.

スキデルスキー, R., 『ケインズ』, 岩波書店, 2009[1996]年.

井上義朗, 『市場經濟學の源流』, 中公新書, 1993年.

フリートウッド, S., 『ハイエクのポリティカル·エコノミー』, 法政大學出版局, 2006[1995]年.

橋本努, 『自由の論法』, 創文社, 1994年.

水谷三公, 『ラスキとその仲間』, 中公叢書, 1994年.

伊東光晴·根井雅弘, 『シュンペーター』, 岩波新書, 1993年.

橋口稔, 『ブルームズベリー·グループ』, 中公新書, 1989年.

間宮陽介, 『ケインズとハイエク』, ちくま學藝文庫, 2006[1989]年.

宇澤弘文, 『ケインズ「一般理論」を讀む』, 岩波現代文庫, 2008[1984]年.

グレイ, J., 『ハイエクの自由論』, 行人社, 1989[1984]年.

西部邁, 『ケインズ』, 岩波書店, 1983年.

古賀勝次郎, 『ハイエクと新自由主義』, 行人社, 1983年.

☆ハロッド, R. F., 『ケインズ傳』2冊, 東洋經濟新報社, 1967[1951]年.

제13장 현대 '리버럴리즘'의 여러 흐름

【1차 문헌】

○シュムペーター, 『資本主義·社會主義·民主主義』(中山伊知郎·東畑精一 譯), 東洋
　經濟新報社, 1995年.

○フクヤマ, 『歴史の終わり』(渡部昇一 譯) 2冊, 三笠書房, 2005年.

○ハンチントン, 『文明の衝突』(鈴木主稅 譯), 集英社, 1998年.

○フリードマン, 『資本主義と自由』(村井章子 譯), 日經BPクラシックス, 2008年.

○マルクーゼ, 『エロス的文明』(南博 譯), 紀伊國屋書店, 1958年; 『一次元的人間』(生松
　敬三·三澤謙一 譯), 河出書房新社, 1980年.

○フロム, 『正氣の社會』(加藤正明·佐瀬隆夫 譯), 社會思想社, 1958年.

○ハーバーマス, 『公共性の構造轉換』(細谷貞雄·山田正行 譯), 未來社, 1994年.

○ハーバーマス, 『コミュニケイション的行爲の理論』(河上倫逸·M. フーブリヒト·平井
　俊彦 譯) 全3冊, 未來社, 1985-1987年.

○ハーバーマス, 『近代 未完のプロジェクト』(三島憲一 編譯), 岩波現代文庫,
　2000[1990]年.

○ロールズ, 『正義論』(川本隆史·福間聰·神島裕子 譯) 改訂版, 紀伊國屋書店,
　2010年.

○ノージック, 『アナーキー·國家·ユートピア』(嶋津格 譯), 木鐸社, 1992年.

○マッキンタイア, 『美德なき時代』(篠崎榮 譯), みすず書房, 1993年.

○ウォルツァー, 『正義の領分』(山口晃 譯), 而立書房, 1999年.

○サンデル, 『リベラリズムと正義の限界』(菊池理夫 譯), 勁草書房, 2009年.

○ハイエク, 『自由の條件』(氣賀健三·古賀勝次郎 譯) 全三冊, 春秋社, 1997年.

シュンペーター, 『資本主義は生きのびるか』(八木紀一郎 編譯), 名古屋大學出版會,
　2001年.

ポランニー, K., 『市場社會と人間の自由』(若森みどり·植村邦彦·若森章孝 編譯), 大月
　書店, 2012年.

ラスキ, H. J., 『近代國家における自由』, 岩波文庫, 1974[1948]年.

カー, E. H., 『新しい社會』, 岩波新書, 1953[1951]年.

ミルズ, C. W., 『パワー·エリート』 2冊, 東京大學出版會, 1969[1956]年.

ガルブレイス, J. K., 『ゆたかな社會』(鈴木哲太郎 譯), 岩波現代文庫, 2006[1958]年.

マルクーゼ, H., 『ソビエト·マルクス主義』, サイマル出版會, 1969[1958]年.

カー, E. H., 『歴史とは何か』, 岩波新書, 1962[1961]年.

ホルクハイマー/アドルノ, 『ゾチオロギカ』(三光長治・市村仁・藤野寛 譯), 平凡社, 2012[1962]年.

丸山眞男, 『現代政治の思想と行動』, 未來社, 2006[1964]年.

丸山眞男(杉田敦 編), 『丸山眞男セレクション』, 平凡社ライブラリー, 2010[1944-1965]年.

アーレント, 『精神の生活』(佐藤和夫 譯) 2冊, 岩波書店, 1994[1971]年.

ホルクハイマー, 『哲學の社會的機能』(久野收 譯), 晶文社, 1974年.

ハバーマス, 『晩期資本主義における正統化の諸問題』(細谷貞雄 譯), 岩波現代選書, 1979[1975]年.

ロールズ, 『萬民の法』(中山龍一 譯), 岩波書店, 2006[1999]年.

ウォルツァー, 『正しい戰爭と不正な戰爭』, 2008[2006]年; 『政治と情念』, 風行社, 2006[2004]年.

【2차 문헌】

○猪木武德, 『戰後世界經濟史』, 中公新書, 2009年.

○☆トフラー, A., 『第三の波』, 中公文庫, 1982[1980]年.

〈냉전 체제의 성립에서 붕괴로〉

唐亮, 『現代中國の政治』, 岩波新書, 2012年.

細谷雄一, 『國際秩序』, 中公新書, 2012年.

細見和之, 『「戰後」の思想』, 白水社, 2009年.

ドックリル, M. L./ホプキンズ, M. F., 『冷戰 1945-1991』, 岩波書店, 2009[2006]年.

三島憲一, 『現代ドイツ』, 岩波新書, 2006年.

ジャット, T., 『ヨーロッパ戰後史』 2冊, みすず書房, 2008[2005]年.

下斗米伸夫, 『ソ連=党が所有した國家』, 講談社選書メチエ, 2002年.

猪木武德・高橋進, 『冷戰と經濟繁榮』(世界の歴史 29), 中公文庫, 2010[1999]年.

大嶽秀夫, 『新左翼の遺産』, 東京大學出版會, 2007年.

櫻井哲夫, 『社會主義の終焉』, 講談社學術文庫, 1997年.

レムニック, D., 『レーニンの墓』 2冊, 白水社, 2011[1993]年.

三浦元博・山崎博康, 『東歐革命』, 岩波新書, 1992年.

和田春樹, 『歷史としての社會主義』, 岩波新書, 1992年.

伊藤誠, 『現代の社會主義』, 講談社學術文庫, 1992年.

☆トッド, E., 『最後の轉落』, 藤原書店, 2013[1990]年.

☆梅本克己・佐藤昇・丸山眞男, 『現代日本の革新思想』, 岩波現代文庫, 2002[1966]年.

〈신자유주의와 세계화의 문제〉

小鹽隆士,『效率と公平を問う』, 日本評論社, 2012年.

八代尚宏,『新自由主義の復權』, 中公新書, 2011年.

金子勝,『新·反グローバリズム』, 岩波現代文庫, 2010年.

ドゥノール, F./シュワルツ, A.,『歐州統合と新自由主義 社會的ヨーロッパの行方』, 論創
    社, 2012[2009]年.

根井雅弘,『市場主義のたそがれ』, 中公新書, 2009年.

ハーヴェイ, D.,『新自由主義』, 作品社, 2007[2005]年.

ヘルド. D. 編,『論爭グローバリゼーション』, 岩波書店, 2007[2005]年.

☆セン,『自由と經濟開發』(石塚雅彦 譯), 日本經濟新聞社, 2000[1999]年.

☆グレイ, J.,『グローバリズムという妄想』, 日本經濟新聞社, 1999[1998]年.

☆ギデンズ, A.,『第三の道』, 日本經濟新聞社, 1999[1998]年.

〈현대의 여러 사상〉

齋藤純一 編,『岩波講座 政治哲學 5 理性の兩義性』, 岩波書店, 2014年.

宇野重規,『民主主義のつくり方』, 筑摩選書, 2013年.

キーン, J.,『デモクラシーの生と死』2冊, みすず書房, 2013[2010]年.

小林正彌,『サンデルの政治哲學』, 平凡社新書, 2010年.

川崎修,『ハンナ·アレントの政治理論』, 岩波書店, 2010年;『ハンナ·アレントと現代思
    想』, 岩波書店, 2010年.

セン,『正義のアイデア』(池本幸生 譯), 明石書店, 2011[2009]年.

千葉眞,『「未完の革命」としての平和憲法』, 岩波書店, 2009年.

サンデル,『これからの「正義」の話をしよう』(鬼澤忍 譯), ハヤカワ文庫, 2011[2009]年.

仲正昌樹,『集中講義! アメリカ現代思想』, NHKブックス, 2008年;『現代ドイツ思想講
    義』, 作品社, 2012年.

齋藤純一,『政治と複數性』, 岩波書店, 2008年;『自由』, 岩波書店, 2005年;『公共性』,
    岩波書店, 2000年.

松元雅和,『リベラルな多文化主義』, 慶應義塾大學出版會, 2007年.

渡邊幹雄,『ロールズ正義論とその周邊』, 春秋社, 2007年;『ロールズ正義論の行方』,
    春秋社, 2012[2000]年.

盛山和夫,『リベラリズムとは何か』, 勁草書房, 2006年.

後藤玲子,『正義の經濟哲學』, 東洋經濟新報社, 2002年.

ムフ, S./ラクラウ, E.,『民主主義の革命』, ちくま學藝文庫, 2012[2001]年.

ダール, R. A., 『デモクラシーとは何か』, 岩波書店, 2001[1998]年.

川本隆史, 『ロールズ』, 講談社, 2005[1997]年.

加藤尚武, 『20世紀の思想』, PHP新書, 1997年.

中岡成文, 『ハーバーマス』, 講談社, 2003[1996]年.

ムルホール, S./スウィフト, A., 『リベラル・コミュニタリアン論争』, 勁草書房, 2007[1996]年.

藤原保信, 『二〇世紀の政治理論』, 岩波書店, 1991年.

☆ブルーム, A., 『アメリカン・マインドの終焉』, みすず書房, 1988[1987]年.

주요 저작 연표

주요 저작	주요 사건
1-2세기 『신약성서』 413-26 아우구스티누스 『신국론』	 476 서로마제국이 멸망 962 신성로마제국이 성립 1088 볼로냐대학 설립 1096-1291 십자군 시대
1265-74 토마스 아퀴나스 『신학대전』 1304/08 단테 『신곡(지옥편)』 1371 페트라르카 『무지에 대하여』	 1347-51 흑사병(페스트) 대유행 1358 한자동맹 성립 1478-92 메디치가의 독재(피렌체) 1485 튜더 왕조(잉글랜드)의 성립 1492 콜럼버스의 아메리카 신대륙 도달
1511 에라스뮈스 『우신예찬』 1513 마키아벨리 『군주론』(집필) 1517 모어 『유토피아』 1520 루터 『그리스도인의 자유』 1530 코페르니쿠스 『천체의 회전』 1536 칼뱅 『그리스도교 강요』	 1517 루터의 종교개혁 1524 독일농민전쟁 1541-64 칼뱅의 신정정치 1581 네덜란드 독립 1588 스페인 무적함대 패배 1598 낭트칙령 1600 영국 동인도회사 설립
1605 베이컨 『학문의 진보』 1625 그로티우스 『전쟁과 평화의 법』 1628 하비 『혈액순환론』 1632 갈릴레오 『천문학 대화』 1637 데카르트 『방법서설』 1651 홉스 『리바이어던』 1687 뉴턴 『자연철학의 수학적 원리들』 1690 로크 『통치론』	 1618-48 30년전쟁 1642-49 영국의 내전 1660 영국 왕정복고 1688 영국 명예혁명

	1701-13 스페인 계승전쟁 1707 잉글랜드 · 스코틀랜드 통일
1714 맨더빌『꿀벌의 우화』 1724 허치슨『미와 덕 관념의 기원』 1734 볼테르『철학 서간』 1739-40 흄『인간본성론』	
	1740-48 오스트리아 계승전쟁
1748 몽테스키외『법의 정신』 1751-72 디드로, 달랑베르 편『백과전서』 1755 루소『인간 불평등 기원론』	1755 리스본 지진 1756-63 7년전쟁
1758-59 케네『경제표』 1759 스미스『도덕감정론』 1762 루소『사회계약론』『에밀』 1767 스튜어트『경제의 원리』	
	1773 보스턴 차 사건 1774-76 재무장관 튀르고의 개혁 1776 식민지 미국의 독립선언
1776 스미스『국부론』, 페인『커먼 센스』 1784 칸트『계몽이란 무엇인가』 1789 시에예스『제3신분이란 무엇인가』, 벤담 『도덕 및 입법의 원리 서설』 1790 버크『프랑스혁명의 성찰』	1789 프랑스혁명 발발
1798 맬서스『인구론』	1792-1804 프랑스 제1공화정
	1804-14 프랑스 제1제정 1804 오스트리아제국 성립 1806 신성로마제국 소멸
1807-08 피히테『독일 국민에게 고함』 1808 푸리에『네 가지 운동의 이론』 1813 오언『신사회관』	
1816 콩스탕『아돌프』 1817 리카도『경제학 및 과세의 원리』 1821 헤겔『법철학』 1823-24 생시몽『산업인의 교리문답』 1828 기조『유럽 문명사』	1815 신성동맹
1835 토크빌『미국의 민주주의』	1830 7월혁명 1832 제1차 선거법 개정(영국)
1841 칼라일『영웅숭배론』 1844 마르크스『경제학 · 철학 수고』, 콩트『실 증정신론』	1840-42 아편전쟁
1848 마르크스 · 엥겔스『공산당 선언』, 밀『경 제학 원리』	1846 곡물법 폐지 1848 프랑스 2월혁명
	1848-52 프랑스 제2공화정 1851 런던 세계박람회 1852-70 프랑스 제2제정

	1857 서구 각국에서 경제공황 1858 영국령 인도 성립
1859 밀 『자유론』, 다윈 『종의 기원』 1861 밀 『대의제 정치론』『공리주의론』 1867 마르크스 『자본론(제1권)』	1861-65 미국 남북전쟁 1864 제1인터내셔널 설립 1867 제2차 선거법 개정(영국) 1868 메이지유신 1870-71 보불전쟁 1870-1940 프랑스 제3공화정 1871 독일제국 건설 1875 독일사회주의노동자당(사회민주당) 성립
1875 후쿠자와 유키치 『문명론의 개략』 1886/87 니체 『선악의 저편 · 도덕의 계보』 1891 모리스 『유토피아에서 온 소식』 1897 뒤르켐 『자살론』 1899 베른슈타인 『사회주의의 제 전제와 사회 　　　민주주의의 임무』	 1894-95 청일전쟁 1900 노동대표위원회(영국) 발족
1902 홉슨 『제국주의론』 1905 베버 『프로테스탄티즘의 윤리와 자본주의 　　　정신』 1908 소렐 『폭력론』 1917 레닌 『제국주의론』, 베버 『직업으로서의 　　　학문』 1918/22 슈펭글러 『서구의 몰락』 1919 베버 『직업으로서의 정치』 1923 루카치 『역사와 계급의식』 1926 케인스 『자유방임의 종언』 1929 만하임 『이데올로기와 유토피아』 1930 오르테가 『대중의 반역』 1936 케인스 『고용 · 이자 및 화폐의 일반이론』 1941 프롬 『자유로부터의 도피』 1942 슘페터 『자본주의 · 사회주의 · 민주주의』 1944 하이에크 『노예의 길』 1945 포퍼 『열린 사회와 그 적들』	1904-05 러일전쟁 1905 피의 일요일 사건(러시아) 1910 한일 병합 1914-18 제1차세계대전 1917 러시아혁명 1919-33 바이마르 공화국 성립 1929 세계 대공황 1931 만주사변 1933 나치 독일의 성립 1937-45 중일전쟁 1938 제2차세계대전 발발 1941 태평양전쟁 1945 제2차세계대전 종결

1947 호르크하이머 · 아도르노 『계몽의 변증법』	1949 북대서양조약기구(NATO) 조인, 중화인 　　　민공화국 성립 1950-53 한국전쟁
1951 아렌트 『전체주의의 기원』 1955 마르쿠제 『에로스적 문명』	1951 샌프란시스코강화조약 1955 반둥회의 1956 스탈린 비판 · 헝가리 사태
1958 아렌트 『인간의 조건』 1959 프롬 『건전한 사회』 1960 하이에크 『자유의 조건』 1962 프리드먼 『자본주의와 자유』, 하버마스 　　　『공공성의 구조 전환』	1963 케네디 대통령 암살 1965-73 베트남전쟁 1968 '프라하의 봄' · 세계적 학생 봉기
1969 벌린 『자유론』 1971 롤스 『정의론』 1974 노직 『아나키 · 국가 · 유토피아』	
1981 하버마스 『의사소통 행위 이론』, 매킨타이 　　　어 『미덕 없는 시대』	1980-88 이란 · 이라크전쟁
1992 후쿠야마 『역사의 종언』 1996 헌팅턴 『문명의 충돌』	1989 톈안먼사건, '베를린 장벽' 붕괴 1991 소비에트연방 붕괴, 걸프전쟁 1993 유럽연합(EU) 발족
2009 센 『정의의 아이디어』	2001 미국 동시다발 테러 사건 2003 이라크 전쟁 2008 세계 금융 위기(리먼 쇼크) 2011 동일본 대지진

인명 색인

사항 색인

사회사상의 역사
마키아벨리에서 롤스까지

초판 1쇄 발행 2022년 10월 6일
초판 2쇄 발행 2022년 12월 1일

지은이 사카모토 다쓰야
옮긴이 최연희

편집 정소리 이희연 | 디자인 윤종윤 이주영 | 마케팅 배희주 김선진
브랜딩 함유지 함근아 김희숙 고보미 박민재 박진희 정승민
저작권 박지영 형소진 이영은 김하림
제작 강신은 김동욱 임현식 | 제작처 상지사

펴낸곳 (주)교유당 | 펴낸이 신정민
출판등록 2019년 5월 24일 제406-2019-000052호

주소 10881 경기도 파주시 회동길 210
전화 031.955.8891(마케팅) | 031.955.2692(편집) | 031.955.8855(팩스)
전자우편 gyoyudang@munhak.com

인스타그램 @gyoyu_books | 트위터 @gyoyu_books | 페이스북 @gyoyubooks

ISBN 979-11-92247-42-7 03300